IP）数据
确定时代下的职业发展和商业通关策略 / 黄有璨著. —北
版社，2020.10

39512-3

. ①黄…　Ⅲ. ①职业选择－通俗读物　Ⅳ. ①C913.2-49

馆CIP数据核字（2020）第164291号

非线性成长——不确定时代下的职业发展和商业通关策略
黄有璨

吴燕恬
李　影　liying@phei.com.cn
胡　晔
天津画中画印刷有限公司
天津画中画印刷有限公司
：电子工业出版社
北京市海淀区万寿路173信箱　邮编：100036
：880×1230　1/32　印张：13　字数：310千字
次：2020年10月第1版
次：2020年10月第1次印刷
价：88.00元

所购买电子工业出版社图书有缺损问题，请向购买书店调换。若书店
请与本社发行部联系，联系及邮购电话：（010）88254888，88258888。
质量投诉请发邮件至zlts@phei.com.cn，盗版侵权举报请发邮件至dbqq@
om.cn。
本书咨询联系方式：（010）88254210，influence@phei.com.cn，微信号：
xianglibook。

图书在版编目（C
非线性成长：不
京：电子工业出

ISBN 978-7-121

Ⅰ. ①非… Ⅱ

中国版本图书

书　　名：
作　　者：

总 策 划：
责任编辑：
营销编辑：
印　　刷：
装　　订
出版发行

开
版
印
定

凡
售缺，

phei.

ying

不确定时代下的

N O N L I N E A R

電子工業出版社
Publishing House of Electronics Industry
北京・BEIJING

推荐语

RECOMMENDATION

这本书是一个助人成长的企业的创始人的自我成长复盘。

有璨的成长故事堪称励志，高中辍学，经历过仓库搬运工、推销员、外企销售、互联网运营、职业经理人、自由职业者、创业者等多重职业身份，跨越多个社会阶层。

部分幸运儿的成长，来自上了名校，进了大公司，跟了好领导，赶上牛项目。

而有璨的成长，是在现实生活的碰撞和挣扎里，一点点学习、蜕变得来的。

——梁宁　著名产品战略专家

和十年二十年前的传统企业不同，商业模式的不断迭代，组织的有序升级和创始人的持续成长是今天任何一个优秀的创新企业所必需的三个重要因子。

作为一个平凡出身成长起来的创业者，有璨以他的亲身经历和很好的总结告诉我们如何在职场中做一个不断“进化”的人。

——杨浩涌　车好多集团CEO，山行资本创始合伙人黑天鹅频出的随机时代，非线性的成长思维不仅是个体需要习得的“斜杠技能”，对于一个公司、一个领域也莫不如是。始终理解新场景的复杂与机遇并存，打造动态稳定的商业模式与方法，才是真正应对不确定的自我确定性。

——吴声　场景实验室创始人兼CEO

中国在最近的几十年，一直是全球经济成长最快的国家之一。但和国外相比，中国的职场人在职业成长方面，一直缺乏体系化的研究和理论。

看到有璨这本新书，能够给大家在职业成长方面，有清晰的分阶段的指导，而且书中的线性、非线性成长的观点，和脉脉产品在服务1亿职场白领中沉淀的“工作和学习量变成长，人脉和机遇质变成长”的方法论不谋而合。希望未来有越来越多的人，一起为帮助职场人更好地职业成长而共同努力。

——林凡　脉脉创始人兼CEO

这是一本我要郑重推荐给我自己的书，五年前我就应该遇到这样的书，如果五年后我能说它是对我最重要的一本书，那毫无疑问是我的幸运。

——黄章晋　大象公会创始人兼CEO

成长是我们每一个人都希冀的，但能够做到不断成长的人却少之又少。有璨的《非线性成长》给出了一个很好的思维视角，能够帮助我们更好地构建系统性思考能力，推荐大家阅读。

——陈向东　跟谁学创始人兼CEO

有璨与我共事、相识多年，我亲眼见证了他在将近10年里，从一个平凡、普通、空有一腔热血冲劲的年轻人，一路成长为业内有些知名度+影响力的所谓“大咖”和一名有了更大责任担当的创业者。他的经历，既真实又鼓舞人心。

如今，他决定毫无保留地把自己这一路的所有思考、总结和心路历程和盘托出，这十分可贵。他在这一路旅程上的所有思考和总结，也充满真诚，极为深刻和富有价值。

我相信，这是一本值得诸多创业者、职场人不断阅读思考，常读常新的书，我想诚意向你推荐。

——小马宋　著名战略营销专家

拨开迷雾前路，找到属于自己的、坚定地立于大地之上的内核力量，我想这是每一个年轻人都必须突破的关卡。我的朋友黄有璨通过这本书告诉你，即使以Hard模式开局，只要不甘平庸，向上成长，依然有心法，有方法。你也可以！

——鲍艾乐　拉勾招聘联合创始人

不放过自己，不放过机会，不放弃行动，不放弃思考与总结。这就是黄有璨可以从一个平凡个体走到今天、成为一个估值几十亿元公司联合创始人的基本原因。对年轻读者来说，与其称之“黄老师”，不如叫一声“黄师兄”来得亲切。

现在，师兄捧出他的成长方法论，用心良苦。我不怀疑它对那些渴望成长的年轻人的价值，但我略微怀疑到底有多少年轻人会读以致用，翻书完毕如收一枚利刃藏身。

但师者兄者即是这样，哪怕最终只能改变少数人的命运，也孜孜不倦。除了书里的成长方法论，我鼓励年轻读者能更多地感染到黄有璨对成长、价值的那种追求与热情，其皆发自内心。

——李岷　虎嗅网创始人兼CEO

我跟有璨认识多年，我们同样对于教育和成长抱有热情和执着，也一路陪伴见证了彼此创业历程中的各种成长变化。

这一本书，是他自己过去十几年“成长”的毫无保留的自白+系统总结，也一如既往充满了真诚和深刻洞见，我相信对于诸多创业者、职场人的成长都充满指导和借鉴意义，值得多次阅读思考。我愿诚意向你推荐。

——梅初九　芥末堆创始人

《非线性成长》为大变局时代仍然努力向上的人们在“技能成长”“商业认知和系统思维成长”之上又打开一扇“心性成长”的大门。有璨把创业者成长领域的重要理念“心性成长”普及给大众，独创出一套系统的理论体系，通俗易懂而且有切实可行的行动建议，值得一读！

——宁柏宇　蓝象资本创始合伙人

有璨的职业经历当属传奇，他的成长速度远超常人。他亲身经历和见证了中国的商业环境被互联网一点点颠覆和改变的过程，他从nobody变成了somebody，他用自身的非线性思维收获了属于他自己的非线性成长。

有璨总结的三条成长曲线——如何快速找到立足于世界的生存技

能、如何提升自我的认知、看到更为广阔的世界；如何提升自我的心力去担负起更大的责任。一个人如果能够成功越过这三个阶段，必将获得非线性成长。这本书非常值得当下的年轻人学习。

——罗洛予　创业黑马执行总裁

有璨十五年的成长经历，是新一代职场人突破自我、自由成长的典型案例。《非线性成长》这本书从有璨的个人经验出发，结合个人与社会共同演化的理论，与你分享“只有跳出职场看职场，才能获得非线性成长；只有超越自我看自我，才能实现非常规发展”。相信每位新一代职场人在整个职业生命周期中都能从这本书中获得启发。

——路江涌　北京大学教授，《共演战略》作者

“你必须一次又一次地让自己面对更大的场面，承受更大的压力，做出更艰难重大的决策。在每一次经历类似的压力和场面后都进行复盘和深刻的自我反思，努力让自己下一次做得更好。这是唯一的应对之道，全无捷径。”有幸提前试读《非线性成长》书稿，这句话引起我深深的共鸣。在今天多变的职场环境中，唯有如此，才能适应变化，保持精进。

——徐志斌　见实科技CEO，《社交红利》《小群效应》作者

从拆墙，到跃迁，到非线性，好比人生修炼场的“打怪升级三部曲”。有璨老师将个人非凡的实践，精炼成对每个社会人都有所启发的成长指南，难能可贵，是一本值得列入终身学习必读书目的经典之作！

—— 上官芸　中国国家品牌网高级副总裁

黄有璨老师是个传奇人物，他的底子比很多人差，但他的努力程度以及进步的速度远非常人可比。读他的书，你可以得到非常好用的方法论，你还可以收获巨大的力量。

——剽悍一只猫　社群商业战略顾问，《一年顶十年》作者

大多数人习惯线性思维，它符合人们看似合理的预期和推测，足够简单，易于理解，又方便使用。但我们身处的却是一个个非线性系统，输出常常不与输入成正比，叠加原理常常不成立。非线性处处体现为随机性和不可知性，但又并非没有规律可言，黄有璨老师找到了某些在非线性世界中使用的基本规律和法则，可以帮你加速成长。黄老师本人就是一个活生生的非线性成长的绝佳案例。

——粥左罗　向上生长学院创始人，《学会成长》作者

黄有璨老师创造性地将“非线性”与“成长”结合起来，使他的运营方法论更为惊艳。同时，也改变了我，一位视听艺术创作人员和教育者的观念。此前，对我而言，“非线性”相对传统的线性编辑，意味着密集的视频和音频的数字化剪辑平台，而阅读黄老师的著作之后，“非线性”有了更为人性化和个体性的力量。“非线性成长”不仅提供了一种超越传统运营的观念，更提供了身份切换、运营自我的进阶指南。

——郭春宁　中国人民大学艺术学院副教授，

中国人民大学数字人文研究中心研究员

如何在模糊、变化又混沌的职场环境中快速颠覆自我认知和成长，是当前每个人的命题，也是我每天的思考，更是当下管理者需要为团队成长思考的问题。

老黄的这本书用他的亲身体验和他特色的系统性思维给了我们一个答案：非线性成长。从单点技能思维到商业思维，再到心性成长思维，适用于工作0～15年的职场人，更适于现在互联网环境下的90后。

——刀姐doris “女子刀法”创始人兼CEO

我个人非常喜欢的一句话：万物皆有裂痕，那是光照进来的地方。无论是谁，怎样的背景或怎样的经历，我们都不完美，都会有一段悠长而黑暗的隧道需要自己穿越，但假若这时前端有一丝微渺的光，对你就是个安慰和鼓励。希望这本书就是那丝微渺的光，带给你一些肯定和鼓励。生命之路、创业之路虽然艰辛，但你一定会成长，不要太在乎姿势。

——亚平　刺猬CIWEI创始人

“成长”这个词儿，其实可大可小。找到一份新工作，职场路径清晰可见，是成长；开一个公司，和创始团队相爱相杀，也是成长；突然发现心之所爱，从而断舍离曾经的执念，也是成长。成长，可以是一个点，也可以是一段漩涡，还可以是一片森林，漫入山长水阔。有璨的这本书，就让我读到了那些点、那些漩涡和那片森林。在他勾勒的三条曲线上，你是否好奇过，此刻的你，停留在哪里？愿意去往何处？是否有勇气自我颠覆和坚守？——那么，我邀请你，一起探索有璨的“非线性成长”之旅，在许多拐点和升华中，你将体会一个人成长的断裂和连贯、碎片和格局、单一和系统之间的关系，你也将看到，最终的开阔和自由。

——王宁昕　罗德传播集团亚太区人力资源副总裁

有璨提出的三条成长曲线让人耳目一新，我相信这本书能击中很多人的思维盲区，撬开他们成长之路上的障碍。

——采铜　心理学博士，畅销书《精进》系列作者

在本书中，有璨洞察了这个充满变化的时代里的机遇和挑战，同时解析了包括他本人在内，在这个时代与挑战共舞的人们的成长之路——从技能的精进到建立商业认知和系统思维，再到最后走上心性成长之路，找到真我。读书的过程犹如有璨坐在我身边，在一个沙龙分享会上跟我娓娓道来。

——齐恬田　现任中国欧盟商会高级经理

成长是个复杂的课题。我们很难理解，也很难把握它——尽管我们都很想做到。

探索“成长”这个课题需要很多的勇气、智慧和耐心，所以我们大多数人并没有选择直面它。

但有璨不同。他不仅用自己的生活“实践”着成长，更把对成长的探索当作了自己的事业。他帮我们梳理了这个我们无暇或者不敢认真探索的重大课题，并用这本书把很多有价值的成果呈现给我们。

为这一点，我觉得我们应当感谢他。

——许可　清单创始人兼CEO

有幸提前拿到了有璨新书的样稿，打开之后就停不下来，干货满满，饱含深情，令人感动不已；有璨在15年亲身成长经历、学习和思考的基础上总结出个人成长必经的三个阶段，并给出了实现非线性成长的具体解决方案，值得每个期待向上的进阶者用心研读。

——雷文涛　有书创始人兼CEO

过去10年，互联网从一个陌生的名词衍生出一系列职业，演变成一个和每个人发生关系的行业。而我们的作者黄有璨，也从一名电子城的销售，成为估值数十亿元的教育公司联合创始人，完成了人生的跨越式成长。他把自己的理念和对于成长的思考，整理在这本书里。当然，故事再精彩，也只是他的故事。

未来10年，你身边将有无数机会迅速升起，什么是你跨越式成长的路径？读完这本书，发现你的答案。

——古典　新精英创始人，职业生涯规划师，《跃迁》作者

黄有璨的文章，一贯的特点是“有温度”：很少进行枯燥的说理，而是带着浓浓的善意和坦诚分享他的成长历程背后的规律，带给我们启发。每个人成长的路上，都希望有一个有血有肉的老师在前面领路，而有璨兄在这本书和三节课中都不辞辛苦地承担了这样的责任——良师益友。

——成甲　得到说书人，《好好学习》《好好思考》作者

读《非线性成长》，能感受到有璨真的在极其坦诚地分享他在成长路上最有价值的智慧。年轻的读者如果没有读懂或是遇到生涩的词

句，其实都是高手的肺腑之言。建议停下来细细品味和感受，想象一位“交了很多学费”的老朋友在你面前娓娓道来，从而获得“非线性成长”。

——Denny　乐纯创始人兼CEO

成长与完善是生命的主题。光阴花在不同地方，十年下来，生命质量会天差地别。有句老话，叫“一力降十会”。什么是力？什么是会？希望有璨这本《非线性成长》，帮你探索成长的密码。

——赵鹏　Boss直聘创始人兼CEO

从外企高管到全职妈妈，再转型为母婴自媒体创业者，过去六年，我最重要的人生关键词就是“成长”。有璨老师的这本新书给了我看待“成长”的全新视角。它提出的三段“非线性成长”模型，不仅对职场发展有帮助，对育儿、生活和整个人生规划也非常有启发。抬头看路，埋头干事，本事长身上，愿景记心头，这样才能拥抱不确定的未来。

——大J　百万母婴公号“大J小D”创始人，成长型父母引领者

有璨的这本新书，力图在非线性时代找到一些有序的规则，觅得确定的局部法则，讲给你听。难能可贵的是，有璨的个人经历恰恰是“非线性成长”的理想模板。有他的个人故事作为底衬，抽象的规律读起来显得温暖而激励。

——姬十三　果壳网创始人兼CEO，在行-分答创始人兼CEO

目录

CONTENTS

02 非线性世界的真相与基本规律

03 扫清你“蜕变之路”上的一切障碍

04 向顶级高手学习商业认知/系统思考和竞争策略的制定

05 第三条“一级成长曲线”——心性成长

06 如何与这个注定不确定、不可控的世界共舞?

推荐序 PREFACE

成长的意义

常有人说，创业是一场修行。

修行的本意，是精进。所以，创业是让人快速精进、快速成长的最好环境，至少是之一。

2015年底，我和有璨、老布创立三节课，应该说这5年的创业过程给我带来的成长，远超过去7年打工生涯数倍，用有璨的话说就是“非线性成长”。

为什么会这样呢？

除了始终保持学习心态和充满危机感之外，最大的原因，可能是这一阶段我“成长的意义”相当明确。

解决问题，是创业过程中我所有学习和成长的唯一意义，也是我学习和成长的唯一动力。

这种明确的意义和动力，让我的成长诉求得以提升，让我的学习效率得以提高，也让“非线性成长”开始发生。

回顾我14年职业生涯，我的成长似乎只有两种状态：停滞和非线性成长。

我想很多人的成长也都是这样：要么停滞不前，要么突飞猛进。区别在于前者和后者哪种状态占据你的时间更多。

抛开停滞不前的时期不说，每一段“非线性成长”似乎都是在对“成长的意义”比较明确的阶段。

我的职业生涯大约分成三个阶段，这三个阶段是我对自己职业价值的判断，也是我追求学习和成长要达成的目标。

第一阶段：工具人（Handle）。

你可以搞定一件事，像一个手柄、工具一样，解决一些具体的问题。

这时候，你需要具备一个专业领域的技能，甚至一系列技巧去解决问题。我从产品经理岗位开始，学习产品经理应具备的技能和方法，需要什么，就学习什么。

我从来没有问过这样的问题，比如“产品经理需要学习前端代码吗？”

但这个问题却经常被很多新晋产品经理问到。

我想，这不应该是一个问题，因为你的目标是解决产品设计和管理中遇到的任何问题，搞定它！

需要什么，就学什么！就是这一阶段“成长的意义”。

第二阶段：负责人（Owner）。

如果你度过了第一个“工具人”阶段，应该果断地迎接“负责人”阶段。

当然，有些人对第二阶段的定义和我不太一样。

我认识一个朋友，她做了4年的产品经理，一直在纠结要不要换岗位，想突破一下自己。还有很多朋友告诉我说，“我做两三年产品经理后，我要去做增长、流量……”

我认为这不是职业的纵向发展，而是岗位的横向平移。这样的岗位平移，大多数时候会让你的成长陷入停滞，至少是非常缓慢。

就像足球比赛，一直不停地横向“倒脚”，不但没有机会穿越对方的防线，反而大概率会被对方切断球路打反击。

你应该果断地“升级”你的职业目标，做业务的负责人，承担最终的业务结果——“为收入负责，为流量负责，为利润负责……”总而言之，为最终结果负责，而不是成为其中的一个模块。

老板需要什么结果，我就对结果负责！这就是这一阶段“成长的意义”。

第三个阶段：创始人（Founder）。

当一个人对一件事的结果能负起责来，很多人的内心里“不安的小火苗”开始燃烧。

重复地完成一些熟悉的业绩目标后，人特别容易高估自己的能力，甚至无视外界的变化和自己的落后。

有些人进入职业生涯的下行期，有些人开始钓鱼、打高尔夫球、旅行，准备“退休”。

还有一些人，走到了第三个阶段，那就是“创始人”阶段。

这些人可能发现了一些社会问题，寻求成立一家公司，通过自己和团队的能力，解决某一个重大问题。

有些人只是单纯地想要挑战自己的能力边界，走出舒适区，拉起团队就干起来。

无论出发点是什么，迈入“创始人”阶段，成长的刺激又一次超越了前一个阶段。

懂产品、懂商业是创始人最基础的要求，懂组织、懂战略也是必须做的事情，还得会融资、会公开演讲、会社交……以及很多无法预料的挑战，你都要一一接招。

但你必须把公司“扛在”肩上，把团队带上成功的大道，你必须解决所有问题，让公司进入快速发展期，达成世俗意义上的成功。

公司成功和团队胜利需要什么，我就学习什么！这是这一阶段我“成长的意义”。

其实，在我看来，成长本身没有意义，但“成长的意义”会让成长充满意义。

这话看起来有点绕，但人作为一个社会动物，其成长一定充满着功利性指向。单纯地抱怨自己的成长速度太慢，其实挺矫情的，也没有太大必要。

卢梭在《爱弥儿》里提到爱弥儿的学习和成长，认为好的学习和成长应该让人成为他本来的样子。

问题是什么才是他本来的样子呢？

我认为卢梭给大家提出了一个重要的命题：寻求属于你自己“成长的意义”。

我和有璨相识7年，共事5年。我们的学习和成长过程在很长时间内是相互交织、相互影响的，很多时候我们的想法“你中有我，我中有你”。

所以，在他的作品《非线性成长》出版时，有璨希望我写一个推荐序，称我可能是最合适的人选，我欣然接受。

其实，所有的职场前辈都是大家学习的榜样，但最终影响你成长的必定是属于你自己的“成长的意义”。

愿你有幸，可以知晓自己“成长的意义”。

互联网新职业大学三节课

创始人兼CEO　Luke

2020年8月

自序

PREFACE

我拥有一个跟绝大多数人相比都不太寻常的职业生涯。

2020年，我的主要职业身份是一名创业者和一家公司的联合创始人。

这一年，距离我和Luke、布棉一起创办致力于培养互联网时代核心人才的新职业大学——三节课（sanjieke.cn）已有5年。这一年的三节课，已是一家估值数十亿人民币、不大也不小的公司，它虽然还算不上是一家多么成功的公司，但已经有了一些微小的成绩，还在持续发展和生长着。

这时候的我，在互联网业内已经成为还算有点名气的所谓“大咖”和运营专家，操盘过一些经典的案例，写出了运营类书籍业内销量及豆瓣评分最高的《运营之光》，也讲过很多课程——到2020年，听过我课程的用户累计已逾数百万人，包括BAT、TMD[1]在内的几乎所有顶级互联网公司，都有不少人曾经参与过我的课程。

---

1 指字节跳动、美团、滴滴

总之，此时的我，虽然还远远算不上一名成功的创业者，但也算有了个差可告慰的职业生涯，不再需要为生计发愁，在自己所处的领域内也有了些许微薄的成就。

然而，很少有人知道，如果把时间倒推十几年，我的职业生涯起点，其实低得出乎绝大多数人的想象。

2002年，出于对应试教育的反感，我在高二时选择从一所省重点高中辍学，因此失去了如许多正常的年轻人一样参加高考、进入重点大学的机会，甚至连高中毕业证都没拿到。因为这个选择，我的职业生涯起点，几乎是从你见到的社会最底层起步的。

2003年，我跟随家人来到北京，并在此后几年里慢慢步入职场。在最初两年的职业生涯中，我为了生计四处奔波，在中关村给人扛过服务器，做过在路边站街揽客的店面销售，在一家不靠谱的骗子公司干过专门忽悠人的工作……

那个阶段，我挣着每月1000元出头的薪水，租住在城乡结合部最简陋、最便宜的床铺，每3～5个月更换一次工作，一直到2006年，我才第一次为自己找到了一份靠谱的工作——进入一家日企做销售。

你可以看到，我职业生涯的头两年，看起来千疮百孔，渺无希望。

但是，2020年的今天，我的身份和职业形象已经有了天翻地覆的变化。

这样的转变，发生在差不多15年间。

在这15年里，我从社会的最底层起步，经过1～2年磨砺后以一名普通销售的角色进入当时还算有点光鲜的外企，2008年在互联网行业连什么是运营都没搞明白的情况下开始从事运营工作，之后又逐渐成为一名创业者，再一点点在业界积累沉淀，有了些许成绩。

这15年里，我依次经历过仓库搬运工、推销员、外企销售、互联网运营、职业经理人、自由职业者、创业者等多重职业身份，跨越多个社会阶层，实现了个人的极快速成长，也得以在整个过程中与各行各业的顶尖高手对话、交流，向他们请教，了解他们是如何学习和成长的。

而这15年，也是我作为一名参与者，亲身经历并见证了整个中国的商业和职业环境被互联网一点点颠覆和重构的15年。

在2005年前后，互联网还仅仅是一个很多人都看不太懂的新兴事物，我曾经见证过一个场景——一帮朋友在一起聚会，其中一个人说自己当前正在做互联网，旋即就迎来了其他人无尽的疑惑：那是干吗的？是给人修电脑吗？

而时至今日，互联网已经成为一种基础设施，伴随着一轮又一轮的技术革新，它重塑和改变了许多行业。在互联网时代，一些旧有的职业逐渐消亡，而许多新的职业层出不穷地涌现。

这15年里，我也见证着身边越来越多的人，在时代背景下，依靠与过往完全不同的路径实现了个人的极快速成长。

他们当中，有在短短几年时间里从一名普通柜台销售员和一个小店经营者跻身成为中国顶级带货主播的李佳琦和薇娅；

有阿柴哥，他原本是一名婚庆主持人，2020年，已经是“快手”APP上最知名的数学老师，依靠给无数中小学生讲解数学成为快手上最受人关注的教育类IP之一；

有沈鹏，我还记得，2012年我们初识之时，他操着有些沙哑的嗓音，和大家坐在一起聊天撸串。当时他还是美团早期的员工，充满了激情，话里话外还带着几分尚未完全褪下的学生气。如今，他已经是国内领先的互联网保险保障平台——水滴公司的CEO；

有我的好朋友成甲，我们同样在2012年认识，那时他才刚刚大学毕业，但对学习、对外分享和知识管理等话题满怀热情。如今，他不仅创办了自己的咨询公司，也是“得到”APP上最知名的说书人之一，并且出版了两本畅销书《好好学习》和《好好思考》；

当然，还有无数三节课的学员和用户，从2015年至今，我至少见证过不下20位三节课的用户，他们原本是文员、线下导游、不知名的媒体记者或是汽车修理厂的车间工人，但在短短4～5年时间里，他们依靠自己的努力、选择与一些机遇，实现了个人的跃迁式成长，成为一些知名公司的总监、高管或核心业务骨干。

毫无疑问，我们所处的这个时代，变化越来越迅速，同时充斥着无尽的挑战与机会。很大程度上，我个人的快速成长，也必须感谢这个时代。

同时，身为这个时代的亲历者和见证者，我也能强烈地感受到，倘若试图寻找某些可依赖的规律和法则以指导自己的职业成长和个人成长，我们今天关注和思考的许多问题，与十多年前已经有了天翻地覆的变化。

有些人还没意识到这些不同，于是他们在各种变化面前显得无所适从、满怀焦虑。

而有些人深刻理解了这些不同，于是他们总是更能够抓住一些机会，实现个人极快速的成长——在我看来，这背后有一些东西，一定是可以复制和借鉴学习的。

因为我独特的职业经历，加上创办新职业大学三节课，本身就需要思考如何帮助用户解决职业和发展的问题，因此“成长”自然而然就成为一个我特别关注的话题，我也总被很多用户和朋友问起——

» 你究竟为什么能取得如此快速的成长？
» 我们今天所处的职业环境和过去有怎样的不同？
» 如何看待和应对我们今天所面临的种种职业成长困境和难题？

在长期的思索、对外讨教和自我沉淀中，也伴随着创业中经历的种种挑战和自我突破，我渐渐发现，我对“职业成长”乃至更大范围的“成长”都有了更深刻的理解。

在跟很多人对话和交流的过程中，我同样能感受到，虽然我只是一个平凡的个体和目前还不算特别成功的一名创业者，但我一路走来的各种得失与思考，能够为一部分身处迷茫疑惑中的职场人士和创业者们带来些许启发，抑或帮他们找到方向。

更重要的是，我也特别相信，身为一个极为平凡的个体，一路从社会底层上行，经历过N种职业角色，并最终在互联网浪潮中选择投身创业征程的独特经历，也让我更能看到所谓“成长”的全貌，更能够理解身处各种职业阶段和困境的人。无论是求职迷茫的大学生，还是职业生涯早期对于各类规则知之尚少，既渴望更快地成长又谨小慎微、生怕踏错一步的年轻人，抑或是正在经历“30岁危机”或是“35岁危机”的职场精英，乃至一部分更多时候只能一个人默默承受诸多压力、迷茫、纠结的创业者和企业经营管理者，我对他们在成长上的诉求以及面临的障碍、困惑和内心起伏都感同身受。

所有这些，让我在2019—2020年有了点念想，想要系统地结合自己的经历，把我对于“成长”的所有思考与感悟完整地分享出来，期望它们能够在这个快速变化的时代带给更多人一些帮助。

我在《运营之光》一书中曾提到过，我有一个基本的人生信条——

是什么拯救过你，你就用它来拯救这个世界。

这句话，是我选择投身教育事业，跟Luke、布棉一起创办三节课的最早动因。

在当下，它也成为我想要写作这本书的初衷。

这本书想要回答和探讨的核心主题——

在一个外部环境不确定性越来越强的时代，我们究竟该如何看待自己的职业成长和个人成长，又该如何获得更快的成长？

这个问题又可以一拆为二，变成如下两个分支——

（1）如何才能在变化越来越快的职业和商业环境中，在世俗层面获得更快速的成长，赢得更大的回报？

（2）对于一个成年人来说，“成长”到底是什么？倘若外部环境始终在不断变化，则每一个人不断努力奋斗，在个人成长的每一个阶段将会面临的问题与所追求的答案又会是什么？

关于问题（1），我给出的答案正是本书的书名——非线性成长。

回顾过去15年，我发现，在我职业生涯的多个阶段，我的成长速度是远超他人的，这很可能是因为我做对了一些事——相比身边的大多数人，我始终处于一种非线性成长中。

而关于在当前这个时代的职业环境中，如何才能获得更快速的“非线性成长”，我也找到了一些可依赖的规律。

在这本书中，我将结合自己和身边朋友的真实经历具体介绍什么是“线性成长”和“非线性成长”，以及如何才能依赖“非线性成长”背后的诸多规律进行思考和行动，让自己获得更快的成长加速度。

而关于问题（2），则是一个更大、也更有趣的话题。关于它的探讨，让这本书看起来充满浓厚的个人色彩，也许这正是此书不同于其他许多职业成长类书籍的地方。

结合过去十几年的所见所闻，我认为，一个成年人的“成长”，也许会经历如下几个阶段。

第一个成长阶段是：**如何在这个世界上生存，并学会依靠规则去赢得基本竞争。**

某种意义上，当任何一个成年人走入职场与社会，必然开始面对各种竞争。如何在竞争中存活下来，并能洞悉竞争中的各种规则和规律，利用和依赖它们在竞争中获胜，是绝大多数人的必经之路。

在这个阶段，很多人都需要从掌握少数特定技能做起，不断学习和经历多种选择，并逐步让自己在一个领域内站稳脚跟。

当然，对不同人而言，他们在竞争过程中所信奉的规则可能是不一样的，有些时候，你选择信奉什么样的规则，决定了你会有怎样的行为。

从这个角度来看，我在这本书中所提到的“非线性成长”，其实是一种我个人所深信，并认为它广泛适用于目前这个时代的基本规律。

第二个成长阶段是：**如何能够看到更大的世界。**

我们都知道，人总会有欲望。一旦一个人在职业和商业环境中具备了生存能力，并赢得竞争时，就会产生更多的期待——打破自身边界，不断上行去看到更大的世界，了解更多顶尖高手在关注什么、如何思考，以及如何才能成为那样的高手，而非偏安一隅。

很多身处这个阶段的人，他们的成长会逐渐从技能转向认知或是系统思考能力得到提升。他们会开始思考和理解，什么是商业竞争，这个世界遵循怎样的规律运转，不同行业、职业之间的差异在哪里，以及如何才能在一类问题上把各种元素、信息关联起来，让自己的思考变得更加全面和系统。

而第三个成长阶段则是：**如何在看到更大的世界后担负起更大的责任，赢得更大的荣耀和认可，创造更大的社会价值。**

很大程度上，当一个人逐渐有了赢得竞争的能力和经验，在成长方面，他将面对的可能是另一类不同的选择——他选择承担什么样的责任，决定了这个世界会对他拥有怎样的期待和要求，也决定了他将有机会获得怎样的荣耀和认可。

在这个过程中，他的成长，已经不仅仅是外显的，同时也会伴随许多内生的元素。

而到了最后，假设一个人能够成功越过以上3个阶段，将面临一个更加本质和深刻的自我拷问。

这样的拷问，当前的我也正在亲历，对于它的种种思考和解读，我认为是本书最为精彩动人的篇章。

关于这个更加本质和深刻的自我拷问到底是什么，请原谅我在此保留一些悬念，先不对它进行过多描述，你将看到它的面纱在书中被一点点掀开。

本书的章节结构，也围绕着我对上述问题的理解而展开。

本书的核心内容，共有1篇前言、6个章节。

本书名为《非线性成长》，在内容中也无数次提到“线性成长模式”“非线性成长模式”“S型曲线”等概念，为了让你更好地理解这本书想要表达的理念，我在前言里对上述3个基本概念进行了基本的解释。在书末的附录A中也对书中的许多基本概念进行了梳理。

本书的第1章《我的非线性成长之路》，主要讲述了我在过去15年内的职业成长经历。

就像我所说的，本书的很多内容和思考，都与我的个人经历有关，为了让你对我所有的思考更好地理解和消化，我决定在本书开篇让你对于我在15年里，究竟是如何一步步实现个人的“非线性成长”的，先有一个比较具象的了解。

本书的第2章是《非线性世界的真相与基本规律》，在这一章里，我对“职业成长最终追求的到底是什么”，“如何找到赢得竞争的关键路径”以及“该遵循哪些基本规律为自己寻求非线性成长的机会和空间”这样3个非常重要的问题进行回答，并在本章中描绘出职业成长的全貌——它由3条“一级成长曲线”构成，我会具体介绍它们是什么。

本书的第3章是《扫清你“蜕变之路”上的一切障碍》，这一章的主要受众是那些身处职业生涯早期的朋友。我深刻知道，在职业生涯早期，每一个人都面临无数具体的困惑和障碍，例如如何知道自己适合做什么，面对多个职业机会该如何选择，如何才能成功转行并拿到心仪的Offer，等等。

对一个身处职业生涯早期的人，倘若这些具体的困惑无法得到解答，那么更大范畴的成长也将无从谈起。

因此，这一章里，我对如何解决这样的诸多具体问题，给出了一系列建议。

可以说，本书的第2、3两章，希望帮你解决好“如何生存，并学会依靠规则赢得基本竞争”的问题。

第4章是《向顶级高手学习商业认知/系统思考和竞争策略的制定》，这是非常重要而有价值的一章。

在我看来，职业环境中，普通人与高手的一大区别，就在于系统思考和制定高质量竞争策略的能力，而这一章里，关于什么是系统思考，如何才能具备系统思考能力，以及如何依靠策略而非简单执行来赢得竞争，甚至顶级高手会有什么样的思考习惯和方法，我都进行了诠释。

如果你工作了四五年，在个人发展和成长上遇到了一些不大不小的瓶颈，相信这一章对你尤其具有价值。

某种意义上，这一章试着帮你重点解决的，正是“如何看到、理解更大的世界”的问题。

第5章和第6章分别是《第三条“一级成长曲线”——心性成长》和《如何与这个注定不确定性、不可控的世界共舞？》，在这两章里，我将结合创业5年来经历的一切，跟你具体探讨更大层面的“个人成长”到底是什么，以及你需要面对怎样的挑战。

这两章所要回答的问题，正是我前面提到的“如何在看到更大的世界后担负起更大的责任，赢得更大的荣耀和认可”的问题，以及之后那个更加本质的自我拷问。

我认为这两章内容可能是本书最动人的篇章，我相信它对处于职业生涯不同阶段的人会带来不一样的触动和启发。

如果你也经历过创业，或者已经在职业生涯中取得了不错的成就，相信这两章更容易让你产生共鸣。

和《运营之光》一样，这本书仍然带有一些浓厚的个人色彩——它并不是一本对职业成长和商业竞争进行科学考证、引经据典论述的书，反而有点像是“一个平凡个体跨越多个成长阶梯后总结的自我成长方法论与个人自白”。

很难说这样的写作表达是否是好的，但它确实更契合我的内心——如果我要写一本有关成长的书，我特别不希望它变成一本简单的工具书，或者是空洞无用的“纯鸡汤”，又或者是那种快消品式的、读完一遍后再也没有二次翻阅兴趣的畅销书。

在我的内心深处，对于成长的基本认知是这样的——

每一个成年人都会经历一个属于自己的“英雄之旅”。在旅途中，你需要经历生存考验，变得强大，然后遭遇方向迷茫和内心归属的困扰，最后再返璞归真，满血归来。

这个过程说起来很简单，但践行起来，你会遇到无穷的障碍和挑战。我有幸能够在过去15年里从社会最底层一路上行，如今有点接近能够看到这个过程的全貌。目前的我，在成长这样的课题面前，算得上是特别坚定的。

而走过这个“英雄之旅”的全过程，对我而言，也异常动人。

我希望，围绕着我在职业生涯中的种种亲历，这本书能够为你呈现这个“成长”过程的全貌，也能够在一些具体问题上为你提供指引，带给更多人一些笃定的力量，直面或走完这个并不轻松的旅程。

我希望，这本书的内核中，保有一些深刻的思考和力量，可以让你身处职业成长的不同阶段时，都愿意反复翻阅它，并从中获得不同的感悟。

当然，因为个人水平和认知所限，这本书也一定有它的局限。

事实上，在写作这本书的过程中，我也有许多自我质疑。

其中最大的自我质疑来自——我的当下，还远说不上有多么成功。

我想要谈论的主题是成长。而任何一个有资格站到大众面前谈论成长的人，必然需要在个人成就上赢得最基本的大众认可。而身为一名创业者，我和伙伴们所创办的企业目前只是一家发展中的创业公司，仍然面临各种挑战，尚难言结局如何。有时这也让我感到些许惶恐，怀疑自己是否具备这个资格。

此外，身处创业状态中，我有很多机会接触各行各业的顶尖高手们，在与他们交谈讨教的过程中，我常常发现自己在很多问题上的思考和理解仍然是浅薄的，仍然因为自己的一些认知局限而感到汗颜。

但最终我选择鼓起勇气写作本书，一来，我相信以我独特的职业经历，我或许是一个“对”的人选来思考和讨论这个话题，且我也有足够的念想和动力；二来，我也相信，以输出来带动输入是最好的学习和成长方式，即便我的思考没有那么严谨和完整，把它呈现出来接受广大读者和各位前辈老师们的批评，对我而言会是更好的学习。

关于本书的很多内容，我相信必然存在诸多有失偏颇和亟待指正之处，希望广大读者在阅读过程中不吝赐教[1]。

不过，你也可以相信，虽然我的水平、能力有局限，但我对待这本书的态度足够认真，为了让它符合我自己的期待，我付出了尽可能大的努力。

衷心希望这本书能够带给所有身处职业成长旅途中的朋友们一些启发与思考，让你从中获得一些前行道路上足可坚守的信念和力量。

是为序。

黄有璨

2020年8月

1　关于本书的一切建议，欢迎通过我个人的微信公众号“黄有璨”给我留言

前言

FOREWORD

这是一本讲述身处一个快速变化的不确定时代，我们该如何追求职业成长，并在成长过程中让自己拥有更大能量应对各种不确定和重大挑战的书。

为了让你阅读这本书变得更加容易，在本书开篇的部分，我想向你分享两个在个人职业成长过程中无处不在、特别重要的概念，它们将贯穿这本书的始终，在你阅读本书的过程中一再出现在你的眼前。

这两个概念分别是——

（1）**线性成长模式**

（2）**非线性成长模式**

我试着用比较通俗的方式来解释这两个概念。

线性成长模式是指一种相信任何一个人的成长是由单一维度的要素来驱动的，只要在单一维度下持续地努力，随着时间推移就一定能够持续获得成长，且成长速度较为稳定可控的成长模式。例如，当我们想追求某个成长结果B的时候，能够找到唯一一个确定的变量A，与之强相关。

这意味着，只要努力改变A，B一定会呈现正向或负向的变化。如果用数学语言绘制一张坐标图来阐述“线性成长模式”，我们会在横轴为A、纵轴为B的坐标图上看到一条直线（如图0-1）。

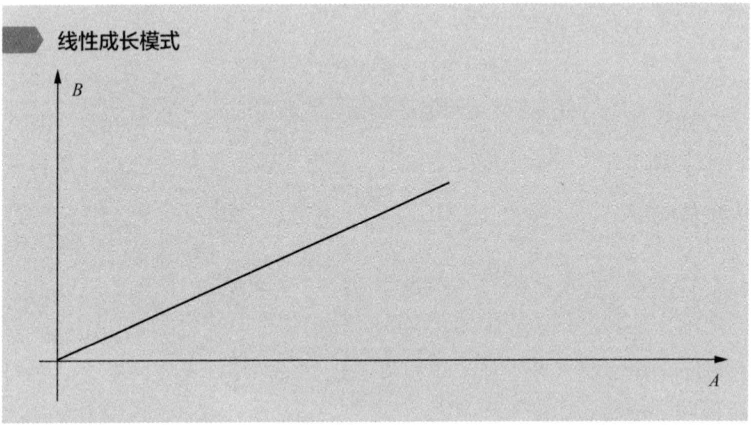

图0–1

日常生活中，有很多结论或思考方式，都是“线性成长模式”下的产物。例如，我们只要多读书，就一定能够掌握很多知识；我们只要多跑步，一定就会变得强壮；我们只要少吃油腻食物，一定能变得更健康，等等。

而非线性成长模式是指一种相信任何一个人的成长是由很多不同维度的要素来驱动的，并且个人成长轨迹不太可能呈现为简单的直线上扬的成长模式。它意味着另外一种逻辑——信奉这个世界是错综复杂的，当我们想要达成一个结果B，除了A之外，还有无数复杂的因素和变量对最终的结果产生影响，你很难形成这样的绝对结论：只要做好了A，就一定会得到B。

你会发现，并不是我们只要努力就一定会变得更好，并不是我们只要少吃饭就一定会减轻体重，也并不是一家公司获得的收入越多，它就一定越有前途。

如果你非要限定唯一的条件A，去理解我们所追求的成长结果B和A之间的关系，并试图用同样的数学语言进行表达，很可能得到的是一张看起来全无规律、无法预测的坐标图，如图0-2。

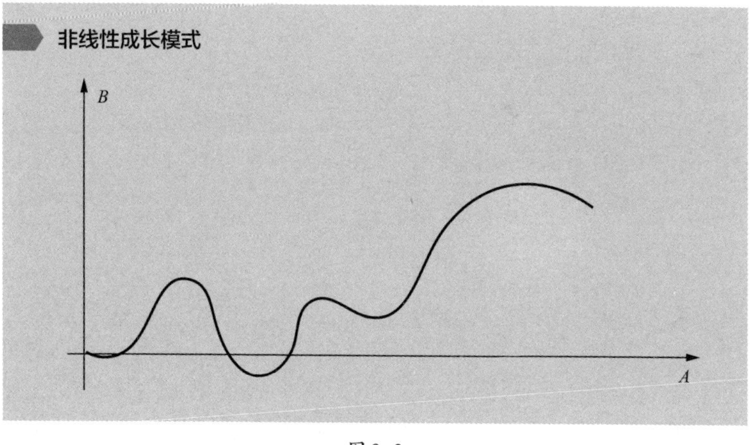

图0–2

如果套用到个人成长和企业发展中，当我们寻求成长或业绩增长时，符合“线性成长模式”或更趋近于按部就班的直线渐进式的成长轨迹，我们称之为“线性成长”；而更符合“非线性成长模式”，饱含混沌无序甚或部分跃迁式变化的非直线成长轨迹，我们称之为“非线性成长”。

这正是本书书名的来源。

不过，在“非线性成长模式”的范畴下，我还想额外为你引入另一个从属于它的概念——

S型曲线

在所有的“非线性成长模式”中，也存在有序的非线性成长模式和无序的非线性成长模式两类。

在所有有序的非线性成长模式中，“S型曲线”是最常见、最容易被我们借鉴和利用的一种模式。

如图0-3，在一张坐标图中呈现出一个“S”型的曲线。我希望你牢牢记住它的样子——在读完本书后，你对它或许会有完全不同的理解。

“S型曲线”的背后，隐含着一个极其简单但又非常普适的真理——

每一款成功的产品、一个富有能量的生命，又或者一种能够帮助企业或个人成功的模式，都有一个特定的生命周期。其从诞生到兴盛，再到衰退的过程，与“S型曲线”高度契合，即不会一直无限地增长下去。

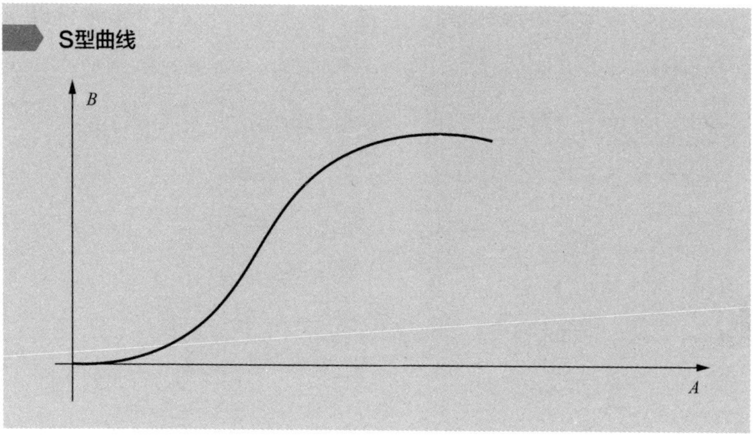

图 0–3

事实上，如果你经常关注一款产品或是一家公司的发展，对“S型曲线”一定不陌生——经典的产品生命周期曲线，就是非常完美的“S型曲线”。

以上，就是我希望你在正式阅读本书之前牢牢记住的3个概念。

围绕上述3个概念，还有3句话想要分享给你——

（1）一个环境长期越稳定，线性法则在其中就越适用；相反，如果一个环境变化越快、越频繁，则非线性法则越容易在其中起主导作用。

（2）对绝大多数人而言，我们当前所处的这个世界是复杂且充斥着“非线性”的，但“非线性”不等于无序。找到某些在非线性的世界中适用的基本规律和法则，对于你的成长至关重要。

（3）即便世界的本质是非线性的，在每一个非线性系统内，也存在高度遵循线性法则的局部。任何个体或组织，本质上都需要线性法则和非线性法则交替发生作用，才能更好地驱动其发展与成长。

在阅读本书的过程中，你会发现，这3个概念和这3句话，可以解释和应对你绝大多数职业成长中遭遇的难题和困惑。

接下来，请跟我一起，开启阅读这本书的奇妙旅程。

NONLINEAR GROWTH 01

非线性成长

我的非线性成长之路

考虑到本书后续的章节会不断提及我职业生涯中的某些阶段和片段，而且部分重要概念、结论的形成，与我个人的职业成长经历密切相关，我决定在本书的起始部分，先简要向你分享我职业生涯成长的全过程，以及每个阶段我所经历的变化和成长是如何发生的。

有两个注意事项——

（1）第1章不会有任何强烈希望你记住的观点或者所谓"方法论"，仅仅是我过去十多年职业经历的真实写照和零碎感悟。当你脑海中有了这些信息，再阅读后续章节，会更加清晰和容易，会有更加深刻的感悟，并能够理解，本书中提到的所有重要方法和观点，真的在我个人的职业成长经历中得到过印证。

（2）这本书讨论的焦点有两个，一是"成长"，二是"职业成长"，但我认为二者其实密不可分。后者首先是前者的重要组成部分，并影响着前者的走向——一个在职业上成长高度有限的人，在个人成长上似乎也不太可能达到很高的高度。对很多人而言，在走入职场的头几年里，你在职场中的成长，就是你要关注的成长的绝大部分。

下面开始进入我的故事。

就像我在自序里提到的一样，我的职业生涯起点，低得出乎绝大多数人的想象。

而从那时开始至今的15年里，我的成长速度，可能超过了身边99%的人。时至今日，我的身份和形象，早已有了翻天覆地的变化，虽然还远不敢以“成功者”自居，但至少我的职业竞争力，已远超行业内的大多数人。

我的职业成长可以分为如下5个阶段（如图1-1），而每一个阶段，都对应了一条“S型曲线”。这些曲线的斜率有大有小，它们代表了我在相应阶段成长速度的快慢。

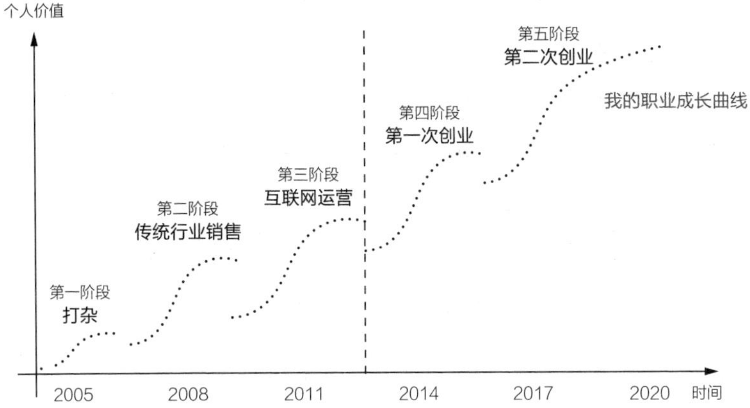

图1–1

之所以把我的职业生涯划分为这样5个阶段，是因为我在后来深刻地意识到：**一个人的成长和进步往往是受到环境牵引的，而你所在**

的行业、公司、你的工作内容、你所接触的人群和圈子，都构成了环境的一部分。你会发现，当你在合适的时候被放入一个合适的环境中去，你会获得巨大的提升和进步。

很多时候，切换自己的下一个成长曲线，其实就是让自己进入一个全新的环境接受新的历练——要知道，很多时候，某些特定的环境——可能是一个全新的行业、一类热门的工作岗位或公司，又或是一个特别优质的圈子，它们往往是自带势能的，也即：你进入其中，自然会有更大的机会获得超过他人的成长。

相反，如果你所处的环境没有变化，则你的成长速度不会出现几何级的变化，甚至，如果你所在的环境势能正在衰减，你的成长可能还会停滞，甚至倒退。

我用一个例子来说明这一点。

我有一位朋友A，他从高中到大学都品学兼优，大学就读于一所顶级名校，而相比之下，我只不过是一个高中辍学生。

从大学开始，他极度活跃，组织了许多活动，担任学生会主席，多次在各种公开场合演讲，迅速成为学校里的风云人物。

2006年，当我还在为生计奔波，千方百计希望找到一份靠谱的工作时，他已经进入一个当时很热门的行业，在一家知名的公司，四处奔走演讲，可以说，他的职业生涯起点，绝对远在我之上。

但十几年过去后，他始终在同一个行业中，从一位普通一线员工到业绩优异的优秀员工，最后再成为一个部门的负责人。

他所进入的那个行业，在2006年前后是一个非常热门、可以让人获得飞速发展和成长的行业，但此后十几年，这个行业渐渐趋于稳定，不再有飞跃式的发展。

用我们的话来说，他在一个逐渐趋于稳定的环境中线性地成长着。

而我在这十几年时间里，从打杂到销售，到运营，再到创业，切换了多条赛道，从外企到互联网，再到创业过程中参与和涉足诸多行业，在不断切换赛道和自我升级的过程中，渐渐赢得了远超其他同龄人的成长加速度，获得了飞跃式的成长。

时至今日，再看我们俩的状态，已有不同——当前他在一家还算知名的公司担任一名中层管理者，但十几年前笼罩在他身上耀眼的光环已经渐渐褪去。背负着家庭和房贷压力，要想在职业成长中再有更大的突破，看起来不是特别容易。

而我折腾多年后，经过多段创业经历，在业内算是小有名气，也度过了需要为家庭生计发愁担忧的阶段。

最重要的是：他在所处的职业和商业环境下，可能处于较为被动的职业状态。而我，则早已进入更为主动的职业状态——我无须为寻找更好的公司、岗位和薪水发愁，而进入一种“只要我想，我可以在诸多机会中挑选我最喜欢、最感兴趣的一个”的状态。

能否在职业发展过程中让自己成为一个更具主动选择权的角色，至关重要——这一点，我会在第2章提到。

如果把我和他在这十几年里的成长曲线做一个对比，粗略如图1-2。

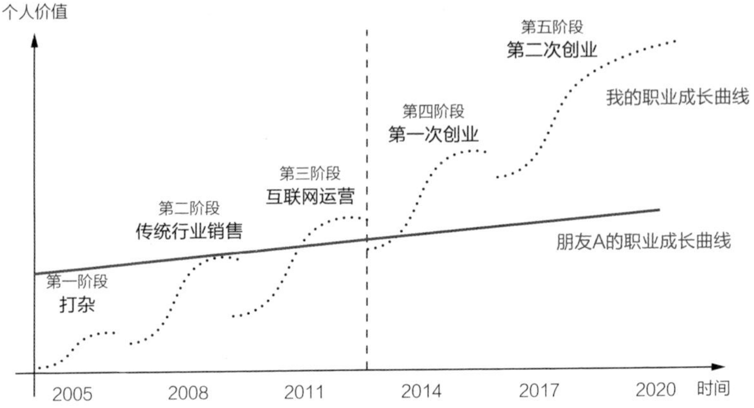

图1–2

我职业生涯成长的5个阶段，在某种意义上，就是我所经历的5个全然不同的成长环境和赛道。很多时候，如果要问我快速成长的秘诀，一半是主动，一半是运气眷顾，我总是能在合适的时候让自己投身到一个合适的环境和赛道中去，并通过自己的努力在一个本就有着“势能”的赛道中获得更大的成长加速度，最终让自己收获了远超他人的成长。

回顾我十多年的职业生涯，我认为有一点特别重要——

迄今为止，除了最早期不经事阶段做过的几份不靠谱的工作以外，**在我的每一份工作履历里，我都做出了显著的业绩。这些业绩，让我在同层级的公司同事之间，甚至整个行业内，总是能够成为Top 20%的人选。**

是否成为Top 20%，在一个快速变化的职业环境下，很可能是起决定性作用的——这一点，后面会一再提到。

接下来，我将具体描述我在每一个阶段的真实状态，以及我是如何从一个阶段跨越到下一个阶段中去的。

1.1　第一阶段（2005—2006 年）：拥有一份靠谱的工作

我的职业生涯，开启于高中辍学后来到北京。辗转两年后，2005 年，既无学历，又无背景，更无工作经验，我抱着“总得想办法干点啥养活自己”的心态，开始求职。

就像自序里提到的，在最初两年，我为了生计四处奔波，挣着每月 1000 元出头的薪水，租住在城乡结合部，最大的念想，就是找到一份靠谱的工作。那还是一个外企很光鲜亮丽的时代，能够迈入外企的大门，大概就意味着一个人的职业生涯上了正轨。

那时的我还不知道所谓“S 型曲线”“非线性成长模式”等概念，也完全不知道两年后的自己到底应该做些什么，但我内心有一些朴素的想法——要想从当前为了生计四处奔波的“打杂状态”进入外企，我总得有点能拿得出手的本钱。

于是，我做了一些思考——对于绝大多数声名在外的外企而言，一个既无显赫学历、又无成熟经验的人，是断不可能入其法眼的。如果我想进外企，选择那些中等规模、大众知名度不高的企业更有可能成功，而不是把目标瞄准声名显赫的500强大公司。

而且，在外企普遍需要的岗位中，我发现，最不看重个人出身和背景的职业，是销售。

于是，虽然每3～5个月就要换一次工作，我还是用了差不多一年的时间，为自己积攒“本钱”——我找了很多份具备销售属性的工作，且基本做到，无论是街边揽客还是店面直销，自己的业绩在同期员工中都能名列前20%，并且让每一位带过我的上级都对我有比较正面的评价。

2006年10月，我依靠自己在一年时间里积累下来的“本钱”，以及一封4000多字详实真诚的求职信（我在信中尽可能客观地列举了自己的诸多优点和不足）换来了一家主业是生产和销售各种化工、生物实验室设备的日企的面试机会。

我还记得，那家日企公司的老总在面试临近结束时问了我一个问题：你将来有些什么目标吗？

我想了一下，答道：凭自己的能力，10年内能在北京二环周边买套房。（那时北京的城市发展还远没有现在这么庞大，房价也不像现在这么夸张）

后来，老总告诉我，正是这个答案，让他们决定向我正式发出Offer。

我就这样开启了职业生涯的第二个阶段。

1.2　第二阶段（2006—2008年）：从草根到销冠，第一次快速“超车”

2006年10月，我正式加入上文提到的日企，成为一名销售，兼做一些市场部的工作，大抵是翻译一些产品手册，参加一些行业展会，制作一些产品宣传资料之类的。

在长达一年多的时间里，我不断学习各种各样的新东西，接触各种各样的新信息、新环境。

其间，我学会了如何做好一次陌生拜访，学会了如何在接触不到核心决策者的时候，通过跟一个实验室或一个科室上下周边的各种人搞好关系，来获取高价值信息，学会了如何跟一个级别远高于我的领导攀谈和逐步建立关系，学会了如何从零开始，通过发展代理商和搞定核心客户开拓一个区域市场，我也经历了第一次参与投标，第一次参加行业展会，第一次到公司在日本和上海的工厂参观……

那时的我很稚嫩，没有什么系统成熟的职业规划，也完全没想好自己3年后要做些什么，但那些很朴素的想法在我脑海中还是根深蒂固的——管它做啥，既然要干，就一定要干出点成绩，干出点名堂来！

以及，我需要的就是学习。只要我之前还没接触过，没有了解过的工作内容，我都愿意去了解、去学习。

抱着这样的心态和立场，加上比其他人更多一些的努力，我循序渐进，拿下了自己的第一个客户，发展了第一家合作代理商，然后是更多的客户和订单……

先后两年，我都在公司内取得不错的业绩，在2008年，我更是成为公司在单一区域内的销冠。

也是在同一年，我决定再次更换赛道，离开当时已小有成绩的那家日企和销售岗位，转而进入互联网。

让我决定从舒适区（当时做销售渐有起色，有了不少客户资源，奖金也在逐年增加，确实是一种越来越舒适的状态）离开的原因有两个——

（1）在付出诸多努力让自己成为销冠之后，我发现，相比其他同事，我做销售并不具备绝对优势（这一点，在本书后续内容中还会再次提到），且我也并不喜欢做销售。

（2）日企的风格非常稳定，也很注重资历。在经历了两年多的快速成长期后，我发现，在公司里学习到的新东西和能够获得的成长空间越来越少，这并不是我想要的，我仍然处在一种追求快速成长和快速学习众多新事物的阶段。

而那个时候，正好是互联网的第二次繁荣时期，Web 2.0的浪潮方兴未艾，每过几个月就能看到一个有趣的网站上线。开心网、人人网、天涯、豆瓣等网站在那时风靡一时，带来无数令人遐想和憧憬的空间。

我喜欢互联网的开放和无尽的可能，希望互联网上那种更加简单、直接的人际关系，也隐隐憧憬着通过互联网改变些什么。

于是，我把互联网设定为自己的下一个赛道——虽然，那个时候我连一家互联网公司到底有些什么岗位、具体都需要做些什么还不知道。

回过头看，这个决定，其实改变了我的整个职业生涯的走向，也让我的成长轨迹迈入“快车道”。

1.3 第三阶段（2009—2011 年）：互联网下的加速成长和运营职业生涯

2009 年，我在一家名为 About.com 的美国公司开启了自己的互联网职业生涯——这家公司的主营业务是发现并邀请各类生活领域的达人（例如收集玩具的、喜好美食的、到处旅行的，等等）撰写专栏，并支付报酬，与达人分成，最终通过网站流量和广告进行变现。

现在，这家公司已经销声匿迹，但在当时，它一度是美国国内排名前 15 的网站，并因此被纽约时报集团收购。

我一开始的岗位是“专家运营主管”——千万别搞错了，这个岗位的意思并不是说我是个专家，而是代表着我的主要工作内容就是负责拓展各类专栏作家（也就是“专家”）并做好这群人的管理和用户关系维护。

后来我跟自己的直属上级交流，了解到当时之所以给此前毫无任何互联网从业经验的我这个机会，完全在于他们认为我长期泡网，对互联网世界还算熟悉，有不错的线上存在感，而且他们感觉，我此前的工作是销售，有着不错的能够“搞定人”的能力（这一部分，我在

《运营之光》中有更详细的介绍）——当然，更重要的是，这样的岗位太独特了，他们发现很难招到经验完全对口的人，因此只能退而求其次，从有过部分相关经验的人中挑选一些看着顺眼的对象。

而当时的我，连什么是运营都还讲不清楚，更不会想到几年之后自己能写出那本婵联各种互联网运营类书籍榜单榜首的《运营之光》。

在进入这家公司后，有一段时间，我的主要工作内容就是各种打电话、各种线上（包括QQ群、论坛、博客、微博等）找人勾搭聊天，然后就是一通介绍，告诉他们我是哪个网站的，是做什么的，想找他们来写专栏，能提供给他们什么回报，等等，直到最后把合同签回来。

就这部分内容而言，我干的事与销售并没有什么太大的区别。

与销售完全不同的地方是：现在我不仅要考虑把合同签下来，还需要考虑如何去管理这群达人们，并最大限度地调动他们的积极性，让他们持续稳定地生产出优质内容来。比如，要与他们保持良好的私人关系，要树立一些标杆榜样级的达人并邀请他们来给其他达人分享，积极拓展各种可以给达人的福利（比如上电视节目）并反过来要求他们必须达到××条件才能得到福利，等等。

我有了一点比较深的感受：在一个新的行业内获得一项扎实的新技能，需要满足两个条件——

（1）**你此前已经拥有某项具体的相关技能，且对之还算熟悉。**

（2）**你需要把自己置身于用到该项新技能的真实环境中，进行大**

量实践练习，唯有这个过程才能把此前那项“相关技能”转化成为一项新技能。

好比我此前拥有的相关技能是销售，但正是因为我有一个新的实践环境可以大量实践和练习，才慢慢扎实地掌握了“核心用户的拓展和运营”这项新的技能。

跟此前一样，在不断实践和训练中，我慢慢让自己在“核心用户的拓展和运营”这项新技能上变得越来越纯熟，也渐渐比大多数同事做得都要好。

而且，我也发现，在互联网这样信息爆炸的行业里，我接触到的信息和成长机会非常之多。

我后来有了两个总结——

（1）**当你新进入一个行业后，第一要紧的事情就是，尽快建立起几项自己在这个行业内的核心技能，它们可以成为你在这个行业成长和发展的基石，甚至是将来你在行业内的安身立命之本**——对我而言，在自己运营生涯的头两年，这个基石就是“核心用户的拓展和运营”。有了它，才有了我此后运营生涯里的各种可能。

（2）**当你有了一两项足以安身立命的核心技能之后，为了带动自己成长，最好的办法就是去参与或负责一些可能涉及多部门协作的复杂项目的推进落地。**

我在2009年底经历了一个这一阶段工作的小转折点：当时我作为项目负责人负责一场大规模线下活动（参与人数为数百人）从策划

到落地的全过程。

这是我的运营生涯里，第一次独立负责一个涉及N个部门复杂项目的推进和落地。它最大的挑战在于：我需要调动跨越5个部门以上的数十个人跟我一起做好整个活动，而他们当中的每一个人在这个活动之外都有自己的本职工作，且很多人的职级都比我要高。

最终，活动历时一个多月，做得很成功。

在这次项目的推进过程中，我得到了几个关键收获——

（1）我收获了极强的自信心，找到了那种强烈的“你一定要对产出负责”的感觉。这两者后来始终在我的职业生涯中伴随着我成长，也让我开始有了这样的信心：一件事，只要交到我手里，且我认为它是可行的，不管面对的人是明星大腕还是级别高我好几个台阶的老大，我一定能想方设法达成不错的效果。

（2）除了一个人单打独斗，我对于如何组织和调动一个团队面向一个共同的目标努力有了更加实际的体验和感受。换句话讲，“团队的组织和管理”以及“复杂项目的推进和管理”成为我的两项新技能。

（3）在整个项目的推进中，我得以接触到很多此前我的本职工作中接触不到的工作内容和信息。比如，我要跟PR部门一起讨论面向媒体的传播策略，这个过程中我就对PR的工作有了更多具体的了解，这成为我另一种学习成长的助推力。

此后几年内，我继续在做好本职工作、完成KPI的同时，不断参与甚至独立负责一些复杂的项目。在这些过程中，我慢慢接触并知晓了推广怎么做、如何与其他公司洽谈商务合作、事件传播如何设计和落地、产品架构是什么、研发的工作方法和流程、如何从内容出发做好品牌的公关等一系列事情。

恰恰是在这些项目推进的过程中，我慢慢接触了解到更多有价值的信息，并找到了更多“连点成线”的感觉——一家互联网公司的运作，从最早的毫无概念，到此时在我脑海中慢慢变得立体了。

从2009年一直到2011年的3年时间里，我从一个刚入行、对未来还一片迷茫的运营，慢慢成为一个有自己的一技之长、执行力和推动力还算出色、在公司内得到直系上级高度认可，并接触到更多工作分支的互联网运营从业者。

这时，我又开始有了新的念想——我想试着创业。

2010年开始，Web 2.0浪潮的涌动和移动互联网逐渐兴起，让全球范围内的互联网兴起了一波小高峰。在我印象中，有一系列至关重要的产品和事件都在这一阶段发生——

- 在Facebook、Twitter等社交网络保持蓬勃发展的同时，美国互联网又层出不穷地涌现了Dropbox、Foursquare、Instagram等一系列新兴事物。
- 苹果在2010年发布了被誉为史上最精致、最经典的一部手机：iPhone4；同年，3Q大战爆发，此后，业内对于此事的一致评价都是：周鸿祎打醒了腾讯。
- 小米、美团、爱奇艺、微信等互联网超级物种都在这一年成立

> 或启动，更不用说其身后还有一大批长长的二三梯队，它们之中，有美丽说、花瓣网、凡客、1号店、聚美优品、陌陌……

浪潮之中，怎可安坐？

那时国内涌起一股创业高潮——中关村的3W咖啡和车库咖啡先后成立，成为无数北漂创业者心中的圣地，每逢周末，那里必是人山人海，塞满了无数活动和路演。

作为一个满怀好奇心的互联网人，我也参与和围观了无数场类似的活动——迄今，我还记得其中某一场活动的主题，是讨论“二维码未来的商业想象空间有多大，是否具备独立形成行业入口级应用的可能性”。

那真是一个充满想象力和可能性的年代。任何一个人，但凡有一个不错的想法——最好你的想法还能够在国外找到对标的成功产品，再有一个出身背景还凑合的团队，就有很大可能从投资人手里拿到一笔钱，开启创业。

而那个时候，每一个创业者的脑海中，都或多或少地装填着“成为下一个扎克伯格”的梦想——他们相信，在互联网浪潮下，纵使此前没有背景、资源和经验，凭借着自己的创意、努力和聪明，也有机会像扎克伯格一样获得成功。

对我而言，创业的想法，一半是出于天然的好奇心，希望体验一次大家口中“可能会改变你整个人生”的创业；而另一半，则是身处互联网大潮之中，我渐渐有了一种“生于一个伟大的时代，不能辜负之”的感受。

这一次的选择，带来了我职业生涯中最大，也是最关键的一次飞跃。

1.4　第四阶段（2012—2014年）：第一次创业——职业生涯中最大的转折

如果说我在前3个阶段里的成长还主要聚焦在各种单点技能和执行力的提升上，那么毫无疑问，我的第四阶段的成长和提升，则已经部分转移到商业认知和高质量思考决策的层面。

2012年上半年到2015年初，接近3年的时间里我的成长和变化，可以算得上是几何级数递增和爆炸式的。用一个朋友的话来说，这几年里，每隔一段时间见我，都会觉得我身上发生了一些变化，那感觉，像是我在速度飞快地自生长着。

而在这一阶段，我的经历又可以一分为二——

前一段，2012—2013年底，我开启第一次创业，在一家早期创业公司担任COO。

后一段，我结束第一次创业，加入某家巨头互联网公司旗下的一个战略级项目，担任COO助理，同期，我还在多个创业团队担任顾问。

虽然参与的项目和事情不少，但这一时期的我，在个人成长上关注的问题是一脉相承的，那就是：**在强化自己的绝对硬实力和单点破局能力的同时，学习如何建立自己的商业认知和系统思考决策体系。**

从这一时期开始，我的每一段职业经历都更多地变成我自己的主动选择，而不再像过去那样，是被动选择的产物。

我可以简述这一阶段中前后两段经历里我的主要成长、变化和背后的逻辑。

2012年初，我第一次参与创业。

那是2012年年初的一天下午，我偶然间看到有人发了一条微博，说他们创业做了个有点意思的项目，即将上线，想找一个运营或BD[1]方向的合作伙伴，于是我就给他发私信，交流了几句，说看看我是不是合适。

那个发微博的人，叫小马宋——他当时是创业公司“第九课堂”的联合创始人，后来凭借一系列文案、传播策划方面的作品和代表性案例，成为国内营销界颇为知名的顶级专家之一。

我就这样加入了那个创业项目，成为合伙人，后来又担任了COO，开启了我的第一次创业之旅。

当然，后来的故事远没有那么美好——这次创业在一年半时间里，

1 Business Development，商务拓展。

不出意外地迅速走向失败。而我们每一个合伙人，在整个项目推进发展的过程中，都交了大量学费，也有过不少争执和分歧。

事后回顾起来，这是一段极度煎熬，也让我自己留下了很多遗憾的经历，同时也是我自身发生蜕变的一个核心转折点。因为这一段经历，我才会有之后的很多可能性，为此我发自内心地感谢它。

在这一段创业经历里，我有了两个显著的变化——

（1）我变得更“能打”。

因为身处一个压力巨大、资源稀缺，还经常没人搭理的环境，反而激发出了我内在的很多潜力，比如，当时因为不敢花钱，也没有资源，被逼着不得不绞尽脑汁地琢磨怎么可以不花钱还能做出一些不错的成果，最后居然真的生生依靠一些不太需要花钱的创意和策划在早期搞来了近万名用户。再比如，在我们必须考虑赚钱时，我不得不往返奔忙，使出浑身解数，最后真的找到一条略显曲折的道路，创造了几十万元的收入。而所有这一切，放在以前，我从没想过自己可以做到。

当我回顾这一段创业经历，发现整个项目从前到后，大部分重要成绩和发展，都与我有紧密的关系——这也成为我在这一段经历里为自己加上的砝码。

（2）我从以往的执行层面开始更多地关注“如何决策和思考”层面。

不得不说，创业是赤裸裸、血淋淋、痛苦又令人兴奋的。

在一个创业团队里，你发现问题是解决不完的，大到公司账上没钱了，或者大家都不知道该往哪里走，小到物业水电费能不能跟物业砍砍价、省点钱，甚至有个用户得了抑郁症，打来电话一通哭诉，需要安慰……每一天都有无数这样的问题一个接一个，也不管你准备好没准备好，“啪”的一下就拍到你脸上来。

也是在这样的环境下，你必须学会把各种问题和事情在不同层次上区分开，比如，哪些是战略和方向的问题，哪些是执行的问题，它们之间的关系是怎样的……

我渐渐把自己关注的问题从“如何把一件事做好”变成了“这件事是否合理，是否真的需要做好”以及“是否存在更优的选择”。

在好几件事上，我真切和深刻地体会到了“不要以战术上的勤奋掩饰你在战略上的懒惰和无能”这句话的分量。

2013年底，我正式结束第一次失败的创业。经历了一大堆挫折和问题的我，脑海中萦绕着两个重要的、亟待解答的问题——

（1）我到底够不够“能打”？

我虽然在上一段经历里单点破局能力变得更强了，但如果放眼整个行业内，我到底算不算能打？我的个人战斗力够不够强？第一段创业的失败，多大程度上是由于我“不够能打”造成的？

（2）很多比我强的高手以及大厂的身居高位者，到底是如何进行思考和决策的？

在创业过程中，我稀里糊涂地做了很多决策和思考，但整体而言，它们零碎而没有章法。我也不知道大厂内一些顶尖高手如何进行商业和战略的决策和思考。

于是，我迫切想要得到这样的学习机会。

为了解答这两个疑问，从2014年开始，我同时开启了两条成长路径。

其一，我加入某家巨头级互联网公司，在其旗下的一个战略级项目中担任COO助理。

其二，我开始用一些业余时间担任多个创业团队的顾问。

上述两个决定，都是有的放矢——

» 我希望有机会离一家知名公司的高层更近一些，甚至距离一些优秀的创业者更近一些，以便观摩和学习他们的所有思考和决策。
» 我希望在无论大厂还是创业的战线上多见一些人和事，也多练练手，以此来佐证和检验“我到底够不够能打”的内心疑惑。

在担任COO助理期间，由于我的角色需要参与大量公司中高层会议，我渐渐了解到成熟的大公司高管和职业经理人是如何工作和进行决策的，以及大公司的决策流程和工作机制与普通中小公司有何差异。

我在大公司内亲手负责一些重大项目的落地，体会到在一家不缺资源、不缺流量的大公司内部，依靠一些项目和资源的对接迅速搞定几十万用户是一种什么样的感觉，也同时验证了一把自己的破局能力。

同时，凭借此前创业过程中积累下来的一些经验，我以顾问的身份先后参与了几款产品的运营体系建设和规划，其中有做社交的，有做工具的，也有做在线学习系统的，这让我对不同产品的运营侧重点和运营体系建设有了更深的理解，也对商业认知和团队管理有了更深的理解。

到了2014年下半年，那个战略级项目的发展并不乐观，我选择结束了这一段经历，内心更加确信几个想法——

（1）我应该还挺“能打”的。尤其是在从0到1阶段，以极低成本做出很多空手套白狼式的运营增长案例方面，在高效有序地推动一些大型复杂项目方面，我的战斗力胜过了大多数人。

（2）经过这一段时间的学习和浸淫，我在商业认知和高质量思考决策方面，有了更完整的逻辑和体系。我迫切期盼着一个全新的实践环境来检验自己的认知水平。

（3）在参与、观察和了解无数行业及产品之后，我对自己将来的方向也越发坚定——我想在成人学习和教育方向上做一些事情。

恰逢此时，机缘天降，我和两位老朋友Luke、布棉久别重逢，大家对互联网行业内人才紧缺的情况深有同感，也都喜欢帮助他人成长，希望为行业做一些事情，我们越聊越兴奋，一拍即合，决定做一个帮助互联网产品经理和运营提升实战能力的项目，就此开启了一段新的征程。

这个项目就是三节课这家公司的前身。

而接下来的这一段征程，是我最投入、最享受、最寄予厚望和憧憬的一段经历。在这段征程中，我一次又一次地突破自己的上限和瓶颈，让自己变得越发强大。

1.5　第五阶段（2015年—至今）：以成熟创业者的身份加速成长

创办三节课5年来，我们走过了一系列颇值得回味的行程——

» 我们在许多人都不看好的情况下一点点搭建起行业内可能体系化程度最高的产品和运营课程，并被包括BAT、TMD在内的几乎所有顶级互联网公司采购引进。

» 短短两年内，我们在一分钱推广费用都没有花过的情况下，实现了超过千万元级别的年收入。

» 我们率先提出“新职业教育”的概念，创办4年，我们先后完成了4轮融资，成为行业内被全球顶级投资机构认可并率先完成B轮融资的新职业教育公司。

这5年时间，对我而言，是从一个“比较能打、拥有犀利破局能力的特种兵”向一个“优秀的操盘手、管理者甚至企业家”全面晋升和蜕变的过程。

这个过程注定不轻松，既有乐趣和成就，也有痛苦和挑战，而我的成长，既包括外在的技能、认知方面的显性部分，又包括内在的心态、思考方式甚至性格方面的隐性部分。

如果要举例的话，仅就“学会克制住自己总是觉得团队成员什么事做得都不如自己好，凡事都要自己上手干的冲动”这一件事，真正赋能团队，我就花了2～3年的时间不断转变（到现在我都还不敢说自己已经做得足够好），并在这一过程中极大地调整了自己的心性。

5年下来，我的变化主要包括两方面——

（1）在显性成长方面，关于如何真正做好从0到1破局和从1到100快速突进，如何组建和管理团队，乃至如何经营一家企业，创建一个具备长期生命力的组织等一系列重要的问题，我都有了更丰富的经验、更完善的方法论，并能以非常快的速度调整和完善。

这里必须提到的是，创办三节课之初，正值我开始系统地形成自己的工作方法论的时候，我一边对外讲授互联网运营相关的课程，一边不断研究很多行业内的一手案例，一边在三节课亲身实践，同时不断与一些业内高手进行交流。

于是，整个过程对于我成为一个不断思考和完善自身知识体系和方法论的过程。我也正是在这个往复循环的过程中逐渐对产品、运营、管理、商业经营形成了一套自己可以依赖的方法论，并积累起来特别强大的自信。

到今天，对于如何经营管理好一家年营收规模至少在数亿到数十亿元的公司，我还在持续学习的过程中，但已经有了更多的坦然和自信。

（2）我在内在心性、心力方面有了极大的变化。

这一点，在此暂不详表，第5章我会认真聊聊这个话题。

以上，就是我对过去15年职业生涯的简述。

不妨再简单做一下总结——

（1）我远超大多数人的成长速度背后，关键在于很多次我都选择了一个具有高成长性、充满机会的赛道，让环境和赛道牵引着我前进，而非仅仅依赖个体的努力。

（2）机会和风险往往同时并存。我也比其他人承担了更多的风险和压力，很多时候，压力是我职业成长道路上的催化剂，倒逼我在某个阶段发挥出更大的爆发力。

（3）看起来，我总能做到顺利在多个赛道间进行切换和职业迁移，这一方面，需要我在上一段职业经历中为自己赢得一些重要的砝码，另一方面，也需要我在切换过程中付出更多的牺牲和努力。

（4）外在显性技能的提升和内在心性的成长和成熟往往贯穿一个人职业生涯的始终，但在不同阶段，可能会有不同侧重。

上述4个总结，在接下来将会逐渐展开，进行更详细的介绍。

作为这本书的引子，希望我的经历对你多少有些启发，也希望这样的开篇能够让你对接下来的内容更加好奇，更加充满期待。

下面，围绕着对职业成长建立更加深刻的认知，并在其中追寻“非线性成长”的旅程，将徐徐展开。

1 一个人的成长和进步往往是受到环境牵引的，而你所在的行业、公司、你的工作内容、你所接触的人群和圈子，都构成了环境的一部分。你会发现，当你在合适的时候被放入一个合适的环境中去，你会获得巨大的提升和进步。

2 我总是能在合适的时候让自己投身到一个合适的环境和赛道中去，并通过自己的努力在一个本就有着“势能”的赛道中获得更大的成长加速度，最终让自己收获了远超他人的成长。

3 在我的每一份工作履历里，我都做出了显著的业绩。这些业绩，让我在同层级的公司同事之间，甚至整个行业内，总是能够成为 Top 20% 的人选。是否能够成为 Top 20%，在一个快速变化的职业环境下，很可能是起决定性作用的。

4 当你新进入一个行业后，第一要紧的事情就是，尽快建立起几项自己在这个行业内的核心技能，它们可以成为你在这个行业成长和发展的基石，甚至是将来你在行业内的安身立命之本。

5 当你有了一两项足以安身立命的核心技能之后，为了去带动自己成长，最好的办法就是去参与或负责一些可能涉及多部门协作的复杂项目的推进落地。

NONLINEAR GROWTH 02

非线性成长

非线性世界的真相与基本规律

我在第1章里，已经向你讲述了我的经历和故事。

但其实，过去十几年时间里，在互联网带动各行各业快速发展变化的大背景下，那些在特定时间内，通过切换赛道，让自己进入一个更具有成长性的环境，从而获得跃迁式“非线性成长”的人，并不少见。

不妨就顺手为你简单介绍几个人。

你也许没有听说过马占凯，但你八成使用过“搜狗输入法”。

2005年，马占凯大学刚刚毕业，在太原一家国企从事机械设计工作。国企的沉闷和缓慢让他有些厌倦，每天喜欢写点东西的他，偶然间发现了一种省力的打字方式——

当他写东西时，如果输入法不能直接打出所需词语，他不愿意在输入法的词表里一页一页寻找想敲的字，而是在搜索框里输入拼音（比如：zhoujielun），获得搜索引擎相应的提示（“您要找的是不是：

周杰伦”)，由此进行复制粘贴。

这位当时没有任何计算机背景，但每天可能使用百余次搜索的年轻人，自己猜测出一套解释：搜索引擎有一个人工整理的巨大词库。但稍微刨根问底之后，他发现，搜索引擎充分利用了用户输入的关键词，每当某个关键词的搜索量达到一定的数目，比如几百万次，那么这个关键词就自动被收入搜索引擎的词库。

换言之，用搜索引擎来生成一个常用词的巨大词库，成本极低——这让他萌生了通过搜索引擎来做输入法的最初设想。

后来，他终于无法忍受国企生活，决定辞职到北京闯一闯，依靠自己脑海中的一些假设，写了几十页的文档，找了很多家公司发了出去，并获得了搜狐的回应。

年轻的马占凯就此加入搜狐，并成为“搜狗输入法”的创始人，开启了属于自己的“非线性成长”之路。

如果马占凯的名字你觉得有些陌生，那么在2020年的当下，你一定对李佳琦和薇娅这两个名字耳熟能详。

2015年刚刚从南昌大学毕业的李佳琦，最早的工作是在美妆柜台做一名普通柜员，干了半年后，因为长得帅而成为一名彩妆师，月收入三四千块。

2016年底，他接到通知：公司要试水网络直播，请所有彩妆师上传一段自我介绍的短视频。他的网络直播之路就此开启。

原本在团队里资历最浅的他，格外重视这个机会。起初，他非常紧张，也异常认真，后来在直播各项数据上一点点超过了团队内的其他人。

2017年，有很长一段时间他给自己定了个要求：每天至少播6小时，天天播。他也在这一年从南昌转战上海，彻底摆脱了彩妆师的身份，正式成为一名全职主播。

就这样一直播到2018年，这一年年底，他在抖音发布了一条MAC口红的试色推荐，一夜涨粉接近100万，就此一炮走红，再也停不下来。

跟李佳琦差不多同一时期走红的，还有薇娅。

2003年，薇娅和男友董海锋在北京动物园批发市场开了一家服装店，因为服装的款式好，生意也很好。2008年，薇娅和老公董海锋去了西安，在西安又开了7家服装店，每个店都盈利。

2012年，薇娅夫妇决定关掉线下服装店，去了广州，开始做天猫店铺，搭建了30人的运营团队，交了许多学费，甚至卖掉了广州的两套房子补亏空。

薇娅称，颇为不顺的电商生涯，是她创业以来最灰暗的日子。不断地自我怀疑，身体和心理状态都变得非常差，和老公也经常吵架，但这一段日子也是薇娅人生的一笔重要财富。她相信只要脚踏实地，尊重商业规则，做好产品，服务好用户，就一定会有收获。后来薇娅入驻淘宝直播，每天坚持直播，最终成为业内公认的“淘宝第一主播”，多次创下直播带货纪录。她说：“现在回过头来看，从线下实体店主，到天猫店主，再到如今的电商主播，很多东西都在改变，但当初支持我走过来的这套价值观到现在都没有改变。”

事实上，在变化越来越快的互联网时代，许多行业和领域内，类似马占凯、李佳琦和薇娅的故事都大量存在着——哪怕不是所有人都能取得他们那么耀眼的成就，但在任何领域内，只要变化和变革始终存在着，就总会有人站在新的机会上快速崛起。

并且，在互联网和其他高新技术的推动下，几乎一切行业都会迎来“变化和变革越来越快”的状态。

只是，对于绝大多数人而言，他们还未完全做好准备去理解和迎接这一切，总会下意识地思考“到底什么工作更有前途”这类问题。

因此，在变化来临的时候，他们也往往手足无措。

但是，变化的来临，是不可阻挡的大势。

因此，我想要在本书的第 2 章，为你重新构建一个关于个人职业成长的认知体系。

我希望为你讲清楚，在当今时代，我们该如何在变化动荡的环境中找到某些稳定可依赖的规律，用以指导自己的职业成长。

只有理解了这一切，你才更有机会找到属于自己的“非线性成长”之路。

当然，我接下来所聊的一切，都基于一个核心假设——

我们当中的绝大多数人，都将迎来一个变化越来越剧烈的职业环境。而你，必须为此做好准备。

2.1 重塑自己的职业发展观

毫无疑问，我们当前所处的世界，是一个变化越发剧烈、越来越不能用简单的线性法则来看待的“非线性世界”。

从2019年开始，我一直有一个特别强烈的感受——对于绝大多数职场人来说，可能都到了必须重塑自己的职业发展观的时候。

之所以会有这个感受，是因为在创办新职业大学三节课的过去5年时间里，我越来越发现，无论是刚入行的新人还是已经工作了十多年的资深骨干，几乎每一个人在当下互联网无孔不入的职业环境和变化剧烈的非线性世界里，在自己的职业成长方面都遇到大量困惑和焦虑。

我想分享一些我看到的现象和数据——

2018年和2019年，我曾连续两年发起过一个调研，主题是互联网和泛互联网从业者职业成长的现状。这个调研每次都有超过1000人参与，受众遍布互联网和泛互联网领域的各种行业、岗位[1]。

1 想要了解2019年的调研报告全文，可关注微信公众号“黄有璨”，回复“职业调查”即可在连续两年的调研里，有几个结论和数据始终显得很一致，也让我印象特别深刻——

（1）在职业生涯的前5年时间里，超过85%的人都经历过更换行业、岗位等。

（2）超过75%的人表示不确定自己当前从事的行业和岗位对自己是否是一个好的选择。

（3）超过95%的参与者表示对自己的职业成长存在焦虑和压力，有接近50%的从业者表示很有危机感。

（4）“需要学习和提升的东西太多，不知道如何规划自己的学习路径”和“不知道如何提升自己在现有职业上的核心竞争力”成为工作和职业成长中最令人困惑的问题。

一定程度上，上述调研的结论正映射着互联网时代大多数职场人对于自己职业成长路径的困惑与迷茫。

在很多人的职业生涯里（尤其以互联网从业者为甚），诸如到底做岗位A好还是岗位B好，该选择大公司还是小公司，自己的职业到底还有没有前途、会不会被淘汰，该走M序列还是P序列[1]，职业生涯早期换了很多行业或岗位还是不知道自己适合做什么……正困扰着不计其数的从业者。

而这些困惑，在之前互联网还不那么普及的年代，没这么强。

1　互联网行业M序列指的是管理岗位，P序列指的是技术岗位为什么我们以前不存在这么多的职业困惑？

答案是：**过去的时代，是一个较为确定、变化还不那么剧烈的时代。我们在职业成长方面，面临的问题是确定的，答案也往往是确定的。**

正如我在前言中提到的，在一个较为确定的环境中，“线性成长模式”可能成为我们主要依赖的指导法则。

如果简单回顾，你会发现，在过去的职业环境中，我们其实一直长期依赖着两条比较契合“线性成长模式”的法则来指导我们的职业成长——

第一，要做好择业，如图2-1。

过去的关注点：我们该选择a、b、c中的哪个职业？

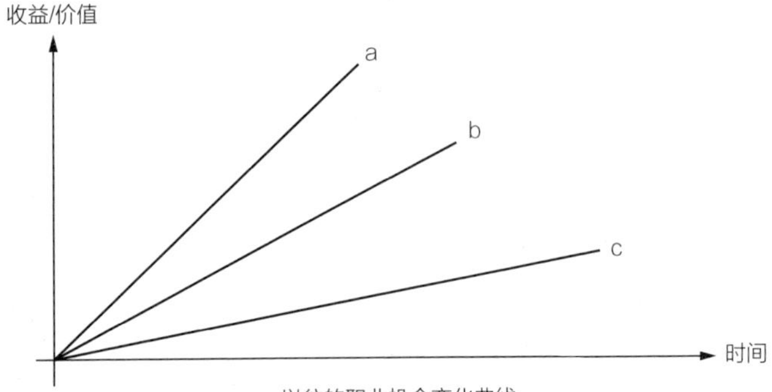

图 2–1

在上一个时代的职业环境中，各种职业的发展上升曲线往往是线性的和稳定的，这意味着，在职业生涯中，选择从事什么样的职业，往往就决定了你能走到什么样的高度。就像是，你在大学毕业后，到底是去选择做一名教师，还是一名医生，还是一名工程师或者银行家，往往就注定了你此后10～20年的收入、社会地位等。

这样的环境中，人们尤其看重择业，从事什么类型的工作可能很重要。

第二，我们曾经都深信，最为典型可借鉴的职业成长路径，就是在一家公司内，从助理到专员，从专员到主管，从主管到经理，从经理到高级经理，从高级经理到总监，从总监到VP……诸如此类，一步一个台阶从低的职级向高的职级慢慢晋升，最后实现年薪百万，出人头地。

因此，人们往往也会用这样一条线性路径来审视自己的职业成长，并且一般来说，在这样的路径中，一个人经过努力，能在一家公司成长为总监，确保自己的收入、社会地位等可以稳定在一个水平上，来到“舒适区”或曰“安全区”。

然而，伴随着互联网的发展与普及，我们所处的职业环境已经发生了一系列变化，也给从业者们带来了一系列全新的命题，如图2-2。

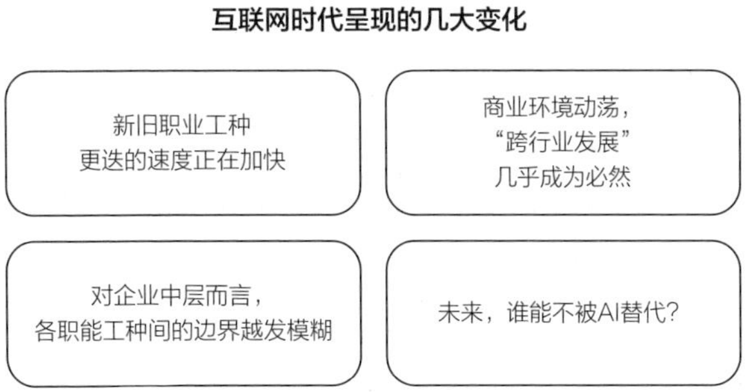

图 2–2

从2016年开始，每一年都会有人整理出一些“已经消亡+可能即将消亡的职业”清单，传得满世界都是。印象中，包括照片冲洗工、洗碗工、纸媒记者、司机、话务员等职业都曾经榜上有名。

而如果把视野放得更加宽广一些，你会发现，曾经备受年轻求职者追捧的4A广告公司、外企等在当下也颇有些风光不再。

就算是在非常前沿的互联网行业内，也存在着类似“移动互联网终局已现，想要再做APP的公司越来越少，那些数量巨大的IOS、安卓开发工程师们将何去何从”的争辩与声音。

你会发现，在很多职业只能存在不到10年，很多公司甚至活不过5年的当下，在越来越不确定、变化越来越快的职业环境面前，上面我们提到的两条曾经的“铁律”，正在变得越来越不可依赖——哪怕你在一家公司已经成为高管，也需要开始担心自己是否会被取代，是否会失业。

很大程度上，这是一种“我们所处的世界已经彻底发生了改变，原有的信仰已经开始坍塌，但我们还没有找到一种完整清晰的认知来彻底理解和审视新的世界”的感受，它必然让一个人感到焦虑。

所以，为了解除大多数人心中的焦虑，关于职业成长，我们必须建立起来一些新的信仰，也必须重新理解当前我们所处的这个充满变化和各种“非线性法则”的世界，并试着找到某些在当前这个世界中仍然适用的基本规律和法则。

这就回答了我在本章开篇提出的问题——为什么我们需要重塑自

己的职业发展观。

那么，我们究竟该相信什么？

我一贯认为，任何事物，如果能够穿透表象直达本质，你一定能够找到其底层的某些稳定不变、可依赖的规律。

而我们也要相信，这个世界上，每一种游戏都拥有它的规则，只有洞悉了那些稳定不变的规则，你才能知道如何在规则约定的范围内更好地“赢”，公司经营如是，个人职业成长亦如是。

因此，我们有必要重新从更加本质的层面来理解职业成长到底是个怎样的游戏，以及在这场游戏中，通关的方式有哪些，从而探寻一些值得我们依赖且可指导我们行动的基本规律。知晓了这些，我们才能知道自己如何应对各种变化和挑战。

1. 社会分工与职业发展的逻辑

首先，我们必须理解，在今天的世界中，一个人必须在成年后从事某种职业，扮演好某种特定的社会角色以获得经济收入，确保自己的生存需要，乃是一个社会普遍共识。

而为了满足整个社会经济发展与每个个体的需要，为了支撑各种职业的存在、发展，乃至为了支撑整个国家经济的运转，我们所处的社会必须建立一套完善的体系，以保障一个社会中的精细化分工协作和生产回报关系可以变得更有序。

所以，职业分工本质上是一个国家社会分工与生产回报体系中的一个组成部分。

理解了这一点，我们就可以通过一张图（如图2-3）来试着用比较简单的方式解释一下到底什么是职业，影响整个职业环境的各种因素到底有哪些，以及我们在讨论职业成长的时候，到底在讨论什么。

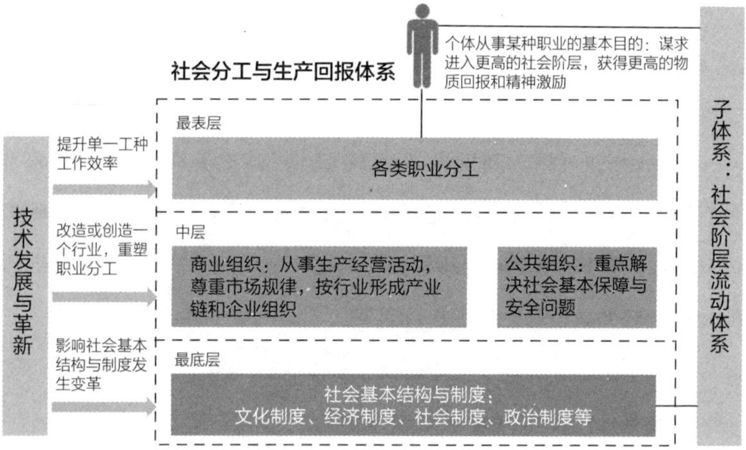

图 2–3

简而言之，在整个社会分工与生产回报体系中，各类职业分工本质上是整个体系中的一个组成部分，也是整个体系中离我们最近、最表层、最可见的部分。

而一个社会分工与生产回报体系中，到底会出现哪些职业，哪些职业可能会发生更替或消亡，却是由三层结构来决定的。

在三层结构的最底层，是社会基本结构与制度，如我们的经济制度等，这一层的变革，例如一个新的政策产生或新的制度的确立，可能会催生出许多新的组织和行业，也会使许多原有的组织和行业消亡。

而整个体系的中层，则是各类组织——要知道，一个职业岗位，一定是服务于某个组织的。而我们最常见的组织分为两类，一类是商业组织，主要从事生产经营活动，它们按行业组合在一起，形成一条一条的产业链；另一类则是公共组织，如公共教育医疗机构等，这里，某一类组织的商业经营模式或是运营方式发生了变化，也会导致一些职业的工作内容、方法等发生巨大的变化。

而最表层，才是我们经常谈论的各类职业分工，在下面两层结构相对稳定的情况下，这一层的变化最多不过是工作方法的优化和改善。但当下面两层结构剧烈变化时，则这一层的变化也必然非常动荡，其中充满了无数职业的演化、升级、更替和消亡。

而在这个大体系的身旁，技术发展与革新会是一种非常重要的影响因素，对于整个大体系的每一部分都可能产生某种或大或小的影响，从而引发职业市场或职业环境中的一系列变化，导致许多新旧职业的更替，以及原有职业的进化。

例如，互联网的出现和“万物互联”让一切用户行为都变得数据化，于是许多岗位的工作方法都出现了升级，可以基于数据进行更加精细化的运营。同时，基于互联网和数据应用的发展，SaaS[1]行业兴起，而传统制造业、餐饮业、生物医疗产业等行业都经历了前所未有的升

1　Software as a Service，按需即用软件

级和改造，也促使一系列新职业岗位的出现和旧职业岗位的消亡。

假如互联网的发展某一天甚至影响到我们现有的一些基本制度——例如区块链技术有一天真的改变了当前的现代金融体系，那毫无疑问，上面两层结构都必将面临显著的动荡。

在整个大体系中，我们作为个体从事某种职业进行生产活动，基本目的往往是为了谋求进入更高的社会阶层，获得更高的物质回报和精神激励——这又从属于社会基本结构和制度中的某个子体系：社会阶层流动体系（如图2-3）。人们在这个体系中通过自己的付出和成长获得更多的回报，从而实现所谓的“个人进阶”“财富自由”等常见目标和追求。

画了这样一张看起来略有些复杂的图，就是为了让你能够理解“职业成长”这场游戏的一个简单的全貌，让你知道整个大社会系统中，到底有哪些因素在影响我们的职业分工方式以及职业成长路径。

当理解了图2-3中的所有逻辑关系，你就能够非常清晰地明白，为什么过去的职业环境和职业发展相对确定和稳定，而当下的职业环境正在变得越发动荡和不确定——这是因为，在当下以互联网、大数据、人工智能为代表的一系列技术革新正在非常深刻地影响着整个社会分工和生产回报体系的各个部分，给我们的商业环境、职业分工都带来了无数变化。

就像之前提到的，每当新的技术和新的商业模式带来变化之时，我们一定会迎来新的挑战与机遇，总会有人抓住机遇，迎来自己快速的“非线性成长”，就像马占凯、李佳琦和薇娅曾经做到的一样。

而站在这个角度，你更加能够理解在互联网环境下，我们每隔一段时间总会迎来一类新兴职业的走红，就像2011—2013年的IOS、安卓开发工程师，2013—2016年的新媒体运营，以及2019—2020年的短视频+直播运营。

当然，这张图中也有部分职业和行业，迄今受到互联网和新技术的影响还较小，例如律师、医生等，到目前为止这些职业的发展与成长，仍更多地遵循我在前言中提到的“线性成长模式”。

只是，你必须意识到，当互联网已经连接一切，变化早晚都会来临。你需要为此而有所准备。

2. 在“职业成长”游戏中通关

到这里，我们或许可以探讨另一个话题——在这样的大背景下，“职业成长”到底是个怎样的游戏？这个游戏是否存在一个通关的状态，让我们可以宣告自己在这场游戏中已经赢得了非常重要的胜利？

还是说，我们只需要永不停歇地追求成长就好？

不妨先表明立场——我相信，职业成长对大多数人而言，一定存在一个相对的通关状态——就像不少人工作的终极梦想就是追求财富自由一样。

人们从事某种职业和谋求职业成长的基本目的是追求更多的物质回报和精神回报（最基本的精神回报就是获得他人的认可和尊重），在普世层面上看，这不存在什么争议。

此外，绝大多数人在其职业生涯的早期，由于经验缺乏、能够创造的价值有限等原因，都是显得较为被动的，即往往迫于生计而工作，在行业、公司、工作内容等的选择上不具备多少话语权，只能被动接受。如果把整个职业成长看作一场游戏，那职业生涯早期的玩家们，在整个游戏中拥有的话语权就会非常羸弱，在求职等过程中更多只能被动地接受别人的挑选，处于一种需要依赖他人生存的状态。

而许多人内心是极度渴望摆脱这样的被动状态的。

如果你对于第1章里我自己的成长经历还有印象，你会记得，我差不多是在2014年，结束了第一次创业，让自己的个体战斗力变得足够强之后，才在职业成长的大赛场下，慢慢从之前的被动状态转变为主动状态，有了更多的话语权和自由选择的权利。

综上，我在此或许可以抛一个基本观点——

“职业成长”是一个充满了束缚的游戏，我们在其中，以“获得物质回报+精神回报”和“获得充分自由选择的权利”二者为目标而努力。最初必然会面临着生存的压力，面临着自己能力的局限等，在整场游戏中极为被动。**只有当某一天我们经由努力走到一定的高处，摆脱了物质和精神上的双重束缚，也拥有了主动选择的空间和权利，才能真正摆脱职场对我们的束缚，在这场游戏中实现通关。**

再进一步简化明确一下：要想在职业成长这个满是束缚的游戏中通关，进入到更高的层次，你必须具备两个条件，缺一不可——

（1）你要能够具备获得稳定可观的收入的能力。即便不谈财富自由，最起码，在物质生活上你完全不用为生计而焦虑。

（2）你要拥有自己的核心竞争力和不可替代性，这样关于“要做什么和不做什么”，你才能拥有较大的选择自由，让更多时候，是需求和机会找到你，而不是你只能牢牢抓住某一个机会，生怕自己被抛弃。

3. 两种通关路径

于是，接下来的问题就是：在职业成长这个游戏中，过去我们只要选对职业或者身居高位就能够通关了，但在今天高度不确定的环境下，我们到底要怎样才能顺利实现通关？

换句话讲，如果我们当前从事的所有工作岗位都是不稳定的，可能被机器替代或被时代淘汰掉的，我们到底要让自己成为一个怎样的人，才能确保自己在整个社会分工与生产回报体系中拥有不可替代性和绝对竞争力，确保自己可以走到更高的位置？

要回答这个问题，我们需要回到图2-3中去思考，如果放远到未来数十年看，整个系统中最大、变化最频繁的变量和变化不那么频繁的定量各自是什么。

毕竟，职业成长只是整个社会分工与生产回报体系中的一部分，你必须回到整个系统结构的层面来思考一些问题，结论才会更可依赖。

于是我们可以看到图2-4。

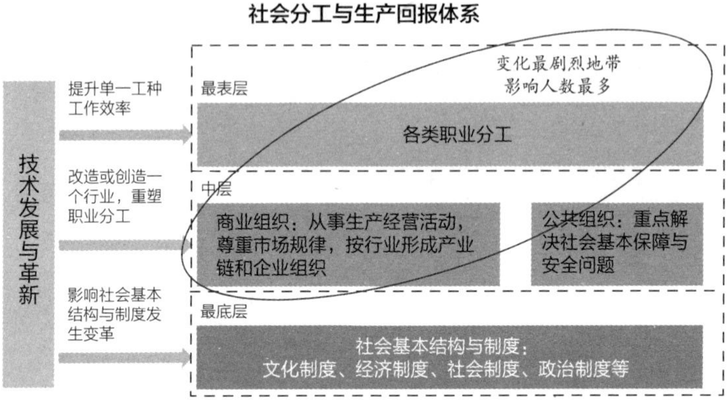

图2-4

我们会发现，在整个系统中，过去十几年时间内，变化最剧烈、影响人数最多的部分，是因为技术发展而对商业模式、行业格局等带来的持续重塑，进而造就了一系列新商业模式、新职业岗位的出现和更迭。

而整个系统在社会基本结构与制度以及偏公共组织的部分，变化相对不那么剧烈。

放眼未来几十年，我认为这一局面仍将延续——大部分人的职业成长，是在谋求商业与市场环境中的上升路径，而商业和市场，永远是整个社会分工与生产回报体系中最开放、最容易受到技术发展与革新影响、变化最频繁、影响人数也最多的领域。

这时，我们可以把问题变得更聚焦一些——假设整个社会的社会基本结构与制度相对稳定（至少不至于每年或每2～3年都产生巨大变化和波动），但影响职场人士最多的商业环境注定持续剧烈变化，旧的模式、行业和企业都注定不断被颠覆，企业的平均寿命显著更短，各种职业岗位不断更迭和消亡，我们如何才能确保自己在整个社会分工与生产回报体系中拥有不可替代性和绝对竞争力，走到更高的位置？

我的答案是：你创造商业价值的能力或是深刻理解商业逻辑的能力要变得更强。

让我把这个答案试着变得更具体一些。

我认为，当今的世界里，对绝大多数人而言，在职业成长上的终极出口，或者说实现自己在职业环境中从“绝对被动”变得“非常主动”的通关状态，有且只有两种途径。

要么，你依靠某种技能成为一个业内顶级的、位于 Top 3%—Top 5% 的专家；要么你努力让自己成为一个优秀的商业操盘手。

简单解释一下。

在一个商业和职业环境特别动荡的时候，虽然各种职业岗位及其工作内容、工作方法特别不稳定，但假使你抛开特定岗位，仅仅在一项技能上让自己成为公认的顶级专家，例如，你文案写得极棒，创意做得极厉害，设计做得特别美，甚至是特别擅长通过朋友圈卖货，等等，这些都是专家的体现。专家最终要解决的命题是一定要成为所在垂直领域的 Top3%—Top5%。假如能够达到这种水平，在动荡的商业和职业环境下，你压根不用考虑怎么生存或怎么挣钱，因为大量机会自然向你涌来。

而另一种可能则是虽然你未必在一项技能上成为顶级专家，但你可以让自己成为一个优秀的商业操盘手或是经营管理者。

到底什么是商业操盘手呢？简而言之，一个商业操盘手要解决的问题，是通过商业经营让一家公司或一个业务的商业价值能够持续得到放大，收益更多并且效率更高。从这个角度上看，不管是路边摆摊卖烤串，或者自己创业，或者管理一家数万人的公司，某种意义上都是在“经营一个业务”，让其商业价值不断放大。只是不同的业务规模大小不一，复杂度也不一样，优秀的商业操盘手一定能够操盘规模更大、复杂度更高的业务。

要想成功操盘一个业务，你必须清楚商业逻辑，必须非常清楚你所处的是个怎样的赛道，有着怎样的规律，你的业务的核心环节和流程是怎样的，整个产业格局又是怎样的，你该如何与其他人竞争，以及当下你所经营的业务价值要得到放大，需要满足哪些前提和要素，等等。

在一个动荡的商业环境下，虽然行业和商业模式不断革新和被颠覆，但一旦你成为一个优秀的商业操盘手，事实上你已经具备了设计和优化一个商业系统的能力，哪怕技术再如何进步，行业再如何革新，你也可以成为最善于运用技术革新去创造更大商业价值的那类人，这样的人，在整个系统中注定是安全的。

并且，我也发现，行业内的许多高手们，最终的自我身份认同也大都符合顶级专家或优秀的商业操盘手中的某一类。

举个例子，我的好朋友小马宋、因为商业写作而成就等身的吴晓波老师、童话大王郑渊洁等人，他们并不擅长或喜欢在一家商业组织内身居高位，担任一个管理者，但他们本身是一位顶级专家，也分别在各自所处的领域内成为Top3%—Top 5%，甚至是Top 1%的高手，因此，他们完全无须担心自己的收益。

而第二类，许多知名的创业者和企业经营者，包括马云、王兴、程维等优秀的企业家，他们未必拥有某项自己极精通和极乐于去钻研的技能，但他们骨子里却是一位优秀的商业操盘手，以极致的战略思考和商业创新作为自己的追求。

好了，到这里，让我们先记住和消化理解我在这里抛出来的两个通关技能——

身为一个普通人，身处非常动荡和不确定的商业/职业环境下，要想在职业成长这个充满束缚的游戏下更好地通关，你的最佳选择是两种：**要么，你依靠某种技能成为一个业内顶级的、位于Top 3%–Top 5%的专家；要么你努力让自己成为一个优秀的商业操盘手。**

这是我在第2章开篇先为你揭示的一个基本规律，希望你能牢牢记住它。

接下来，在第2章余下的部分，我还会为你揭示在职业成长过程中更多可依赖的基本规律，在第3章，我会对到底如何才能找到更优的路径，让自己成为一个顶级专家或是一个优秀的商业操盘手给出回答和建议。

2.2 “S型曲线”与“第二曲线”出现的必然

在本章的第2节，我们不妨先把上一节提到的成为顶级专家或优秀商业操盘手两个通关秘诀暂时放到一边。

毕竟，它们是一个较为终极的答案，需要用许多年才能实现。而我们的职业生涯，仍然得一点点脚踏实地地走。

这一节，我们不妨回到更近更实际一点的地方，一起来思考：在职业成长中，有哪些更加具体和能够有效指导我们行动的基本规律？

这就需要把目光聚焦到前言中提到的一个重要概念——“S型曲线”。

在“S型曲线”之后我还会引出另一个重要的概念——第二曲线。

1. 职业成长中的“S型曲线”

你可能还记得，我在前言中曾经提到过——

在所有的“非线性成长模式”中，也存在有序的非线性成长模式和无序的非线性成长模式两类。

而在所有有序的非线性成长模式中，“S型曲线”是最常见、最容易被我们借鉴和利用的一种模式。

在这一节里，我将更具体地阐述它对于个人职业成长的意义所在——我们不妨再一次从“S型曲线”到底是什么，以及它对我们的职业成长有何意义开始讲起。

1966年，哈佛大学经济学家雷蒙德·弗农提出著名的“产品生命周期理论”，而到了2017年，知名管理学大师查尔斯·汉迪通过他的著作《第二曲线：跨越“S型曲线”的二次增长》对此进行了更加深入和全面的解读。

汉迪在书中说道：“S型曲线”是每个组织和企业在预测未来时一定会参考的工具，一切事物的发展都逃不开“S型曲线”[1]。

汉迪也认为，“S型曲线”是一种普适和伟大的存在，它能够解释这个世界上几乎一切事物的发展和演化规律——所有的有机体，无论是动物、人或是由人所创造的产品，乃至一种新技术、一种新商业模式，最终都难逃一个生命周期的自然规律，都会经历从诞生、成长、成熟、衰退，到最后结束的过程，如图2-5。

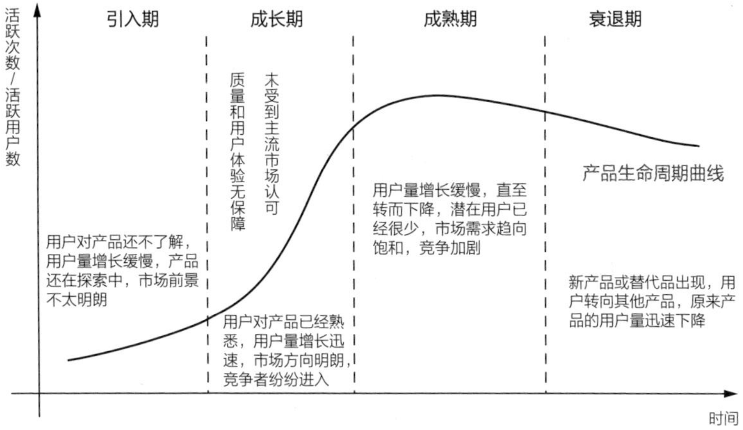

图 2–5

你会发现，只要身处一个快速变化和竞争激烈的环境中，无论是一个行业、一家公司、一个产品、一类竞争模式的发展，还是一个人在一个特定岗位或环境下的成长，都会遵循“S型曲线”的规律——

1 【英】查尔斯·汉迪. 第二曲线：跨越“S型曲线”的二次增长. 北京：机械工业出版社，2017

要么，它们不会成功，其成长发展过程呈现出一种杂乱无序的状态；要么，它们的成功遵循某种特定的范式，经历早期的缓慢发展、中期的快速指数级成长以及后期的增速放缓甚至衰退。

2016年，三节课曾经对当时互联网行业内用户数量增长迅速的近20款APP进行深度研究，并出版了一本书《独角兽之路》。在研究过程中我们调取了多个第三方数据平台的数据，对每一款产品的用户增长曲线都进行了绘制，在此把当时我们绘制的快手、B站（Bilibili）、滴滴出行3款产品在2016年前的用户增长曲线分享给你（如图2-6，2-7，2-8）。你可以从中清晰地看到“S型曲线”的痕迹——当然，彼时的这3款产品，都还处于快速增长和发展的轨道中，用户增速还远未见顶和放缓。

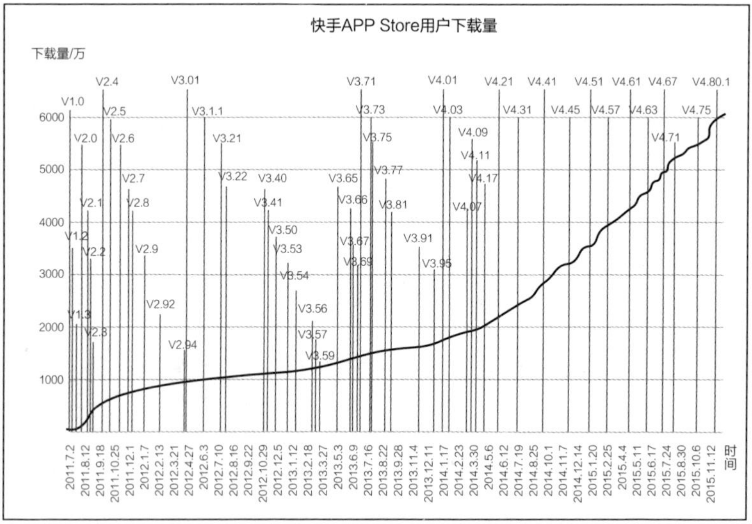

图2–6

注：图中V指产品的版本号

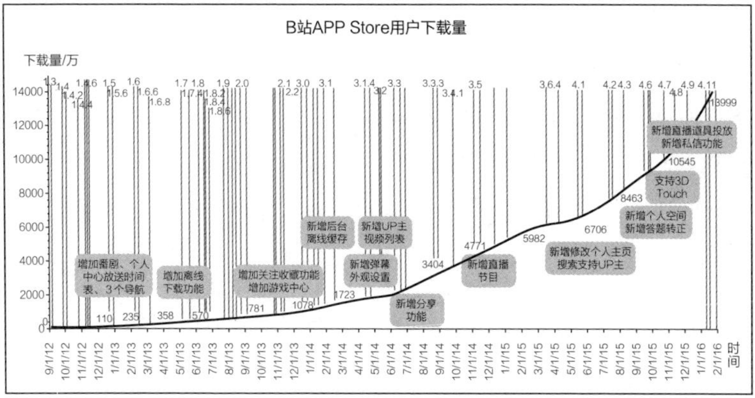

图 2–7

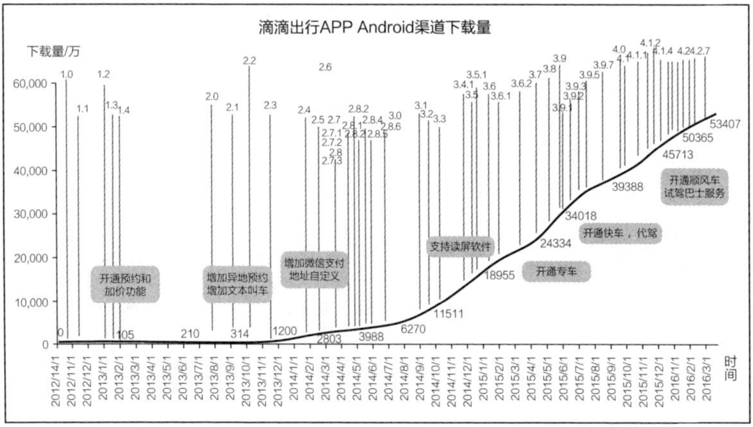

图 2–8

在某一类竞争模式的发展方面，“S型曲线”的规律也屡试不爽。

如果你曾经在2015—2019年深度了解和做过微信公众号的运营，你一定知道，微信公众号的粉丝增长，大约先后经历过5～6种主流竞争打法的变迁，从最早的“段子+鸡汤/深度干货涨粉”，到“萌娃萌宝/美女投票大赛涨粉”，再到“大号互推流量矩阵涨粉”，甚至再后来的“微课裂变涨粉”和“其他各种组合裂变涨粉”，其间，每一种打法都经历过最早的摸索，然后出现一个阶段的红利期或快速发展期，有无数人借助其中的某一类或某几类打法获取到数十万甚至更多的粉丝，然后，每一类打法所能获得的收益总是在最多1～2年内逐步递减，走向衰退。

再回到个人的职业成长中，你会发现，它也同样遵循“S型曲线”的基本规律。

当我们进入任何一个岗位，或者在一家公司内谋求发展时，要么，我们的成长可能是无序、杂乱和缓慢的，要么，我们的成长轨迹很可能如图2-9，如果发展较为顺利，我们个人的成长基本都会按照“S型曲线”，被划分为3个阶段。

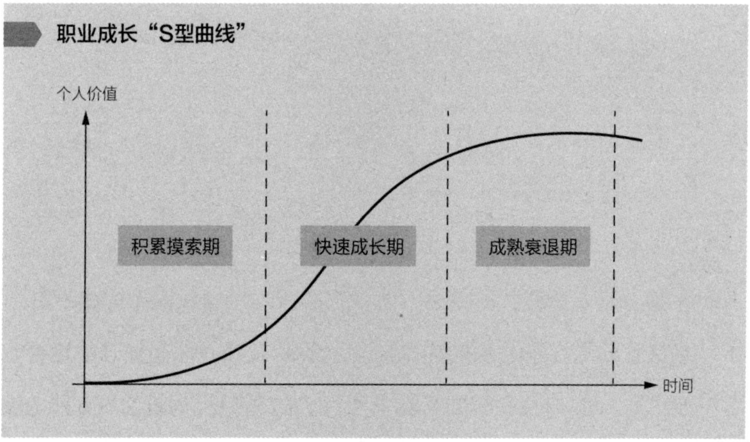

图2–9

第一个阶段，称为积累摸索期。这个阶段的你，因为刚刚进入新的竞争环境，对这个环境的规则、基本情况等都还不熟悉，也没有做好准备在该环境下面对激烈的竞争，因此，需要花一些时间来摸索和试错，也需要在一些实践过程中不断修正自己的基本认知，检验自己在新环境下的实力和竞争力是否足够。

如果参照我的个人经历，你会发现，我在2006年刚刚成为销售的第一年，以及2009年刚刚转行互联网从事运营工作后的大半年时间，差不多都处于这个阶段——我一边在大量地学习各种此前不熟悉、不了解的信息，一边在局部区域不断实践和检验自己的能力，积累自信。

这个阶段，你可能不会有什么显著的工作成绩。

然后就进入第二个阶段——快速成长期。

在这一阶段里，你对于新竞争环境下的一些规则和情况已有较为充分的了解，也通过实践积累了一些微小的业绩，对自己的工作能力有了一些基本的自信。

于是，接下来你必须做好准备，让自己不断到竞争更加激烈、压力更大的一线战场上，在竞争中不断赢得胜利，取得成绩——唯有成为一个在局部战场竞争中不断赢得胜利的人，你才能让自己进入快车道，获得足够快速的成长。

同样参照我的个人经历，在我到日企工作的第二年，当我对公司的业务、产品都相对熟悉，也做过几个小订单之后，我主动请缨，迎接更大的挑战和机会，这才有了后来我同时负责两个新兴省份销售工作的机会。2008年，在其中一个省份拿下了一个颇有分量的大单，才有了我区域“销冠”的成绩。

正是这种背负压力和直面竞争的状态，以及从中取得成绩和获得肯定的欲望，激发我更大的潜力和战斗力，也让我变得更加自信和强大。

回顾我职业生涯里的其他几段经历，无论是在About.com时期的工作，还是自己的第一次创业，快速成长必然与背负压力、直面竞争和挑战直接相关，莫不如是。

最后一个阶段则是成熟衰退期。

到了这一阶段后，你在某一竞争环境下可能有了不错的成绩，你的竞争力也获得了不少人的认可，于是，你可寻求的挑战在该环境下变得越来越少，你的成长速度开始逐渐放缓。

如果把横轴当作时间，纵轴看作我们的个人价值，再把这3个阶段合在一起，就构成了典型的职业成长“S型曲线”。

当然，这里自然引出了一个问题——

在我们所选择的每一份工作和岗位中，按照上面的职业成长“S型曲线”，我们似乎在快速成长期必须让自己背负更大的压力和挑战，让自己的成长进入快车道，呈现指数级加速提升的状态，那么为什么不能让自己的成长相对慢一点，保持一种稳定、不那么激进的线性状态呢？

答案是：因为我们的前提假设是你处在一个快速变化且竞争激烈的环境中。

在快速变化的环境中，当你选择一个新岗位，或是一个新行业，又或是一类竞争打法作为自己的成长赛道时，你的职业成长是有黄金时间窗口的——这个时间窗口，大部分会是3年左右——超过了这个时间窗口，你面临的情况，要么旧成长赛道的成长性和势能慢慢衰减，要么赛道中已经涌入更多新兴的“血液”，从而导致竞争进一步加剧。

总之，倘若你位于一个变化极大的行业内，身处一条职业成长赛道，花了超过3年时间仍然没能让自己进入快速成长的轨道中，那么无论原因是什么，对你而言都算不上是积极的。

这也引出了一个新的问题——如果我们所处的成长赛道本身的增速已经开始放缓，该怎么办？

我接下来要向你分享——第二曲线。

2.“第二曲线”

如果你看过《第二曲线：跨越“S型曲线”的二次增长》，或是在其他地方接触和学习过“第二曲线”，对于这一概念一定不会陌生。

在我们当前所处的世界中，大到社会组织形态、商业模式和基本制度，小到一项技能、一类职业，它们都可以在特定时间和环境下帮助一个组织或个体更好地发展与成长，都可视作一类成功范式，如汉迪所言，每一类成功范式背后，在价值收益上都对应着一条“S型曲线”，都有其特定的成长生命周期，必然经历诞生、成长和衰退，也必然有其增长边界和上限，最终的价值收益增速一定会放缓。

于是汉迪得出结论——**任何一条增长曲线都会滑过抛物线的顶点（增长的极限），持续增长的秘密是在第一条曲线消失之前开始一条新的“S型曲线”，这就是所谓的“第二曲线”**。

回到职业成长历程中，你会发现很多时候也是这样的——在你真正进入职业成长中的通关状态之前（即成为顶级专家或优秀的商业操盘手），你必须一次又一次地给自己的职业生涯画出美妙的“S型曲线”，以一条接一条的“S型曲线”来带动持续的职业成长，否则，你可能会被其他很多人超越，无情地抛在身后。

换个表述的话，如汉迪在《第二曲线：跨越“S型曲线”的二次增长》中所提到的，**在快速变化的世界中，任何一个个体或组织想要追求长期持续的成长和发展，都一定会面对和经历属于自己的“第二曲线”，甚至是第三、第四曲线，在多条成长曲线之间跨过“非连续性”的鸿沟**。

这里要补充说明一下，所谓“非连续性”，是指当一个人或组织的整体成长和发展由多条“S型曲线”构成时，相邻的两条曲线在演变轨迹上，是不连续的，如图2-10。

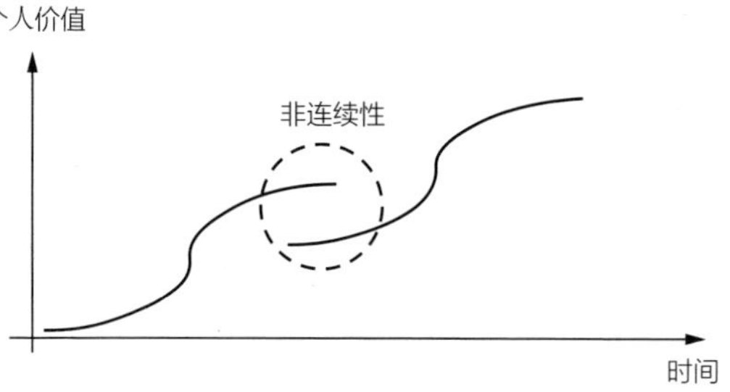

图 2–10

关于一个人或一个组织在长期发展和成长时需要不断跨越多个成长赛道，勾勒出自己多条成长曲线的必然性，我想分享一个教科书级别的商业竞争案例。

2010 年 5 月，“易到用车”成立，当时，大洋彼岸的优步也几乎在同一时间筹建。可以说，易到是国内甚至全球范围内最早的互联网出行公司。

创办之初，易到选择了“高端专车”模式，让商务人士可以更便捷地打到车。

经历了早期的探索后，易到的业务慢慢走上正轨，从 2012 年到 2013 年年底，易到有了非常稳定的获客来源，并在专车出行领域拥有 80% 的市场份额，保持着稳定的增长态势。

然而，作为一家创业公司，易到其实有着“一小一大”两个战场，小战场是“专车出行”，更大的战场则是“出行”。

2013 年开始，滴滴打车和快的打车相继切入“出行”战场，分别在北京和杭州、上海等地取得区域性胜利后，在全国范围内针对打车业务开启了补贴大战。

彼时，易到创始人周航的判断是：网约车应该是一个小众市场，且在中国市场环境下，挑战出租车行业政府管制的体系很难成功。易到提供的就应该是一种和出租车有差异的、高品质的服务。

在这样的判断下，易到坚持绝不补贴，绝不参战，就此错过了互联网出行大市场最黄金的一段发展窗口。

2015年，滴滴、快的合并，在易到坚守专车的“高端出行市场战略”时，滴滴悄然更名为“滴滴出行”，继最早的出租车打车业务，又一点一点推出了快车、专车、顺风车，甚至是代驾、拼车乃至购车、骑行等业务，不断开启了第二、第三、第四甚至第五、第六条成长曲线。

自2014年开始，易到的整体业务数据再也没能超过滴滴，差距反而被越拉越大。

到2016年，易到已难以为继，作为中国互联网出行市场的开创者和先行者，最终一步步滑向了失败的终局。

而滴滴依赖着自己强悍的战斗力和在“大出行”版图下一条接一条的成长曲线，成为中国互联网具备代表性的一家准巨头公司，估值达到数千亿美金，是移动互联网浪潮下创业成功的典范。

以今天的眼光看，周航看清了“小战场”的情况，却没能看清“大战场”的战局，过早地让自己固守在一个特定竞争赛道中，进入

“线性增长”的惯性轨迹，没能在“大战场”的战局及时开启“第二曲线”，这是易到失败的核心原因之一。对此，周航本人在《重新理解创业》一书中也有极为深刻的自省和深思。

对于易到的失败，所有有过创业经历的人都会倍加感慨——很多时候，一个商业机会往往因为新技术、新商业逻辑的变化而出现，但这样的机会注定有其特定的时间窗口，若你没能把握住机会，则机会必然属于其他人。

因此，如果你无法在特定时间内在大战场上通过无数条小“S型曲线”让自己持续走高，勾画出一条美丽的大“S型曲线”，则你必然会在这个机会面前失败，或者说，这一类成功的机会就已经不属于你了。

3. 小结

到这里，我试着给这一小节的两个重要规律进行一些强化和总结——

第一，在快速变化的环境中，当你开启了一段新的职业经历时——无论是到一个新的岗位，更换了一个新的行业或来到了一家新的公司，**你个人职业成长的最优选择，是需要在3年左右的时间窗口内，找到自己可依赖的“成功范式”，进入快速成长期，让自己在这段职业经历中画出一条美妙的“S型曲线”，而不是呈现出一种杂乱无序的状态。**

倘若没能在3年左右的时间窗口内为自己画出一条“S型曲线”，

你会面临的情况，要么是所在成长赛道的势能开始慢慢衰减，要么赛道中又涌入更多新鲜的“血液”，从而导致竞争进一步加剧，无论哪一种情况，对你来说都算不上是积极的。

第二，**在快速变化的世界中，任何一个个体或组织想要追求长期持续的成长和发展，都一定会面对和经历属于自己的“第二曲线”，甚至是第三、第四曲线，在多条成长曲线之间跨过“非连续性”的鸿沟。**

因此，在整个职业生涯中，为了追求最终的通关，我们也需要不断从原有的成长性较低的赛道中不断跃迁到成长性更高的赛道中去，否则，我们一定会遇到自己的增长边界。

沿着上述总结，若你所处的行业和领域本身就在经历着快速变化、技术革新和激烈竞争，这就注定了你必须一次又一次在2～3年的周期内让自己在某个成长赛道中努力“绘制”出一条“S型曲线”——若非如此，当这条赛道的成长性和竞争势能逐渐衰退之时，你很可能面临冲击，无所适从。

这就解释了为什么你在第1章看到我给自己的职业生涯的5个阶段画出的是5条“S型曲线”(如图1-1)，而不是5条直线。

如我们所说，在所有有序的非线性成长模式中，“S型曲线”是最常见、最容易被我们借鉴和利用的一种模式。

因此，本书提到的所有“成长曲线”“非线性成长模式”，事实上都是希望在某个特定时间和特定范围条件下，帮助你找到或抽象出属于自己的某种“S型曲线”。

至于那些相对无序、缺乏规律可循的“非线性成长模式”，例如有人偶然间得到贵人相助实现快速成长等，由于太过独特而不可借鉴，并不在我们重点关注和讨论的范畴之内。

接下来，问题又来了——倘若已经知晓了“S型曲线”和“职业生涯中需要不断切换和升级成长赛道，为自己开启第二、第三、第四曲线以最终实现通关”的重要性，我们如何才能确保自己在当前所处的每一条赛道中都能顺利进入快速成长期，最终进入势能更高的成长赛道中？

这就引出了我接下来要告诉你的另一个重要的职业成长的基本规律——**头部效应**。

2.3　头部效应——在每一段职业经历上跃迁的秘诀

所谓“头部效应”，很大程度上等同于著名的“二八法则”。即：在一个领域内，20%的顶级玩家可能获得80%的收益，而余下80%的人只能瓜分余下20%的收益。

而在商业世界中，头部效应往往还会体现得更加极端，例如，在很多互联网相关的行业内，排名前三的公司往往垄断市场中90%以上的市场份额，剩下的四五六七八九十名，瓜分余下不到10%的市场份额。

再举一个例子，提到凉茶，你会迅速想到加多宝和王老吉，但往后的第三名第四名是谁？我猜绝大多数人都不知道，这也是头部效应的典型体现。

所以，对于很多创业公司而言，如果无法成为同一竞争领域的前三名，基本也就意味着死亡。

总而言之，**头部效应就是你若在一个领域成为头部，就能够在该领域得到最高价值的回报，或是拥有该领域最高的势能。**

相反，如果你无法在一个特定领域内成为头部，则你的整体竞争力将大幅削弱。

事实上，头部效应也贯穿我们的整个职业生涯，无处不在。而“成为头部”，可能远比你想象的更重要。

我来举个例子。一家公司，同时有客服部、销售部和市场部3个部门。假设客服部有一个同学小A，而销售部和市场部也有几个同学小B、小C、小D、小E，从基本面来看，大家的能力差不多，甚至B、C、D、E的能力还要在小A之上——毕竟行业整体对销售、市场的从业要求确实要比客服部门更高。

然后，一年过去了，小A在客服部的业绩特别突出，他设计出了一套管理机制和流程，极大地提升了整个客服团队的工作效率，帮助整个公司提升了服务质量，也节省了成本，成为客服部门毋庸置疑的耀眼的明星。

而相对的，小B、小C、小D和小E虽然也很优秀，但由于销售和市场部门的竞争太过激烈，导致他们的业绩永远只能排在团队的第四到第六名之间。

你认为在小A、小B、小C、小D和小E之间，谁会成为这个公司内更受重视的人？

答案毫无疑问是小A——因为在他所在的赛道或领域内，他成为一个头部，他会赢得这条赛道中应有的回报。

再举一个更加极端的例子。

有两位同学A和B，他们都毕业于同一所大学的同一个专业，在能力和综合素质上也差不多，甚至，A的综合能力可能比B还要强一些。

但他们毕业之后的去向和选择却很不一样——A拿到了众人瞩目的腾讯公司的Offer，而B加入了一家名不见经传的小创业公司，两个人的岗位都是产品经理。

A进入腾讯后，被分配到一个新兴的产品线下——这只是腾讯内部数千款创新产品之一，从整个公司的角度看，成功与否都不那么重要。

而B虽然去了那家不起眼的创业公司，但因为创业公司缺人，导致整个公司内几乎所有的核心产品和业务，都需要他来经手和负责。

两年过去了，腾讯发展得非常好，股价又翻了好几倍，而B所在的创业公司则不幸倒闭了。

然而，回到两个人的履历上，A这两年内，在腾讯内部尝试了很多项目，做了很多不痛不痒的事，但无一成功，也没有特别耀眼的履历拿得出手。

相反，B在那家死掉的创业公司内，主导和参与了几乎所有重要的产品版本规划和迭代，也亲自负责了好几个项目，并经历了整个公司从0起步到用户量数百万、月收入数十万元，然后慢慢在竞争中掉队的全过程。其中，B经手的少数几个产品功能，还有着非常好的用户体验，甚至得到了行业内诸多从业者的认可——用我们的眼光看，B毫无疑问是他所在那家公司的核心头部员工。

两年过后，你觉得A和B谁会更“值钱”？谁在行业内的价值认可度会更高？

毫无疑问，是B。

你可能发现了，事实上，我在2012年选择创业的那一段经历，像极了上面例子中的B——我没有任何一线大厂的成熟工作方法和经验，也没有显赫的背景，以当时的眼光看，就是一个名不见经传、执行力还算不错的普通运营，但我确实依靠这一段创业经历里形成的头部效应，让自己成功逆袭了诸多行业内比我更优秀的朋友们。

就像我在第1章里所提到的——

整个一年半下来，当我回顾这一段创业经历，竟然发现，整个项目从前到后，几乎所有的重要成绩和发展，都跟我有很紧密的关系——这也成为我在这一段经历里为自己加上的砝码。

这些案例都充分说明了头部效应在职场和商业竞争中无处不在，并发挥着巨大的作用。因此，在你的整个职业生涯还没能通关之前，只要你想继续跃迁和晋升，就要在自己的每一段职业履历中，尽力追求成为头部。

以我的经验来看，至少，你也要成为你所在团队，甚至是整个行业的 Top 20%，才能够稳当地拿到进入下一段更高职业轨道的“入场券”。

关于头部效应，这里还有一个秘诀——

有些时候，**当你面临残酷的竞争，或是受限于种种其他原因，无法在一个战场快速成为头部的时候，也许最佳的策略就是向回一步，先退回到二线战场，在二线战场内成为一个毋庸置疑的头部选手，再携带自己在二线战场获得的头部势能，重返一线战场。**

倘若你在一家大公司，身处一个不那么起眼又或是竞争特别激烈的部门，干了好长时间，既没有业绩又得不到重视，此时你较优的策略或许是跳出来，到一家次一级的小互联网公司，快速做出来一些业绩，取得一些成就，成为公司的明星员工。

这时，你会拥有势能，拥有行业内大家对你的认可。此后，无论你带着这种势能重返一线的互联网公司，还是选择干脆在一个小一些的平台上主导一个项目，作为操盘手直面各种大厂的竞争，你的职业成长路径都可能变得更加顺畅。

因此，请务必记住我在这一节分享给你的关键点——

身为一个工作年限还不那么长的从业者，在单一一条职业竞争赛

道中要想顺利通关，进入势能更高的职业轨道中的关键，在于你必须在当前赛道中努力成为Top 20%的“头部选手”。

并且，在一个稍低势能的赛道中成为头部，价值远大于在一个高势能的赛道中当一个普通选手。

看完这一节，再回顾我在第1章里曾经说过的这句话，你就能够更加深刻地理解它对于我所取得的“非线性成长”到底有多么重要——

迄今为止，除了最早期不经事阶段做过的几份不靠谱的工作以外，在我的每一份工作履历里，我都做出了显著的业绩。这些业绩，让我在同层级的公司同事之间，甚至整个行业内，总是能够成为Top 20%的人选。

到这里，我们在上一节结尾留下的关于如何才能快速成长、进入势能更高的赛道中的问题就已经得到了解答。

下面，我想进一步分享查尔斯·汉迪对于一个组织或一个人如何开启自己的“第二曲线”的观点。

汉迪以一家企业的创新和发展为背景，绘制了图2-11这样一张示意图。

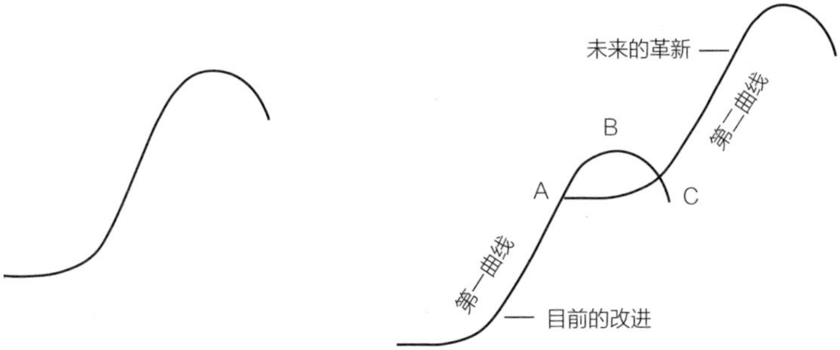

图 2–11

汉迪认为，第一条曲线上的A点是观察点。企业的发展处于这个点上时，应开始培育或实施一个新的计划，让自己可以逐渐过渡到新的成长曲线下。A点可能是一家企业抽出身来仔细考察自身的发展现状，并考虑建立新曲线的最佳时间点，不用太早，也不宜再晚。

如果到了B点，原有的曲线已经开始下滑，建立新的曲线需要付出更多的时间成本；而如果是等到原有成长曲线达到C点时再来考虑建立新的成长曲线，则悔之已晚。

A点，差不多恰好也是个人在上一条成长赛道中进入TOP 20%区间的时候。

所以，当你在原有的成长曲线下成为Top 20%的头部选手，你需要思考、探寻和建立自己的“第二曲线”，在“第二曲线”上投入一些资源和时间，这样的节奏能够更好地让你应对成长的焦虑和适应环境的变化。甚至，你可能要允许在一定时间内，两条曲线同时存在。

关于如何培育和探寻自己的“第二曲线”，我在《运营之光》一书中提到过的“ABZ法则”或可作为参考[1]。

最后，我不妨把前面几节内容放到一起，围绕“第二曲线”和“头部效应”再做一些总结，以便你加深印象——

（1）在每一段职业经历中，你的最佳成长路径是一条“S型曲线”。

（2）对于个体的职业成长，“第二曲线”的出现是一种必然，且有可能你的职业成长需要跨越多条“第二曲线”。

（3）在你的职业生涯中，从一条已经逐渐进入瓶颈的成长曲线中跨越“非连续性”的鸿沟，成功进入新的成长曲线中，需要两个基本前提——

- 你在原有曲线中的位置已经来到Top 20%这一头部区间。（往往只有你进入上一条曲线的末端，下一条曲线的成长才会开启）
- 你已经有了一条明确的新的成长曲线作为目标，且新的曲线带给你的成长和想象空间大于原有曲线。

好了，关于“第二曲线”和“头部效应”，就分享到这里。

1 关注微信公众号“黄有璨”并回复“ABZ法则”，可了解关于ABZ法则的详情

2.4　成长赛道、线性竞争和非线性竞争

1. 新的成长赛道

看完2.2和2.3之后，我猜在部分人脑海中，可能会对一个概念多少心存一些疑问——到底什么是新的成长赛道？它是一份新的工作，一项新的技能，一个新的行业，还是别的什么？它与“第二曲线”之间的关系又是什么？

这一节，我想为你进一步解答这个问题。

我在2.2节中提到过这样一句话——

在我们当前所处的世界中，大到社会组织形态、商业模式和基本制度，小到一项技能、一类职业，它们都可以在特定时间和环境下帮助一个组织或个体更好地发展与成长，都可视作一类成功范式，而如汉迪所言，每一类成功范式都有其特定的成长生命周期，必然经历诞生、成长和衰退，也必然有其增长边界和上限。

所以你可能意识到了，一个新的成长赛道，背后其实是一类新的成功范式。而一个行业、一家公司、一个职业、一种技能，甚至一种工作模式，背后可能都有自己特定的成功范式，不同的成功范式可能达到的增长上限，会是完全不同的。

而你需要在此记住如下3点——

（1）当你身处一家公司中，可能同时受到多个不同层次成功范式的影响和制约。

（2）在通关之前的某个职业阶段里，你将依赖一类成功范式谋求自己的个人成长，并在前一个范式带来的成长逐渐放缓甚至衰退之后，进入一种新的成功范式，开启自己的“第二曲线”，乃至第三、第四、第五曲线。

（3）当你想要切换到新的成功范式，或者开启一个新的成长赛道的时候，更换现有的工作内容、更换职业、更换一家公司，又或是更换一个行业，其实都可以是一种选择——只要新的成长赛道比原有的赛道为你带来更大的成长性即可。

举两个例子。

2006年，我在日企做销售。那时，我的个人成长同时受到“仪器制造行业的发展轨迹”“我所在那家日企的发展轨迹”“销售这一职业的发展上升轨迹”这3种成功范式的影响和制约——从成长性上来看，三者在特定时间内都有它们所能达到的最高上限。

彼时的我，绝无能力去影响行业和公司的发展，也还一无所有，只能努力在销售业务上让自己成为头部选手，借此换取更大的成长空间。

但当我在销售上已经勾画出一条“S型曲线”，成功成为“头部”后，倘若我所处的行业和公司已处于一种平缓的增长轨迹中，则我在当时的职业环境下也无法奢望更大的成长性。

因此，我最后的决定是，让自己更换到一个更具有成长性的行业——互联网，并从事一类虽然当时还不甚了解，但事后看起来成长性要大得多的职业——运营。

2008年，当我开始从事互联网运营工作时，我的工作内容和侧重有过多次变化——最开始是“核心用户的拓展和维护”，然后是“大型线下活动的组织和传播”，再然后是“跟某些知名电视媒体的专项合作”。

其实，这几段工作内容，每一段背后也都多少意味着一类不同的成功范式，且每一段工作内容背后带来的成长性可能是完全不同的。我虽然没有更换公司，也没有更换行业和岗位，但某种程度上，我仍然“快速通过在一类工作上做出业绩，跻身Top 20%”，然后为自己切换了几次成长赛道，从而让自己在公司、岗位都无变化的背景下，获得比同时期其他一些人更快的成长。

如上，是关于成长赛道的说明。

其背后，则是在职业生涯中，为了追求最终的通关，我们需要不断遵循“S型曲线”和“头部效应”，让自己从成长性较低的成长赛道不断跃迁进入到成长性更高的赛道中去的铁律。

2. 线性竞争和非线性竞争

说到这里，需要引出另一个非常重要的思考。

事实上，它仍然与之前提到的“第二曲线”有关，但又和我们此前提到的逻辑略微有些不同。

我想分享的感悟是——

一个人或一个组织在职业成长或商业世界中必然面对竞争，而在一个剧烈变化的世界中，我们面对的竞争也必然被分为线性竞争（同一赛道中的能力之争）和非线性竞争（模式、系统之争）两种。

我想讲两个简短的小故事。

我有一个做儿童游学的朋友C，从2012年前后开始创业，创业第一年一直在摸索，在“交学费”，后来找到了一个比较稳定的模式，可以持续带来收入增长，舒舒服服、顺顺利利挣点钱。于是，此后3年，他一直围绕着这条明路在做大做强，跑马圈地。他的团队执行力越来越强，规模越来越大，成员也越来越优秀。

然而，到了2016年前后，他陷入了新的困境——他发现，原先的模式遇到瓶颈，到顶了，一年几千万元的营收，对他而言，已经是一个可以触碰到的天花板。这个天花板，无论再如何提升现有团队的战斗力，都已经很难突破。

这个时候，他需要试着用某种方式打破原有的商业逻辑。

或者说，他需要一个新的成功范式，而不再是简单的团队能力提升。若无新的成功范式，他或整个团队的单点战斗力无论再如何提升，很可能也无用。

事实上，类似的“通过比拼更加先进的模式和商业运作机制，而不是比拼一线战场上的单点执行力和战斗力来获得整体战役胜利”的例子，在创业和商业竞争领域，比比皆是。

例如早年360颠覆瑞星、江民，滴滴先干掉易到，此后又干掉E代驾，趣头条这样的产品也曾经在短短两年内，从一片红海中，一点点把一众原本用户规模远在自己之上的新闻资讯客户端们甩在了身后等，皆属此例。

第二个小故事，则有关于我自己。

就像我在第1章里提到的，2008年，我从传统行业进入互联网，最初在一家美国互联网公司担任运营工作，一干就是3年，这期间，我一直在努力提升自己各方面的能力，学习如何参与和主导商务谈判、如何做好大型线下活动、如何做好核心用户的运营和维护，等等。

但3年下来，我虽然取得了很大的进步，但这些进步远不足以帮助我在公司内或行业内脱颖而出——比我优秀、运营技能比我更加纯熟以及努力程度不亚于我的人，大有人在。

于是，2012年开始，我给自己更换了一个成长赛道和成功范式——当时还很不起眼，也没有太多显赫职业经历的我，选择投身创业大潮中，开始试着自己管团队，学习做商业思考和决策，学着经营一家公司，对团队成员的生计负责。

当然，作为一个没什么成熟经验的团队，这次创业在一年半以后就失败了。

但即便如此，这次经历却让我站到一个此前从未有过的高度去思考和看待许多问题，也让我目不暇接地不断面对和尝试解决许多问题——从公司融资到团队管理，从如何依靠一个之前从未做过的项目赚到几十万元，到如何做好一个社区产品的冷启动并从0到1，从如何辞退团队内可能带来破坏效应的员工，到如何做好一个优质的决策……

经历了这些种种磨炼，2～3年后，我再见到当初共事过的比我优秀，甚至给予我指导的许多同事，我有了特别不一样的感觉——我能清晰地感到，我的很多思考和视野，已然在他们之上。

我已经更多地在思考行业动态、趋势和机会，以及思考"一个业务的发展空间和上限如何评估"，而他们当中的很多人，仍然还把大部分精力放在"如何在我当前的公司和岗位上进一步提升能力，获得机会"。

我对以上两个故事的思考是：一个人或组织要想追求成长和发展，需要持续在两个维度上有所提升和突破，一个是线性维度的提升（如增加自己某项技能的熟练程度），另一个则是非线性维度的提升（如升级自己的认知或升级自己的思维模式、组织系统、商业赛道等）。

二者之间的区别，如果要用一个更贴切的比喻，或许可以这样说：**试着在线性维度上变得更强，是不断给自己打补丁，而试着更换认知、组织形态等，在非线性维度上获得提升，则是给自己更换操作系统。**

无论作为一个个体还是一个组织，在你初在一个领域里开始打拼时，你的能力很可能是不足的，此时，你需要补强能力。但是，同一个维度上的能力提升必定会遇到瓶颈和天花板，此时若不能找到新的突破点，你最初借由能力提升所取得的成绩，很可能反而会下滑。而那个潜在的新的突破点，往往就落在认知或操作系统的升级上。

当然，这里必须强调，绝不是说你只需要关注升级操作系统就无敌了（事实上，这也是一种简单粗暴的线性思维）。你必须意识到，更换操作系统这事儿，绝不是一剂万能药，对于很多自身硬件条件尚不具备的人而言，贸然更换操作系统，是会出事的。

而且，一旦你非要在绝对意义上分辨出“打补丁+提升硬件能力”和“升级操作系统”二者到底谁更好，你就掉入一个陷阱。这是一个需要辩证来看待的问题。

话到这里，我特别想要多说几句。

我还认识一个朋友，同样在创业。曾经有3年时间，他从社区到平台，到传统机构，再到餐饮行业，前后做了4个项目，但3年下来，无一大成，最多也就是挣点小钱，确保自己饿不死的状态。看起来，他每次决定更换一个项目，都是在试图给自己更换一个操作系统，升级一下认知，可惜，对他而言，这事显然效果不佳。

效果不佳不仅体现在事情没做好，没做大，最关键的是，还体现在他自己不能心安上。直到现在，他仍然内心不忿，极度渴望成功，充满焦虑，还在酝酿一些新的项目。

这件事让我想起曾经参加过一堂国学课。那次课里，老师说了一句话：真正的国学，绝不提倡直接出世，而是提倡先充分入世，再从中思考和发现出世的可能性。真正的佛家信徒更倾向于认为，唯有先成功入世者，方可真正出世。

所以，想要升级操作系统，是需要基本功作为保障的。

试想，同样是有理想有情怀，一个一腔热血、涉世未深的大学生，与一个在商场上拼杀多年、经历过成功失败间种种高低起伏又回过头来决定返璞归真的商场老兵间，哪一个更让人信服和敬重，又是哪一个具备更强大的潜在能量？

这就好比无知与天真。无知是没经历过，天真则是经历过后选择放弃。即所谓：不知而为之为无知，知之而为之为天真。天真者无邪，但未必无知；无知者无畏，却未必有勇。

若要谈改变认知或“升级操作系统”，你觉得你的状态更接近于无知，还是更接近于“知之而为之”的天真？这恐怕值得思考琢磨。

这也好比同样一句话，高人说出来，台下两个人坐着听，其理解的深度很可能是天壤之别。好比张小龙跟你说，做产品要懂人性。如此简单的几个字，如果你没有经历过半夜两三点钟在线上聊天室里有了点天涯何处觅知音的感觉，没有经历过一个公司里的激烈竞争和创业时兄弟间的猛然反目，没有体会过与旧时相识间的“相逢一笑泯恩仇”，没有经历过在一个线上社区找到了归属感，没有经历过自己做出来的东西被千万人追捧或唾骂，你对于他说的人性，怎能做到会心与默然？

试想，若不是本身对于人性有过或高或低、或好或坏的刻骨体验，你如何理解高手口中说的人性？

回到补强能力的打补丁和升级认知的更换操作系统这两件事上来讲，也是一样。如果你没有经历过至少在一件事上把自己的硬件能力补到一定程度，一味去追求更换操作系统，很可能不是什么好事。

一个好的操作系统，是需要强大的硬件能力支撑的。如果你还没有把自己的硬件做扎实，就贸然换一个看起来更高级的操作系统，装上这个操作系统后只能拿着它去显摆，到了真正想用它来做点事的时候，一跑就死机。

无论对于一个个体还是一个组织，你都要时刻关注，当前的竞争模式或成长模式，到底更多是打补丁、提升能力的线性竞争，还是升级操作系统、切换赛道和模式的非线性竞争。你当前关注的重点，到底是补丁打得好不好，还是赛道和模式对不对，是否能借助更先进的成功范式让自己在竞争中占得先机。

总之，我希望你知道——

（1）**竞争是分不同层次的，成长也是。**

（2）**在同一个操作系统下，你的成长一定会遇到天花板和瓶颈，就像一条“S 型曲线”一定会趋于平缓甚至下滑一样。**

（3）**到底是打补丁还是升级操作系统，在成长过程中，这注定是个问题。如果你的硬件基础尚不过硬，直接就装最新最复杂的系统，反而会走火入魔。**

在接下来的一节里，我们将继续沿着这一节的内容拾级而上，迎来第2章里最为重要的一部分内容。

2.5 两条“一级成长曲线”与N条“次级成长曲线”

我们在第2章的前4节铺垫了那么多，讲述了那么多的道理和规律，其实都是为引出这一节做准备。

这本书看到这里，你可能已经在脑海中初步建立起了这样一些认知——

- 一个人在职业成长的游戏中，必然要追求让自己从被动状态变为主动状态的通关。
- 一个人的职业生涯中，注定需要经历多条“S型曲线”。
- 一个人的成长，既有“打补丁”式的成长，也有“升级操作系统”式的成长。不同阶段，你的成长需要通过不同方式来驱动。
- 从成长性较低的曲线要想跃迁进入成长性更高的曲线，你要先进入原有曲线下Top 20%的“头部区间”，这是一个基本前提。

有了这些基本认知之后，我就可以很自然地引出这一节分享给你的内容——

一个人在整个职业生涯内的成长与蜕变，乃至最终通关，很可能是由两条“一级成长曲线”与N条“次级成长曲线”交织在一起而构成的。

两条“一级成长曲线”，每一条都代表了你职业生涯中的一个大阶段，或者说是一类操作系统，每一类操作系统都会有自己的成长上限，都会来到成长逐渐放缓甚至是下滑、衰退的时候。但是，当前一条曲线来到接近上限的区间，下一条曲线就会随之开启。

而N条“次级成长曲线”，每一条都代表着你职业生涯中的一段履历，或是身处一个特定的“成长赛道”的阶段。

按照这个逻辑，你会发现，之前与你分享的我的职业生涯的5个成长阶段，事实上正是5条“次级成长曲线”。

接下来，我花点时间介绍一下此前还没和你见过面的两条“一级成长曲线”，如图2-12。

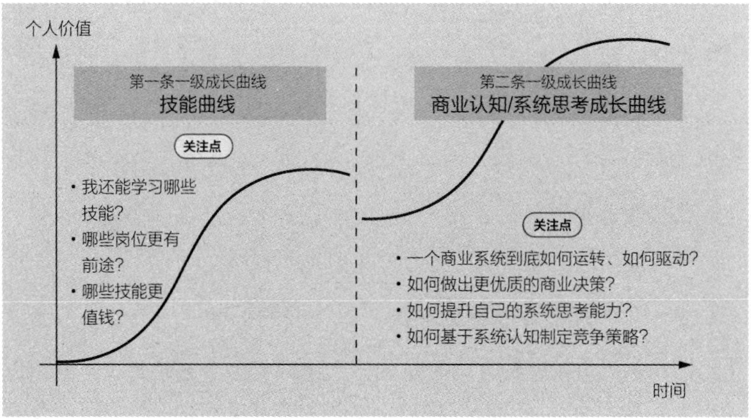

图 2–12

第一条“一级成长曲线”，我称之为“技能曲线”。

任何一个个体在进入职场这个游戏后，必然存在一个阶段——在这个阶段里，你掌握的技能越多，越有竞争力，你会越“值钱”。

如果你已经工作多年，回顾自己初入职场时的经历和状态，你会发现，我们每一个人在职场的头几年里，都会疯狂地学习和补充各种技能，例如如何做好PPT，如何用好Excel，如何写好文案和文档，如何做好项目管理，等等。

在这个阶段里，如果你掌握的基本技能不够多或不够扎实，可能会导致你失去竞争力。

我在介绍自己的成长经历时就曾提到过，在2012年之前，我一直在不断学习和提升各种技能，让自己变得“更能打”，事实上正是处于这一条“一级成长曲线”上。

但就像我说的，任何一条成长曲线都有放缓和进入瓶颈的一天，当你工作了四五年后，总有一天，你会发现，通过学习更多的单点技能来提升自己的个人竞争力，或者想让自己变得更“值钱”，好像不是那么可行了，或者说，通过学习更多的技能给自己带来的价值增长，已经变得非常有限。

就像我在2012年遇到的问题：纵使我的个体战斗力和执行力已经比较出色，但我发现，当我走到一个团队管理者的位置上，继续提升个体的战斗力和执行力已经无法帮助我取得更大的成就。

这时，我的第二条一级成长曲线随之开启。

第二条一级成长曲线，我称之为“商业认知/系统思考成长曲线”。

当你的执行力已经足够强大——大到至少能够超过80%的人，又希望获得新的成长，对很多人而言，你的战场将逐渐转移到“如何在商业环境下做出更高质量的决策”，或者是“如何通过系统思考以制定更加犀利有效的竞争策略”方面来。

要做到这一点，你要逐渐构建自己在某些方面的系统思考能力，也要对一些基本商业规律有更深、更全面的认知。

最终，你需要知晓一个商业系统和其诸多子系统是如何运转、如何被驱动的——这既需要学习，也需要丰富的商业实践。

就像是你进入一个游戏，最初你需要适应它、学习它，甚至需要让这个游戏中的其他玩家接纳自己。而到了一个阶段后，你会希望自己熟知这个游戏的各种规则和机制，从而晋升为“高级玩家”，让自己能够主导和掌控这场游戏。

但一定要记住，只有你在技能曲线下进入一个高位，成为Top 20%的选手，才能拿到第二条“一级成长曲线”的“入场券”。

回到我自己的经历上，我的第二条“一级成长曲线”，大约是在2012年，也就是在自己第一次创业的时期开启的，2012—2013年，我基本处于“两条曲线并存”的阶段——也就是我所说的“一边在强化自己的绝对硬实力和单点破局能力，一边在学习如何建立自己的商业认知和系统思考决策体系”的阶段。

而到了2014年，我自己的成长，已经基本来到了第二条“一级成长曲线”的轨迹下——此后我几乎所有的成长，都主要是我在商业认知和系统思考上变得更加完善和深刻，让自己更好地胜任一名商业操盘手的角色。

至此，我们也可以进一步明确“一级成长曲线”与“次级成长曲线”之间的关系。

简单地说，每一条“一级成长曲线”背后可能都会对应着一条或N条“次级成长曲线”。

或者说：**你在技能曲线或是商业认知/系统思考成长曲线下的成长，背后一定是由至少一段或很多段具体的职业经历综合构成的。**

从更加微观而具体的层面来说，你的职业生涯早期，必然注重技能的精进，你需要在一段又一段的工作经历中增补或提升自己的具体技能，并力求在每一段职业经历中都让自己成为“头部选手”。

只要你让自己持续处于这种状态中不断上行，也许某一天，你会发现，自己似乎已经来到一个全新的成长阶段——你的“商业认知/系统思考成长曲线”已悄然开启。

就像我的“商业认知/系统思考成长曲线”，正是在我的第4条“次级成长曲线”——也就是第一次创业的过程中，伴随我遇到的各种命题和挑战而悄然开启的（如图2-13）。

所以，再总结提炼一下——

本质上，对绝大多数人而言，其职业生涯的成长必将经历两个阶段——前一个阶段，你的成长主要依赖技能驱动；而后一个阶段，你的成长更多地依赖于系统认知和决策质量驱动。

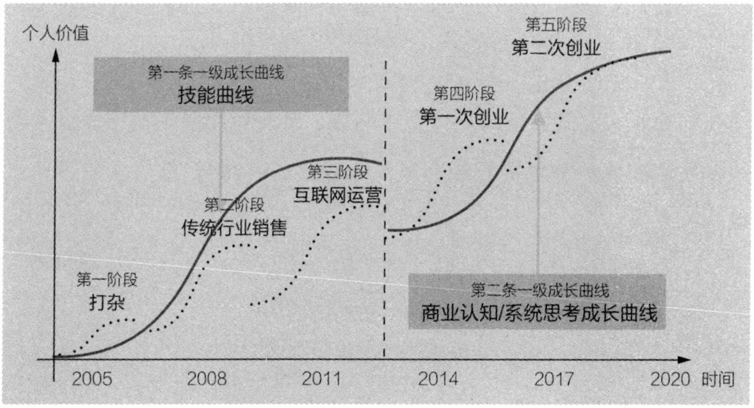

图 2–13

这两个阶段，可以分别用两条“一级成长曲线”来进行描述。

不过，回到现实生活中，你的职业生涯是由一段又一段具体的职业经历构成的，当你身处不同的职业经历中时，你有那个阶段需要独立突破的命题，需要在每一段独立的经历里让自己成为Top 20%的“头部选手”，为自己赢得打开一条全新的、具有更大成长性的成长曲线的机会。

因此，你的职业成长很可能是由两条“一级成长曲线”与N条“次级成长曲线”交织在一起构成的。

接下来，我将进一步解释，这里说的“一级成长曲线”“次级成长曲线”和我们在2.1中提到的职业成长的两种通关路径之间的关系。

或者说，你需要明确另一个重要的认知——

并不存在顶级专家只需要关注单点技能的提升，只有商业操盘手才需要关注商业认知/系统思考能力的提升这样的逻辑。相反，**无论你在职业通关上更倾向走顶级专家路线，还是更倾向走商业操盘手路线，我们在这一节里提到的两条“一级成长曲线”，都是你的必经之路和必答题。**

我具体解释一下。

首先，“一级成长曲线”“次级成长曲线”和两种职业通关路径之间，并不矛盾。恰恰相反，这两种认知逻辑叠加到一起，可以让我们对职业成长的全貌有更加深刻和全面的理解。

具体而言——

» 做一个顶级专家或一个优秀的商业操盘手，可能是一个人终极的职业选择。但无论你选择成为顶级专家还是优秀的商业操盘手，都同样需要开启你的第二条“一级成长曲线”，也就是“商业认知/系统思考成长曲线”——任何一名顶级专家，在自己专长的领域内，一定拥有极为强大的系统思考能力。例如一位文案方面的顶级专家，当自己在文案上的技艺已经专精到某一程度后，一定能够借由文案看到一家公司的整个营销体系，乃至行业内不同公司之间的商业竞争逻辑；而一位专精于手机芯片研发的技术专家，当其研发能力炉火纯青后，也一定能够借由芯片研发看到整个手机的硬件+软件系统架构，以及不同公司间的技术路线竞争会如何影响其商业能力和收益。

» 成为顶级专家或优秀商业操盘手，是一个终极目标——这个过程是由N条“次级成长曲线”叠加而成的。

如果要在两条“一级成长曲线”所构成的坐标图上，把我们的职业成长通关区域标注出来，它大概会呈现为图2-14所示的位置。

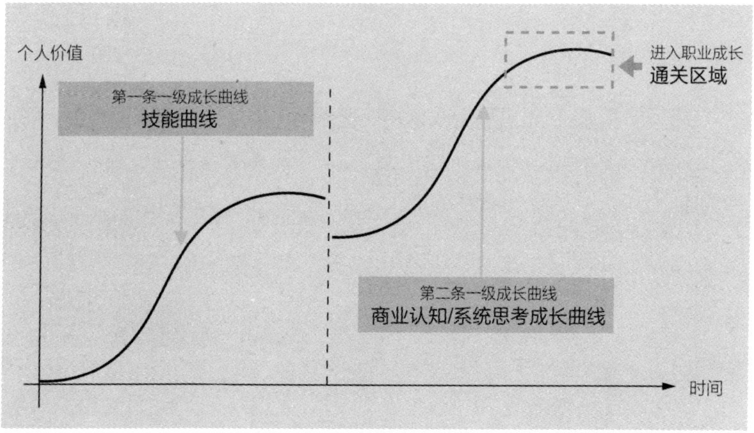

图 2–14

当你能够在某些高价值技能下成为全行业顶尖的Top 3%—Top 5%，或者能够经营管理好一个年收入千万量级的业务，你的职业生涯将全面从被动状态转入主动状态，你将进入第二条“一级成长曲线”中比较靠上的部分。

此刻的你，依靠自己的特定技能或商业操盘能力，每年拿到大几十万元甚至更高的收入，是水到渠成的事。

事实上，很多职场从业者的“商业认知/系统思考成长曲线”，可能从未开启过。而你能否让自己的第二条“一级成长曲线”得到开启，对于你能否在职场游戏中顺利通关，是至关重要的。

依照“头部效应”理论，如果想要开启你的第二条“一级成长曲线”，你必须让自己先进入第一条“一级成长曲线”的顶部——我们姑且把这个区域称为职业成长的“蜕变区间”（如图2-15）。

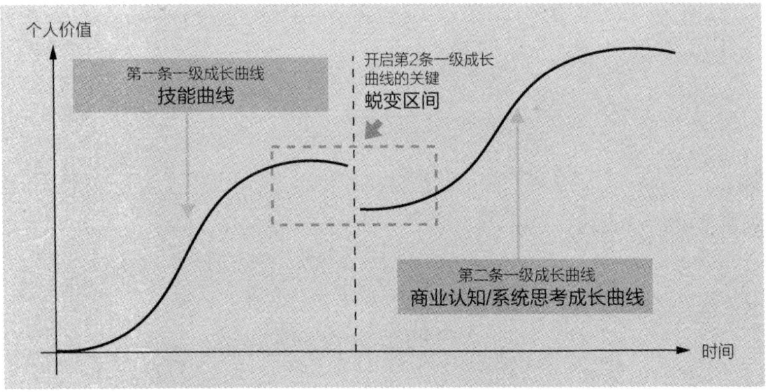

图 2–15

要让自己进入“蜕变区间”，开启你在“商业认知/系统思考成长曲线”上的成长，既可以选择专家路线，也可以选择操盘手路线。通常，当你在专家路线下成为某个岗位、某项具体技能整个行业的Top 20%，或是在某个行业的一条独立业务线上独立制定策略、管理团队，对某个商业目标（例如收入达成、用户增长等核心业务指标）负责时，你的“商业认知/系统思考成长曲线”便已开启，如图2-16。

以上，就是我在这一节想要与你分享的主要内容。

开启第二条“一级成长曲线”的两种路线

专家路线

在某个具体岗位/某项技能上成为行业内的Top 20%

操盘手路线

在某个行业的一个独立业务线上独立制定策略、管理团队，对某个商业目标负责

图 2–16

对于每一个人的职业成长，我都希望你既关注自己的第一条“一级成长曲线”，又要关注自己的“次级成长曲线”，并努力通过专家路线或是操盘手路线，在一个接一个的“次级成长曲线”下努力，最终开启自己的第二条“一级成长曲线”。

至于专家路线和操盘手路线怎样走得更加通畅，这将是我在第3章重点探讨的内容。

我还想再多说一句——

事实上，在技能曲线和商业认知/系统思考成长曲线之外，我认为一个人的整个职业生涯，或者说得再大一些的话——整个人生中，可能还存在第三条“一级成长曲线”。

在我看来，第三条“一级成长曲线”，是一条最为特别的曲线，也是一条非常漫长，甚至没有上限的曲线。而绝大多数人，可能还没走到这条曲线开启的时刻。关于它，请容许我先卖个关子。在本书的第5章，我将用整个一章的篇幅来聊聊有关它的一切。

接下来，请做好准备，和我一起开启第3章的旅程。

1 要想在职业成长这个充满束缚的游戏下更好地通关，你的最佳选择是两种：要么，你依靠某种技能成为一个业内顶级的、位于 Top 3%-Top 5% 的专家；要么你努力让自己成为一个优秀的商业操盘手。

2 只要身处一个快速变化和竞争激烈的环境中，无论是一个行业、一家公司、一个产品、一类竞争模式的发展，还是一个人在一个特定岗位或环境下的成长，都会遵循“S 型曲线”的规律——要么，它们不会成功，其成长发展过程呈现出一种杂乱无序的状态；要么，它们的成功遵循某种特定的范式，经历早期的缓慢发展、中期的快速指数级成长以及后期的增速放缓甚至衰退。

3 你个人职业成长的最优选择，很可能是需要在 3 年左右的时间窗口内，找到自己可依赖的“成功范式”，进入快速成长期，让自己在这段职业经历中画出一条美妙的“S 型曲线”，而不是呈现出一种杂乱无序的状态。

4 头部效应就是你若在一个领域成为头部，你就能够在该领域得到最高价值的回报，或是拥有该领域最高的势能。相反，如果你无法在一个特定领域内成为头部，则你的整体竞争力在该领域将大幅削弱。

03

NONLINEAR GROWTH

非线性成长

扫清你“蜕变之路”上的一切障碍

2019年，我把第2章提到的一些核心观点和思考在一个小范围活动上做了一次分享，当时有60人左右在场，既有工作2～3年的，也有更加资深的朋友。

我大谈“你要想在职业成长游戏中通关，要么让自己成为一个顶级专家，要么让自己成为一个商业操盘手”，“要以头部效应为核心法则审视自己的职业成长”，等等。

整个活动结束后，我发现在场的人中，往往是那些已经工作多年、经验丰富，甚至已经逼近我所提到的“蜕变区间”的人们，对我所讲的一切心领神会，并大呼相见恨晚。

而另一部分人，尤其是那些工作2～3年、处在职业生涯早期、离通关还有一段距离的朋友，听完之后虽然表示很有启发，但却带出他们的更多疑问。

他们会问我这样一些问题——

» 你讲得很有道理，但我现在想转行去做互联网，死活转不过去，怎么办？

» 我工作2～3年了，还没想明白我到底适合做顶级专家还是商业操盘手，怎么办？

» 听了你的介绍，我觉得我更想去做一个商业操盘手，但具体怎么做才能成为一个商业操盘手？

» 我很确定我想做一个商业操盘手，但我面临好几个不同的职业机会，其中有大公司，也有小公司，有工作氛围我喜欢的，也有薪水高、领导好的，该怎么选择？

» 我很想做一个××方面的顶级专家，但我已经努力了好几年，也没成功，我是不是选错了方向？我该怎么办？

自从2015年开始参与创办三节课和输出一些关于学习、职业成长方面的建议以来，在我的微信公众号“黄有璨”给我留言咨询各种职业成长问题的人，一直不少。

其中，我接收到的最多的问题，要么是怎么转行，要么是面对多个方向和机会，不知道怎么选，或是选完了具体怎么干，又或是选完了，干了一阵发现不如预期怎么办。

如果说第2章我向你描绘了一幅职业成长的基本全景图，指出一些可能的路径，那么很多人在进入这个游戏、奔着某个方向走的过程中，注定遇到很多障碍和困惑，尤其是那些还处于职业生涯早期的人们。

因此，在第3章，我将尽力帮助你逐一排除和解决职业成长路径中可能遇到的具体障碍和问题，让你的成长之路更加清晰和顺利。

我将针对如下几个在职业生涯早期，尤其是在0～5年工作阶段很多人面临的困惑和障碍给出具体的建议。这些问题分别是——

» 在职业生涯早期，如果一个人还没有想清楚将来往哪个方向去发展，他该怎么办？
» 在职业生涯早期，当个人竞争力还没那么强但又希望进入成长性更高的职业赛道中发展时，如何面对“转行难”的现实挑战？
» 在职业生涯早期，当面临多个职业选择犹豫纠结的时候，该怎么选？
» 在职业成长过程中如何寻找机会超过那些职业起点远高于你的人？
» 如果你非常明确想成为一名顶级专家或是商业操盘手，接下来具体该怎么做？除了让自己在每一段履历中努力成为“头部选手”以外，是否还有一些更加实际和落地的指导帮助我们成为一个顶级专家或是商业操盘手？
» 如果已经倾尽全力，却还没在某个竞争赛道中成为“头部选手”，又该怎么办？

这些问题和障碍，对那些身处职业生涯早期的人而言，十分现实。如果你正好处在这个阶段，本章会给你带来帮助。

3.1 职业生涯早期，如何应对“不知道自己适合做什么”

在第2章里，我提到两种职业成长游戏的通关路线——成为顶级专家或是商业操盘手。

然而，对于很多职场新人而言，在刚刚进入职场的初始阶段，甚至是工作了好几年后，面临的往往是这样的问题——

我还没想明白到底该走专家路线还是操盘手路线，甚至具体要去什么行业、做什么工作我都还没想好，也不知道自己到底适合做什么，怎么办？

我对这样的情况特别理解，也特别感同身受——回想自己刚工作的前4～5年（在我第一次创业之前），也处于这种“还没完全想好到底应该往哪个方向走”的状态中。

其实，这个问题还可以一拆为二，变成两个更为基本的问题——

（1）如何才能知道我适合做什么？

（2）在职业生涯的前几年，假如职业方向和目标都不是很明确，该如何做？在这样的困境下，是否仍然可以找到一个相对较优的选择？

下面我分别对这两个问题进行回答。

问题1：**如何才能知道自己适合做什么？**

很长时间以来，“如何才能找到自己的职业方向”一直是困扰许多人的问题。有人做了很多性格测评和职业测评，找了很多人咨询，听取了很多建议，到头来仍然非常犹豫和疑惑。

我的答案是——

第一，想要拥有一个让自己足够确信的答案，你得具备两个基本前提。**（1）你已经有足够多的实践，尝试过很多事情，知道很多事情是如何发生的；（2）在你做过的很多尝试中，至少有1～2件事已经能够做到七八十分的水平，比大多数人做得好。**

我以自己为例来说明这两点的必要性。

2011年，也就是我自己开始工作的第6年以前，坦白说，我并不确信自己到底适合做什么。但是，我至少做了很多尝试——我在一家日企做了3年销售和市场的工作，并做到销冠的位置；我业余时间管理和运作一个线上读书会长达4年，在4年里，我把这个读书会管理得有声有色，那是一个非常活跃的小社群，我在其中慢慢成为一个精神领袖式的存在；我长期坚持写作，以每月2～3篇的频次更新博客，偶尔单篇文章能获得好几万的阅读量和官方推荐；除此以外，我还干过编程、网络工程师，作为半职业选手参加过电子竞技大赛，等等。

因为实践过的事足够多，所以我才能比较清晰地判断，哪些事是我特别不兴奋的，哪些事对我的吸引力好像要大一些。比如，偏技术研发类的事，我能明显感觉到自己不兴奋。

又因为在其中的某几件事上我起码让自己努力做到了七八十分的水平，才能更客观地评估和对比，我在这件事上做到这个水平是不是比其他人更轻松，以及我是否更开心。就像销售，虽然我花了几年让自己在一家公司慢慢做到了销冠，但回顾起来，其实这个过程我并不比其他人更轻松，很多时候相反还更费劲，而且我对成为销冠并不是那么兴奋，因此，我才非常坚定自己不能再做销售了。

假设没有那么多的实践，只是通过一些测评和别人的建议空想我到底适合做销售、技术工程师还是互联网运营，我很难想象能让自己得到一个确信的答案。

所以，如果你刚进入职场，又缺乏明确的职业方向，我对你最大的建议就是：不妨先聚焦在某一两件至少你不那么反感的事上，先不管不顾地努力让自己做到七八十分的水平，并在此期间尽量多尝试和接触一些新的工作内容，这样，你才能慢慢对自己形成更清晰的判断。

第二，换一个视角来说，**我认为一个人要明确职业方向，往往源于这样一种感受：你觉得某件事，可能是非你不可的，是你必须回答的命题或必须做好的事情。**

这样的命题或事情，一般来自两个方向：

（1）你曾经在某个地方或某一类事上受过很严重的伤，并且经历了种种努力后走了出来。于是，由于你受的伤足够严重，你很自然地产生某种强烈的念想——希望更好地帮助其他人也从这样的伤痛中走出来。即“是什么拯救过你，你就用它来拯救这个世界”。

（2）你发现自己身上具备某种天赋，让你在某件事上明显做得比绝大多数人都要出色，能够创造出一些独特的价值，还能获得很多人的认可。于是你认为不应该辜负你所拥有的天赋。

以我自己为例，我因为对应试教育深恶痛绝而选择在高中时辍学，在长达3～4年的时间内面对极大的压力和痛苦，最终经过许多努力和机缘，慢慢从极深的低谷中走了出来。因为这样的经历，我对于教育有强烈的念想和执着。我觉得，我一定要在人生中全力以赴去做一些我认为是“好”的教育，因此也有了创办三节课的很重要的初心，有了选择教育行业进行深耕的理由，而这也成为我职业成长的极强的支撑力量。

另一方面，在过去5～6年，我发现在内容方面，我似乎拥有某些独特的能力，做得比绝大多数人好一些，用户也总是给予我很多正向的反馈。因此我觉得，不能辜负我在内容方面拥有的一些独特能力，我想长期深耕下去，让自己创造和提供更多的价值。

同样的事例也发生在我的朋友、水滴公司CEO沈鹏身上。在接受一次采访时，他提到，自己2016年决定进入保险行业创业，一定程度上也源于他曾经的经历——小时候，他和朋友玩耍时因触电受伤，在医院躺了8个月，其间看到许多家境不好的人因没钱治疗而给自己和家庭留下终身的遗憾，所以才有了“希望通过互联网保险的方式帮助更多有需要的人”的初心。

关于“如何才能知道自己适合做什么”，这是我的一些思考和答案。

问题2：**在职业生涯的前几年，假如职业方向和目标都不是很明确，该如何做？**

问题2有点复杂，为了回答好它，我们必须认识到一个有点残酷的现实。

第2章里提到，我在2018年和2019年做过的调研显示，在2000多名互联网和泛互联网从业者中，超过85%的人表示，他们在自己职业生涯的前5年，经历过至少一次更换岗位或行业的情况。经历过两次或以上更换岗位或行业的人，占到了接近60%。

也就是说，大多数人职业生涯的前5年，因为种种主观或客观的原因更换岗位，甚至更换行业，是再正常不过的事情。这与过去我们选定一个岗位或行业一干就是很多年截然不同——无论愿意与否，大多数人的早期职业生涯注定是不确定性极强的。

其中，更换岗位或行业的原因，有的是因为个人兴趣驱使，有的是因为所在公司业务调整或变动太过频繁，也有的是因为选择了一个剧变中的行业，甚至所在行业不行了，不得不改换行业。

所以，今天我们收到的很多产品、运营、营销从业者的简历，经常发现一个人刚入行做的是电商，第二年做的是社交，第三年做的是金融，第四年又做到了教育。岗位上也可能是先做社群，再做投放，再变成活动传播，诸如此类。

要在动荡的早期职业生涯中找到某种确定性，让自己慢慢走上专家或是商业操盘手之路，就是我们面临的基本问题。围绕这个基本现实，我们不妨先看图3-1。

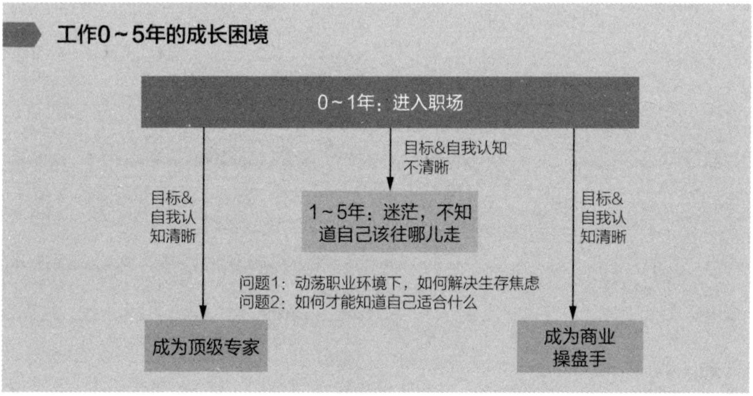

图3–1

所有人在职业生涯之初，会迅速被分为两种状态——一部分人，很快就建立起清晰的职业方向和目标，明确知道自己奔着顶级专家还是商业操盘手的方向走，接下来只需要在各自的成长道路上一点点往前进就可以了。

然而，还有为数不少的一群人，他们未必能够很快建立起清晰的自我认知，找到自己的职业方向。这部分人将面临两个基本拷问——

（1）相比同行业同龄人如何保持职业竞争力，至少不被人淘汰和替代，生存无忧？

（2）如何慢慢明确和找到自己的职业方向？

坏消息是，这两个拷问想要回答好，确实不太容易，需要较长时间熬一熬。

好消息则是，针对这两个拷问，存在一个共同的较优解——你可以在这一阶段更多地提升和补充一些通用能力，增加身上的多面手特质。

我先举一个真实的例子。

一个刚刚入行的运营A同学在一家公司做新媒体内容阅读量的运营，其基本工作就是通过刷量等手段把一篇篇微信推文的阅读量做高，然后打造出一些“大号”进行广告售卖来挣钱，或者把一些内容分发到头条这样的平台上，通过高阅读量获得头条官方的补贴。在长达一年的时间里，他干得很开心。

突然有一天，重磅消息来临：微信严打刷量，头条大幅缩减甚至停止对内容的补贴。

于是，A同学突然就崩溃了——他发现，此前一年所做的事情都没有价值，也挣不到钱了。但是，他只会做这个啊。

然后，他长时间焦虑无比。

试想，如果你处于这样的状态下，连生存都成问题，哪里还有心思考虑职业方向？能找个糊口的工作就已经很满意了。

而如果你在职业生涯早期就长期陷入“为了生存疲于奔命”的状态，后期想要通关的可能性也会显著变小。

A同学遇到的本质问题是：自己做过一些工作，但因为没有清晰的职业方向，还无法下定决心往哪个方向深耕和倾尽全力。同时，因为行业和商业环境的变化，A同学只在少量特别垂直具体、不那么普适的工作上拥有部分工作经验和一些基本能力，这些能力和经验，无法保证他在职业生涯的前5年足够安全，也无法保证他没有生存压力。

而A同学要破除困境，我能想到最好的建议就是：**还没有明确职业目标和方向的他，先大量补充一些通用能力的缺口，增加身上的多面手特质。**

所谓“通用能力”，就是不管你在哪个行业、哪个领域，都大概率会用到的一些技能。并且，不同的职业类别，也会存在一部分属于这一类职业的通用能力。

举例说明，如果不限定于某些具体职业类别，类似写作、结构化表达、PPT、Excel、演讲、高效召开会议、活动组织与执行等，应该算得上横跨绝大部分职业的通用能力。

而如果落实到运营这个职业上，你也会发现，虽然不同行业、不同岗位的运营工作内容是千差万别的，但有一些基本的工作方法和能力需要掌握和具备，也一定能够派上用场。典型的比如文案、推广转化、活动策划与执行、项目管理、内容传播、核心用户管理与维护，等等。

试想，假设A同学在如上这些技能和工作方法上都可以做到六七十分的样子，那他至少可以做到在大多数公司内胜任活动、用户管理、文案等常见相关工作，至少不用面临“担心找不到工作会被淘汰”的焦虑。

到了这里，你会发现，提升和补充通用能力也能够帮我们应对第（2）个拷问了——如何才能慢慢明确和找到自己的职业方向。

前面我们说过，缺乏明确的职业目标和方向，很可能源于你的实践还不够多。你应该让自己更多地尝试不同的事情，并试着在1～2件事上做到七八十分的水平。只有这样，你才能够横向与他人进行对比，评估自己在这件事上是否比别人做得更好、更快，更有成就感。

当你大量去学习和掌握一些新的通用能力，其实就是一种更加丰富和开放的实践，而不断提升和补充通用能力的过程，正好帮我们创造机会，找到可以确信的职业方向。

但必须强调，补充通用能力仅适用于0～5年工作阶段，这是因为，发挥多面手特质的优势就是工作0～5年这个阶段，再往后，当更多、更年轻的多面手纷纷涌现，而你自己又没有更加独特的竞争力的话，会慢慢陷入被动的局面中去。

总结一下，我们可以得到图3-2——在0～5年工作阶段，所有可选的较优选项，都在上面了。

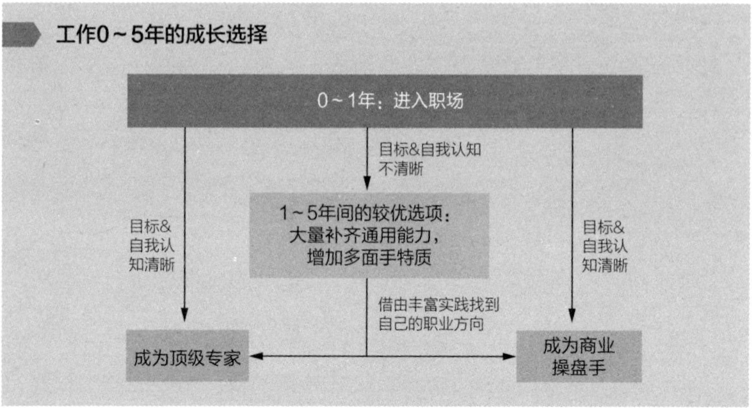

图 3-2

3.2 职业生涯早期，如何应对“转行难”

当今大环境下，各行各业的变迁都非常迅速。很多时候，如果你所处的行业已经渐渐下行和式微，无论是为了自救，还是为了追求更大的成长空间，你都有可能想要寻求转行。

然而，说时容易做时难，真的到了要行动时，障碍往往远比你想象的要大。对这一点我深有体会。

虽然现在看起来我已是一个所谓的“互联网大V”，但你一定不知道，2008年时，我为了顺利从传统行业转行进入互联网，前后花了2个月时间到处求职也没人要。我甚至一度愿意自降身价，以3000元的月薪（我之前在日企做销售的薪资已经是万元水准）加入一家互联网公司，但做了无数尝试后，仍然被拒绝了。

在创业做三节课的过程中，我也无数次面临用户针对转行提出的各种困惑——

» 想要转行做产品经理，甚至愿意从月薪1万元降到5000元，还找不到特别合适的机会，怎么办？
» 想要转行做运营，但人家招运营都要求有实际经验，可身在行外，哪里能得到经验？
» 连续3年尝试转行，都不成功，学了很多课程也没有用，有点绝望了，怎么办？
» 在传统行业做了8年，已是一个小团队的管理者，但从来没做过互联网，现在想转行，需要完全从零开始学一些东西吗？

针对所有“希望转行到某个行业但面临无数障碍不知该怎么办”的读者，我想给一些建议。因为对互联网行业更加熟悉，所以我会以转行互联网行业为例来进行说明，但接下来的所有建议对其他行业也具备普适性。

对于每一个想要转行而又遇到障碍的人，可以逐次问自己这样4个问题——

问题1：你在转行中面临的最大障碍，到底是“技能”还是“认知”？

一个人从A行业转行进入B行业，往往会面临两类主要障碍——一是新技能的习得，二是思维方式、认知的转变和升级。

前者，比方你想要转行做在线推广，但从来没有做过任何跟在线推广相关的事，包括文案、渠道开拓、数据监测和分析等，啥也不会。

而后者，则比方你和一个朋友同样拿到了一个货要卖，你可能只能想到老老实实找渠道、线下发传单、电话销售等形式，人家却能想到一大堆比如线上社群合作分销、众筹、大V朋友圈背书，甚至是货本身以超低价格出售，然后再通过其他方式盈利等稀奇古怪的玩法。

而这两个障碍，对不同状态的同学来说，要关注和解决的优先级事实上是很不一样的。

通常来讲，我的建议是——

假如你的工作经验在2年以下，自身尚不具备某项过硬的业务技能（比如销售、文案、策划等都可以视作业务技能，而“过硬”的意思就是你能通过该技能带来显著的业务成果）的话，你应该重视“新技能的习得”大过“思维认知的升级”。

而如果你已经有了好几年工作经验，具备某项非常过硬的业务技能，或者自己能够独立负责一项小业务（比如已经是某个线下店的店长，负责门店整体收入），那也许你应该重视“思维认知的升级”大过“新技能的习得”。

问题2：你想要转行的目标切入点或岗位是否清晰？

这基本是超过60%的“转行”者会陷入的一个大坑——他们往往对自己选择转行的切入点的认知是非常模糊的。

我经历过无数这样的场景——

A：老黄老黄，我特别想要转行做运营，但努力了很久，听了很多课都没什么效果，还是找不到工作，我该怎么办？

我：“运营”仍然是个宽泛的概念，你能不能再具体说一下，你到底想去一个什么公司的哪一类运营岗，这个岗位具体要做什么，解决些什么问题？这个岗位所要求的能力你是否都已经具备？

A：哦……好像不知道，没想过那么多……

所以，很多人“转行”的障碍从来都不在于他们的意愿够不够强，而是他们根本没有搞清楚自己转行的切入点在哪里，想应聘的那个岗位是什么，有哪些工作要求，哪些能力要求自己已具备，哪些自己尚未具备。

当一个人把问题切割到这样的颗粒度后，有针对性地补足自己尚未具备的能力，转行也就更可能实现了。

举例，假如我想要应聘一个电商APP的商品运营岗，并已知该岗位的核心工作内容是3个——

（1）日常商品上下架和商品库存的管理，比如定期清货和补充库存。

（2）对该商品的年销售额负责，通过数据监测和数据分析，找到行之有效的手段协调各种资源，提升该商品的整体销量。

（3）负责该商品详情页的包装和设计，提升商品的详情页转化率和好评度。

这样我就可以明确对自己进行评估。比如上面的（1），我自信能做好没问题，但（2）和（3）好像从来没有做过，接下来我就需要针对性地先补齐（2）和（3）的能力，至少要知道一些解决的思路。

所以，转行之前，最好先把转行的切入点了解清楚。

问题3：围绕你想要提升的东西，你的学习方式是否正确合理？

这里我们先要承接问题1说一句：你当前需要重点提升的是“技能的习得”还是“思维认知的升级”，适合采用的学习方式会是非常不同的。

直接说几个原则性的东西——

（1）**如果业务技能还不扎实，直接进行大量“思维认知升级”的学习，很可能是没什么用的**。就像当我们无法在“做到”上到达一个新的高度和临界点之前，我们“知道”得越多，往往越痛苦。

（2）**要解决“技能习得”的问题，必须花大量的时间进行实践和训练，而不能仅仅看一堆东西**。如果你是一个大学生，看了《运营之光》100遍，却连一段文案都没练习写过，相信我，这本书不会给你带来任何实质性的帮助。

（3）**要解决“思维认知升级”的问题，关键可能在于你要进入一个高质量、高段位的圈子中进行高强度、高密度的业务交流碰撞，而**

不是依靠“看书”“看干货”。

相信我，如果不是基于某个具体的业务（比如一家网店的经营）找到一群对此有深入理解的人（比如至少五六个网店做得还不错的人）进行大量密集的沟通和辩证讨论，甚至还要有一些实践，所谓的“思维认知升级”，其实很难实现。

在技能提升上，可以再说一点建议——如果你想要提升具体技能（其实大部分转行的朋友面临的都是“技能”问题），通常靠谱的方式有几种：

（1）自己尝试着刻意练习并依靠自我学习进行突破。比如试着做出个几千粉丝的微信公众号。

（2）尝试着参与到一个能给你提供实践机会的组织或团队中，义务为其劳动，并获得指导和反馈。

（3）参与某个能够给你提供大量真实实践机会和高质量反馈的课程。

一般来说，上面的（1）只适合极度自律或自我学习能力超强、学习速度超快的人；（2）有时可遇不可求；至于（3），则更适合大多数人。

在此多说一句，如果选择（3），我相信三节课的很多课程都值得你考虑，为了不影响你的阅读，这里不多表述，有兴趣的读者可关注“三节课”微信公众号了解详情。

问题4：你对于“转行”是否拥有合理的心理预期？

关于转行后的薪资等预期，不妨也给几个原则性判断——

（1）如果你已有非常过硬的业务技能，转行时不妨优先考虑那些能让你的核心能力有更大发挥空间的机会，这样转行更可能获得薪资增长空间。比如，从传统出版社编辑转行去做知识付费或者来三节课这样的公司做课程产品经理。

（2）如你的业务技能还不够过硬，或者转行后过去擅长的技能完全没有用武之地，那么最好做好降薪的心理预期，这样会让你的心态更平稳。比如说，一个在环保局做水质监测的同学想要转行去做运营。

（3）在很多行业内，人才的两极分化都是相当严重的，也就是：低端人才过多，但高端人才极度稀缺。类似在互联网这样的行业工作，你的职业发展每上一个台阶，薪资都会有可观的变化，最后无论你在产品、运营、营销、内容等任何一个领域成为Top10%的顶级选手，都能获得年薪80万元以上的回报。

（4）最好结合现实想清楚，你看重的是短期2～3年的收益，还是长期10～15年的收益。如果看重的是长期收益，那至少3年内都可以把短期收益的权重降得极低，更多地考虑自己的成长速度和空间。

3.3 工作0～5年，面对多个职业机会如何选择

从2015年创办三节课以来，我被人问过频次最高的问题之一，莫过于——“我现在手里有好几个职业机会和方向，该如何选择？”

这一问题对于从业经验在5年以下，基本能力和素质还不错，突然面临多个职业机会的朋友，显得更加突出。尤其是当你在职业生涯头5年里，已经经历过多次换岗、换行业的动荡时，这样的选择显得

更难、更令人困扰。

当然，我也想强调一点——

我谈“如何选择”的基本前提，是你要有得选，如果你基本能力还十分薄弱，在求职市场上根本没有选择的余地和空间，那这一节的内容你先不用看了——这时候，你的第一要务是提升你的能力，先让自己有得选。

为了让这一节的讲述更加生动，不妨引入我遇到过的3个真实的例子，他们都是有2～5年工作经验的从业者，在不同状态下遇到了“如何选择”的问题并前来咨询我。

下面是这3位从业者的情况——

（1）小A，有两年工作经验，有英国留学背景，职业生涯的前两年在一家创业公司负责一个线下办公场地租赁的项目，岗位是运营。在该项目中，他做过的事非常多，负责过项目推广，做过线下办公室装修，谈过商务合作，做过一些小的线上活动……简单来说，是典型的做过一堆打杂工作的状态。

当前，小A没有一项特别专精的技能，但学习能力还不错，中等偏上。

小A目前手里拿到2～3个Offer，有的是小公司，有的是知名的大公司，且每个Offer都是不同的行业。小A自己对于行业没有明确的倾向和要求，对于自己最擅长的能力以及将来往哪个职业方向发展也不是那么明确。

（2）小B，有4年工作经验，学历背景一般。过去4年中，前两年在一家公关公司做过很多大型活动的策划、执行，接下来一年多，跟着一个老板参与了一个体育类的创业项目，中间也接触过很多工作，比较杂。

小B的特点是项目管理能力和领导力比较强，在团队内进行沟通、协同和推进项目方面能力突出，其他技能不明显。

因为有此前参与创业项目的经历，小B的学习能力和野蛮生长能力比较强，给他一个之前没有干过的陌生的事情，他总能快速找到方法和途径去学习到一些窍门，把工作推进下去，而不需要上级把所有工作都安排得非常明确才能推进执行。

从个人意愿来说，小B希望进入金融行业发展，短期他更看重成长速度，希望在金融行业沿着运营相关的岗位持续往上走，成为一个优秀的管理者。

小B手中同样有3个机会，其中一个是BAT级别的大公司的金融业务，另两个则是专注在金融领域的创业公司，都希望他负责一个独立项目。小B面对这3个机会，也同样感到犹豫。

（3）小C，女生，人大毕业，学历优秀，当前只有不到半年的工作经验。个人擅长内容相关工作，长期在写小说，将来也希望以内容和写作为自己的长期职业发展方向。

从短期看，她更关注自己的成长速度，长期来看，是否成为一个管理者负责一个独立业务，目前还不确定。

在短期选择上，对于薪资收入她有一些最低底线的预期。

当前，小C手中也有几个选择，一是去一家较小的创业公司做新媒体运营，二是去一家媒体做记者，三是去某知名出版社做编辑，四是跟着一个自媒体大V做他的助手。

面对这4个机会，小C也不知道该如何选择。

你会看到，在上面3个人的职业选择中，很容易面对这样一些“两难纠结型”选择——

» 大公司还是小公司？
» 是去成熟一些的业务部门，还是去成长型、有潜力但也有风险的业务部门？
» 是追求专精还是谋求更加全面的发展？
» 短期收益和长期收益如何平衡？

针对这样的“两难纠结型”选择，我总结了一套“4+4”方法，帮助大家思考和判断。第一个“4”是拥有“4个基本认知”，第二个“4”是叩问自己“4个问题”。我们先从“4个基本认知”说起。

基本认知1：如第2章中所说，一个人的职业成长，有两条“一级成长曲线”，分别是技能曲线和商业认知/系统思考成长曲线，唯有第一条技能曲线达到一定高度后，第二条商业认知/系统思考成长曲线才会开启。

而对工作5年以内的从业者而言，可能要优先考虑技能曲线，以此为切入点进行思考，然后再重点考虑商业认知/系统思考层面的提升。

基本认知2：一个人在职业成长中，要想最终进入通关状态，终极出口只有两种，一是成为一名顶级专家，二是成为一名优秀的商业操盘手。

基本认知3："头部效应"无处不在。无论是短期在一家公司特定岗位上的发展，还是长期形成自己在整个行业内的竞争力，如果无法成为"头部选手"，将无法获得更大的收益，也会面临掉队的风险。

另外，如果你真的很难做到在当前赛道中成为头部、赢得竞争，也许可以考虑向回一步，先退回到次一级、难度更低的二线战场中，成为一个毋庸置疑的头部选手，再携带二线战场所获得的头部势能，重返原有的一线战场。

基本认知4（这是之前没有提到过的认知）：在一个商业组织里，可能存在4类不同的业务部门，在0～5年阶段里，你面临的任何一个具体的职业，都会是这4类部门中的某一个。

这4类业务部门分别是——

（1）成熟核心业务部门。

（2）探索型业务部门。

（3）成长型业务部门。

（4）非核心业务部门。

所谓成熟核心业务部门，指的是在一家比较成熟的公司和组织内，构成业务最强壁垒和行业竞争力的部门，也往往能够直接影响公司生死存亡的部门。

典型比如——

» 百度负责搜索产品和商业广告产品的部门是百度最核心的两个部门。
» 腾讯内部与社交关系链、广告有关的部门，或者用户和收入规模极大的游戏工作室等都可能是腾讯的成熟核心业务部门。

大家必须理解一点：如果一家商业组织能够健康地发展起来，形成规模，那么在它的核心业务分支下面必然存在一套高技术含量的、较为复杂的工作方法和模型。

比如百度的商业产品的架构、流量收入模型，或者其搜索产品的搜索结果排序算法、搜索关键词匹配策略等，都会是百度这家公司非常核心、非常有竞争力的东西。假使你进入类似这样成熟公司的核心业务部门，学习和掌握了很多这样的复杂工作方法和模型，那你在行业内将具备更高的价值和竞争力。

第二类业务部门是探索型业务部门。

一般来说，创业公司，或者负责大公司里的探索型项目或全新产品线的，都属于探索型业务部门。

在一个探索型业务部门里，巨大的机会和风险会并存——如果一个探索型项目获得成功并发展壮大，作为早期成员的你一定能从中获得巨大的收益，但与此同时它也存在非常大的不确定性，甚至有可能在探索过程中，产品方向、业务模式等反复变化，这是探索型业务部门的常态。

行业内，我们看到的探索型项目成功和失败的例子都很多，例如微信就是探索型项目成功的巅峰代表——但你可能不知道的是，在2012年前后，腾讯内部至少有6～7个团队都在做一款类似微信的产品，只不过其他几个团队最终都失败了而已。

第三类业务部门叫作成长型业务部门。

成长型业务部门其实是探索型业务部门的下一个阶段。就是说：相比探索型项目而言，已经形成了产品模型和业务模式的基础，当前需要解决的问题是快速增长，更关注增长速度和效率。

如果以一个创业公司来看，处于A轮到B轮融资阶段的创业公司，大抵近似于成长型业务部门的状态。

如果以大厂来看，2017年上半年字节跳动旗下的西瓜视频、火山小视频，或者2017年下半年到2018年上半年的抖音，都是成长型业务部门的典型。

第四类业务部门是非核心业务部门。

这一类部门在一家商业组织内，通常不直接对核心业务目标负责，一般工作压力不大，也比较稳定。

同时也意味着，如果一家公司遇到困难或危机，需要裁员，往往第一时间对这样的业务部门开刀。

举个可能不恰当的例子，比如支付宝或腾讯的公益频道（这并不代表公益不重要或没有价值），或者某些行政等职能支持部门，就属于这一类非核心的业务部门。

我认为，在实际进行判断时，你需要逐次通过“4个问题”来帮助自己决策。

问题1——

你是否真的追求远超于其他人的成长速度，并愿意为此承受更大的压力？在这样的预期之下，你的短期现实生活压力如何，能承受的最低收入预期大抵处于什么水平线？

这里你必须理解，如果你想找一个收入很高、成长空间很大、有很好的领导带你、公司也很知名、工作机会稳定，其实可遇不可求，或者说，概率不高。

所以，千万不要因为在网上看到有人找到了这样“完美”的工作机会，就以此为标准来要求自己。

相反，你需要理性一点，做好准备：如果成长速度、空间、收入、公司品牌等几者不可兼得，你自己选择和判断的优先级到底是怎样的。

如果你内心已经有了一个属于自己的优先级，很多时候你的决策就会更容易，也更果断一些。

如果你思考的结论是自己短期内存在明确的经济压力，必须赚到多少钱，那么你的所有决策都应该优先满足赚钱的需求，然后再考虑其他因素。

例如一个短期内面临购房或者结婚需求的朋友，至少在一段时间内需要一些基本的收入来保障自己的生活，那他短期内的一切决策，应该先考虑哪些机会能够满足自己赚钱的诉求，然后才考虑行业、兴趣、成长空间之类的。

反过来，如果你现实的经济生活压力没那么大的话，我的建议是：在0～5年这个阶段里，你的决策和思考都应该以你的成长速度为第一导向。道理很简单：假使一个人的职业生涯周期是30年，这30年里你的个体价值成长一定有一条成长曲线，其中，0～5年这个阶段，还非常早期（就像我之前提到的“S型曲线”的最前端），在这个阶段，与其看重短期获得的收入和回报，不如重点看你的成长速度。

试想一下，在0～5年这一阶段，即便你和其他同龄人的收入有差距，顶天可能就是每个月三千块到一万块的差距。而这样的收入差异如果放到30年的周期来看，尤其到了你职业生涯的10年、15年之后，你觉得它的影响还能有多大？

基本上微乎其微。如果一个人工作到15年以后还在纠结于每个月三千块到一万块的差距，这样的人可能也很难在职业生涯中通关了。

相反，如果你在0～5年阶段能拥有非常好的成长速度，让自己快速到达技能曲线的顶端，开启第二条“一级成长曲线”，那到了10年、15年以后，你获得的回报是以每年几十万元的量级来进行评估的。

因此，0～5年阶段，不建议太关注短期收入，而应该关注成长速度。你当下所有的努力，都是为了10年后，让自己站到金字塔的上层。

当然，也存在一类“安逸族”，他们物质生活充裕，追求让自己舒服就好。如果你是这样的人，那么在找工作、做决策时一切都以“是不是能让自己舒服”为标准——但你面临的风险是，在变化的世界中有可能慢慢被其他人抛在身后。

问题2——

你觉得自己是否具备极强的野蛮生长能力？

我们该怎么判断一个人是否具备极强的野蛮生长能力？

我的经验是，你可以思考：假设你接手了一个你从来没有做过的事情，只有一个模糊的目标，没有清晰的达成路径，也没有人系统地指导你，在这种情况下你是否能找到各种办法和途径去学习、借鉴、模仿，然后在推进这件事的过程中变得越来越好，越来越强大？

假设答案是Yes，大概率你是一个野蛮生长能力很强的人。

如果答案是No，可能你的野蛮生长能力就弱一些。

你可以结合过去的一些经历和经验，以1～10分为自己的野蛮生长能力打分，根据分值我们可以分为3种情况——

1～5分：你的野蛮生长能力较弱。

对这样的人来讲，优先的职业成长逻辑是：即便自己追求成长，也需要一步一个脚印实现，不宜贸然追求“跃迁式的成长机会”，不宜在早期步子迈得太大。

他们更适合找到一个较为稳定的环境，有非常明确的工作要求和内容，甚至还有人给予指导帮助，这样的环境更适合他们。

6～7分：你的野蛮生长能力中等偏上。

这样的人能够接受工作中有一定的模糊性和开放性，能够通过学习解决一些局部问题，但整体而言，他们仍然不适合在职业生涯早期就进入特别动荡的职业环境中，也应该尽量规避一些从0到1的项目。

即便参与从0到1的项目，最好也有一些经验更丰富的人给予指导。

对于上述两类人，在职业生涯0～5年阶段，都可以优先考虑进入成熟核心业务部门，或者加入成长型业务部门谋求发展（对于野蛮生长能力较弱的朋友，即便进入成长型业务部门，工作内容和要求最好也是较为明确的）。

这两类人也可以考虑先进入一个商业组织的非核心业务部门，然后在这个竞争不那么激烈的赛道中尽快让自己成为头部，然后再往成长型业务部门或者成熟核心业务部门转。

相对而言，0～5年这个阶段，非常开放又没有人带的探索型业务部门不适合他们。

8～10分：你的野蛮生长能力极强。

如果你是一个野蛮生长能力极强的人，你并不那么担心一个选择背后的风险——你的野蛮生长能力让你能够应对大多数变化和风险。

这样的人，在职业生涯早期面对多个机会需要决策时，核心决策逻辑是关注一个机会是否能让自己做更大、更复杂、更有价值的事，是否有更大的成长空间。

我会建议这样的人在职业生涯的0～5年，甚至0～8年，最好是探索型、成长型、成熟型这三类业务部门（也就是我们通常说的从0到1，从1到10，从10到100）都深度参与过（至少都做过2～3年），这样，你的视野更加全面，无论是想成为一个顶级专家，还是成为一个优秀的商业操盘手，都大有裨益。

从个人成长路径来说，这样的人可以优先考虑在成长型业务部门或成熟型业务部门中让自己在某项技能上接近成为“头部选手”，并逐渐提升自己的商业认知/系统思考成长能力，然后，再找机会进入一个探索型项目中承担更加重要的角色，这样的成长路径或许更高效。

问题3——

你是否已经拥有一个明确的长板职业技能，或你是否已经有了明确的职业方向（例如什么行业、什么岗位等）？

一般来说，如果某一项技能，你觉得自己比其他百分之七八十以上的人都要强，工作起来更高效，产出也更显著，它就可以被视作你的长板职业技能。

假如你已经有这样明确的长板职业技能，你面对职业机会的选择和决策时，应该尽量围绕怎么进一步加强或者放大自己已有的长板来展开。

道理很简单：把这一长板发挥到极致，你更有机会成为一个小领域的头部，从而为自己收获更多的红利。

接下来，假设你有一个明确的职业方向或行业的倾向，你最好研究或者思考：这个行业或领域内大部分高手的典型成长路径是怎样的？为自己的职业选择找到一些借鉴。

比如上面提到的小B，他希望在金融行业里长期发展，并从一名普通运营成长为一个操盘手，那他就可以去关注，金融行业内现在的很多操盘手是如何成长起来的，他们的经历和成长过程是否有一些共性可以参考。

但这里也有一种极端情况——如果你感觉自己好多事都能干但没有明确的长板技能，在职业方向和行业选择上也没有那么强的倾向，该怎么办？

这时候就要回到我们在3.2中的建议：你可以优先考虑大量补齐自己的通用技能。

如果你的基本技能都已经提升修炼得差不多了，需要开启自己的“商业认知/系统思考成长曲线”，但又没有方向，面对多个选择，又怎么办？

我的建议是：这个时候，可以优先考虑是否有一个机会能让你在业务、商业的认知和理解上看得更多、更全，了解得更深。

比如，对上面的小A来说，他可能面临很多机会，他的基本技能和综合素质已经不差，但他对自己的长板职业技能并不清晰，对自己将来去什么行业、什么领域发展，甚至选择什么岗位也不清晰。

也许他可以考虑：是否有哪个机会更能让自己深入理解一项业务的运转？

比如可能有一个岗位是公司老板身边的项目经理，这家公司当前的状态是老板根据目前业务面临的核心问题即时发起各种攻坚项目，用 1 ～ 3 个月的时间去解决它，而这个项目经理要帮老板管理和推进诸多这样的业务项目。

这样的工作就非常适合小 A。

其实，我2014年去大公司做COO助理，差不多有点这样的感觉。

问题 4——

你更希望最终成为一个顶级专家，还是成为一个业务管理者和商业操盘手？在这个问题上你是否有明确的倾向？

问完这个问题后，你就可以参考我们在第 2 章提到的顶级专家或商业操盘手的典型成长路径来进行选择了。

再补一个思考角度——

为了成为自己眼中更好的顶级专家或是商业操盘手，你当前需要重点提升或补足的，到底是一些具体的技能、某种经验，还是一些特定的思维方式或视野？

当你的答案足够具体时，你就可以更有针对性地补足。

举例说明，如果身为一个推广投放岗位的从业者，你希望成为一个顶级专家，基本工作方法论你都有，但你感觉自己缺少“一年在推广投放上至少花过 2000 万元”的实战经验，那么你在选择机会时就可以重点关注哪一个机会能够更快地帮助你补足这个经验。

而如果你想成为某个行业的操盘手，关注的是“这个行业的操盘手到底是如何进行思考和决策的”，那你更适合选择一个能够近距离接触更多行业顶级操盘手的机会。

到此，可以总结一下：作为一个工作0～5年的人，面临很多职业机会时，为了做出更优、更适合自己的选择和判断，你可以逐次问自己这样几个问题——

（1）你是否真的追求远超于其他人的成长速度，并愿意为此承受更大的压力？在这样的预期之下，你的短期现实生活压力如何，能承受的最低收入预期大抵处于什么水平线？

（2）你觉得自己是否具备极强的野蛮生长能力？

（3）你是否已经拥有一个明确的长板职业技能，或你是否已经有了明确的职业方向（例如什么行业、什么岗位等）？

（4）你更希望最终成为一个顶级专家，还是成为一个业务管理者和商业操盘手？在这个问题上你是否有明确的倾向？

在上述4个问题都有了更明确的答案后，你的选择可能会更加清晰。

退一万步讲，假如有人觉得，上面这4个问题我还是越想越晕，有没有几类更“黄金”一点的职业机会，我只要选择了就大概率对我更有好处，让我的价值变得更高？

我认为这样的“黄金”职业机会可能有3种——

（1）如果你能找到一个你特别信赖和认可，无论在视野、技能各方面都远胜过于你的人，他还愿意手把手带你，那这类机会值得你选择。

（2）如果你有机会去一个很成熟、知名的商业组织，到它的核心业务部门中了解和学习其中非常有技术含量、非常复杂的一套工作方法和它的整个体系结构，这也是一个超级有价值的机会。

（3）如果有机会加入一家已经走入正轨、开始高速成长的公司或业务部门（类似2018年的抖音），即便你自己啥也没想清楚，也极大概率可以获得这家公司或这个业务快速成长带来的红利。

下面，我们再回过头来看看小A、小B和小C三个人——按照本节所讲的方法和逻辑帮他们做一些梳理的话，他们该怎么选择？

1. 针对小A

（1）是否真的追求远超于其他人的成长速度，并愿意为此承受更大的压力？在这样的预期之下，短期现实生活压力如何，能承受的最低收入预期大抵处于什么水平线？

答：希望追求成长，现实生活压力不大，收入预期中等。

（2）自己是否具备极强的野蛮生长能力？

答：中等偏上，6 ～ 7分水平。

（3）是否已经拥有一个明确的长板职业技能，或是否已经有了明确的职业方向（例如什么行业、什么岗位等）？

答：长板技能不清晰，职业方向和行业发展倾向也不清晰。个人大体处于技能曲线中等偏上的阶段，需要开启第二条“一级成长曲线”。

（4）更希望最终成为一个顶级专家，还是成为一个业务管理者和商业操盘手？在这个问题上是否有明确的倾向？

答：也不清晰。

我的建议：

尽量避免去从0到1、变化很快、动荡很多的纯探索型业务部门。

在职业方向不清晰却又需要开启第二条“一级成长曲线”的背景下，优先考虑那些可以跟高层和业界高手接触更多、让自己对一项业务的商业运转和决策链条了解得更加深入的机会，譬如做一名老板的助理。

相对而言，选择大厂和小厂都不重要。

2. 针对小B

（1）是否真的追求远超于其他人的成长速度，并愿意为此承受更大的压力）？在这样的预期之下，短期现实生活压力如何，能承受的最低收入预期大抵处于什么水平线？

答：非常希望追求快速成长，收入预期中等。

（2）自己是否具备极强的野蛮生长能力？

答：极强，8 ～ 10分水平。

（3）是否已经拥有一个明确的长板职业技能，或是否已经有了明确的职业方向（例如什么行业、什么岗位等）？

答：项目管理能力和沟通协调能力极强，能够快速推进很多复杂项目。个人希望聚焦金融行业发展，但此前金融行业经验为0。

（4）更希望最终成为一个顶级专家，还是成为一个业务管理者和商业操盘手？在这个问题上是否有明确的倾向？

答：希望成为业务管理者和商业操盘手。

我的建议：

在几个选择中重点考虑那种“自己能够独立带一些小团队、组织推进一些项目，且能够为核心业务目标负责”的机会，这样，既可以发挥自己的长板，有机会快速成为头部，又能够借助项目的推进对金融行业的业务逻辑有更深的理解。

同时，也要关注金融行业内一些成功操盘手的成长路径是怎样的。比如，如果经过分析后发现金融业的操盘手大多数都需要对风控有很深的理解，在多个职业选择中，应优先考虑距离“风控”这个业务模块更近的机会。

同理，选择大公司还是小公司都不重要，但作为一个野蛮生长能力极强的人，需要有空间发挥和“野蛮生长”，这更重要。

3. 针对小C

（1）是否真的追求远超于其他人的成长速度，并愿意为此承受更大的压力？在这样的预期之下，短期现实生活压力如何，能承受的最低收入预期大抵处于什么水平线？

答：希望追求成长，收入预期中等。

（2）自己是否具备极强的野蛮生长能力？

答：稍弱，0～5分水平。

（3）是否已经拥有一个明确的长板职业技能，或是否已经有了明确的职业方向（例如什么行业、什么岗位等）？

答：在内容、写作方面极强。行业、岗位方面暂无倾向。

（4）更希望最终成为一个顶级专家，还是成为一个业务管理者和商业操盘手？在这个问题上是否有明确的倾向？

答：相对而言，更倾向于顶级专家路线，而非业务管理者和商业操盘手路线。

我的建议：

一定要选择与内容、写作相关的工作，最好能够进入一家成熟类商业组织的核心业务部门，或者在成长型业务部门中有一个经验丰富的过来人指导，会更好。

一定避免从0到1、特别不确定和动荡的环境，尽量避免与自己的核心能力优势关系不大的工作机会。

同时重点关注如果要在内容这个能力项下持续提升，自己当下最需要提升的能力是什么，比如“成功做出一个内容专题”“能够稳定写出传播量不错的新媒体文章”“能够独立编辑好一本畅销书”等，也可以看看哪些机会更有助于补足自己当前缺失的核心能力或经验。

3.4　如何超越那些早期职业起点远高于你的人

前面多次提到，我的职业生涯起点，低得出乎绝大多数人的想象。在起点很低的情况下，我的几次职业选择都至关重要——我在第二、第三、第四阶段里的连续三次选择，从一开始看，都算不上那种大多数人眼中的“好机会”，但最终，恰恰是这几次选择带给我跃迁式的非线性成长，让我收获了远高于同龄人的成长速度。

这里有一个真实存在着的现象：**在职业成长中，总有一些大多数人不会选择的机会，其中可能蕴含着跃迁式的成长机会。**

因此，如果你在职业生涯早期面临的情况跟我一样——起点很低，相比其他很多同龄人完全处于劣势，如果按照线性轨迹亦步亦趋，几乎不可能超越那些起点比自己更高的人——我想告诉你，不用灰心绝望，要相信，你仍有可能通过努力和某些选择获得弯道超车的机会，最终超越那些早期起点远高于你的人。

这些选择，就是我所说的“大多数人不会选择的跃迁式成长机会”。

但也必须强调，如果你追求跃迁式的成长，也要承担某些风险或付出某些代价——比如，我从日企的销售岗位转行去做互联网时，我的薪资水平降低了一半左右。

因此，对于大多数人而言，要追求跃迁式的成长，最黄金的时间也就是职业生涯的早期——在那个时期，你可能孑然一身，出身低微，也没什么可失去的，无论是付出些代价还是承担些风险，对你而言都不是成本很高的决定。然而，如果你已经工作8～10年，年过而立，已有一定的地位，家庭方面也处于上有老、下有小的阶段，此时如果放弃已有的收入、成就，进入一个充满风险和不确定的领域追求跃迁式的成长，将是一件无比艰难、决策成本很高的事。

所以，如果你的职业起点不高，又非常渴望“弯道超车”，那我的建议是：珍惜和利用好职业生涯的前五六年，迅速完成一些基本积累，并谋求进入那些具备跃迁式成长机会的赛道中去打拼、努力和发展，而不是等到自己已经工作8～10年、陷入职业瓶颈和困境后再来感慨生活不易、人生艰难。

那么，我们的职业生涯中，到底什么样的机会是“大多数人不会选择的跃迁式成长机会”？

就我自己的经验来看，我认为有两类机会显著符合这一特征。

第一种机会，是选择进入一个伴随着新技术、新模式而出现，短期发展还完全不确定、甚至有些混乱无序的全新行业里，只身承担各种不确定风险，去换取随着这个行业的快速发展和在行业内接触到更多高质量信息来源、先进的工作方法而为自己带来的成长加速度。

我有两次职业选择，都符合这个逻辑。

第一次，是2009年从日企的销冠转去互联网做运营。

我付出的代价，是薪资减半，以及在当时绝大多数人连运营是个什么岗位都没有听说过，对于互联网行业和我所在的公司的后续发展完全未知的风险。

我获得的收益，则是此后3年在互联网行业学习了更多前沿的工作方法、思维模式，让自己的薪资逐步升高，高于我转行前的水平。

当然，还有一个特别重要的收益——在绝大多数人连运营是个什么岗位还不清楚的时候，我成为国内早期互联网运营岗位的从业者，这是我后来写出《运营之光》的基本前提。

第二次，则是2012年，在已经有了3年互联网运营工作经验并小有成绩后，选择投身在线教育领域创业。

按照大多数人的思维和发展路径，2012年，我较好的选择应该是谋求进入一家互联网大厂发展，然而我没有。

之所以选择创业，除了在第1章里提到的受到当时创业浪潮的感召之外，其实还存在一个个人层面的原因——我确实认为，以我的学历、背景，即便进入大厂或是换一家更好的公司，相比其他人而言，我的竞争力还是比较弱，如果在一个线性轨迹下发展，很难说自己能够超过那些学历背景更好、行业经验更丰富、比我更聪明的人，因此才有了当时的选择。

这一次选择，我付出的代价是薪资又一次在原有基础上降低了近三分之一，并且，当时我所选择的在线教育是一个全新的、此前还没有太多成功先例的行业。要知道，创业失败的概率本身就超过90%。

而我获得的收益，则是在创业过程中因为面临更多复杂的、更高维度的问题，以及接触到更多优秀的创业者、投资人和行业高手，在不断解决问题的过程中和向高手请教学习与交流的过程中获得飞速的成长。

事后看来，在线教育在2012年还完全不成熟——事实上，2012年那个阶段的第一批在线教育创业项目，几乎全部都失败了——但我对在线教育这一行业和这项业务有了更深的了解，混迹在各种在线教育的交流群和创业者群里，明确了我此后把教育作为自己长期投身和发展的主赛道的决定，也为2015年我们创办三节课并能持续取得发展奠定了非常良好的基础。

其实，身处互联网时代，类似的机会每年都能够遇到一些。

比如，2014年前后的O2O浪潮，2016—2017年的知识付费，2018年前后的区块链和人工智能，都很典型地属于行业模式、玩法、前景尚不明朗，短期来看甚至整个行业的“基础设施”都还没准备好，导致很多项目注定无法成功。

但这仍然不影响很多早期投身于这些领域的人，在短短1～2年，接触很多高质量信息源，实践和了解更多先进的理念、玩法和模式后获得了跃迁式的成长。

第二种机会，则是你主动请缨挑起一个大家都认为“很坑”、“很碎”、“摊子很烂”、无人愿意接手的项目，然后在所有人都不看好你的情况下，干出来。

这里，我就不说我了，先分享另一个朋友的故事。

她叫范秦，她的经历也同样颇为传奇。

2011年之前，她的经历与互联网全无关系——本硕在读期间先后在两家500强公司实习，并在2010年成为一名优秀的销售。

2011年，她转行到互联网，进入百度担任商业产品运营，一年之内转岗到商业产品经理，又不到一年成为产品团队的负责人。作为年轻的产品带头人，她在百度的个人绩效连续位于Top 5%，拿过很多奖项。2014年开始，她转战O2O创业大潮，历任多家公司的产品总监、运营总监，并创造了几乎走到任何一条业务线都能快速让该业务线开花结果、起死回生的“神话”，此后历经3年O2O大战，在多个项目中取得亮眼业绩后，逐渐退出一线战场，开始以咨询顾问身份为多家公司提供咨询服务。

因为她过往取得的赫赫战功，有人称她是“业内Top 1%的产品经理”。

跟我一样，范秦也是从传统行业销售转战互联网，入行之初也是一位全无背景经验和过往积累的新人。2011年的百度号称“业界产品经理的摇篮”。在那样的环境下，佼佼者无数，很多核心项目的参与机会轮都轮不到初来乍到的她。

那么，她究竟是如何做到以一个转行者的身份，在短短2～3年就超越绝大多数同事的？

答案是：因为很多好的机会轮不到她，她半是主动、半是被动地认领了一个当时公司完全不重视、一地鸡毛、所有人都认为濒临死亡的项目。

这是一个服务于百度诸多广告主、试图通过一些电话转化工具和数据方面的增值服务帮助广告主提升广告投放效果的项目。当时，这个项目的产品功能和规划一片混乱，完全没有得到客户的认可，内测半年加上正式上线半年，数据一片惨淡，难有起色。

在公司高层会议上，VP们对这个项目正式判决“死缓”，缓刑期3个月。原先的项目负责人主动寻找新机会，调到其他产品线，各种对接部门的资源也在悄悄撤出，但接下来3个月的收尾工作总还得有人盯一盯。

上级决定让范秦临时接手这个项目，但高层对于这个项目基本已不抱希望。

范秦思量过后决定认领这个项目。如果后面项目“死去”，那作为一个刚刚转岗做产品经理的新人，就被刻在所负责产品的“墓志铭”上，背负“干了几个月毫无业绩，前景可能更加悲观”的风险。

然后，在短短3个月时间里，作为一个产品经理，她带着留下来的3个人，在各种研发设计资源严重短缺乃至完全空白的情况下，自己分析数据，诊断和发现问题，依靠过去的销售思维，通过资源置换，从其他项目组里搞来一些研发资源，帮助自己完成了部分产品功能的开发。再带着伙伴们亲自上阵，挑选了3～4个重点行业中7～8家大客户，免费为这些客户做服务，做数据分析，通过一段时间，成功帮助客户快速提升了广告投放的转化率。再然后，她又请这些客户为自己背书，向更多其他客户进行行业标杆案例宣传……

就这样，她一步步让这个项目回到正轨。

过了一个多月，这个原本所有人都认为“死定了”的项目，绝地逢生，带来让所有人诧异的客户量爆发性增长。

她带着3个人，3个月内，让一个濒临死亡的项目业绩翻了10倍，一个季度就完成了全年的目标。

范秦一战成名，在百度内部拿遍各种奖项，并由此逐渐超越当时与她同期，甚至比她还要资深的很多产品经理，开启了自己在互联网这条赛道中的高速成长和进化。

其实，这个世界还是挺公平的，当你追求远高于他人的成长，若你不是天赋异禀，那你一定要比他人担负更大的风险和压力，才有可能。

不过，你仍然可以充分认识背后的一些规律，借此在职业生涯中做出更多优质的决策，最大限度地避免陷入职业困境中。

以上是关于如何超越那些职业起点远高于你的人的思考和建议。

3.5 成为一个顶级专家或优秀商业操盘手的具体路径

我在第1章提到一个重要结论——

对绝大多数人而言，到达职业成长的终极出口，或者要实现从绝对被动变得非常主动的通关状态，有且只有两种可能。

要么，你依靠某种技能成为一个业内顶级的位于Top 3%–Top 5%的专家；要么你努力让自己成为一个优秀的商业操盘手。

在讲过转行、选择、没有方向等一系列问题后，这一节，我会回到关于“如何实现职业成长游戏的通关状态”这一基本命题上来。

但这一节我会更加落地一点，跟你聊聊：如果你已有了明确答案，希望成为一个顶级专家或是优秀的商业操盘手，那么接下来到底应该怎么做，才能一步步成长为自己期待的状态？

为了回答好这个问题，我想先带你回顾一下第2章提到过的，在今天的商业环境下我们必须直面的几个事实——

（1）互联网正在重新塑造几乎一切行业，这些行业的商业模式、工作方法被快速改变、颠覆和升级。在一家公司内，有很多岗位都是不稳定的，许多岗位因为某个特定阶段的需求而被设定，但过了半年到一年后，当这个需求不存在了，这个岗位也将不复存在。例如某公司某个阶段特别依赖社群进行销售转化，但半年后战略升级，便放弃了这个方向。

（2）因为职业和商业环境不稳定，初入职场的年轻人，在自己职业生涯的前5年大多经历过更换岗位，甚至是行业。

（3）从2018年开始，有一个词开始兴起，那就是“产业+互联网”，我们必须深刻理解这个词。以前我们会把“互联网”单独看作一个大行业，所有借助互联网进行经营的公司都叫作互联网公司。但我们越来越发现，互联网其实是一种底层基础设施，而一个行业和一个产业，则往往有其固有的产业结构、商业逻辑等，互联网也许会改造或升级一个行业，甚至创造出少数新兴行业，但本质上，不同行业之间的商业逻辑差异仍然是完全不同的。所谓“产业+互联网”，指的正是传统的经营支柱型产业，例如制造业、房地产、医疗、金融、生物制药等，都在全面经历着被互联网改造的过程，这个过程中会出现许多新的公司或经营模式，但本质上，不同的行业和产业之间，仍然存在巨大的不同。这也就解释了，同样做运营或做产品，在医疗行业和在电商行业，其工作方法和思路可能完全不一样。而不同行业内，一家公司经营发展的重点和要点也会完全不同，例如一家金融公司和一家教育公司在增长方面就会存在极大的差异。

从这个意义上看，我们仍然应该回归到行业或是产业的层面去理解今天的商业版图，而不是简单粗暴地把所有借助互联网和技术手段进行商业经营和升级的公司都看作互联网公司。

上面这3点听起来略有些宏大，但它和我接下来要讲的东西有非常密切和重要的关系。

并且，上面3点中的前两点，也进一步论证了为什么我告诉大家，不要把目光聚焦于某个特定的岗位，而要聚焦于让自己成为顶级专家或是优秀的商业操盘手——你会发现，在这样的环境下，任何特定岗位都不是永恒的，甚至同样一个岗位，在不同公司内部，其工作方法和要求也可能完全不一样。

所以，如果你身处一个变化极快的职业环境中，在考虑自己的职业成长时，尽量不要把目光锁定和聚焦在某个特定岗位上。

好了，下面进入正题，我们先来讲如何成为一个顶级专家。

成为一个顶级专家的路径是比较明确清晰的。首先，你找到某项技能或称手艺，是你特别喜欢或擅长的，并且，你这项技能的学习能力，至少不比大多数人差。然后，你需要做的就是不断精进，让自己从一个新手一步步成为顶尖高手。

这里，我分了几个关键节点，如图3-3所示。

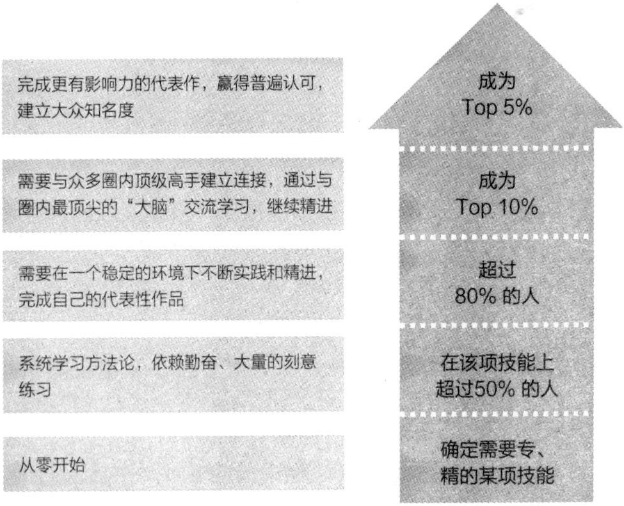

图 3–3

首先第一关，你需要在该项技能上超过50%的人，成为中等以上水平——一般来说，只要你在某项技能上拥有属于自己的方法论，做出还不错的业绩，不输于行业平均水平就可以了。

要想闯过这一关，你只需要投入大量时间，系统地研究和学习行业内的成熟高手，找到可遵循依赖的方法论，然后进行大量的刻意练习，巩固自己的技能就可以了。需要注意的是，在这一阶段，选择什么方法论不太重要。一个领域内方法论可能有很多流派，就像营销领域，讲定位的是一派，华与华方法可能又是一派；运营领域里，可能三节课的方法是一派，那些专门玩流量的又是一派，诸如此类。对一个新人来说，选择哪一派并不重要，重要的是，你选了一派自己认同的方法论后，最好能够深入地研究它、了解它，并充分实践、内化、吃透，让自己做出足以胜过大多数人的东西。特别忌讳的是看了一大堆不同流派的经验或者方法，但哪一派都理解得不透不深，也没有做太多实践和刻意练习，陷入“看了听了一大堆，却发现然并卵”的状态。

一般来说，度过这个阶段最常见的方式有两种，要么你进入一家公司，有很多问题要解决，也有个有经验的前辈愿意认真带你；要么你找到了行业内的前辈或高手系统总结提炼后的课程、书籍或其他学习素材，你通过参加课程、研读书籍并付诸实践等方式让自己度过这一关。就像是在产品经理、运营、新媒体、营销等领域，三节课的课程已经比较体系化了，口碑也不错，可以把它作为一个你的选择。

总而言之，只要你选择的技能不是一个你完全没有天赋的事情（比如一个对数据完全不敏感的同学非要成为数据方面的顶级专家），你只需要找到可学习的内容和对象，投入足够的时间，在至少6～8个月的时间内持续进行练习，就能做到。

接下来，是第二关——你要在这个领域内超过80%以上的人。

“二八法则”在任何领域都是成立的。如果说超过50%以上的人是一个大多数人都有机会实现的目标的话，“成为头部的20%”就要难一些了——就像做新媒体或者写作，目前能做到让自己的号不掉粉的人很多，但真正依靠内容就能稳定实现涨粉的人则很少。

成为头部的20%需要什么？我的答案是：你需要一份被大部分人认可的代表作。如果你是做销售的，你需要拿下某个重要的客户；如果你是做设计的，你需要有一份能拿出手的作品案例；如果你是做裂变营销的，你需要做出来一个至少在小范围实现刷屏和显著增长的案例；如果你是写文案的，你需要写出一份赢得广泛传播或是售卖转化效果特别好的文案。

怎样才能拥有能拿出手的代表作呢？我的答案是：也许你最需要的，是一个非常稳定的“实践环境”。

以我为例，我觉得写作和做内容是我的核心能力之一，但在2014年以前，我的写作能力，处于很一般的水平，当时写的很多东西都是自说自话，引不起多么广泛的传播。

而我在写作上让自己跻身头部的20%，大约是在2014—2015年的两年时间。这个过程其实特别简单，就是不断地在自己的微信公众号上写，不断对外发布。如果某天写了一篇发出去，点击量不高，就不断反思和复盘——标题是否这么写会更好，然后按照新的认知再写一篇发出去——再看数据，发现转发量又不理想，于是又认真推敲，感觉开篇和结尾稍微讲个故事加两个金句可能更有助于转发——于是又调整认知再写一篇发出去，再看数据……在这种漫长的“实践—反馈—调整认知—再实践—再反馈”的过程中不断修正自己，提升自己的手感和技能，最后所有这些东西累加到一起，我在2015年下半年跨过了自己的临界点，在写作上显著提升了一个层次，可以做到让自己写出来的大部分文章都拥有不错的阅读量和传播量，让自己在“理性、严肃的评论性文章”方面成为一个不错的写作者。

如果这两年，我的实践环境并不稳定，可能今天在A公司写金融，明天在B公司写消费和餐饮，后天又开始写八卦段子，很难借由在一个线程上“实践—反馈—调整认知—再实践—再反馈”实现技能的精进。

所以，要突破第二关，一个稳定的实践环境至关重要。

再接下来，是第三关——从Top 20%跻身Top 10%。

如果你已经依赖自己的代表作成为Top 20%的选手，要想继续往前走，你要想办法与这个领域大家公认的顶尖高手建立连接，与他们进行交流，并从他们身上学习大量经验和心得，让自己成长得更快，在继续前行的路上获得很多高手的赋能。

就像我自己，在开始做三节课和写《运营之光》的过程中，我也借由包括罗辑思维CEO脱不花、腾讯和阿里等公司的VP和高级总监、《从0开始做运营》的作者张亮等顶尖高手，让自己的成长得以加速和赋能。

再往上，成为Top 5% 的选手，你就要通过不断地实践和创造，在整个行业内拥有更大影响力和更具有穿透力的代表性案例，无它。

就像小马宋跻身文案营销领域的高手，依赖的是他的“一个广告文案的自白”系列作品获得数千万次的传播；我在运营领域被人视作头部大咖，是因为《运营之光》成为豆瓣评分最高的运营类书籍，且我在三节课做的运营体系课程4年内拥有很好的口碑，甚至吸引了大量在BAT等公司工作的同学们前来学习。

接下来再谈如何成为一个商业操盘手。这里，必须结合“产业+互联网”的一些背景来给大家揭露一个十分重要的“天机”了。

前面说过，一个商业操盘手，本质上就是知道如何经营一个生意，通过商业经营让一家公司或一个业务的商业价值持续得到放大，收益更大并且效率变得更高。

但！是！

这里有一个很重要的背景，会被很多人有意无意地忽略掉。那就是：不同的生意或者不同的商业组织，其经营管理的逻辑、核心业务模块可能是完全不一样的。比如，一家2B的公司和一家2C的公司，其运营和管理就是完全不同的。

再从另外一个角度，回归到“人”的层面上看，以我为例，我现在管理一家估值10亿元以上的教育公司，我深刻知道，一家教育公司的核心业务板块就是教研、教学、营销3个方面。我也许在教育公司的管理和经营上做得还凑合，但如果换一个行业，让我去做医疗或者金融，我还能做好吗？答案是不能，或者至少是不一定。

所以，**如果你想成为一个商业操盘手，一定要先立足于某个行业，或某一类商业模式。**如果你连自己到底想在哪个行业深耕都还没有搞清楚，不知道自己到底该做金融、教育、电商还是社交，那你就无法成为一个合格的商业操盘手——因为你根本找不到自己的成长路径，除非你在商业上天赋异禀。

那么，如果你已经明确选定某个行业，想成为一个操盘手，你的典型成长路径是怎样的呢？

这里我们需要简单理解一个商业组织的结构。任何一类商业组织，都可以被视作一个复杂系统，而一个系统，往往是由N个子系统（或称为业务模块）构成的。

一家教育公司的核心子系统可能是教研、教学、营销；一家金融公司的核心子系统可能是风控、吸储、资金管理；一家电商公司的核心子系统则可能是营销、供应链、售后，诸如此类。

如果你想管理和操盘整个系统的运转，甚至重新定义和设计整个系统的结构，你得熟悉整个核心模块的逻辑、构成，知道它们是如何运转的。在一家公司内也是这样，要想成为一家公司的操盘者，你必须知晓这家公司所有的核心业务模块是如何运转的，有哪些关键节点，风险和机会往往来自哪里等。

举例说明，如果我希望三节课这家公司内有一名员工成长为CEO，那理论上他需要充分理解教研、教学、营销，知道这3大模块彼此间的关系、每个模块管理的要点和难点，能够在每个模块出现问题时快速进行思考，分析问题和提出解决方案，也能够在整个系统的运转效率下降的时候，知道从哪些地方思考和入手，更有可能提高整个系统的运转效率。

所以，其实你发现，我们在一家公司内从事的某个具体岗位，往往是一个商业系统中一个子系统的某个环节。就像三节课从事微信公众号运营的员工，其实是在这家公司营销系统中负责“微信公众号的流量和转化”这个环节。

如果奔着商业操盘手方向走，我们需要从某一个环节脱离出来，去看同一业务模块下的多个环节；乃至慢慢熟悉整个业务模块，能够管理和驱动整个业务模块；然后，慢慢了解和熟悉不同的业务模块；最后，当我们充分熟悉所有的核心业务模块时，也许就成为一个或一类公司的商业操盘手。

所以，一定要意识到，如果你的目标是成为一个商业操盘手，那你要选准一个行业，先从某个业务环节切入，在一家或多家同类公司通过轮岗、谋求新的职业机会等方式熟悉多个业务环节，慢慢成为一个业务模块的负责人，再然后，继续通过轮岗或参与重大项目等方式深度了解和熟悉多个业务模块的运转，进行更宏观和整体的思考，慢慢懂得如何经营一家公司。

这是成为商业操盘手的成长路径，如图3-4。

并且，当你能够基于一个行业成为一名合格的商业操盘手后，你再慢慢去理解其他行业的一家商业组织的经营，也往往会更加容易。

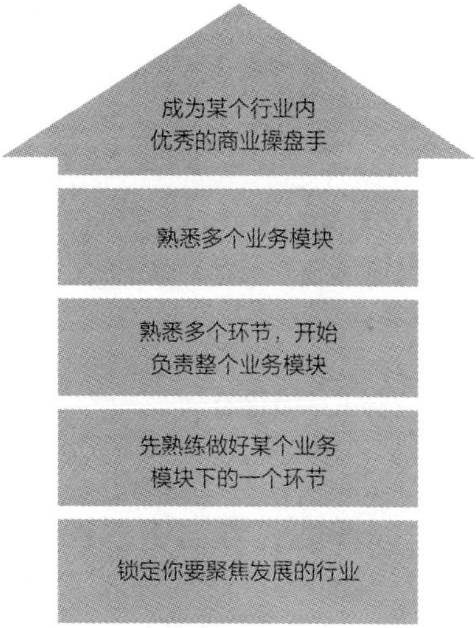

图 3–4

当然，在实际工作中，你需要学习和补充的东西还有很多，其中，特别重要的一部分，就是你的商业思维、策略思维和优质决策能力。关于这一部分，我会在第4章进一步分享。

这里再次强调一点，并不存在顶级专家就只需要关注单点技能的提升，只有商业操盘手才需要关注商业认知/系统思考能力的提升这样的逻辑。无论走顶级专家路线，还是走商业操盘手路线，前面提到的两条“一级成长曲线”——技能曲线和商业认知/系统思考成长曲线，都是你的必经之路和必答题。

然而，还有问题没有解答完。

你发现，即便真的找到了自己的职业目标，下定决心成为一名顶级专家或是商业操盘手，但在这个世界上，有些事情注定只有少数人能够成功。这就像创业注定也只有少数人能成功一样，不管是由于何种原因。

那么，那些最后没能成功、卡在半路的人们，该怎么办？

这个问题，我将放到下一节进行回答。

3.6 如果在某个职业成长赛道中“失败”

在这一节的开篇，我想先分享一个小故事。

我是一个业余足球爱好者，在很长时间里，担任一支业余足球队的队长，在场上司职后腰或中后卫。

曾经，我踢球的风格非常简单直接，在场上有很多的冲刺和急转急停，也有大量与对手之间的正面冲撞，很喜欢在一对一的对抗中战胜对手。2006—2007年，差不多有小半年时间，我率领的后防线在十几场比赛中居然一球未丢——在业余足球比赛中，这简直是个小奇迹。

但是，2008年我的膝盖遭遇了一次比较严重的伤病。

自那之后，我的速度、爆发力等都有非常明显的下滑，为了保护膝盖，也不能再做那么多急转急停和身体对抗，在防守回追时也不像之前那样有优势。

很长一段时间，我在球场上有点无所适从，球队的防线也不再那么稳固。

后来，我花了将近两年的时间调整了踢球的方式——我把自己踢球、控球的节奏往下降了一档；风格从过去更多地持球冲锋和一对一对抗，逐渐切换为一脚出球及跑动接应，减少自己的控球时间，但增加跑动；然后，我在场上的位置也逐渐前提，变为了前锋。

最终，我在球场上找到了另一种“生存之道”——从之前强硬、擅长冲刺回追和一对一对抗的后防大闸，逐渐变成一名虽然速度并不出众，但却能以跑动、接应、发现空间及捕捉机会见长的前锋，并保持着不错的进球率。

至今，我仍然活跃在业余球场上，以一种更加适合我目前的身体状态的方式来赢得比赛和对抗——在场上对抗时，我试着以节奏变化来战胜对手，不再像以前那样，依靠绝对的速度和体能战胜对手。

所以，你会发现——**在同一种游戏里，你总是可以找到N种获胜的方式，并且，其他人的获胜方式未必一定适合你。**

带着这个故事，我们进入这一节的正题——

到目前为止，从第2章到第3章，我们几乎所有内容，都围绕着如何找到你的职业方向，制定合理的目标并付出行动，最后赢得竞争而展开。

但是，我们也必须直面一个残酷的现实——

这个世界上，在有些事情上，我们想要追求的“成功”可能注定只属于少数人。

这就像95%的创业公司注定失败一样，它与你是否拥有梦想无关，与你的梦想坚定不坚定、合理不合理、你努力不努力也未必有那么强的关系，这只是一个客观存在的真相而已。你无法否认，关于成功，除了需要人们付出努力以外，还存在着很多不确定。

于是，这里似乎出现了一个悖论：一方面，我们在前面说了很多这样的劝诫——

» 想要在职场游戏中通关，你最好想办法让自己进入到两种成长路径中去——要么走商业操盘手路线，要么走顶级专家路线。

» 你要尽力让自己在每一份职业履历和每一条成长曲线下，都成为Top 20%的头部，这样你才能开启下一条势能更高的成长曲线。

但另一方面，任何一个领域内，可能注定只有3%—5%的人成为顶级专家；任何一个行业中，可能也注定只有不到20%的人在一家组织内获得足够的机会和空间，成为一名优秀的商业操盘手。

要是在一些竞争足够激烈的领域或行业内，情况就更是如此，这就与竞技体育一样残酷——所有人都很努力艰辛，但冠军却只有一个。

这意味着，按照基本竞争规律，在同一个赛道中，即便你做了完全的准备和努力，也很可能无法获得预期的成功（当然，当你开始有目标和方法有意为之，你会比其他人占得更多的先机）。

那些已经认定了一个明确的职业方向，付出了大量努力去做一名专家或商业操盘手，努力想成为所在竞争赛道的“头部选手”，却被各种残酷竞争、障碍和瓶颈卡在半路的人们，该怎么办？

1. 个人职业成长路径的优化与迭代

我想针对上述问题先直接给出答案——相信我，只要你真的在持续努力和行动，也不断积累着各种经验和大小成果，哪怕你原定的职业目标并未实现，也无须感到焦虑。事实上，纵使在一个成长赛道中“失败”，只要你积累的经验和成果足够多，你就有机会换个维度，找到一条更适合自己的通关路径。就像身体状态已大不如前的我，在球场上为自己找到另一种不同的获胜方式一样。

为了解释清楚这个问题，你需要搞清楚几件事。

首先，无论对于创业还是个人职业发展，无论你最终想要成为一个商业操盘手还是一个顶级专家，其实你会发现，你最后想要达成自己的“通关状态”，本质上都在于你最终必须选择一个赛道，让自己在该赛道中成为整个行业内的“头部选手”——无非只在于，顶级专家是以某种能够持续创造价值的技能来作为自己的赛道，而商业操盘手则是以某个特定的行业来作为自己的赛道。

就像我们提到过的“头部效应”——一旦你成为某个赛道中的头部选手，你自然会获得该领域内大量资源的倾斜，自然拥有更好的发展加速度。

在这里，有一件此前我没有提到，但可能还挺重要的事。

如果想在某个领域成为一名头部选手，一个人必须具备两个前提条件——

（1）你已经具备某些在该领域获得成功的独特能力或经验。注意，“独特”是指你身上的某些能力或经验，或者你创造的价值，是有点“稀缺”的——这个世界上，稀缺的东西才更有价值。

（2）你清晰地给自己定义了一个竞争赛道，在这个赛道充分发挥你的长板能力。

其次，你还要理解并接受一个现实——

在一个人职业生涯的早期甚至中期，在积累的经验并不那么丰富充分的时候，我们还没有那么了解自己，对于自身能力长板的认知和给自己定义的赛道，可能并不那么合适，甚至全然没有优势。

这种时候，对于一个个体，很可能要在反复多次的修正和调整中，才能找到有利于自己发挥能力长板的个人定位和竞争赛道，从而最终取得成功。这样的人不胜枚举。

不妨分享一些我身边真实的故事——

» 我曾经有位朋友X，原本想成为一名比肩4A公司顶尖创意人的创意营销专家，却在实践了3～4年后，发现自己的优势在下沉市场中更有用武之地，后来成为一名在下沉市场专注于连锁加盟行业的营销高手。

- 另一位朋友H，以前非常坚定地希望成为一名顶尖的新媒体运营专家，4年后发现“新媒体写作+内容运营”并非自己所长，倒是在如何通过私域流量实现销售转化方面做了非常多的实践，积累了很多宝贵的经验，于是他果断转身，成为一位业内小有名气的私域流量运营专家。
- 一位法务背景的朋友R原本希望成为一家顶级VC的合伙人，但在5～6年时间里参与接触了诸多创业项目后，突然发现创业公司的股权激励实施与落地是一个显著的痛点，而这恰好更能发挥自己的优势，于是干脆创业，为创业公司提供股权激励从咨询到后续落地的一整套解决方案，取得了不小的成果。
- 我还有个朋友W，最初希望在大公司内成为一个顶级商业操盘手，但工作7～8年，成为知名公司的大区负责人后，突然发现相比经营管理企业来说，“通过互联网思维帮助中小企业提升运营效率”才是自己更有优势、更有热情做的事，于是毅然辞去大厂的工作，成为一名业内知名的咨询师兼培训师。

所以，即便你在职业成长中选定了一个职业目标，付出大量努力，积累了许多经验却还是被各种障碍、瓶颈卡住，难以突破，你也完全无须焦虑。

只要你积累的经验和成果足够多，这些实践、经验和成果汇总到你身上后，必然凝结成为某些只属于你的独特优势和机会。你也必然伴随着实践和积累的增加找到某些你能干得比其他人更好的事情。

就像我曾经也是奔着“一个优秀的商业操盘手”前行，因为做了很多实践和积累，才慢慢发现，原来在“严肃的评论性写作”和“讲课”这两件事上，我能够做得比绝大多数人都好，从而围绕着这样两个认知建立起我全新的职业目标和个人成长路径。

因此，一个人在职业成长路径上要想实现通关，往往不是一蹴而就的。需要先设定某个目标，不断努力和实践，并在此过程中不断检视和思考，经历反复多次的迭代，最终找到自己的独特价值和优势，并将其放大，如图3-5。

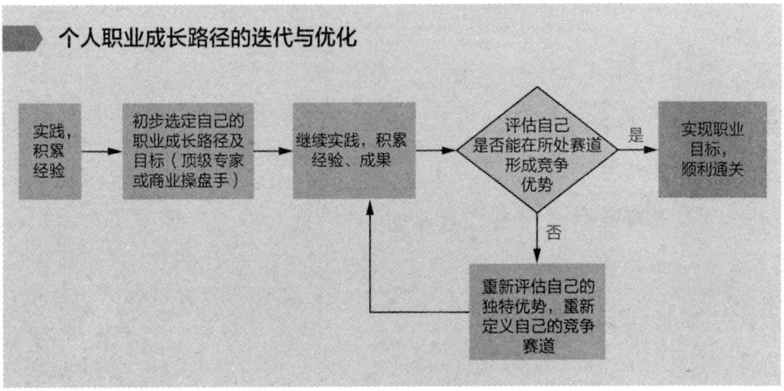

图3–5

2. 个人职业成长道路上的“错维竞争”

不妨再次回到上面说到的，你想要在某个领域下获得成功所必须具备的两个基本条件——

（1）你具备了某些能让自己在某个领域获得成功的独特能力或经验；

（2）你能清晰地为自己定义一个竞争赛道，这个赛道能够充分发挥你独特的能力长板，并能确保你快速成为“头部选手”。

对于条件（1），你要做的只是不断实践、积累和发现。这很可能是一个在实践中不断进行深刻自我认知的过程。无论对于创业还是职业成长，最后你都必须回答“你自己的独特优势和核心竞争力是什么”这样的问题。

一旦你具备了条件（1），你需要更多地对条件（2）付诸极致的思考——你会发现，创业也好，职业成长也好，当你到了某个段位之上后，大家之间的竞争，往往比拼更多的变成了战略思考和决策能力。

甚至某些时候，即使你在竞争中明明硬实力处于下风，也仍可通过高质量的思考和决策找到空间，帮助自己在残酷的战斗中重新杀出一条血路，为自己赢得主动。

职业成长上也是如此——若你遭遇瓶颈障碍，迟迟无法突破，你仍可通过重新思考自己的个人定位和职业成长策略来进行解题。

说到这里，你是不是突然感觉跟我们在前文提到的“线性竞争”和“非线性竞争”有点像？

事实就是如此，对一个个体，当你在技能曲线下已逐渐成长到接近“蜕变区间”的范围，你就会发现，接下来的竞争中（无论是个体还是组织间的竞争）你会有两种选项。一种选项是：你可以给自己

“打补丁”，通过在同一维度下不断加强自己的硬实力，最终通过更加强悍的实力来胜过对方。

另一种选项是：在硬实力不占绝对优势的时候，你也可以通过“改变或升级自己的操作系统”，进入一条全新的赛道中，通过“错维竞争”让自己赢得优势。

试想，两个阿里的HR，原本都在阿里体系内不断谋求职业发展和晋升，其中A的发展较为顺利，历经七八年打拼，最终成为阿里一个事业部的HRD[1]，而B在努力了4年后始终得不到晋升机会，经过深思熟虑，她认为自己在阿里积累的经验和大量接触电商企业的独特优势，放在整个行业的层面看，较为独特且能够创造价值。于是，B从阿里离职，转而面向一些中小电商公司做起了关于组织发展和HR体系的咨询。

8年过去，A是阿里体系内的HRD，经验丰富，专业过硬，年薪百万。

而B则成为业内小有名气的咨询顾问，创办了自己的咨询工作室，每年服务数十家中小电商公司，公司年收入数百万元。

你说，A和B的发展，到底谁更好？

这很难说。

但毫无疑问，如果以我们在2.1中提到的逻辑来看，他们二人在

1 人力资源总监

职场游戏中，都实现了“通关”。

当然，这就引出了另一个值得思考的话题——如果自己已经有了比较丰富的实践和积累，但常规通关路径下竞争过于激烈导致成功机会不属于自己，此时如何找到更能发挥自己优势的赛道，实现职业成长的“通关”？

这个问题也许没有标准答案，但话题到了这里，你会发现——其实这跟创业、经营一家公司已经很像了。

所以，这里我也想引入一个故事，以便你对于“面对激烈竞争，如何定位、找对自己的方向”的重要性和价值有更加深刻的理解和感悟。

这个故事，在互联网业内流传甚广，也极为经典。

故事的主角，是一名极富威望和江湖地位的互联网大佬——傅盛。

2008年，在经历一系列纠葛之后，一手把“360安全卫士”从0做成一款数亿用户体量的互联网现象级产品、时任奇虎360总经理的傅盛从奇虎360离职。离职时，360与他签了一个极为严苛的协议，包括18个月内不能做任何与360有竞争关系的产品，不能加入跟360有竞争关系的公司（涵盖当时几乎所有的主流互联网公司），日后傅盛创办的公司不能接受360员工加入，永远不能公开讲对360不利的话，等等。

从那时开始，“与360之间的恩怨纠葛”成为贯穿傅盛此后生涯始终的一个命题。

2010年，傅盛创办并推出可牛杀毒，上线第一天就被360全面拦截，此后可牛与金山网络合并（即现在的猎豹移动的前身），傅盛任CEO，开始全面与360对抗。

然而，在此过程中，傅盛举步维艰——他发现，每逢自己想做一件事，360必会投入10倍多的资源和人力重做一遍。而当对手的人比你好，钱比你多，各种行业、媒体资源也比你丰富很多倍，甚至拼加班加点对方也比你更努力的时候，如果你做的事跟对方一样，这就成了一场几无胜算的战斗。

长期的困扰后，傅盛开始把更多时间投入到深思和追问中——到底如何才能赢得这样一场看似完全没有胜算的战斗？

经过漫长而深刻的思考，交了无数学费后，傅盛有了几个含金量特别高的答案——

（1）与其竞争，不如不同。

（2）在一个不断演化的世界中，一个人过去的成功和成就，一定有其局限，甚至可能成为其未来沉重的包袱。

（3）在竞争特别充分的领域，更好的战术是：以点带面，单点爆破。赢得破局点，才更可能赢得整场战争。

下面依次解释上面3句话。

首先，商业世界的一大特点就是：竞争永远是多维的，而非一维的。互联网的出现则打破了更多边界，进一步加强了这一趋势。

所以，假如你在某些维度下显著落后于对手，且经努力后还无法填补巨大差距，最明智的策略，并不是继续死磕，而是跳出来重新思考：是否存在一个不同的维度，能够战胜对手，而非在大幅落后的身位上线性努力——这就是所谓的“错维竞争”。

傅盛从2010年到2013年，历经3年时间与360对抗，始终深陷被动。但最终在极致思考并进行了长达半年多的考察与论证后，傅盛打出了天外飞仙、出乎所有人意料的一招——全面进军海外市场，做移动端。

彼时，猎豹核心团队内无人有海外市场经验。

这一决策背后，源于傅盛深刻地认识到，360重兵把守的阵地，必然是PC端和国内安全市场。这是360赖以生存和发展的根本，也是360不能接受任何竞争对手对自己构成威胁的领域。在PC端和国内安全市场中，一旦威胁出现，360必会倾尽所有优势兵力对其进行围剿，实施全面歼灭。

但海外并非360的重点。至于移动端，360和猎豹一样，可能都是初学者，都有学费要交。

在PC端和国内安全市场中，猎豹面对360，很可能是一场注定无法获胜的战争。而一旦转换战场，在海外移动端市场，猎豹至少不会必败。

这就是：与其竞争，不如不同。

其次，如我们所言，互联网环境下的商业世界，一切都在快速演化，这必然导致在很多行业或领域内，昨天你还赖以生存和获胜的法宝，今天就成了你的累赘。在互联网世界中，通过颠覆式创新让旧时代的王者倒下的例子，数不胜数。

无论柯达、诺基亚的倒下，还是360通过“免费”策略干掉瑞星、江民，又或是滴滴后发制人在“出行大战”中战胜易道这样的对手，都是脍炙人口的经典案例。

这一现象带给我们最大的启发就是：在一个快速演化的市场环境中，哪怕竞争对手再强大，你也总有机会可以突围，甚至获得胜利。

对傅盛和猎豹而言，2010—2013年，就是面对一个强大竞争对手，必须不断去思考和寻找对方的强大优势和“局限”的过程——360在国内PC端的强大和垄断地位是毋庸置疑的，但也正因为这个异常强大的优势，假如移动端存在一个可能会颠覆PC市场的机会时，360也许不会那么激进地选择All-in。

在一个飞速变化的环境中，不管对手多么强大、不可战胜，你可以一时陷入困局，或是输掉一两次竞争，但你永远不应失去信念和信心，而要更加极致地思考和寻找对方已有的成功可能会带来的“阿喀琉斯之踵”。

最后，若你已进入一个“不同”的战场，面临的情况往往也会是战线四面铺开，各种情报纷至沓来，这时你特别容易看到各条战线上需要应对的问题一大堆，被淹没在信息洪流中。一旦你让自己进入这种状态，往往整个战局也进入一团乱麻的局面，反而失去了明确的方向。

此时，更优的选择是进一步思考，找到整个战局的“破局点”。所谓破局点，就是那种一举能够撬动全局的点。

它可能是一些特别微小、不起眼的事，但一旦攻克后，将对整个战场的局势带来至关重要的改变。

作为一家“安全”公司，当傅盛和猎豹选择了“海外+移动”战略后，他并未止步于此，而是进一步思考：在“安全”这样一个战线庞大，且对自己来说海外又是一个陌生战局的现实情况下，是否存在一些潜在的“破局点”？

在一大堆与“安全”有关的各种用户需求中，傅盛最后选择的“破局点”是：只做“手机清理”功能。

于是，有了“猎豹清理大师”。

然后，猎豹真的把“清理”功能做到了极致，迅速让“猎豹清理大师”成为谷歌应用市场中下载量最大的APP，并借助“猎豹清理大师”的成功进一步做起了猎豹浏览器、CM Security等一系列产品，且多款产品都高居谷歌应用商店下载榜单的前列。

经由这一系列的决策、思考和行动，2014年5月，猎豹最终在极为强大的竞争对手360的全面围剿下实现突围，在美国上市，市值超过20亿美元。

傅盛的故事告一段落。我猜，你也许从中能够感受到不少“极致思考”的力量，也希望你能够记住上面傅盛总结给自己的3个高含金量的答案。

任何时候，当你有了一些还不错的独特能力，却又长期在某个战场中陷入困境时，要学会跳出来，给自己足够的思考空间，重新审视和规划你所处的战局。

经历得越多，你越会发现，当你重新定义自己所处的赛道，以及选择另一种不同的竞争策略时，战局很可能会柳暗花明。

从这个角度看，当一个人的职业成长来到一定阶段后，其实你需要思考和应对的命题，跟创业挺像的——当你的硬实力已有足够的积累，真正决定战局胜负的，往往是你的战略思考和决策判断能力。

好了，到现在，我们可以再回到本节开篇分享的结论——

若你已工作多年，在一条既定赛道中付出了大量努力，积累了许多经验成果却还是被各种障碍、瓶颈卡住，难以取得突破，你也完全无须感到焦虑。事实上，纵使在一个成长赛道中“失败”，只要你积累的经验和成果足够多，你就有机会换个维度，找到一条更适合自己的通关路径。

因此，一切困扰，都将被化解在你的持续行动、不断实践和提升中，只要你自己一直“On the way”，你就无所畏惧——这并非一句鸡汤，而是理性和逻辑的结晶。

这一节讲完后，本章也进入尾声。

可以预告一下，在本书的后续内容中，我还会再一次提到傅盛，更加深入地学习和了解他的思考、决策方法论，那也许会让你打开更大的世界。

希望你在读完本章之后，脑海中属于自己的职业成长之路，越发清晰起来。

1 如果你刚进入职场，又缺乏明确的职业方向，我对你最大的建议就是：不妨先聚焦在某一两件至少你不那么反感的事上，先不管不顾地努力让自己做到七八十分的水平，并在此期间尽量多尝试和接触一些新的工作内容，这样，你才能慢慢对自己形成更清晰的判断。

---

2 如果既没有职业目标，也不清楚职业方向，可以先让自己大量补充一些通用能力的缺口，增加自己身上的多面手特质。类似写作、结构化表达、PPT、Excel、演讲、高效召开会议、活动组织与执行等，应该算得上横跨绝大部分职业的通用能力。

---

3 珍惜和利用好职业生涯的前五六年，迅速完成一些基本积累，并谋求进入那些具备跃迁式成长机会的赛道中去打拼、努力和发展，而不是等到自己已经工作 8 ~ 10 年、陷入职业瓶颈和困境后再来感慨生活不易、人生艰难。

---

4 如果你的目标是成为一个商业操盘手，那你要选准一个行业，先从某个业务环节切入，在一家或多家同类公司通过轮岗、谋求新的职业机会等方式熟悉多个业务环节，慢慢成为一个业务模块的负责人，再然后，继续通过轮岗或参与重大项目等方式深度了解和熟悉多个业务模块的运转，进行更宏观和整体的思考，慢慢懂得如何经营一家公司。

04

NONLINEAR GROWTH

非线性成长

向顶级高手学习商业认知 / 系统思考和竞争策略的制定

这一章起，我们要把话题转向职业成长的另一个阶段。

就像第2章提到的，无论你选择以顶级专家作为自己的职业目标，还是以商业操盘手作为自己的职业目标，你的职业成长中，都需要经历第二条“一级成长曲线”，也就是“商业认知/系统思考成长曲线”的开启。

而所谓“商业认知/系统思考”层面的提升，本质上就是系统思考能力、商业思维、策略思维和决策能力的提升。

如果说，在技能曲线层面的成长，指向的是让你“如何把一件事做好做对”，那么在商业认知/系统思考层面上的成长，最终指向的就是“如何才能更多地去做‘对’的事”，让自己在出发时就有了更大的胜算。

当然，“商业思考”这样的东西确实也很复杂，一个人必须要有极为丰富的商业实践和训练后，才能真正掌握它，绝不可能看两篇干货文后就脱胎换骨，一蹴而就。

但我仍然希望在这一章里，试着为你打开这道“商业认知与系统思考”的大门，让你可以窥见其中的深度、复杂与魅力所在。

由于商业确实是一个太大、太复杂的话题，而我们篇幅又有限，因此这一章我只能以点带面，点到即止——即便如此，这一章的内容也足以让很多人觉得“烧脑”了。

假如你已经是一个成长阶段接近“技能曲线”末端的人，相信你会从这一章中收获到更多。

4.1　系统思考能力的价值与习得

假如有人问你：“怎么评价朴树的《平凡之路》这首歌？”

你会如何回答？

我猜，很多人都会给出这样的回答——好听！一般。不好听。

稍微复杂一些的话，有的人也许会这样说——我听这首歌的时候会有……的感受。

然而，2017年，我在知乎上看到一个回答，如图4-1。

> 945
>
> 丁勾，音乐、摇滚乐话题优秀回答者 · "I'm the fucking Lou....
>
> 945 人赞同
>
> 如果将《平凡之路》分为三部分：旋律、歌词、编曲，我想“旋律”的争议最小，“编曲”的争议最大。歌词，因为很多人看到“经历”和“情怀”，所以见仁见智吧...我个人对歌词一向很宽容。
>
> 我曾在以前的回答中说过朴树是出色的旋律创作者，《平凡之路》依然是保持了他的水平：从低到高螺旋状上升、副歌部分颇为“好听”（hook），整体旋律流畅，单曲循环无压力，适合万人大合唱。作为一首广义的“流行歌曲”，《平凡之路》的旋律是挑不出毛病的——但是，考虑到他这十年基本上没有神马作品，没经过工业流水线的“压榨”，水准不维持住说不过去嘛。
>
> 朴树以前唱歌时有些，呃，“口音”特征，比如“是”、“的”、“着”带有明显的儿化音，如今口音标准了不少，再加上音色变化，以至于我第一次听疑惑道：“咦？这真的是朴树唱的？”后来听到“你的明天vie vie”——“哦，这的确是朴树惯用的处理啊！”说到这我不得不提《平凡之路》中最让我无法忍受的一点：桥段部分的“向前走 就想走 就算你被给过什么”那一段，为什么要采用这种演唱方式？！满满的周截棍即视感！！败笔啊！！！
>
> （喝了口茶）歌词若要打动人心，讲究的是“代入感”，堆砌意象也好，用口语大白话也罢，只要听众能够代入情绪就行。《后会无期》主打“在路上”，《平凡之路》符合这一主题（“跨过山和大海 也穿过人山人海”）。歌词既没有单纯堆砌意象，也没有太直白，我觉得把握不错——但“代入感”就因人而异了。不知道韩寒和朴树怎样分配作词任务，《平凡之路》中“你要走吗”、“你要去哪”、“故事你真的在听吗”、“她会好吗 还是更烂”等反问句听起来很像以前的朴树作词风格。我要提醒一下，与其说大家为歌词感动，倒不如说被“朴树”这个意象感动了。

图 4–1

你会感觉，当这位答主抛出“旋律、歌词、编曲”这样一种思考结构时，你的注意力一下子就被抓住了，或者说在“如何评价一首歌”这一类原本好像只能感性回答的问题上，有了一个清晰的结构可以对其思考和拆分。

再看一个例子。

有一次，我跟几个朋友讨论到底怎样才能办好一场线下活动，有很多人的建议和反馈是这样的——

» 我们应该找几个知名大咖来分享干货。

» 我们是不是在活动开始前搞几个有意思的互动小游戏？

» 我们应该在现场布置方面把活动的档次弄得高一点。

» ……

然后，有一位朋友H，突然站起来，在黑板上边写边说，画了个图4-2。

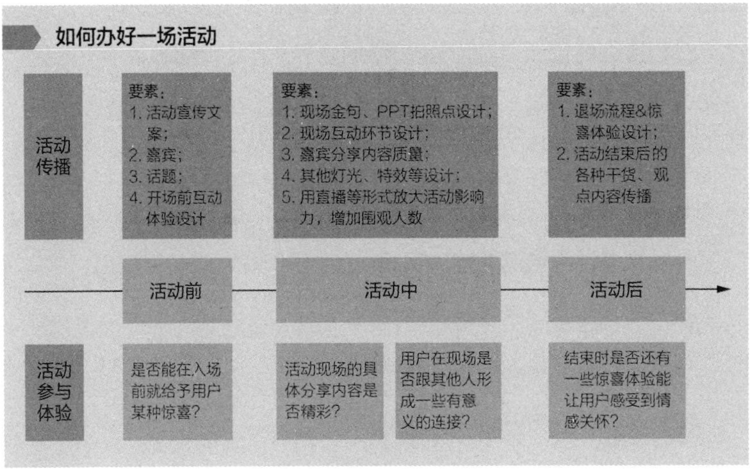

图 4–2

这张图一出，现场顿时鸦雀无声，大家只能在心中默默赞叹。

他把“如何办好一场活动”拆解为活动传播和活动参与体验两个维度，并在两个维度上，按照活动前、活动中、活动后进行划分，对整件事更进一步拆解，找出了决定一场活动参与体验是不是足够好、活动传播及影响力是否足够大的一些关键要素。

这样一来，你顿时感到，关于“如何办好一场活动”这个问题，在你的脑海中变得非常立体和全面，你拥有一个更加完整的体系来对整件事进行思考。

在上述两个例子中，那些粗放并零散地回答“好听”“一般”“做好活动应该请大咖，或是设计一些好玩的现场小游戏”的人，与那位知乎答主和朋友H之间的区别，就是是否具备系统思考能力。

我们所处的世界，是由诸多系统构成的。从一辆车、一个小区、一家企业、一条河流，乃至一个国家，都可以看作一个系统。

系统有大有小，但任何一个系统必然存在着——

（1）**该系统的特定功能和目标。**

（2）**某种特定的系统结构。**

（3）**诸多相互影响的系统要素。**

（4）**系统运转中的各种约束规则。**

例如，一家企业的基本功能和目标，就是追求盈利和商业价值最大化；它的组织结构和业务结构，就是其系统结构；类似战略方向、市场竞争态势、人才结构、业务模型等，则是这家企业经营发展过程中的诸多系统要素；至于经营过程中需要遵循的各种市场基本规律，乃至法律法规等，则是约束规则。

所谓“系统思考能力”，是一种整体性的思考方式，要求你从一个系统的目标、整体结构和各种系统要素中思考，最终寻找到一个围绕实现目标的最优解——上面我们所举的朋友H对“如何办好一个活动”的思考，就是最好的范例。

不止是“如何办好一场活动”，事实上，日常生活中的任何一类工作，背后可能都对应着一个系统。而当你的技能曲线来到末端，想要获得更大的成长，你的系统思考能力就必须建立起来。

假如你是一个程序员，在职业生涯前几年，你通过学习各种工具、熟悉各种常见代码和脚本、学习各类语言来提升自己，但到了一定阶段，你必须理解系统架构，以及掌控大型复杂开发项目的项目管理。

假如你是一个新媒体写作者，最初你依靠简单的追热点技巧、标题技巧、排版技巧，获得还不错的写作技能提升，但到了某个阶段后，你必须在脑海中建立各种常见的写作结构和写作元素之间的关系，又或者针对“新媒体环境下的流量和增长运营”建立自己的思考体系。

假如你在一家投资机构工作，最初几年，你需要熟悉各种信息获取渠道，做好基本的各种行业分析，并能对一家公司进行基本估值。而到了后来，你必须在脑海中对不同行业、不同发展阶段的公司和创业者形成一套自己的系统思考结构和判断逻辑。

所以，任何一类问题，背后必定潜藏着对应的某些系统认知。

当一个人的系统思考能力逐渐建立起来并持续得到完善和提升，那么他的决策能力和策略制定能力也就自然有了提升。

就像原本只是在一篇接一篇写卖货文案的你，只有建立起系统思考，才会从“产品人群定位—产品所处阶段—市场竞争态势”等多个角度进行思考，制定出更好的营销策略。而在这样的系统思考里，文案只是整个策略中的一个执行环节而已。

无论你想成为一个顶级专家还是一名商业操盘手，系统思考能力的提升都是你的必经之路。

系统思考能力到底该如何提升？

我的个人经验和建议是——

首先，你在一个领域内要有足够丰富的实践，并能够熟练解决各类单点技能问题。

如果你在一家互联网公司负责用户增长，却连基本的“转化率如何提升”“怎么写文案更能吸引用户”“用户留存率比较低该如何分析”都没有实践过，也完全不知道如何思考，那么当你拿到“如何为一款产品搭建一个增长体系”这样的命题时，注定是懵的。

其次，在对应问题面前，你要能够看到并深刻理解一类已经被验证行之有效的系统模型，并用它理解和思考部分问题。

好比在用户增长方向，AARRR模型就是一类非常经典、被无数公司使用并验证过的模型。你先充分理解它，并通过它思考如何为一款产品搭建增长体系。

再次，你也需要在同一个领域或同一个问题下，看到更多相关的系统模型，或者是来自其他专家或高手理解的系统模型——在同一类问题面前，不同的高手有可能拥有完全不同的思考体系。

在这一过程中，你还要不断深入去思考更多系统模型之间的关系、差异，以及背后的原因，只有这样，你的系统思考能力才能逐步提升。

好比在用户增长领域，当你已经深刻理解AARRR模型，你应该看到更多类似RARRA、用户金字塔、RFM分层等相关模型，并不断结合各种案例思考它们之间的关系和差异，只有如此，你才能慢慢在脑海中形成类似的认知——

» RARRA和AARRR是一类用户增长模型，本质上是因为一家公司的业务逻辑不同，决定了其适用增长模型的不同。
» 任何一家公司，随着其用户行为的丰富和用户体量的增加，想要获得更大的增长，必然需要精细化运营，也就需要进行用户分层运营，而用户金字塔和RFM就是最常见的两类用户分层运营模型。

在任何一个领域，你只有在以上过程中反复实践和自我修炼，才能获得系统思考能力的提升，全无捷径。

当然，你也许意识到了，在我们可见的所有系统中，商业就是一类非常庞大和复杂，直接影响我们的职业成长系统。

想要在职业成长的游戏中通关，你必须能够伴随着自己的职业成长和系统思考能力的提升，对商业也逐步建立起一些基本的认知。唯有如此，你才能够更好地应对商业环境下的各类决策和竞争。

在本章的后面几节，我试着在这方面带给你一些思考和帮助。

4.2 商业世界中的两种高质量思考习惯

在4.1节中，我们已经初步认识了“系统思考能力”和“商业认知”的重要性，而这一节，我们不妨通过“系统思考”对“商业竞争”系统进行一些解构，向你分享两种重要的思考习惯。

我们已经提到，任何一个系统都有如下分支构成——

（1）特定的功能和目标；（2）特定的系统结构；（3）诸多互相影响的系统要素；（4）系统运转中的各种约束规则。

若把“商业竞争”看作一个系统，它的目标就是让所有公司和个人在充分遵守各种商业竞争规则（即约束规则）的情况下，通过制定自己的竞争策略，合理执行并赢得竞争，获得收益。

而整个系统的结构和各系统要素间的关系，大概如图4-3所示。

在整个“商业竞争”系统中，特别重要的一件事是竞争策略的制定。很多时候，两个商业组织之间的对抗，胜败往往在于决策者的认知思考水平高低，以及能否做出优质的决策。

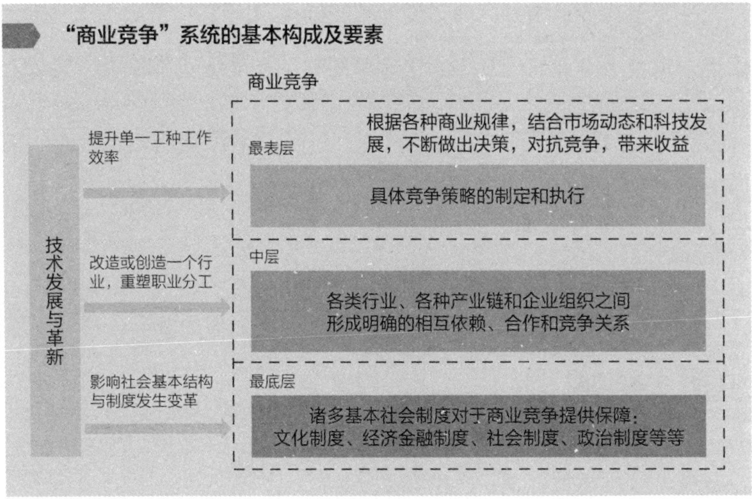

图 4–3

制定策略是为了赢得竞争，而在商业世界里，决定胜负的关键词，常常有两个，一是价值，二是效率。

为了进一步窥见所谓"优质商业思考逻辑"的重要一角，我将围绕价值和效率向你介绍两种商业和职业领域内非常有价值的思考习惯。通过它们，你将初步感受到高质量商业思考的魅力和复杂性所在，也将感受到，在职业成长中，当你进入第二条"一级成长曲线"，如果能把一些高质量思考的方法变成自己的习惯甚至是本能，将在思维层面超越很多人，形成一种"高维打低维"式的优势。

这两种思考习惯，致力于帮助你找到一些"价值更高"的问题，让你从中获得更大的收益，而不是仍然还在执行上努力。

往小了说，这两种思考习惯能够帮助你不断实现个人提升，往大了说，在当下“人口红利”和“流量红利”不再的商业时代，甚至为你带来“很有想象力”的商业机会。

1. 始终关注价值

第一种思考习惯是：**始终关注价值，而非具体问题的执行路径、难度和过往经验。**

我先举两个例子。

例1——

2015年，正好是在线教育的第一波浪潮回落之际。在这之前几年里，以Mooc为代表的诸多在线教育公司在行业内进行了大量实践，也取得了一些成果，但最终却遇到一个很重要的障碍：在所有学习时间较长、内容较多的在线课程中，用户的打开率、完课率始终是一个巨大的困扰，包括Mooc在内的很多优质在线课程的平均完课率都在3%以下徘徊。

在那个阶段，行业内有很多人，甚至包括很多知名专家、投资人的认知都是“在线课程的完成率不可能更高了”，因此，后来很多人都选择绕开这一问题来行动，不那么关注“完课率”。

但是，2015年创业做三节课，我们的思考有些不太一样。我们在一开始没有关注“这件事有多难解决”，而是以“这件事的背后有多大价值，到底值不值得我们投入足够的时间和精力去解决”为思考原点。

我们当时是这么思考的——

首先，三节课作为一家职业教育公司，我们希望在用户职业生涯的头3～5年持续陪伴和帮助他们，所以，从商业价值的角度，我们希望用户可以持续购买和学习我们的课程。

其次，用户对一个产品选择重复购买的最大驱动力，肯定来自他对某种产品或服务的价值认可。

再接下来，我们认为，一个学习类产品给予用户的最大价值，肯定是启发用户，让用户学会某些知识、掌握某些能力，或者拥有某些新的谈资，等等。逻辑上，只有用户真的得到并认可了这些价值，才会重复购买。

于是问题来了，如果用户连打开都不愿意，基本的学习都没有完成，他们如何得到这些价值，又如何重复购买呢？

我们认为，不关注“完课率”这个事情从价值上来说就不成立。

在三节课CEO Luke的力主下，我们从“价值”角度出发，有了另一种思考。我们觉得，行业内那么多产品和公司都没能解决好在线课程的“完课率”问题，这里面存在两种可能——

（1）这个事可能在当前的技术条件和环境下确实不符合逻辑，解决不了。

（2）如果这件事的背后蕴含着巨大的价值，且其他人都没能解决好，而我们能够找到某种方式在一定程度上解决好“完课率”的问题，也许我们在在线职业教育这个领域就会得到很好的发展机会。

于是，我们挽起袖子，沉下心来，倾整个团队之力不断研究和思考“为什么用户看不完在线课程”，然后一点点拎出了很多问题，比如缺少交互，缺少成就感，缺乏趣味，缺乏一个清晰的学习体验路径等，然后再逐一不断地进行各种尝试，予以解决。

而同一时期的很多其他公司，焦点则完全不在这里。

当然，这个问题解决起来也确实挺难的。

最终，我们花了前后两年多时间对这一问题死磕，也一点点让三节课在线课程的完课率从最早的15%提升到30%，再到40%、50%，最终，到2018年上半年结束时，三节课的在线课程完课率已经达到60%。

当然，这些投入和付出也带来了可观的用户价值和商业价值，到2019年，三节课连续完成了3轮融资，成为新职业教育赛道的领跑者。那几年内，除了三节课以外，也有一些其他公司同样把精力放在提升在线完课率和学习效果方面，它们也同样取得了远超其他公司的发展。

例2——

2018年前后，我跟微软小冰的首任产品经理赵帅有过一次交流，当时，微软小冰已成为全球“社交对话机器人”中的佼佼者。

截至2019年10月，微软小冰已覆盖全球6.6亿在线用户，应用范围涵盖社交对话机器人、智能语音助理、人工智能内容创作和生产平台等，是全球规模最大的跨领域人工智能系统，而这一切，都离不开早期研发团队在“社交对话机器人”上打下的基础和积累。

赵帅给我讲了个故事——

早期，在行业里做聊天机器人的团队一点也不少，但大家做了一段时间后，都遇到一个问题：在跟人聊天时，由于机器人是按照程序和规则进行响应和反馈的，而人的情感和情绪则是千变万化的，机器人特别容易陷入“套路式聊天”，聊上几句就会陷入某个死循环中，对话就进行不下去了。

很多做聊天机器人的团队都卡在这里，一筹莫展。后来，大家面对这个问题尝试过种种方法，发现在执行层面有很多障碍难以解决，很多团队慢慢就放弃了继续做社交对话机器人。

但微软小冰的团队没有把思考的焦点放在“这件事有多难被解决”上，而是以“这件事的背后有多大价值，到底值不值得我们投入足够的时间和精力去解决”为思考原点。

他们始终相信：如果让机器人拥有跟人长期进行互动、对话的能力，这背后蕴含着无比巨大的价值。微软小冰团队坚信这件事值得长期投入。

然后，他们不断地思考：机器人容易把“天”聊死，这个问题该如何解决呢?

他们持续研究和努力，直到有一天，团队内有人提出了一个新的假设和发现：假如机器人在人机交互的过程中，可以不断向人抛出一些新的话题，这场聊天就会变得有趣，从而无限地持续下去。

于是，他们开始在这个方向下尝试，又投入了几年的时间，最终把用户与机器人聊天交互的条目数提升了数十倍。

微软小冰2014年上线，到2018年，创造了一个历史性的记录——微软小冰与人类之间发生了当时人与机器人之间持续时间最长的一次单人连续对话，互动达到历史性的7151轮，不间断进行了29小时33分钟!

而当微软小冰解决了“能够长期持续地与人进行对话”的问题后，带来了许多新的商业价值和可能。

在上述两个例子中，倘若起初我们和其他人一样，把思考的焦点放在“这件事的执行难度很大”“很多人都试过了都没有解决”上面，完全不会做出后续的决策，不会花很长时间死磕那些别人看起来很难的问题。

同样，我们也无法享有背后蕴藏的巨大机会和收益。

所以，当你面临一件事要不要做，或者遇到某个问题很难解决的时候，要始终关注价值，而非具体问题的执行路径、难度和过往经验。

不要把思考的焦点放在“这件事有多难被解决”上，而是以“这件事的背后有多大价值，到底值不值得我们投入足够的时间和精力去解决”为思考原点。

只有这样，你才有机会去解决那些“价值更大”的问题，并从中获得更大的收益。

2. 降低成本，提高效率

第二种思考习惯是：**始终思考和关注现有工作流程及业务链条中效率可以提升2倍以上的可能性和机会。**

具体一点讲，它的思考方向是这样的：你的工作流程或一个业务链条甚至整个行业的产业链中假如存在虽然有解决方案，但成本相对高昂的问题，你是否可以通过新技术或更为简单的手段将其成本大大降低，令其效率获得显著提升，带来更大的收益？

我在这里也举一小一大两个例子来进行说明。

先说一个比较小一些的例子，它与我们的日常工作更加贴近。

如你所知，三节课是一家在线教育公司，而互联网公司经常面临产品版本要定期上线的问题，且一个新版本的上线，需要提前做很多沟通，让运营、客服等部门做好配套工作，不然就会出现那种产品上线了，用户跑来问，但我们自己人都还不知道怎么回事的窘境，非常影响内部的协作效率。

有一段时间，随着团队规模一直在增加，而同期产品版本和功能的发布也很频繁，如果每次上线都要开会或者单独发邮件说明的话，大家都很有压力——尤其很多功能都挺小挺简单的，但又确实不能不说。

我们原有的协作沟通流程显然有些低效了。

就在这时，我们内部有一个研发团队的员工做了一件小事——开发了一个机器人。

这个机器人专门负责将要上线产品的新功能和版本通过邮件同步给所有人，并详细告知上线的具体内容，如图4-4。

> 大噶好，我是萌萌哒 Marvin。我代表外表冷酷内心闷骚的技术小哥哥们，很荣幸的通知大家，又要上线啦！！！
>
> 由于上线代表着技术小哥哥们阶段性的工作进展，这是很重要的事情呢，请有兴趣的小哥哥小姐姐们务必关注一下。
>
> 好了，废话不讲了，这次的上线内容共1项，它们是：
>
> 1. [DI-8526] 修复ios不能保存 pr活动 图片问题
>
> 如果看不懂以上内容的话，可以找小山楂哥哥🍒，他的邮箱是 ×××
>
> 此致，你的萌萌哒 Marvin
>
> ---
>
> 👽 研发机器人 Marvin

图 4–4

这样一来，很多比较小的功能和版本，根本不用单独沟通和开会，也无须占用产品技术团队的时间精力把信息同步给大家。

在我们的实际工作中，不是每个人都会关注那些“现有工作流程及业务链条中有机会把效率提升2倍以上”的事，相反，大部分人都在被动地等待接收命令。

而对于形成了类似思考习惯的人，他们总会在工作中关注那些效率低下的事，也总会主动关注和思考是否有改善的可能。

如果你总是带着这样的思考看待工作，一定会发现有很多效率低下的问题。

如果你总是能够针对这些问题找到解决方案，提高效率，那你就是不断地为公司创造价值，节约成本。你就有极大的概率成长得比其他人更快。

其实，我们经常说的要学会给一些繁杂琐碎的工作内容总结出SOP[1]，然后通过SOP提高你的效率，以及让实习生和其他人都能够不太费劲地复制你的工作方法，就是这种思考习惯的应用。

接下来，我们再看一个大一点的例子——既然本章我们着重强调的是商业思维，我们就切换到商业的角度来看一个例子。

从2017年下半年开始，在很多公司的办公室里出现了一个类似图4-5这样的东西。

图 4–5

1　Standard Operating Procedure，标准作业程序

你可能也见过它，这是一个自助售卖货架，又叫无人货架，当时是一类很令人好奇和惊讶的创业项目。你可以通过它购买各种零食，然后用微信扫二维码完成支付就好了，定期会有人来补充货架的库存。但是，作为一类创业项目，它做的就是上门到你公司，叮呤咣啷装个货架，摆上食物，放个付款二维码就完了。

是的，就这样摆了一柜子吃的喝的在你办公室里，连个看的人都没有，你可以自觉扫码付钱，如果不付钱，好像也没人把你怎么样。

是不是听起来很奇葩？别急，我们仔细分析一下这个事。

商业思维，最基础的就是学会算账，学会看收益和成本。

这么一个粗糙无比、没有任何约束机制的无人货架，从收益来说，它的好处一目了然——满足了办公室白领们的零食消费需求。他们不用下楼跑到7-11等便利店，付款也无须收银员。而且，当一群吃货天天瞅着近在眼前的一堆零食，你猜他们会不会愿意买点儿？

那么，类似这样的东西，之前有没有呢？有，比如我们耳熟能详的自动贩卖机。但自动贩卖机的问题在于它的初始投入成本太高了，一台贩卖机的成本总有大几千到小一万元钱。

假如以平均每台成本1万元来算，你要铺设到1000家公司，硬成本就需要1000万元。按每台自动贩卖机每天卖出100元商品，毛利25%计算，你需要400天才能收回基础成本，这中间还不算维护、损耗等产生的其他成本。

如此高昂的成本，决定了它很难快速被铺开，也让自动贩卖机的财务回报模型看起来远不是那么“性感”。

而上面我们看到的无人货架，假设一个无人货架（它真的超级无敌粗糙）的成本是600元，假如它卖得不如自动贩卖机好，每天只能卖50元商品，毛利还是25%，即每天可以收入12.5元，那么我们多长时间可以收回成本？

答案是：48天，将近1个半月。

一个600元成本的东西，你只要花个几万元钱，就能启动了。这已经比自动贩卖机的效率要高多了。

当然，你可能会问：这种开放的无人货架，东西被人偷了怎么办？

这个问题必然预防不了，就像共享单车被人拿回家了其实也没辙儿一样，属于损耗率的范畴。但在一定程度上，可以有一些方法降低损耗率，比如加强货架上的文案提示，加装一个摄像头（哪怕这个摄像头其实只是摆着做样子的），等等，只要能控制损耗率，就能在商业上算清楚账。

假设损耗率为10%左右（也就是卖10个货物，一个会被偷），这样一个无人货架，最差也仍然可以在两个半月左右回本。

同样是自助售卖，自动贩卖机和无人货架的关键差异，就是一个成本一万元，一个成本可能只要几百元。

后来的很多无人货架项目里，有的做得还不错，有的则逐渐销声匿迹。这里面有很多原因，但那些最终失败的项目，一定都是在“损耗率”“维护成本”等方面遇到了障碍，没能解题成功。

但这完全不影响我们在这里以它们为例，为你带来新的思考视角。

其实，2017—2018年那一波共享单车热潮启动时的破局点，就在于共享单车找到一种方式将原本运作成本高昂的“单车存放站”替换掉。

效率导向的思考逻辑是：看到一类成熟业务或产业链条，找到当前效率特别低下或者成本特别高昂的节点，思考你是否能找到一个解决方案，让整个业务链条的运转效率提高2倍以上，或者成本降低至原有水平的一半以下。

当然，站到商业角度，有些时候一个机会如果成本低且解决方案简单，别人也很容易快速复制和跟进，即在解决方案本身上，你是没有任何稀缺性价值和自身壁垒的。

于是，这个时候，对很多人来说，总得想办法在快速奔跑的过程中形成壁垒，比如通过线下地推、资本运作等方式迅速占领市场，比如借由早期的奔跑不断迭代升级，最终快速开发出技术壁垒更高的解决方案，等等。

在商业世界里，作为个人也好公司也好，我们都需要拥有自己的壁垒和核心竞争力，让他人难以模仿和超越——这样，你才能更好地通关。

以上就是这一节我想分享给你的两个重要思考习惯——

第一，当你面临一件事要不要做，或者遇到某个问题很难被解决的时候，要优先关注“事情被解决后的价值有多大”，而非具体问题的执行路径、难度和过往经验。

第二，要始终关注和思考现有工作流程和业务链条中各种效率可以提升2倍以上的可能性和机会。

如果能把这样两个思考习惯从认知内化为自己条件反射式的习惯，并在实践中不断深化对它们的理解，我相信一定能够带给你巨大的收益和帮助。

当然，任何一种更高阶、高维的思考习惯，必然需要极为丰富的实践，才能真正内化和掌握。这世上，知易行难的事总是太多。

也希望你足够踏实和耐心，不要以急于求成的心态面对任何复杂技能和个人认知的提升。

4.3　商业环境中的“竞争策略三级思考法”

如果你已经工作三四年，会时常发现，同一件事在不同人眼中看起来，往往是完全不一样的。有人看到的是单点，有人看到的则是一个系统。

而那些在特定问题上拥有系统思考能力的人，往往具备优质策略制定能力，依靠策略来赢得竞争，而不是拼执行。

随便举个例子。

一家电商公司有个新产品上线，老板让营销部门在微信公众号发一篇推文宣传一下新产品。

小A是一个推广专员，于是他找了几个产品卖点，按照以往的套路和模板写好一篇推广文案，大意就是我们上线了一个新产品，特别厉害，限时优惠，快来买吧。文案完成后，小A提交给上级小B，准备发布。

小B是营销部门的负责人，收到小A的文案后，思考了一阵，给出一些不同的反馈——

（1）这是一个全新的、在行业内有创新意义的产品，但也因为新，部分用户的接受度不好说，所以更建议通过“提供特殊折扣，限量邀请部分用户试用”的方式进行第一波推广。为了便于获得他们的反馈，可以直接拉一些首批特邀用户进微信群。

（2）在第一波推广过程及用户试用过程中，需要重点关注3类数据，依据这3类数据，决定接下来1～2周的工作如何开展。

（3）行业内，有3家公司过去一年内发布过类似但又不完全相同的产品，建议小A尽快了解这3款产品在最近几个月以来的表现，以及主要的营销推广渠道和方式，以此指导新产品的后续营销工作。

你会发现，面对同样一件事，小A与小B的思考和关注差别很大——小A关注的只是如何写好一篇推广文案发出去，而小B关注的则是整个新产品的营销策略如何制定，如何利用当前这一次推广获取更多有效的信息。

这种差别，正是我们所提到的单点思维与系统思维之间的差别。

在单点思维的状态下，你看到的只是孤立的一个个单点。例如，写文案的背后只有这篇文案本身，一个线下活动的背后只有活动流程和物料，一个销售订单背后只有这一笔订单的销售收入。

而在系统思维的状态下，很多事情和问题都不是孤立的——系统思维更强调，这个世界是由无数复杂的系统来组成的，大系统还嵌套着小系统。就像我们的社会是一个大系统，一个行业是其中小一些的系统，而一家公司则是更小一级的系统。

在系统思维的语境中，每一个系统都必定拥有自己的规则。就像竞技体育一样，理解这些规则，你才能更好地利用规则，与其他人进行竞争和互动，从中获取到更大的收益。

而围绕着如何理解和利用所有的规则，就产生了竞争策略。

在上面的例子中，当小 A 还在关注写好一篇推广文案的时候，小 B 的所有思考全都与策略相关。在小 B 看来，文案是服务于策略的，只有策略更加清晰，文案才能发挥更大的价值。

这就是二者之间的最大区别。

而开启系统思维，你必须学会以系统的视角看待很多问题和现象。就像第 2 章里，我们用图 2-4 从系统的角度来解释“职业发展”

的全貌一样——我们把“社会分工与生产回报体系”看作一个大系统，而行业、职业等则是大系统中的一个局部或分支。

一个系统一定有其目的、结构、要素和基本约束规则。最终，是这些东西决定了这个系统如何运转。

在“社会分工与生产回报体系”中，社会基本制度—商业体系—职业分工三者之间的“底层—中层—最表层”的结构，就是这个系统的基本结构，而其中的经济制度、行业及市场规律，甚至包括各行业的常见竞争套路和打法等，都是这个系统中的一些基本约束规则。

当你深刻地理解这些规则，你才知道如何利用它们，制定自己的策略。

就像小B——

» 因为他知晓一个全新产品上线发布遵循产品生命周期管理的基本规律，所以他才提出早期先通过特邀种子用户进行市场验证和培育的策略。
» 因为他知晓在行业竞争中，存在一种对标竞品进行死磕的典型打法，所以他才提出需要尽快了解类似的3款产品是怎么做的，以此让自己的竞争策略变得更有针对性。

当以系统思维看待这个世界时，你会发现诸多类似的基本规律和约束规则，然后你就可以更好地顺势而为，在规则范畴内为自己赢得更大的收益。

当然，这个世界庞大而复杂，其中充斥着无数结构、规则各不相同的系统。即便是在系统之间，也存在着简单的系统和复杂的系统之分。一个新人企图一蹴而就地迅速理解整个社会系统或是商业系统，注定是不现实的。

不过，我想至少给你一个足够简单的小工具，让你具备最简单的系统思维，并开始有意识地发现和遵循一些底层规律，思考得更加全面和长远，为自己制定更好的竞争策略。

这个小工具，姑且叫“竞争策略三级思考法”，如图4-6。

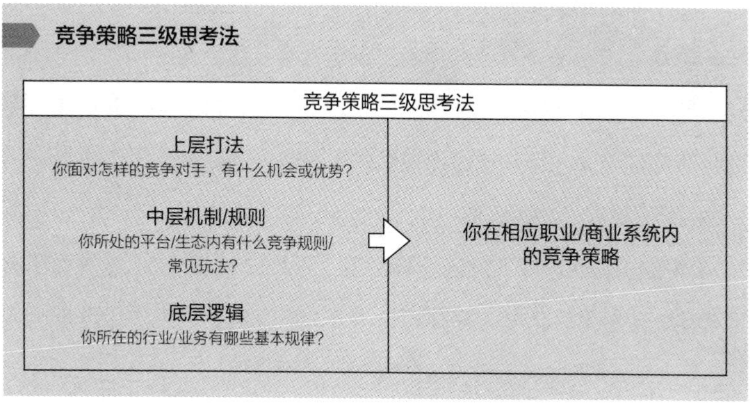

图 4–6

按照“底层逻辑—中层机制 / 规则—上层打法”的三级层次来描述这个系统的结构，也许没有那么严谨和完善，但对于初步建立系统思维的朋友而言，易于理解，也更能指导你的思考和实践。

在上述三个层次内，每一层都是一个子系统，且每个子系统都拥有一些系统规则，当逐步思考和找到这些系统规则后，你就可以进一步考虑如何借助这些规则，制定相应的竞争策略。

因此，当你在一个行业或岗位下面临竞争时，皆可试着从上述3个层次进行一些思考和提问，制定出你的较优竞争策略。

不妨让我按照这3个层次的结构来具体讲解一下这个工具。

首先，要问自己第一个问题——

你所在的行业/业务有哪些基本规律？

这个问题的关注点更多地在于行业和你所做的业务类型。举个例子，影视娱乐是一个行业，而经纪人则是个具体的业务；教育培训是一个行业，为中小学、高校提供家校互通管理工具则是个具体的业务；医疗健康是一个行业，而提供医生在线问诊则是个具体业务。

以此类推。

如果你已经开启了自己的第二条“一级成长曲线”，类似这样不同行业、业务背后的基本规律，你需要开始有意识地关注和思考。

比如，影视娱乐行业的基本规律有可能包括——

» 每一年，行业内都会流行2～3类题材（比如北漂题材、中年危机题材、官廷政治题材等），且每一年的流行题材都跟当前的社会环境、背景有关，又肯定与上一年的流行题材不一样。每一年的几种主要流行题材可能占据全行业 50% 左右的收益和票房。

» 题材、剧本主旋律、故事情节、拍摄手法、演员表现等各方面能够产生多少亮点和新意，决定了一部剧有多少火的潜质，越是各方面都没啥新意和亮点的片子，火的概率越小。

» 具体到一部剧的发行推广而言，“前期势能—院线 / 电视台排期—上线后口碑 / 话题”将直接影响一部电影 / 电视剧上线后的票房或收视率。且三者间相互影响，前期势能的大小或者上线后口碑 / 话题的热度如何，会影响到院线 / 电视台给你投入更多或更少的资源。

而经纪人这个行当的基本规律可能包括——

» “二八法则”明显。少数大牌经纪人 / 经纪机构拿到这个行业内 80% 以上的收益和资源——包含头部明星、核心宣发资源等，都会向他们靠拢。如果无法成为头部，就只能靠零散接点活维持生计。

» 每一年总会有一些大牌经纪人 / 经纪机构覆盖范围之外的“黑马”涌现出来，让过去不那么知名的经纪机构 / 经纪人一跃成为头部，获得更多的收益和回报。

如果你意识到你所在的行业 / 业务中存在这样一些恒常的基本规律，则你的思考、决策，最好遵循和利用这些规律，才会有更大的机会去赢。

假如我是一个名不见经传而又希望获得更大成长和收益的经纪人，在上述背景下，我可以把更多的时间用于寻找那些并非当下头部机构主打的主流题材，但可能在接下来半年到一年内成为焦点的新题材，又或者是制作不大，题材非主流，但在故事、拍摄手法等方面有不少新意的题材。

接下来问自己的第二个问题——

你所处的平台/生态内有什么竞争规则/常见玩法？

你首先要意识到，在当今的商业环境下，每一个大行业，都可以被细分为N种生态，而每一个生态，也都会有自己的游戏规则。

比如，同样做电商，淘宝、京东、拼多多甚至微信，每个平台都有不同的规则和典型玩法。例如淘宝，在很长一段时间里，“通过聚划算做爆品给其他商品带货”就是一种比较管用的特定玩法，而一个网店的商品上下架的时间会部分影响到店铺的流量；在微信生态下，更典型的玩法是基于个人IP做衍生品，或搭建一套近似微商的分销体系。

又比如说，同样做影视宣发，湖南卫视、浙江卫视这样的电视台有自己的规则和玩法，爱奇艺、腾讯视频这样的在线视频平台也有自己的规则和玩法。

想要制定好策略，就得熟悉所在行业的基本规律，以及所在平台/生态的规则和常见玩法。

第三个问题——

你面对怎样的竞争对手，有什么机会或优势？

如果你已经深刻理解所处行业/业务的基本规律，也比较熟悉所在平台/生态的竞争规则和常见玩法，接下来，你要对将要面临的竞争对手和你自身进行评估，找到你最大的机会点。

要知道，竞争这件事的有趣之处，就在于它从来不绝对。每一个人或每一家组织，都拥有某些鲜明的特点，在一种竞争逻辑下，这可能是劣势，换到另一种竞争逻辑下，这也可能就成了优势。

所以，你需要充分了解你的竞争对手，也要善于利用你自己的独特之处制定更适合自己的策略。

举个例子，2016年三节课在创办之初，正好赶上“知识付费”的爆发，当时，诸多平台都在疯狂圈地，围绕许多新的话题、概念绑定许多大咖、KOL，上线许多新的课程和产品。在那个时间段里，对于很多知识付费平台来说，课程上线的速度可能就决定了平台的收入增长。

坦白说，当时三节课也面临这样的压力和诱惑——我们是否也要追求上线课程的速度和数量？如果不这样，我们会不会在竞争中掉队？

然而，经过一个多月的讨论后，我们有了一些基本思考——

» 我们这个团队，好像基因里天然就不擅长做很多话题和概念包装，以及整合资源进行势能营销——对比当时行业里的一些头部平台，我们在这方面的敏感度要差很多。
» 另一方面，我们好像更擅长带着一点“匠人之心”，用很长的时间慢慢打磨一款产品，让一款产品或课程在上线后凭借品质赢得口碑和认可。

在上述背景下，加上我们也希望自己投身的事业能够通过许多实战训练加辅导，帮助用户获得切实的能力提升，我们选择了一条跟大多数公司不太一样的发展路线——主打少量精品、长销、售卖生命周期更长但单价也更高、以“核心能力训练及提升”为主要交付物的教育产品。

从那时到2020年，三节课每年新上线的课程仅20个左右——这与一些知识付费平台每天都要上几十个课程但品质良莠不齐的状态完全不同。

几年时间过去，我们的发展要远优于许多知识付费平台。

所以，在竞争当中，也存在这样的逻辑——**与其选择绝大多数人趋之若鹜但你并没有那么擅长的竞争方式，不如找到你擅长并特别认同的方式，深扎其中，把自己的长板和优势放大到极致。**

以上就是我对于“竞争策略三级思考法”这个工具的具体说明。你要借由这个工具养成一些系统思维的习惯。这个工具无论对于思考个人的职业成长，还是指导你在一家公司内工作，都将具有显著的价值。

最后，对于“竞争策略三级思考法”的应用，我来举例说明。

假如你是一个普通的图书编辑，刚工作不久，在一家知名度一般的出版公司负责做个人成长类图书，上级领导给你的任务是“今年至少要做200万收入的码洋”，但今年出版行业做个人成长类图书的机构特别多，竞争超级激烈，任何一个稍微有点名气的个人成长大V，早已被无数家出版机构联系过了。

这时候你该怎么办？

你可以采用上面的“竞争策略三级思考法”进行思考——

（1）你所在的行业/业务有哪些基本规律？

- 在整个出版行业内，不到10%的书创造了超过80%的利润。
- 利润最高的书有两种，一是短期畅销爆款书，二是能卖3～5年的长销书——前者强依赖于话题、观点犀利或作者知名度，后者强依赖于书本身能否为读者解决某个长期存在的问题带来价值和帮助。

（2）你所处的平台/生态内有什么竞争规则/常见玩法？

- 个人成长方向，作者选择出版社，要么选一个特别知名、推广发行资源丰富或者收益承诺大的，要么选一个足够理解自己，能跟自己深度对话的。

» 越是已成名的作者，越青睐那些资源丰富、实力雄厚的出版社。

（3）你面对怎样的竞争对手，有怎样的机会或优势（劣势）？

» 劣势1：N家竞品出版社都在做这个方向，很多编辑的经验比你丰富，人脉比你深厚。
» 劣势2：你对于怎么快速搞定一堆有影响力的名人作者、怎么快速跟随市场动态找出一堆有爆款潜质的选题不敏感。
» 劣势3：你所在的出版社在行业内也不算特别知名，拼品牌、拼资源都拼不过顶级出版社。
» 优势1：你更擅长与人进行深度交流，能跟一个作者深度细致地打磨一本书。
» 优势2：你对于针对某个长期存在的问题给读者带来帮助更有感觉，也有很多自己的思考。

综上，以你的情况，要想在当前所处的位置下做出成绩，成为自己公司内甚至行业内的“头部选手”，至少当前看起来的较优策略，或许是锁定一个具备长销书潜力的方向，花费更多精力找到那些之前还没有出过书但有潜质的作者，通过更深入、更长时间的沟通获取他的信任，拿下签约，然后花费更多的时间与他一起打磨一本共同认可的有价值的书籍。

这不能保证你一定成功，但会是你的较优竞争策略。

4.4　如何向顶尖高手学习，提升制定策略的能力

任何人都知道，在制定策略的能力上，一个普通人和一个顶尖高手之间的差距，不是1和2的差距，而可能是1和100，甚至1和1000的差距。

因此，要想提升自己制定策略的能力，最好向那些顶级高手学习。

只是，很多人即便听了无数场高手们的演讲和课程，却仍然不见效果。所以，我们到底该如何向高手们学习才会更有效？

在4.1中我们曾经提到，提升系统思考能力的方法，在于你要在一类问题下先拥有某个稳定的“系统模型”，然后不断吸收更多专家或高手们对于同一问题的思考，将其与你已有的模型进行对比，并不断进行重新归纳和总结。

其实，上面这一段话，已经为我们的行动指明了方向。

所以，关于如何向高手们学习，我的答案分成3层——

首先，你已经知晓并掌握关于如何制定竞争策略的系统思考模型，也就是“竞争策略三级思考法”。

其次，在关于如何制定竞争策略方面，先为自己锁定一个聚焦的范围，更精准地找到想要学习的对象，才能在具体问题面前具备讨论的基础，否则你很容易陷入一种无从下手的状态。

举个例子，如果你要跟一个高手当面交谈，你抛出“如何制定竞争策略”这样的问题，会被高手认为问题太过宽泛，质量不高，因此避而不答。

而假如你先聚焦到一个行业、一类业务、一类渠道或是一类人群上面，与对方具体探讨竞争策略如何制定，往往更容易得到一些高质量的回答，甚至关于到底要找什么样的高手进行讨教，你也可以变得更有目的性。

最后，在得到高手的反馈后，试着把“竞争策略三级思考法”当作一种工具，对高手的答案进行解构和剖析，最终加深自己对“竞争策略三级思考法”的理解，并以此看到更多行业、业务层面的基本规律和竞争法则，提升自己的思考决策质量。

如果你更进一步，还可以结合高手给予你的各种“输入”，重新组织各种信息，试着对特定行业、渠道或人群建立自己的系统思考。

不妨给你举一些具体的例子。

2017年前后，我对电商产生了浓厚的兴趣，那一年我走访了不少电商高手，有两个人给我的印象特别深刻，与他们的对话让我对电商行业的运营和竞争策略有了全新的理解。

接下来，我将具体与你分享他们当时给了我怎样的信息输入，以及我又是如何站在系统思考与竞争策略制定的角度对他们的信息进行解构，并自我内化的。

1. 岚姐姐的电商店铺运营策略

第一个让我印象特别深刻的电商高手，是岚姐姐[1]。

岚姐姐是国内最早一批电商培训师，上海交大客座教授，曾经是淘宝大学的1号讲师，当时已有14年电商经验。

截至2017年，她累计已在淘宝生态下创下数十亿元销售额，曾经带领一家新店一年内实现从零到5000万元业绩突破，也创造过带领一家成长型店铺，实现一年内销售额从2000万元到1.94亿元的奇迹。

2009年，她以卖家讲师的身份，获得淘宝网卖家最高荣誉——由马云亲自颁发的淘宝网“黄马褂”奖。这个奖项，迄今为止，淘宝仅颁出过10个。

在我跟她的对话中，岚姐姐给到我两方面特别有价值的信息。

首先，在我问她“如何制定一个电商店铺的运营策略”时，她向我分享了这样的信息——

我经常采用的策略有两种。第一种叫作对标型策略，一般在你所在的品类和赛道中有一个比你强一些的竞争对手时比较适用。

这个策略的基本逻辑是，锁定比你强的竞争对手“往死里打”，好比我和其他店铺卖同一个品牌的榨汁机，我会很细致地研究竞争对

1 罗岚，上海逸道电子商务有限公司CEO，“传帮带”电商教练式顾问模式创始人，淘宝大学课程体系建设的主创讲师

手的商品介绍、服务、文案、价格变化规律等，总是找到空间比对方做得更好或更有差异化。同时在推广投放上，也一定会抢关键词，抢入口，跟对方拼点击率，直到全面压过对方。这就是“对标进攻”。现在电商的流量红利时期已经过去了，平台上商家的竞争更加激烈，流量和销量经常是此消彼长，只要能从竞争对手那里抢到更多的流量和销量，我们自身的竞争力就能得以提升，就跟游戏打怪升级是一个道理。

第二种策略叫作上新型策略，一般在女装、零食这样的品类经常使用。

这种策略的核心，就是保持稳定的上新频率，比如每个月或者每个季度一次，在这些品类，新品的购买转化率往往更高，且每一次上新你都有机会获得一些平台的宣发资源和流量。因此，只要选品没问题，定期做好上新，并且配合每一轮上新把平台流量的运营和面向店铺老用户的推广运营都执行到位，那每一轮上新都能为你带来不错的增长。

我采用“竞争策略三级思考法”对她的答案进行了解构，如图4-7和图4-8。

我把“竞争策略三级思考法”当作一个基本思考框架。之前我们是先知晓行业/业务的基本规律和竞争规则/常见玩法后，然后推演我们的竞争策略；而现在，我先从岚姐姐这个高手口中得到她采用的竞争策略，再往回倒推，去思考她是基于对行业/业务和竞争规则/常见玩法的哪些基本认知，才得出这样的竞争策略。

竞争策略三级思考法

竞争策略三级思考法	对标型策略
上层打法 你面对怎样的竞争对手，有什么机会或优势？	如果对方是大商家，你是小商家，则在围绕单一产品的竞争执行上，一定有机会通过倾尽全力做得比对方更极致
中层机制/规则 你所处的平台/生态内有什么竞争规则/常见玩法？	拼价格，拼关键词，拼商品转化率，拼其他流量入口，拼店铺排名
底层逻辑 你所在的行业/业务有哪些基本规律？	成熟电商平台的成熟品类，流量总量有限，流量和销量此消彼长，流量分配规则也总是遵循着“头部效应”。如果你能在直接竞争中“打下来”一个竞争对手，则对方的原有流量，可能会分配给你

图 4-7

竞争策略三级思考法

竞争策略三级思考法	上新型策略
上层打法 你面对怎样的竞争对手，有什么机会或优势？	在上新时间上，最好错开竞争对手集中上新的时间段
中层机制/规则 你所处的平台/生态内有什么竞争规则/常见玩法？	新品上线配合促销，更容易获得淘宝平台的宣发资源，面向用户推广也往往会有更高的购买转化率，短时间销量越高，则更容易获得平台流量的倾斜
底层逻辑 你所在的行业/业务有哪些基本规律？	类似女装、零食等品类，用户面对单一产品容易产生消费疲劳，单一产品的售卖生命周期较短，需要通过周期性新品上线刺激用户和市场

图 4-8

在这个倒推的过程中，我得到了类似这样一些基本结论——

» 成熟电商平台的成熟品类，流量总量有限，流量和销量此消彼长，流量分配规则也总是遵循着“头部效应”。如果你能在一个平台的直接竞争中“打下来”一个竞争对手，则对方的原有流量，可能会分配给你。

» 类似女装、零食等品类，用户面对单一产品容易产生消费疲劳，单一产品的售卖生命周期较短，需要通过周期性新品上线刺激用户和市场。

» 在一个电商平台同一品类下，你的商品短时间销量越高，越容易获得平台的流量倾斜。

当我把所有这些信息综合到一起来思考，无论对于岚姐姐提到的两种策略，还是对电商这个行业，都有了更加深刻的认知。

我们不妨继续往下。

岚姐姐还给了我另外一部分特别有价值的信息，当我问起她“如何更有整体性地为一家电商店铺搭建运营体系”的时候，她给了我这样的回答——

电商的运营，依次有3个维度需要关注。

第一个维度，是商品的运营。比如一款女装，从上架之初到最后退市淘汰，它会有特定的生命周期，你需要考虑在这个生命周期内什么时候出货多，什么时候出货少，哪个阶段该备多少货，哪个阶段要开始清仓。在整个生命周期内，管理好销售、货源和供应链，确保你在这一个商品上获得最大的利润。即使非季节性产品，也会因为产品迭代和需求的变化，经历同样的生命周期。因此，商品的运营和管理是我们最重要的基本功。

第二个维度，是店铺的运营。通常来说，一个店铺不太可能只有一款商品，一定有多个商品或者多个品类，所以你需要考虑和梳理各个商品、各个品类之间的关系。哪些商品适合导流，哪些商品适合创造利润，哪些商品适合放在一起关联售卖，不同品类之间的关系是什么，如何将单品流量引入店铺，并在店内进行流量分配和传递，等等。这些问题在产品规划和运营执行前需要先考虑清楚。

第三个维度，是大节奏的把握。就是你要知道你所在的这个行业的风口和趋势在哪里，如何借助节奏让店铺发展得更快一些，抢占有利位置，实现弯道超车。比如你做女装，每年春夏秋冬四个季节的换季是恒定的，且每到此时用户心里也一定是蠢蠢欲动的，如果你能提前做好准备，在正确的时间节点上做正确的动作，上新—推广—打爆—甩货，踩准节奏，一气呵成，一定能获得比其他人更多的收益，也给店铺来年的运营打下一个良好的基础。

再比如，从整个行业或者大电商平台来看，每年大风口式的节点就是平台级的大促活动，“6.18”，“双十一”，还有“双十二”。这当中，如果你做淘系，“双十一”是重中之重，是需要提前布下重兵拿下的“天王山之战”。如果“双十一”没做好，你可能直接失去一年中 30% 以上的销量，在淘系这种竞争充分的平台，你退我进，这一战的失利还会给下一年的运营增加难度。

到这里，你发现事情更有意思了——岚姐姐的回答，其实在“如何制定一家电商店铺的运营策略”方面，给了我一个与“竞争策略三级思考法”不太一样的系统思考模型，如图4-9。

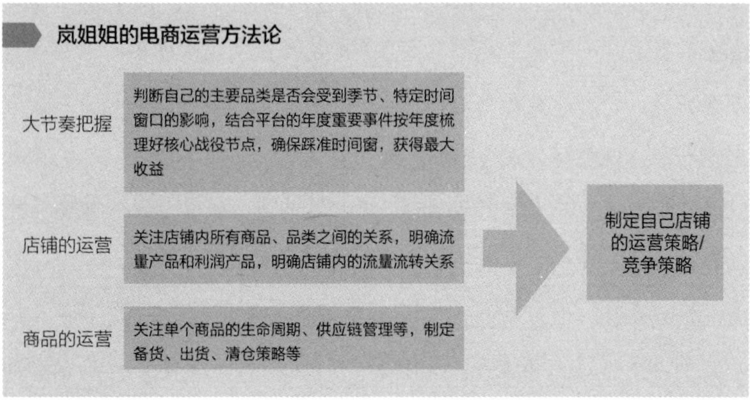

图4–9

这个时候，我在同一类问题下，已经看到了不同高手的不同系统思考模型。

就像我在4.1里提到的：在同一类问题面前，不同的高手有可能拥有完全不同的思考体系。

这些不同的思考模型之间没有什么对或错，但每一类思考模型，都有自己的适用范围和边界。就像岚姐姐给出的答案，特别适用于淘宝店的运营策略制定，但假设你要解决的问题是如何在微信生态下做好微商，则她的答案可能就不适用了。

站在学习和成长的角度，只有在一类问题面前，看到更多系统思考模型，并思考它们之间的关系、差异，以及背后的原因，并用它指导你的决策和实践时，你的系统思考能力才更容易得到提升。

我也是如此，当我把原有的“竞争策略三级思考法”与岚姐姐的电商运营方法论进行对照思考的时候，我对于电商领域的运营和竞争也有了更加深刻的理解。

2. Denny的“以用户为中心”和“1-9-90”模型

我在2017年求教过的另一位高手，叫奶牛Denny，是创业公司乐纯酸奶的创始人。

Denny是典型的少年精英，1988年生人，毕业于沃顿商学院，曾就职于全球最大的私募集团黑石，2011年放弃百万年薪回国创办“连客”，其间以一篇文章刷爆全网。

2013年，连客发展不顺，他入职大众点评成为品牌营销负责人，其间他又写了一篇名为“认为市场推广只是卖情怀的朋友——你错过了太多乐趣！”的爆款刷屏文章。

2015年，他再次创业，创办了乐纯酸奶。在他的经营打理下，乐纯在两年内迅速成为一款网红酸奶——到2017年，乐纯酸奶的月销量已经稳定在百万盒以上。

Denny也向我分享了早期乐纯酸奶在运营上的一些核心方法，部分摘录提炼如下——

乐纯是一家“以用户为中心”思考如何增长的公司。很多传统的快消品公司，更多的是围绕渠道思考，不会直接跟用户打交道。但乐纯从成立第一天，与用户的关系就非常近。

乐纯有很多产品的研发都是用户直接参与的，比如我们早期的榴莲口味酸奶，有大量的“榴莲控”“榴莲死忠粉”一起参与研发。他们一次一次不断地迭代试吃这个配方，直到最终榴莲口味酸奶成型。

在增长上，乐纯一直遵循很多硅谷创业公司采用的*AARRR*的运营体系，如图*4–10*。

图*4–10*

在整个增长体系里，乐纯最多的用户获取来自最后一部分，*Refer*（推荐）。

一个用户第一次关注乐纯后，乐纯会通过各种各样的方式，比如新品试吃、个人口味偏好评测，或者一个季节性活动，让用户觉得这个东西真的有价值，愿意去购买。这个时候他就产生了*Revenue*（收益）。然后在用户购买后，我们又有很多方式让他推荐给更多的人，让更多的人成为乐纯的用户。整个过程是一个大漏斗，我们不断优化漏斗的每一个环节，这是一个典型数据驱动的过程。

而用户运营方面，乐纯则遵循着一个“1–9–90”模型来开展所有工作。我觉得“1–9–90”模型几乎适用于所有的品牌。无论你做什么样的产品，你都会发现你的受众目标最终可以被分成1%、9%和90%这三个人群。

简单而言，就是培养1%的“死忠粉”和重度参与者，让9%的人与你持续互动并深度认可你，然后寻找效率更高的方式服务好90%的人。

一般来说，任何一个品牌在刚刚起步时，有可能大部分用户都是1%的“死忠粉”，但是到了一定体量之后会有一个非常稳定比例的分层，就是1%，9%，90%。

最终，1%的人会跟你一起研发产品，创造很好的内容。9%的人会经常分享，你推了好的内容他会转发到朋友圈，买了你的东西他会去晒。但是真正为你贡献最多收入的用户还是90%，他们只是买买买，是你的品牌最终服务的用户。

所以，我们定义和理解的用户关系，应该分别针对1%，9%和90%这三群人，1%的人是我们最好的朋友，有时甚至是我们的引导者和驱动者；9%的人是关系比较好的朋友，他们对我们认可，但不会那么频繁和强烈地表达，我们要做的事是不让他们失望；剩下90%的人就是我们的用户了，在他们面前我们要做好服务者的角色，让他们满意，并适时输出一些我们的价值主张，让用户对我们产生进一步的好感。

以乐纯为例，在乐纯的“1–9–90”模型中，我们与1%的用户的关系紧密程度非常高，我们维系1%用户的方式就是微信群，但我们并没有像有些微商同时运营着几百上千个群，我们只有一些核心用户群。我们会在群里频繁跟大家沟通，包括新产品上线、一些最新的动态都会跟大家同步，让真正关注我们的人感受到我们的进步和变化，另外任何新产品、新功能都一定积极听取大家的建议，并转化为实际行动。这些就是我们维系1%用户的做法。

剩下9%的用户，我们的做法是通过数据和机制去规模化地触达和影响他们。9%的用户起到的最大一个作用是推荐和分享你的品牌，其实就是AARRR体系中最后的Refer。因为这9%的用户对我们品牌的认可，他们往往会选择成为我们的会员，然后我们面向会员做一些针对性的运营，最常见的如一些专属福利和折扣等，让9%的用户购买频次很高；另外围绕着他们的Refer，我们会开发很多对应的分享工具，让这9%的用户更好、更便捷地帮我们对外做分享。

最后90%的用户就非常松散了。我们做内容传播，做一些新的产品或者一些大规模的活动，都会考虑到90%的用户，思考如何高效率服务好他们，为他们创造价值，但不会特别精细地做一些运营动作。

Denny提到两个重要信息，一是他们的整体竞争策略是“以用户为中心”，二是他们的用户运营模型——“1-9-90”模型。

同样，我也对他的信息进行了解构和内化，如图4-11和图4-12。

竞争策略三级思考法

竞争策略三级思考法	以用户为中心的AARRR增长策略
上层打法 你面对怎样的竞争对手，有什么机会或优势？	传统线下商超等渠道被各种传统消费巨头如蒙牛、伊利等牢牢把持，基本没有突破机会，要想突破，必须通过新品类、新渠道或是新人群来完成
中层机制/规则 你所处的平台/生态内有什么竞争规则/常见玩法？	乐纯最早选择把微信生态作为自己的主阵地。在微信生态下，关系链和口碑分享是成本最低的流量，一家有能力把口碑流量和关系链流量做起来的公司，在早期流量获取成本上会占据巨大优势
底层逻辑 你所在的行业/业务有哪些基本规律？	酸奶是快消品，用户会因为对一个品牌产生认同感或好感而选择持续购买，且购买频次稳定，因此有机会通过用户运营而赢得很高的用户消费忠诚度

图 4–11

Denny的“1–9–90”用户运营模型

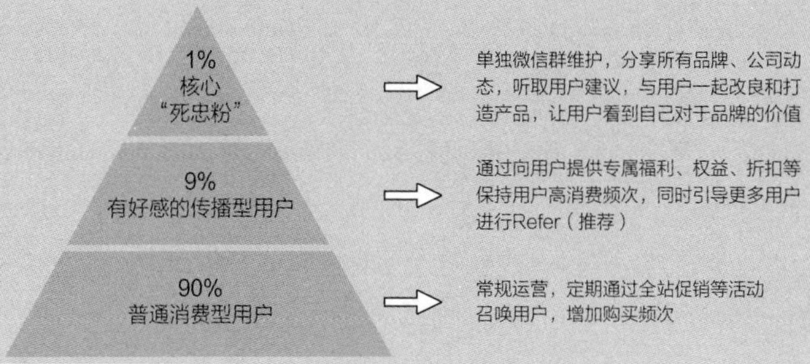

图 4–12

你会发现，岚姐姐是一个在淘宝体系下深耕多年的资深专家，而 Denny 则更多地基于微信生态开展自己的业务，因此造成他们的一些竞争策略和思考方式的不同。

当我在如何制定竞争策略方面已经有了一个自己的基本思考框架，并带着这个框架跟他们进行交流，并在事后对他们给出的关键信息进行解构和比对之后，我不仅对如何针对一个电商业务制定自己的竞争策略这个问题有了更深、更全面的理解，同时也对淘宝、微信两个流量生态下的核心逻辑差异有了更深的理解。

甚至，如果我试着把岚姐姐和Denny给我的很多信息重新进行组织和梳理，对于电商运营这件事，我还能建构起一个全新的系统认知，如图4-13。

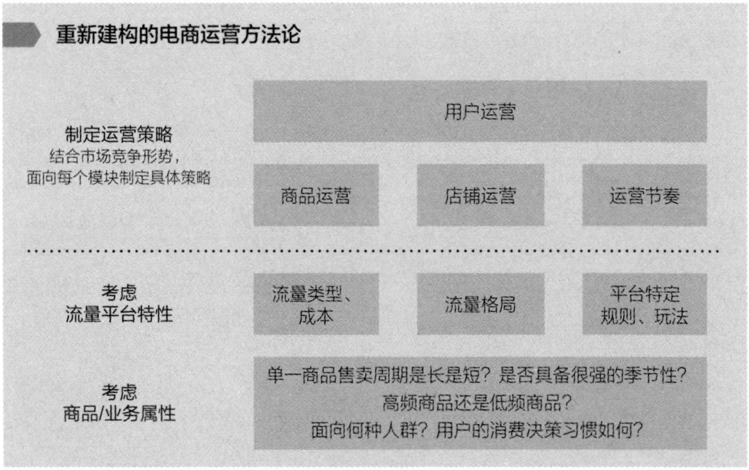

图 4-13

到这里，相信你已经看到通过我提到的方法向顶级高手学习，能为你在系统思考与策略制定方面带来多大的帮助和价值。

这里我再总结一下——

假如你希望向一些顶尖高手学习，提升自己的系统思考和策略制定能力，首先，你应该掌握一类关于如何制定竞争策略的系统思考模型，比如“竞争策略三级思考法”。

其次，为自己锁定一个聚焦的范围，精准地找到想要学习的对象，否则你很容易无从下手。

最后，在得到高手的反馈后，试着用你已有的思考模型，对高手的答案进行解构和剖析，加深自己对相关问题的理解，并看到更多行业、业务层面的基本规律和竞争法则，提升自己的思考决策质量。

同时，你还可以结合高手给予你的信息，重新组织和梳理，试着建构你对特定行业、渠道或是人群的系统思考。

当然，系统思考和策略制定本身是一个比较复杂的事，需要长期实践和内化。

本章讲到的学习思考方法，你不妨把它当作入门工具，真正应用和践行，当你逐渐形成自己的一些思考习惯，不断加深对于商业、策略和系统思维的理解，它带给你的价值将会更大。

4.5　如何预见未来，面对极度激烈的竞争环境做出高质量决策

身处商业 / 职业环境下，我们还会面临这样的问题——

倘若在某个阶段面临非常激烈的竞争环境，甚至需要面对比我们强大很多倍的竞争对手时，如何思考并找到更有竞争力的赛道，制定

更有针对性、更高质量的竞争策略，从而让自己在竞争中占得先机？

为了帮助你打开一扇更大的窗，在这一节，我想分享一篇文章，这是我2018年下半年重读猎豹移动CEO傅盛的多篇关于如何思考、决策的文章之后进行的总结。虽然傅盛是作为一个创业者和CEO在讲自己经营一家企业时如何思考和决策以应对竞争，但我相信，其中的很多逻辑对于每一个人的职业成长，以及在面对激烈竞争时如何自处，仍然具备极高的参考价值。这篇文章内容较长，读起来未必轻松，但在我看来，它值得你不定期地反复阅读。

重新理解傅盛的决策思考方法论

傅盛是互联网圈内大佬中经历传奇、以善于思考而著称的一位。在多年创业经历中，他多次身陷死局而又成功突围，无数次面临巨大挑战破局而出，在经历过后也往往乐于把自己的思考和总结进行开放而坦诚的分享。

虽然创业注定九死一生，傅盛也未见得可以赢下所有竞争，取得成功，但这并不妨碍傅盛在企业家、创业圈内赢得大家的认可。

一次偶然的因缘际会，我在微信上跟傅盛有一段简短的对话。对话具体内容略去不表，但整个过程却引发了我对傅盛其人和其思考决策方法的一些好奇——

长久以来，傅盛虽然先后多次对外分享过自己关于认知升级、战略、管理方面的许多观点，但貌似从未有人系统整理过他所有的观点和方法的来源，以及彼此之间的关系。

于是，带着一点好奇，我认真重读了傅盛过去发布过的诸多经典作品，并查阅了近年来关于他创业经历的许多背景资料。

傅盛多次提到他相信两个非常重要的事——

（1）只要把规律想清楚，至少创建一家价值一百亿美元的公司是可以用方法论和公式推演出来的。

（2）一件事的成败，战略是否领先决定了80%。

围绕着这两个“相信”，他真的为自己总结出一套看起来可以依赖的方法论。

而他的《认知三部曲》《一家公司的CEO该干什么？》《一家公司的CEO该如何做战略？》三文，可谓是其核心思想和方法论的综述。我根据这三篇文章，再结合傅盛的一些公开演讲和分享，试着对其核心方法论进行一个整体的梳理和解读。

这套方法论自成一套体系，由不同的部分组成，层层递进。如若勤加练习，确可帮助一个企业管理者或是CEO解决大多数思考方向不清晰的问题。

我试着从原点开始往下拆解。

1. 如何让自己拥有“预见未来”的能力

傅盛认为，一个好的领导者或是CEO的必备核心能力之一，就是能够“预见未来”。

至于如何才能预见未来，傅盛给出的答案，是升级认知。

傅盛认为，大部分看起来杂乱无章的事物，背后都存在着某些规律等待被发现。一旦发现了规律，你就具备了依赖现有的某些特定条件推演未来的能力。

而要发现规律，必先升级认知。

如何升级认知？

需要分为向内、向外两方面。

先说向内，向内的最大障碍在于心态的转变——意识到自己任何时候都可能是错的，能够不断自我否定，假设自己无知。这是一切的前提，也是最难的地方。

如果不能假设自己无知，很可能即便有正确的、有价值的信息出现在你身边，你也会选择无视。

假使向内已做好，接下来就需要解决向外的问题，即升级认知的具体操作方法。

傅盛说了三点。

其一，你要对你所进入的领域拥有完整的认知框架。

» 你的脑海里必须对这个行业有一个越来越清晰的认知格局。你知道，这个行业的整个产业链是怎样的，链条上存在哪些玩家，链条的哪些环节存在竞争，哪里已经是过度竞争，哪里可能刚兴起还没人察觉。同样一个产品，一线城市和三四线城市的用户有什么区别，当前的这个行业可能会跟哪些行业或领域发生密切的交集和关系，等等。

» 你需要对这个领域内的一些典型成长和发展路径有深刻的了解。例如，傅盛深刻理解在安全类软件或客户端软件领域内互联网如何颠覆一个行业的认知。再例如，我们在三节课也深刻知道，一个知识付费产品的生命周期，往往是6～8个月，而一个教育产品的生命周期，有可能达到2～3年。

有了完整的认知框架，你才能知道因果推演，然后基于某种特定的因，去推那些可能会发生的果。

其二，要不断向外求教，向各种相关领域的关键人物求教，获取他们的关键认知，尤其是在那些和你做的事有密切交集和关系的领域。

天下大势，即便再复杂，也能简化为关键人物的关键认知。如果你对自己所处的领域已经有了充分理解，最应该做的，就是不断找到关键人物，获取他们的关键认知，从而为自己发现新的机会。

恰如傅盛所言，3Q大战后，腾讯改变策略，积极通过投资建立生态，先后投资了京东、搜狗、猎豹、58同城，于是，马化腾分别从刘强东、王小川、傅盛、姚劲波处获取了关于电商、搜索、国际化和O2O的关键认知。腾讯的市值也从300亿美元涨到了2000亿美元。

看起来，“与前行者为伍，从而获取更好、更先进的认知”，是傅盛极为信奉的一种升级认知的方法论，这一点后面还会再讲到。

其三，必须知行合一，快速去实践并获得反馈，从而快速验证一个认知的有效性。

傅盛相信，一个认知形成后，只有经由实践，才能更好、更快地转化为价值，认知才能被证实或证伪。一个人最怕的是获取一个新认知后，拿出去对外吹吹牛皮就感觉很爽了，沉醉于炫耀认知，而忽略了实践。

2. 关于好战略

创业，或者一个商业项目的成功，本质上是要在一个时间窗口内追求可持续的发展。

想要追求可持续的发展，首先得有好的战略。

至于什么是战略，傅盛给出了一个公式——

$$战略=（方向\times 10）\times 执行力$$

对这个公式的基本解释是：执行力是战略的一部分，但好的战略，无须依赖好的执行力。为此，傅盛列举了在创业之初做毒霸，倾尽整个公司的执行力来做创新，也无法赶上360的复制速度的例子。

所以，好的战略，应该是在充分考虑现有执行力的前提下，找到带领一支普通队伍也能打胜仗的方向。

好的战略，应该是能确保你在开战之前就已有7分胜算的战略。

3. 如何找到好战略

那么，如何找到这样的战略？

傅盛给出了自己方法论中的一个核心组成部分。

预测—破局点—倾尽全力，这是傅盛的战略制定三段论。

关于预测，又由两部分组成。

一是要面向未来，做出高质量的假设。预测的本质是找风口，是看到大的行业格局和变化，需要依赖于极其前沿的认知。这里可以回到前面如何拥有“预见未来”的能力那部分内容了。

二是围绕假设，小步快跑，边缘切入，不断验证。

一个较优的预测方向是：你能创造一个缺少竞争者的新市场，且这个新市场中你有很大的机会成为垂直领域的第一。预测完后，就用侦察兵模式进行快速验证，看看这个方向是不是真的往下一打井，很快就能出水。

方向性的预测和验证完成后，需要找到一个破局点。所谓破局点，就是那种一举能够撬动全局的点。

举个例子，三节课想做成在产品和运营方面最好的在线职业教育机构，且这个领域之前也没人做得很好，这就是一个方向。

而我们真的在产品和运营方面做出了一个爆款、一门口碑极佳的课程，以至于很多人因为这一个课程对三节课留下深刻的印象，从此以后参加线上课程首选三节课，这就是破局点。

这是一个单品带动体系的时代，因此破局点十分重要。一个破局点，可能是一个功能、一个产品、一场活动，甚至是一篇文章。

而傅盛认为，好的破局点，满足3个特征：极简、差异化和自增长。

找到破局点之后，就要倾尽全力，投入足够的资源，把破局点做实做足，形成自己可依赖的核心增长引擎。

4. 目标明确后如何做管理

然而，一家公司不是每天都要破局，可持续的发展才是正道。

要想实现可持续的发展，务必做好管理。而对一个领导者来说，管理可以分成3方面来看：对事的管理、对人的管理，以及对自己的管理。

（1）对事的管理

傅盛认为，对事的管理，本质上可以回归到3个词——目标、路径、资源。

传统公司相对静态，高层定下一个目标，一线只管执行。而互联网公司太过动态，以至于每一条线都要学会定义自己的目标，但问题恰恰在于，很多人不知道如何为自己设定合理的目标。

而在傅盛看来，关键目标的诞生，往往来自你对一件事拥有更为本质、更为全面完善的认知。当你对一件事拥有够本质、够完善的认知，知晓现在你拥有怎样的“因”，才更有可能预见未来尚未发生的“果”。

这里可以举两个例子，第一个来自傅盛的引用——

*Snapchat*从来不认为自己是聊天工具，而是改变新一代美国年轻人的沟通方式。他们认为新一代年轻人的沟通方式，未必依赖于文字。因此做了一段时间后，去掉了“*chat*”，不再简单地做熟人关系，而是围绕摄像头建立内容，于是形成了与*Facebook*显著的差异。*Snap*让*Facebook*头疼，不是源于前者钱更多，或队伍更强，而是源于对社交的认知不同。

第二个例子则与三节课有关。

*2016*年，*Luke*、我和老布三个人决定好好做教育，或者做好“学习”这一件事。但那个阶段，我们正好赶上了知识付费的爆发，一时间，无数人都在鼓动我们做知识付费，无数平台和机构来找我们合作。现实地看，那个时候如果三节课做了知识付费，可能很快能收入几百万到一千万，对一家初创不到一年，自己还没搞清楚怎么赚钱的小公司，也算是不小的诱惑了。

但我们犹豫挣扎了好久，最后还是放弃了做知识付费——因为在我们眼中，一个试图以效果交付为目的的学习产品或者教育产品，注定无法脱离重的教学服务而存在，也注定需要经历一个漫长的周期才有可能获得巨大的增长。于是，我们选择听从内心的声音和认知，用更长的周期来做教育。

两年过去后，当时的很多知识付费产品起起落落，许多公司已经销声匿迹，但三节课的成长十分稳健，符合我们认知中的一家教育公司的成长轨迹。

当对事物有了全面深刻的认知之后，目标应该足够简单，足够聚焦。

简单意味着说出来所有人都很容易理解，能够迅速达成共识，只有这样的目标才易于向全员传递。比如，“完成一个品类的全面建设”不算是一个足够简单的目标，而“做一堂半年内超过30000人付费报名的爆款课程出来”更像一个比较简单的目标。

聚焦则意味着一段时间内，目标是唯一的。目标如果无法聚焦，路径和资源也很难聚焦，很容易形成撕扯，举步维艰。一旦无法聚焦，一个人很容易做出一种“每个地方都买一点保险”的决定，但这往往是最糟糕的决定。

找到一个明确、简单、聚焦的目标，接下来就是想清楚实现路径。

目标和路径之间，互为因果。有了明确的目标，才能推出来路径，而在路径上的执行动作和资源投入全部到位，才能支撑目标的达成。

围绕一个目标，路径的拆解要足够细致，要知道大目标由哪几个子目标组成，这些子目标之间有无先后依赖关系，以及每个子目标下的关键动作和手段是什么。

所以，定目标时要做减法，有了目标想清楚实现路径时需要细致地做加法。

傅盛举了个例子，“猎豹清理大师”当时希望瞄准国际市场，做最好的“清理”APP，其他功能全部不重要，核心目标回归到“要让清理这个功能变得最好”上面。再往下拆解，分为3个子目标：清理垃圾大小、清理效率和内存占用3个指标都要显著领先其他同类竞品。每个子目标下，再有一条时间线来确保其达成。

最后，有了明确的实现路径，剩下的就是倾其所有地往上投资源，只要目标能达成。

这就是“目标、路径、资源”三段论。

傅盛认为，对“事”的管理的本质，就是树立一个核心的业务，让这个业务带着所有的员工和组织架构往前走，而不是构建一个四平八稳的组织，让所有的业务井井有条。

（2）对人的管理

对人的管理，一言以蔽之，就是：要学会通过管理一个人达到管理一片人的目的。

因此，你需要学会识别关键人，搞定关键人，赋能和授权给关键人。

总体而言，傅盛的观点是：让管理变得更有效率的方式就是减少管理的量，增加判断的量。他相信，有时候，执行难的本质往往是源于我们没有做出足够正确的决定。

要想实现从普通人到高手的身份蜕变，核心在于转换思维，培养做判断的能力，而不是勤勉工作的能力。

因而，一个优秀的管理者，要不断去假设：如果只花一半时间，事情能不能变得更好？然后再不断验证假设，在这一过程中找到更优解。

倘若如此，对人的管理在很大程度上就变成“定目标”、“做判断”、“找关键人”。目标简单，判断是优质的，人能够挺身而出，则管理会很顺畅。

（3）对自己的管理

这里有两部分，一是管理自己接收到的信息，二是管理好自己的时间。

对于前者，需要确保自己接触到的信息足够优质、有效；至于后者，假如你已经是一个管理者，尽量让自己在做思考、决策、对外获取有效信息的时间大于60%。

在时间的投入方面，如果你对自己所处的领域还不具备全面的认知和判断，就应当优先解决这一问题。如果你在自己所处的领域上获得了较为全面的认知，则需要定期了解行业动态，从一些不同领域的关键人处获取一些关键信息，让自己可以不断预见未来，做出更优质的假设和决策。

5. 如何应对困局

在这个时代，一家企业的发展，纵使你想得再清楚，也会面临跨越非连续性的问题，或者说，你的业务沿着一条成功的轨迹往下跑，最后仍会陷入困境，只是早晚的问题。

比如，你会发现自己的增长放缓，甚至停止。比如，你会发现竞争对手总是在不经意处出现，可能不知不觉间就把你“干掉”，所谓

“杀死你，但与你无关”。

所以，当困局出现时，该如何应对？

傅盛的答案仍然是“要去看到别人看不到的未来”。

恰如傅盛和猎豹在面临360的围追堵截，几乎走投无路时，开始满世界参加各种展会，获取到关于海外市场的关键认知，才能天外飞仙式地找到一个海外市场的独特机会。

要先*Think Different*，才能避开对手锋芒，减少自己的竞争成本。

傅盛的哲学是，越是身处绝路，越要不断向外看，获取更先进、更前沿、更具有差异化的认知。因为既然已是绝路，很可能内部已经无解。

以上，是我在重读傅盛之后的一些观察、思考与总结。

写作本文的初衷，来自重读傅盛后对其核心方法论的好奇与认同，于是把它整理成我更容易理解的结构，以及希望更好地理解这些方法论与思想的来源。

最后，关于人的学习和成长，我还想抛一点跟傅盛可能不同的观点，权作探讨。

傅盛在《认知三部曲》及后记中有一个核心观点，摘录如下——

认知，几乎是人和人之间唯一的本质差别。技能的差别是可量化的，技能再累加，也就是熟练工种。而认知的差别是本质的，是不可量化的。

傅盛认为对一个人的成长而言，认知升级是第一位的，技能的提升可能不那么重要。

但我觉得如果是放眼到所有人来看，这里还需要区分。

第一，可能只有5%的人能进入“通过比拼认知来进行竞争”的状态，绝大部分人的执行能力之差，可能根本谈不上拼认知。甚至如果你的执行能力不到位，认知越升级，你可能越焦虑，因为你没有足够的能力消化和践行这些认知，于是认知就变得毫无意义。

因此，对于95%的人来说，或许应该优先关注能力的提升。而对5%的人来说，的确如傅盛所言，比拼认知可能是第一位的。

第二，认知往往意味着对一个复杂事物的全面理解。一个人的高质量认知，很可能来源于充分的实践。就像一个人如果没有在教育行业里认真做过2～3年营销、课程研发和服务，很难彻底理解教育这项业务的一些本质。

第三，即便一个人进入认知升级的轨道，真正的升级也必须依赖“优质的信息输入和思考沉淀”、“不断面对和解决大量复杂问题，践行和验证新认知”二者的结合，缺一不可。

综上，对于傅盛的认知升级论我想做一点补充——

» 认知升级的前提是知行合一，如果你尚无法做到，必须优先补充行动能力。
» 在未建立起较为全面、能够让你看到一些规律和未来的认知之前，优先补充和提升自己的实践能力及经验，并不断反思，之后再更多地关注先进优质的认知。

另外，还有一个补充。

既然不是所有人都能“预见未来”，那些“无法预见未来”的人该怎么办？

答案是：找到一个能“预见未来”的人，相信并跟随他，在他已有明确的判断和决策时，执行这个决策，在局部定义好目标，找到路径和配置资源，确保目标达成。

需要注意的是，如果你相信这个人拥有比你更全面宏观和先进的认知，即便无法理解他定义的方向和目标，也要做好执行。要知道，在执行中理解往往是比先理解清楚再执行更优的方案。

以上是这篇长文，希望对你理解“如何进行高质量的思考和决策”有一些启发。

也要提醒一下，像我们在第2章说的：如果你的“硬件条件”尚不具备时，不要贸然进行“操作系统升级”。

同理，如果你的基本实力还不足够，还没能走完自己的技能曲线，自己的商业认知/系统思考成长曲线尚未开启，又或者是你根本没搞清楚自己的职业方向该向何处去的早期阶段，则这一节里提到的如何进行高质量思考和决策以应对竞争，很可能对你的参考借鉴意义非常有限。

每一个人生阶段，你都会面临不同的问题，而每一个人都应该先把更为基本的问题解决好之后，才去探讨更加复杂和高维的问题。

4.6 顶级高手进行复杂思考和决策背后的简单法则

看过上述几节后，我猜你心中多少会存有这样一个疑惑——

上面讲的很多东西，价值都无可厚非，但这一系列思考和决策感觉好复杂啊！我真的掌握得了吗？

事实上，**对于顶尖高手来说，很多复杂的决策、思考和工作方法，都是基于一些特别简单的价值判断及基本规律推演出来的。**

换句话说，每一个顶尖高手的复杂思考逻辑背后，必然存在某些超级简单的价值判断原则和他们信奉的基本规律。

我举个例子，张小龙决定微信朋友圈不做硬广告、决定微信群的界面和按钮设计、决定微信小程序怎么做、微信公众号怎么做，很可能都来自“好产品不应该长期无效占用用户的时间”这样一个基本价值判断原则，并在一些商业法则之间综合考量进行的决策。

同理，我们在决定三节课的许多产品模式、服务模式，以及如何应对行业的各种变化和竞争的时候，也同样基于“只有当一个学习产品对用户的学习效果负责，才能具备长期的生命力”这样一个基本价值判断，综合一些商业竞争法则、基本规律来进行诸多决策和思考。

当然，我们离张小龙肯定差远了。但这里的要点是：很多高手会借由一些极简的基本原则推演出无数具体方法、理论和决策思考逻辑。

这就好比，我们当下对整个宇宙的诸多理解和基础科学认知，来自爱因斯坦提出的“时间和空间都不是绝对的，它们是动态变化的，会弯曲的”这一基本理解和“$E=mc^2$”这个伟大的简单公式。

那是不是我把很多高手的简单原则和基本规律搞明白，就可以很厉害了？

很遗憾，答案是否定的。

道理是这样的：如果你想理解甚至应用顶级高手的简单价值判断原则到底能带来什么价值，需要先在思考方式上突破一些东西，能从简单原则到复杂应用之间搭建起一座桥。

或者具象一点说，你得具备能从一个简单原则推演出无数具体决策逻辑，或从一个人的一堆行为中归纳出来一些极简单的原则的能力，只有这样，你才能够深刻理解和应用高手脑海中的简单价值判断原则及基本规律，否则，你会觉得单看高手讲简单原则是烂鸡汤、大道理。

因此，张小龙说“好产品要让用户用完即走”，是对的，很可能真的是他发自内心相信的超级有价值的信条。

只是，有可能超过99%的人都无法理解和应用这个简单价值判断原则，觉得这只是正确的废话。

所以，当你逐渐打开自己的第二条“一级成长曲线”之后，我会特别建议你尽量多练习并实践通过少数几个简单的原则理解和推演一个复杂体系，并形成判断和决策的能力。需要你进行更多复杂的思考、决策实践，以及管理和驱动更庞大、复杂的项目。

有了这样的心理预期，接下来，我会通过一个例子向你展示如何通过少数几个简单的原则理解和推演一个复杂的系统，并形成判断和决策。

如果你还有印象，2016—2018年，“共享经济”是个特别火热的模式，吸引了无数资本进入，其中既诞生了估值百亿美元以上的知名公司，也引发了诸多非议。

2017年下半年，我应腾讯科技之约，就“共享经济”写了一篇文章[1]，详细谈及了几个问题，包括——

- 共享经济的本质到底是什么？
- 共享经济最终会像我们起初预期的那么美好，真正实现“解放社会闲置资源，创造更大价值”吗？
- 哪些共享经济项目是有前途的，哪些注定不行？
- 如果你想创业做一个“共享经济”项目，该如何思考和进行判断决策？

在该篇文章里，我给出了如下一些重要的观点和结论。

第一，一个共享经济项目要想成功商业化，需要满足3个前提：

（1）用户虽然对某一物品的使用需求是刚性的，但该物品售价较高，使用频次较低，因而用户拥有该物品的便利性和因为占有该物品

1 关注微信公众号“黄有璨”并回复“共享经济”，可阅读全文

而必须支付的成本（如闲置成本）互相冲抵，从而越来越不倾向于“拥有”该物品。

（2）供给端可以基于地理位置上相对集中和充分，确保用户产生需求后使用该物品十分便利，且使用成本显著低于购买和占有成本。

（3）在一个共享经济项目中，你的预期收益要大于预期成本（包括维护成本、初始投入成本、存放成本、防盗成本等）之和，且面向整个市场的预期收益能够带来商业想象空间。

从以上 3 点来看，当时流行的许多共享经济项目，包括但不限于共享篮球、共享雨伞、共享手推车、共享床铺、共享按摩椅等，都是注定不长久的，或者至少是无法规模化，缺少很大商业想象力的。

第二，一切共享经济项目，哪怕初始阶段怀揣着美好的理想，也的确为人们带来更多便捷和更低的使用成本，但在商业世界中，所有共享经济公司的终极追求，都是在起始阶段以牺牲掉一些传统行业的利益为代价，进入某个特定领域内形成垄断，追求利益最大化，并借此完成该领域内新一轮服务标准和科学技术应用的升级和更迭。因此，所有原本看起来廉价、便捷的共享经济项目，只要做大到一定程度，一定会伴随涨价、逐利等现象。

这篇文章当时被腾讯科技等几大媒体头条转载，其中谈到的各种观点，后来也都成为了现实。

这篇文章的思考逻辑看起来有点复杂，但都基于 3 个重要的基本认知——

» 稳定的需求、稳定的解决方案、可预期的收益空间，才能支撑一个新行业或一个新模式的持续存在。

» 产品价值=（新体验-旧体验）-换用成本。产品价值成立，一个产品才有发展壮大的可能。[1]

» 任何一个商业组织或商业产品，必然存在追求更大收益回报的动力。商业能力不够强大的组织，将很可能被其他组织吞并。

正是基于这3个基本认知，我才做出了所有关于“共享经济”的推演、思考、判断和预测。

本章的前6节，我主要分享了如何开启你的第二条“一级成长曲线”，提高商业认知/系统思考成长能力，尤其是在制定竞争策略方面。同样，系统思考的方法也可以用于你的职业成长上来。

4.7 通过系统思考“向外”寻求成长

在写作本书的过程中，一次因缘际会，我与脉脉的创始人兼CEO林凡有过一次交流，聊起了职场人和创业者成长的话题，也聊到我对两条“一级成长曲线”的一些思考。

在那次交流中，林凡一针见血地给了我一个反馈——

“有璨，我觉得你说的‘技能曲线’和‘商业认知/系统思考成长曲线’的说法特别好，但你在很多事、很多点上聚焦在‘向内看’，

1 来自前百度产品副总裁、滴滴产品高级副总裁俞军著名的“产品价值公式”

向自己要成长。而一个人到了某一个阶段，如果你只是不断向内看，向自己要成长，其实你的成长速度还是慢的。相反，如果你学会向外看，借助他人的成长，你的成长速度才会变得更快。”

听到林凡的反馈，我有一种恍然大悟的感觉。

那一天，我们后来又围绕着“如何借助他人的成长”聊了很多，我想摘取其中比较关键和有价值的一部分分享给你。

首先，一个人成长到一定阶段后会发现，你的成长与某个系统或环境是密切相关、相互影响的。以系统化的视角看待成长，你和你的外部环境、其他相关人都是这个系统的要素之一。

举例来说，当你在一家公司担任管理要职后，你的工作决定了该公司的业绩；而该公司的发展、公司内其他人与你的协作也将反过来影响你的成长。

而当你拥有了这个视角后，身处第二条“一级成长曲线”中，你需要有意识地“向外要成长”，而不仅仅是“向自己要成长”，这才会让你的成长速度变得更快。

例如，如果你已经开始在一家公司担任管理者，你的职责就是通过制定策略、做出决策并推动执行来为公司和产品赢得竞争。这时候，只有赢得竞争，拿到结果，才能为自己找到更大的成长空间。

而在制定策略、做出决策、推动执行的过程中，你需要与其他人产生关系，也要理解清楚自己与其他人之间的关系，如图4-14。

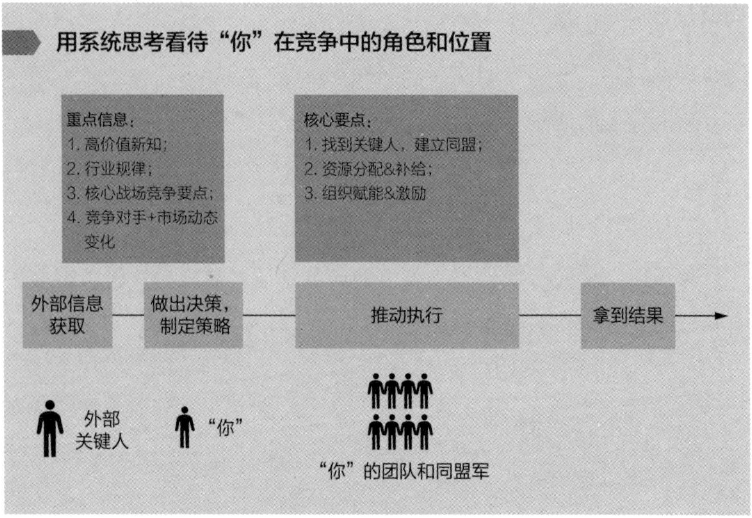

图 4–14

你需要特别注重自己和两群人之间的关系。

其一是，你需要基于自己所处的行业、领域和“战场形势”，找到外部的关键人，与之建立联系，获得关键认知，辅助你做判断和决策。

其二是，你需要基于你的“战场形势”，建立团队和同盟军，并激发团队的潜能，最终获得成果。当你的团队和同盟军可以做到不依赖于你的具体指导取得结果时，你所获得的收益和成长的可能性才会更大。

此处有一个特别关键的思考角度的转变。

人总是有一种思考惯性——只有“我”的能力得到提升、相关领域内的经验积累更加丰富，才能获得收益和成长。所以，我所有的成长都建立在“我”的能力、经验等都得到提升的基础上。

然而，这样的认知存在一个误区——你会倾向于走进“努力提升自己，向自己要答案”的状态中。

事实上，当你来到“商业认知/系统思考成长曲线”时，你所获得的成长和收益，未必与你个人的能力及经验提升有关。

这里我们用两个例子分别予以说明。

第一个例子，就是我们在3.6节提过的傅盛带领猎豹移动从一场死局中突围成功的故事。

在2014年之前，傅盛和猎豹一直努力对抗360的围剿，但无论他们如何努力，始终都无法突破对手的重重包围。

这个阶段的傅盛，一直都在“向内看，向自己要答案”。

而2014年之后，傅盛开始转变思路，更多地向外看，在外部世界中寻找机会和有价值的信息。

在决定向外看之后，他的视野打开的程度令人惊讶。当时猎豹移动的高管团队几乎都没有海外背景，中国互联网公司也从来没有在海外成功的先例，傅盛面向谷歌等各种海外互联网公司及应用市场的高层、创业者来获取信息，寻找机会。

在与众多海外互联网公司高管的交流中，傅盛得到一个在原有的思考边界里无论怎么努力都无法触达的答案——出海。

这才有了后来猎豹移动死里逃生、成功上市，成就了中国互联网历史中的一段佳话。

如果这个例子讲的是如何通过向外找到关键人，获取对方的关键认知，从而为自己打开更大的成长空间；下面这个例子，我们就要讲讲如何在一个组织内通过激励、调动其他人的力量，从而为自己打开更大的成长空间。

下面的例子，来自我的两个朋友，姑且称他们为A和B。

2014年前后，A和B分别从两家知名公司离职，开始创业。离职之前，A在这家公司内业绩卓著，头顶诸多光环，而B不过是个普通主管，没有特别显赫和成功的经历。离职后，他们选择进入同一个行业创业。

创业之初，A的发展速度很快。在第1年，他的公司的发展明显比B的公司要好得多。然而到了第2年和第3年，情况显得有些不一样了。

A的公司在经过快速发展之后，第2～3年逐渐慢了下来。然而，A始终很努力，每天加班到深夜，长期满负荷运转，也总能带着团队做出一些看起来有些“惊艳”的项目。但公司的情况并没有特别大的起色。

而B的公司从第2年下半年开始逐渐发力，团队逐渐丰满和健全起来，公司的业务增长也逐渐走上正轨，保持非常稳健的增长。而最有趣的是，从第3年开始，B就很少再参与具体业务的决策和推进。

到了2019年，B的公司的估值，差不多已经是A的公司的几十倍。

为什么看起来B的努力程度、能力、背景出身都比A弱，但B的公司发展要比A的公司更好？我一直有点疑惑。

后来，我分别跟A、B，还有他们公司内的其他人有一些交流，也得到一些反馈和答案——

A太优秀，习惯于很多事都“向自己要答案”，以至于向外看、激励团队寻找答案的意识远远不够。2 ~ 3年下来，A的公司仍然处于严重依赖A的状态。

B正好相反，从一开始就知道自己不够优秀，始终在思考自己需要一些什么样的伙伴来帮助自己。为了吸引这样的伙伴，他绞尽脑汁，到处找人求教。同时尽一切可能激发团队的战斗力和想象力，让团队给他答案。这样的做法确实得到了回报——团队不止一次给予他超出预期的惊喜。

3年下来，A的公司有多位高管离职，越来越以A自己为中心。而B的公司，团队越来越强大，成为一个更具有潜力和想象力的组织。

这是B选择“站在他人肩膀上得到成长”的回报。

其实回顾起来，在个人成长路上，有很多人都会经历A所处的阶段和难关——他们都太容易习惯于“靠自己解决一切核心问题从而获得胜利”，而很难把自己视作某个系统的一份子，通过协调该系统的其他核心组成部分共同努力，从而获得胜利。

包括我自己，也一样经历过类似的痛——在第5章里，你将看到我更加深刻的自我剖析。

在历史上，也有两个特别相似的人：项羽和刘邦。

前者，特别优秀，异常努力，容不得自己失败，更喜欢“问自己要答案”。

后者，看起来要平庸很多，也未必那么努力，但聚集了一批愿意追随自己的人，有了自己更可依赖的团队和组织。很多关键问题，他都无法自己解决，只能“问他人要答案”。

然而，在二者的竞争中，最终的结果我们都已再熟悉不过。

因此，这一节特别希望能帮你建立这样的一个小小认知——

当你在第二条“一级成长曲线”下成长到某一个阶段后，如果你只是不断向内看，向自己要成长，其实成长速度最终还是慢的，或者会遇到显著的瓶颈；相反，如果你能学会向外看，学会“站在他人肩膀上获得成长”，你的成长速度才有机会变得更快。

到此为止，第4章就正式告一段落。在本章之初我提到的那个期望——我想通过本章，试着为你打开这道“商业认知/系统思考”的大门，让你窥见这个世界的深度、复杂与魅力所在。不知是否实现？

接下来的一章，我将为你开启一个全新的话题。

那就是第三条“一级成长曲线”——心性成长。

1 所谓“系统思考能力”，是一种整体性的思考方式，要求你从一个系统的目标、整体结构和各种系统要素中思考，最终寻找到一个围绕实现目标的最优解。

---

2 商业世界中的两种高质量思考习惯：

第一种思考习惯是：始终关注价值，而非具体问题的执行路径、难度和过往经验。

第二种思考习惯是：始终思考和关注现有工作流程及业务链条中效率可以提升 2 倍以上的可能性和机会。

---

3 商业环境中的“竞争策略三级思考法”：

第一个问题——所在的行业 / 业务有哪些基本规律?

第二个问题——你所处的平台 / 生态内有什么竞争规则 / 常见玩法?

第三个问题——你面对怎样的竞争对手，有什么机会或优势?

---

4 在商业环境中如何做管理：

一是对事的管理，本质上可以回归到 3 个词——目标、路径、资源。

二是对人的管理，要学会识别关键人，搞定关键人，赋能和授权给关键人。让管理变得更有效率的方式就是减少管理的量，增加判断的量。他相信，有时候，执行难的本质往往是源于我们没有做出足够正确的决定。

三是对自己的管理，一是管理自己接收到的信息，二是管理好自己的时间。如果你已经是一个管理者，尽量让自己在做思考、决策、对外获取有效信息的时间大于 60% 以上。

NONLINEAR GROWTH 05

非线性成长

第三条“一级成长曲线”——心性成长

2020年3月1日下午。

我坐在家中卧室的阳台上，阳光大好，斜射在身上带来阵阵暖意。

黄佐琪小朋友躺在我身边，攥着我的右手食指，偶尔她攥得紧了，我就低头看看她，她冲我笑。

就在这个时候，我脑海中闪回着过去很多年里的无数回忆片段，开始写第5章——写作本章的过程，某种意义上，也是我在跟自己不断对话的过程。

在第2章的结尾，我就提到了——

在技能曲线和商业认知/系统思考成长曲线之外，我认为一个人的整个职业生涯，或者说得再大一些的话——整个人生中，可能还存在第三条“一级成长曲线”。

在我看来，第三条“一级成长曲线”，是一条最为特别的曲线，也是一条非常漫长，甚至不一定有上限的曲线。

这一章，我将与你分享关于这条最为特别的“一级成长曲线”的一切。

第三条“一级成长曲线”，我称为“心性成长曲线”。

而写作这本书时期的我，也正在这一条曲线下持续修炼和精进着。

5.1　解读所谓“心性成长曲线”

回顾前4章内容，你会发现，我始终都在试着为你描绘出一幅职业晋级通关之路的全景图。

我们聊到——

一个新人在职业生涯起步时，一定要先聚焦于技能曲线上，以掌握技能的多样性和纯熟程度驱动自己的成长；

你的职业成长存在着一个通关区域，而想要通关，你必须进入技能曲线的顶部，开启自己的第二条“一级成长曲线”——商业认知/系统思考成长曲线；

在进入两条“一级成长曲线”交汇的区域——“蜕变区间”之前，如果遇到各种障碍，你该如何应对；

所谓“商业认知/系统思考”上的成长，到底是怎么一回事，其中的深度、复杂性在哪里，你又该如何自我修炼；

你在职业/商业赛场中的最终通关，或将遵循“顶级专家”或“商业操盘手”两种路线之一。

但，上述这些，就是“个体成长”或“职业发展”的全部了吗？

答案是：No。

回到我自己身上。

从2006年到2016年，除了职业技能、商业驾驭能力方面的显性成长之外，我在另一个并不那么显性的层面也始终在持续发展、完善着。

不妨略举几个例子。

例1——

2012年第一次创业时，我怀揣着满腔理想情怀，只为了热爱而工作，不分昼夜，也偶尔会把“改变世界”挂在嘴上。那个时候，我有这样一种主张：一家好公司一定有着伟大美好的理想和愿景，且应该把它的理想情怀持续不断地对外传播和表达，通过持续的表达赢得用户的认可和理解。

而到了2016年，我的认知则是：一家公司可以拥有美好的愿景，但“赚钱”和“商业能力”才是它的第一要务。一家无法赚钱的公司，其存在本身就浪费了诸多社会资源，因而可能是不道德的。

在公司的经营和对外表达上，更应当克制，恪守“行胜于言”，在自己做得尚不足够好之前，减少妄言。

例2——

2010—2013年，我总是认为，团队管理最重要的是大家开心与共同成长。一个好的团队，应该能够关注所有人的情绪和感受，绝不轻易抛弃和放弃任何一个人，要帮助所有人共同发展和成长。

而2015—2016年，我渐渐形成了另一种认知：团队管理，最重要的是要拿结果，要对结果负责。作为一个管理者，最大的职责就是给大家设定清晰的目标，给大家提出要求并给予支持，最终把结果拿下来。

一个优秀的团队，大家应该都足够成熟，都拥有成年人心态，一个需要大量关注所有人情绪和感受的团队很可能是沟通成本高昂、战斗力低下的。团队是要上前线打仗的，应该更多地吸纳和鼓励那些已经做好了准备打仗，也能打下胜仗的人。对于那些持续无法拿到结果的人，应有内部淘汰机制，这样才能保证一个团队的活力。

例3——

2010年前后的我，还是一个有点儿“愤青”特质的家伙，看到新浪微博上的各种负面社会新闻，就会义愤填膺，忍不住要表达些观点态度，还时常因为看到太多负面信息而容易沉浸在悲观中，感慨“社会怎会如此”之类。

而到了2015年，我的立场已经变成了——

- 你不能决定太阳几点钟升起，但你一定能够决定自己几点钟起床；
- 若整个世界像一艘船一样沉下去，你最大的责任，是要先救起自己；

» 对于一片哺育滋养了你的土地，如果你尚未切实地回馈过它，何来资格唾弃它？

试问，上述种种，怎能不也视作一种“成长”？

而这些不那么显性可见的部分，正是一个人的“心性”。

所谓“心性成长”，无非“心力”和“性格”的锤炼，也即——

» 你内心是否有某些自己恪守的原则和信念？这些原则和信念是如何形成的，有多坚固、强大和经得起推敲？它们又能支撑你应对多大的困难和挑战？
» 你的自我认知有多清晰？你是否意识到自己的部分性格特点决定了你的某些思考和行为习惯，并从中发现自己当前的局限和特长？以及你也需要知道，如果一个人真的希望承担和迎接更大的挑战，则其性格中的一些基本缺失，必须得到修正和完善。

对一个人的长期成长而言，心性所起到的作用，是让你找到一个自己笃信的内在能量来源，使得你在应对许多极端挑战和压力、做出很多重要决策时，均可从中获得一些笃定的力量。

如果你的心性尚不足够强大，则你很难面对更大的压力和挑战。

这就好比一个成熟的团队管理者，在危机到来时能举重若轻、果断地做出某些断臂求生的决策；而一个初入商业战场的新人，面对此决策时，会优柔寡断、左右迟疑，甚至一旦重压在身，还可能会在精神上濒临崩溃。

如果说我此前提到的技能曲线和商业认知/系统思考成长曲线像显性的“外在武功招式”的话，那么“心性成长曲线”，则更像隐性的“内功心法”。

任何一个高手，若要持续往上攀爬，都必须内外兼修。

只是，我们需要理解一个人的心性是如何逐渐形成并变得强大的，以及为什么到了第二条“一级成长曲线”之后，是心性主导了第三条“一级成长曲线”，最终决定了一个人能到达的高度。

1. 个人心性是如何成长和发展的

为了更好地开启这个话题，我还是先分享一点我自己的心路历程和思考。

回顾我迄今为止的经历，如果把外在的世俗成功抛在一边，只看内在的心性变化的话，在我身上，其实存在一个非常显著的“分水岭”。

这个分水岭，大约就是2015年，我迈过30岁关口的前后。当时，正值我第一次创业失败，而第二次创业还未正式开启的阶段。

以此为界，在那之前，我对于“自己到底能在这个世界中扮演什么角色、贡献什么价值”的认知，是非常不稳定的，始终处在一种不断探索和尝试的状态中。

30岁之前，我对于商业逻辑、社会体系、理想情怀与现实世俗之间的关系等认知都非常浅薄和零碎，对自我的认知也并不那么清晰，只是很简单地凭借着一种“对世俗成功的渴求”不断向上攀爬，谋求外在提升和职业成长。

但当我往上走得越高，我看到的就越多，经历的冲突、对抗、两难选择和成就也就越多，我发现，是这个过程中接收到的各种反馈让我逐渐对于外部世界、商业乃至社会体系、理想现实等形成了更加系统和确切的认知，同时也更能看清自己，比如自己的优势和不足，自己的欲望边界、成就感和价值来源等问题，都越发清晰起来。

等到30岁前后，我的职业成长之路迫近“通关”。我发现，自己看过、经历过的事情，已经积累到了一个阶段，很多关于自己、商业和组织的认知都已系统形成，不再会出现特别大的颠覆，也不再会出现特别大的自我怀疑。

于是，在那之后，我更多地开始进入一种“我已经对于这个世界有了相对完整的认知，更多地关注自己到底应该在这个世界中担负起何种责任、直面何种挑战以及不断以此自省”的状态。更多时候，我会在“自己到底想要什么”和“自己的能力边界到底在哪里”这样的问题上追问得更加彻底，并让自己的内在能量变得更加强大。

我可以结合两张图（图5-1和图5-2）进一步解释上述这一“分水岭”是如何形成的。

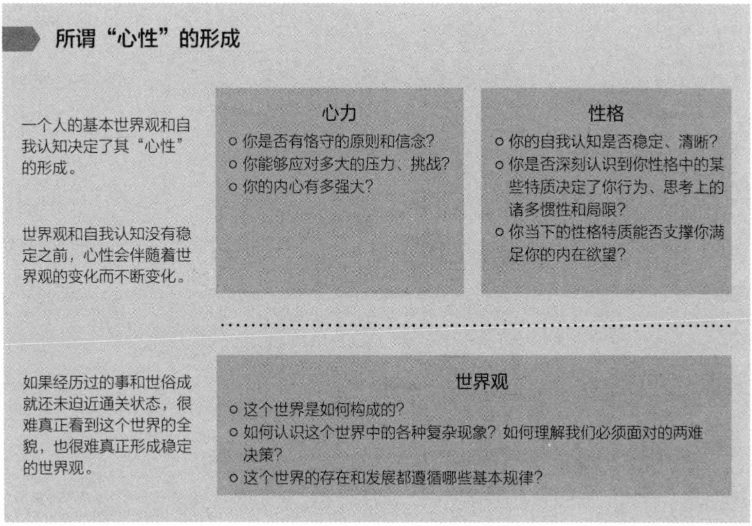

图 5-1

第一，**一个人的心性成长，底层依赖一个稳定的世界观，也就是我们对这个世界的客观认知。**

还是以我为例，我曾坚定地认为一家公司必须以“理想情怀为重”，后来则转变为“赚钱和商业能力才是一家公司的第一要务”。这两种世界观，必会推动我往全然不同的方向成长提升，拥有完全不同的心性。

但是，一个人的职业生涯早期，因为做得不够多和见得不够多，世界观必然难以稳定。就像我也是伴随着各种商业实践和见识的增加，才逐渐让自己对于商业的部分认知稳定下来，此后也有了一些全新的基本思考、决策逻辑和心性。

这自然引出了第二件事：**一个人的世界观和对整个外部世界的认知要想趋于稳定，前提必然是要经历得足够多。也只有在足够多的压力、冲突、两难决策和世俗成就“冲刷”下形成的世界观，才更经得起推敲和挑战，更加趋于稳定。**

在职业生涯中，只有一个人渐渐走完了自己的前两条“一级成长曲线”后，经历过足够多的挫折、冲突、竞争、压力和成就，才能逐渐看到更大的世界，拥有更完善的系统思维，形成更稳定的世界观和自我认知。

这时候，他的心性才会逐步定型，才能形成一股独特的驱动力，引领个人的后续进一步成长（如图5-2）。

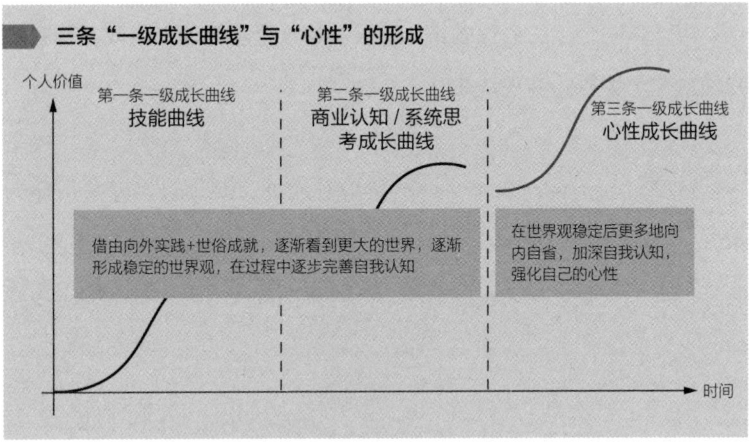

图5-2

2.4节中，我曾提到过这样一句话——唯有先成功入世者，方可真正出世。

某种意义上，一个人内在“心性”的完善和健全也是如此。我也特别相信一句电影里的台词——要是你连世界都还没“观”过，哪里能建立起来自己的世界观？

任何人都只有先触碰到了世俗的“成功”，才能进入更大的世界，才能借由更多外界的冲击、挑战不断磨练自身的心性，最终形成一套如何与世界共处，以及如何让内心更加强大的完备哲学。

2. 为何“心性成长曲线”成为第三条“一级成长曲线”

为什么我会认为是心性这一听起来挺虚的东西决定了一个人更长远能够达到的成长高度？

其实理性来看的话，心性对一个人的长期发展和成长，可能是这样一种存在——

当你的基本技能、商业认知/系统思考还不够强时，在职业发展和竞争中，它可能无足轻重。

但当你的基本实力已越过某一水准，心性也许会突然成为一个在与他人竞争比拼时具有决定性意义的东西。

我们可以举一个小例子。假如你对足球还不算一无所知，我猜你一定听说过C罗和鲁尼的名字。

C罗和鲁尼，同样出生于1985年，同样少年成名，曾经也作为队友并肩作战，也同样很早就跻身一流球星的行列，而且同样特别幸运

的是在他们的职业生涯里未曾遇到过一些“毁灭性的伤病打击”。

然而，当时间进入2020年，C罗的职业生涯已经打进了超过700粒进球，荣膺5届世界足球先生，拿下5次欧洲冠军联赛冠军，并率领葡萄牙获得过欧洲杯冠军，2020年，35岁的他仍然作为年度最佳球员的有力竞争者活跃在顶级足球赛场。

对比之下，鲁尼的生涯成就其实并不差，但总计不到300粒进球的数量，在国家队、俱乐部和个人层面所获得的荣誉数量和分量，相比起C罗都差了一个数量级。2017年，鲁尼宣布退出国家队，此后也逐渐淡出顶级足球俱乐部，委身于不那么知名的低级别联赛。2020年的鲁尼，已不再征战顶级赛场，彻底淡出足坛主流视野。

要知道，论年龄，鲁尼其实比C罗还要小半岁多。

如果把时间拨回到2005年，我相信，不会有多少人认为鲁尼的天赋和实力在C罗之下。

所以，同样是天赋出众的少年天才，究竟是什么造成了二者跻身一流球星后，在整个职业生涯中所获得成就的不同？

答案可能正是：心性。

职业生涯中后期的C罗，以自律、大心脏，以及极强的好胜心而闻名，他与梅西之间几乎贯穿了整个职业生涯的竞争，在世界足球历史中成就一段佳话。

在2014年之后，任何一个长期关注足球的人都能够强烈地感受到，对C罗而言，是他的自律和无与伦比的好胜心驱动着他不断前行和令人难以置信地变得更好。

他曾经无数次接受采访时谈到过与其他人的竞争，也无数次表达过：我需要竞争和敌人，我认为我才是世界第一，如果你们认为对手某些方面比我好，那没关系，给我点时间，我会超过他……

从与梅西竞争开始，C罗就变得无比自律，他几乎取消了一切场外生活，只聚焦球场和家庭，新闻屡屡传出有好友去拜访C罗，看到C罗极其严苛地控制自己的食谱和营养，以及半夜2点都还会邀请好友一同健身跑步等类似佳话。以至于，2019年34岁的C罗转会尤文图斯接受体检时，当时的体检官员发出不可思议的惊叹——C罗的身体机能就像20岁出头的年轻人！

而同为少年天才的鲁尼身上，类似的强硬、坚毅、求胜欲和自律，都显著比C罗低了一个档次。

最终决定两个人职业生涯成就大小的，很可能正是这些东西，而不是单纯的技巧和天赋。

但是，就像我们说的，“心性”这种东西，只有在你的基本实力已经越过了一个重要的基线时，它才会在竞争中变得越来越举足轻重。否则，你可能连开启“心性”竞争的资格和机会都没有。

这就好比，也有很多名不见经传的足球运动员，他们的坚毅、自律、求胜心可能都不输于C罗，但他们因为基本实力太差，只能混迹于低级别联赛。这样的人，我们根本无须从“心性角度”来思考他们与C罗之间的差距。

只有那些与C罗在同一时期跻身“一流球星”的人，我们才会更多地从“心性”而非“基本实力”的层面来审视他们之间的差异在哪里。

同理，在职业或商业赛场中，当一个人已经迫近或越过“通关区域”后，你也会发现，再往后，在外显技能层面他与他人可比拼的东西会越来越少；倒是像心性这样的东西，最终会决定一个人能够承担多大的责任，能够掌控多大的团队和组织，更善于做出何种重大决策或是更善于扮演何种角色。

5.2 一个人的内在成长——打破边界和建立边界

在写作本章的过程中，我脑海中不断萦绕着这样一个问题：成长到底是什么？

我出生在贵州大山里的村镇，在我小时候，从家坐车到省城，需要在数不尽的盘山公路上耗费10～12小时。童年时，我以为县城里的两所小学、一所医院、一座水库、一片林场就已经是这个世界的绝大部分。

那时候，有很多儿时玩伴家境比我优越、聪明程度也绝不亚于我。

我高中就读的那所省重点高中，人才无数，与我一届的校友，许多都进了清华、北大这样的名校，而我一度是一个高中辍学、人生前景一片灰暗的孩子。

而今，时间已经过去20多年，相比他们当中的大多数人，我似乎有了看起来还不错的成就。

有时我也会困惑：该如何看待这一切？是我比他们更加优秀和出

色吗？还是我的运气更好一些？

后来，我渐渐有了一些更清晰的答案——

至少有一个特别重要的原因是，相比其他人，我打破了束缚在自己身上的更多边界，选择去看到更大的世界。

我发现，我们当中几乎所有人，自出生以来，就不断被家庭和外部社会环境施加很多的约束和莫名的规则。

比如——

- 考试成绩不好的小孩子是没有前途的。
- 你一定要上一所好大学，否则就没有前途。
- 一定要有一份稳定的工作，不能随便辞职和跳槽。

凡此种种，都是施加于我们的诸多束缚与边界。很多人都默认这些规则和要求，但从未真正思考这些规则是否合理以及为什么合理。

2001年，我选择从当时就读的省重点高中退学，一半原因是青春期的叛逆，总希望做些什么显得自己与众不同；另一半原因，则是当时的我对应试教育感到深恶痛绝，完全无法理解其意义所在。

我还记得，我小的时候特别喜欢读历史，喜欢历史中的英雄人物和事迹，也喜欢在阅读历史故事中找到那种"与逝去的时代对话"的感受。

然而，到了高中时期，我对历史这门课程越来越厌倦和反感，我完全无法理解，学习一门历史课程的意义和价值，为何要依靠记住类似“黄巾起义到底发生在哪一年”这样的信息来体现。

选择从省重点高中退学，成为我人生中的一个重要转折点——它让我第一次在面对自己不能理解甚至心存反感的规则时，选择了去打破它，而非逆来顺受。

而在此之前，我和身边其他人一样，在类似规则面前，不能问，也不敢说，只是默默遵守。

如果抛开外在的世俗成就，只是单纯向内看的话，我“内在”部分的成长，有两个阶段——

前一个阶段，我在不断打破边界，不断发现和放大自己身上的可能性。

而到了后一个阶段，我开始不断为自己建立许多边界和恪守的原则，不断明确自己身上的使命和局限。

1. 打破边界

意大利电影《天堂电影院》中，有一段颇为动人的情节——

一座意大利小镇上，一位电影放映员与一位聪明伶俐的小男孩多多相识。在小镇土生土长的多多告诉放映员，自己长大后想成为像他那样出色的电影放映员。

然而，放映员看到了多多身上具备的潜质，告诉多多：不要在这里待着，时间久了你会认为这里就是世界的中心。

小多多自然很难理解这句话的意思。他留在小镇，跟着放映员学习剪电影和放映，也开始了自己的第一次恋爱。

后来，多多的初恋被女方父亲崇尚的世俗章法所阻拦，他伤心欲绝。在老放映师一再劝说下，他决心离开小镇，到更大的世界打拼，虽然那时候他还完全不知道未来将去向何方。

许多年后，多多功成名就，成为举国知名的著名电影导演。此时，老放映师去世，多多回乡探望老朋友，意外收到老放映师留给他的一份礼物。

多多打开后，发现竟是当初少年时跟老放映师一起在小镇检查员勒令之下剪下的各种吻戏胶片，看着这些镜头，多多热泪盈眶，发现自己已经理解了生命中的一切。

是的，就像电影中的那句话一样，我们当中许多人，都习惯了长时间遵守某种规则，将自己禁锢在一个既定的范围内，从未设想过自己身上，其实也充满着各种各样的可能性。

还是回到我身上。

16 岁那一年，我颇有点离经叛道，选择从省重点高中退学。

17 岁，我随家人来到北京，从此远离家乡数不尽的大山和层峦叠嶂。

18 岁，我长期泡网，成为一个网络社区的小 KOL，在虚拟世界里一个很小的范围内有了点儿一呼百应的能力。

19岁，我决定参加一个电子竞技大赛，还差一点就成功晋级全球决赛的舞台；同年，我还在一所民办大学里自学并开始试着给别人讲C语言。

21岁，我决定去做销售，最初从中关村电子一条街商场里的门店销售干起，然后进入一家日企，一点点学习如何在一个陌生地区发展代理商和经销商、如何参与并搞定政府部门的重大招投标、如何与强悍的对手周旋竞争。

24岁，我决定转行互联网从事运营，又开始从头学习如何与知名电视台合作，如何做KOL运营，如何与MSN这样的知名门户网站进行流量合作。

27岁，我第一次创业，第一次经历从0搭建一个团队，经历必须用极低的预算获取到数万用户，又经历了自己要想尽办法从无到有，生生攒出来一个项目挣到几十万元以养活团队，还开始硬着头皮给别人讲课。

29岁，我进入一家国内知名的互联网公司，又开始学习和经历如何从0把一个APP做到千万用户以上的体量，学习在大公司内跨部门协作，推进一个大型复杂项目，以及如何进行商业思考和宏观决策。

上述种种选择和经历，对大多数人来说，也许都不那么“循规蹈矩”，也是大部分人不太倾向、或是不太相信“自己也可以这样”的选择。

坦率地说，在经历之前，很多事情，我也从来没有想过自己能做成做到。无论是销售、运营、创业、团队管理，还是负责一个涉及诸多明星和内外部各种重要资源参与的项目、给人讲课、自己写作的文章在网上到处流传……

然而，我就是这样一个接一个在打破着各种边界，并不断发现“原来我身上还存在着这样的可能性”，再一点点填充起自己对这个世界的认知。我学会了“销售”是怎么回事，学会了如何通过互联网获取流量并变现，学会了如何搭建和管理一个团队，也学会了如何进行商业思考。

我真的不认为这背后是因为我有多么优秀，而只是因为我好像不容易受到很多“边界”的束缚，能够一个个去打破它们——这也许是高中退学的经历留给我的最宝贵的财富。

有一个可以印证我的这些经历与“优秀”无关的真实例子——我第一次学着在线下讲一门“人际关系与沟通”的课时，现场来了 50 个人，但当我讲完 1 个半小时后，人已经走了一半——我讲得简直狗屁不通。

而今天，在整个互联网行业，已经有数百万人通过各种方式听过我讲的课程或看过我的书。

回过头看，很多事都是这样——在参与亲历之前，你从未想过你也可以成为某类别人眼中很厉害的人。但当真的突破心理上的束缚，打破某些边界，把自己放到相应位置或环境中浸淫一段时间后，你会发现：好像有些事，其实也没那么难，给你一些时间，让你经历一些摔打，你也完全可以做到。

当然，每一次你要打破某种边界，一定也会伴随着某些痛苦——

就像我选择退学之后，也曾经经历似乎被整个世界唾弃的感觉，长期陷入低谷中，花了很久才走出来。

然而，若你从未试着要打破某些禁锢着你的边界，试着去发现自己身上更大的可能性，久而久之，你就会失去为自己发现更大可能性的能力。

就像《天堂电影院》的那句台词——

不要在这里待着，时间久了你会认为这里就是世界的中心。

我们当中的很多人，也许正是如此：受限于各种原因，他们被牢牢禁锢在某种边界之中，从未想过自己可以拥有更大的可能性，也从未试图去看到更大的世界。

但你必须试着突破禁锢，才能在内在的“成长”上拥有更大的空间和张力。

唯有见过了更大的世界，也充分发现了自己身上所具备的可能性，你才算是具备了“选择在这个世界如何存在”的空间与权利，也才能更好、更自如地面对各种选择。

2. 建立边界

同样，以我自己的经历和体会来看，“打破边界”这件事，也终将遇到一个瓶颈。

在“打破边界”方面，我个人经历中最激进的时期，莫过于2012—2014年初，以及2015—2017年这两段创业的经历。

在这两段创业中，我经历了非常多的第一次，也做成了很多在整个行业内被当作标杆来看待的案例和项目，有了一些不大不小的成就。

因此，在很长一个阶段里，我恍惚间有了这么一种错觉——好像自己是“无所不能”的。很多事，给我一点时间去研究、学习和实践，我就一定能干成。

2013年底，我决定结束自己的第一段创业。因为此前创业过程中做过的一些项目和案例，我在小圈子里还算有点名气，于是，一时间很多人都来找我，他们来自各种行业，有金融、医疗、O2O、教育……邀请我加入他们的项目。面对各种各样的诱惑，我当时颇有点“什么都想试一试”的感觉和心态。

假如你认为自己“无所不能”，那你该如何选择，又该如何与团队内其他人共处？

后来，我大概花了半年时间，以顾问身份参与了好几个项目，也碰了一些壁。

恰恰是在这些碰壁的过程中，我对自己有了更加清醒的认知。

我发现，虽然我喜欢教育，但并不是所有的教育我都能做好；我也发现，在类似金融、医疗这样的行业内，我既不敏感也不兴奋，在很多事上表现得像个白痴；我还发现，在对数据的理解和应用上，我也存在巨大的短板。

最重要的是，那段经历后，我对各种不同行业、各类不同业务有了更大的敬畏之心。我开始深刻意识到，每一个行业都有其特定的规律和“厚度”，要想在一个行业或一个领域内深耕并做成一些足够有影响力的事，需要漫长时间的积累和投入。

而一个人终其一生，能做好一件事，已经殊为不易。

这个阶段后，我对自己内在的认知焦点，从“感觉自己无所不能，什么都想要做”逐渐转移到“要清晰地认识到自己的‘无能之处’，找到属于自己的战场，用适合自己的方式创造价值和战斗”。

我逐渐明确下来：我喜欢内容和教育，在我的人生中，我特别渴望全力以赴地用我认为是对的方式做一次教育，我也乐于和擅长通过内容来创造诸多价值。

然后，我可以更加坦然、平静地看待很多诱惑，也更加坚定地为自己筛选并过滤掉很多信息。比如，那些金融行业里年收入数百万的机会，跟我没有半毛钱关系；比如那些在K12教育领域，可以缔造一家百亿美金级公司的可能性，也注定不属于我。

我有我的方向和领域，我只需专注于它。终此一生，只需在我的领域内，努力做成一些有价值的事，就已经很好。

这就是我所说的：**一个人若已经看过了足够大的世界，也打破了诸多边界，到了自己身上已经具备N多可能的时候，必然会开启另一个阶段——为自己建立许多“边界”和需要恪守的原则，不断明确自己身上的使命和局限，从而让自己的内心变得更加坚定和平静，能够更加坦然地面对各种层出不穷的外界的诱惑、变化和挑战。**

这些“不断打破边界，发现自己的可能性”，以及“不断建立边界，明确自己的使命和局限”的过程，也许正是一个人内在心性成长的过程。

这个世界是复杂和多样的。每一个人，都需要在其中找到自己的角色和位置，并为自己建立起来各种规则和信条，才能拥有足够的能量与这个世界上的各种诱惑和挑战共处，才能在更多时候足够坦然平静地面对一切。

若你还未经历过前一阶段，则你虽然拥有边界和规则，但那些边界和规则都是外界施加于你的，你并不知道它们因何而来，为何必须恪守，不能动摇。只有你亲自走到后一个阶段，在不断与外界的对话、与自己内心对话的过程中建立起来的规则和信条，似乎才更可依赖，更能让你笃信，从而在你内心中形成某种长久的能量源泉，支撑你面对各类挑战。

此刻，我们可以回归到本书前面提到过的两条“一级成长曲线”。

我相信，这本书不足以解答有关于“成长”的一切问题，但为什么我会如此坚定不移地强调和提及，绝大多数人在职业生涯中都应该努力走完前两条“一级成长曲线”——“技能曲线”和“商业认知/系统思考成长曲线”，让自己完成“通关”？

那是因为，我们当中的绝大多数人都身处一个以“商业逻辑”为主导的世界中，都需要遵循商业规则来参与竞争，寻求个人的发展和成就。

并且，即便抛开外在和物质方面的诉求，每一个人也需要至少走完前两条“一级成长曲线”，才算是“发现了自己身上的诸多可能性，在一个复杂的世界中拥有了可以选择的自主权”。

你总要先试着站到高处，让自己有得选，才有资格谈“选择”，也才能更好地开始“向内看”，为自己建立起更加强大的信条和内心能量。

而不是在涉世未深时就满嘴大谈“信仰”和“坚守”。

还记得我在2.4节分享过的那句话吗——

“这就好比无知与天真，无知是没经历过，天真则是经历过后选择放弃。即所谓：不知而为之为无知，知之而为之为天真。天真者无邪，但未必无知；无知者无畏，却未必有勇。”

看完本节，对于这句话，不知道你会不会又有了些不一样的体会？

这一节，我们就先聊到这里。

在本章的后续内容中，我还将分享心性成长过程中面临的具体挑战，以及我在近几年亲历过的心性成长之路。

5.3　心性成长曲线下的终极命题与3种修炼

这一节，我想要进一步说明，一个已经进入“心性成长曲线”下的人，具体将面临怎样的挑战。

在我看来，心性成长曲线下，一个人将面临一个终极拷问，以及3种不同类型的修炼。

1. 心性成长曲线下的终极命题

在某种意义上，一个人在心性成长曲线下的终极命题是：**你希望自己成为什么样的角色，担负起怎样的责任，以及你目前的心性是否能够支撑你履行好这样的责任。**

不妨先举个例子。

假如你在大学毕业后踏入职场，经由几年的努力，成为一名还算优秀的中层管理者，负责公司的产品部门。你特别在乎产品的细节和品质，享受于设计出让你自己骄傲的产品。你的业绩很好，已能管理好一个10人左右的团队，在团队内拥有不错的声誉。

你内心渴望更大的成长和发展，希望跻身于高位。

然后，有一天你突然得到这样一个机会——老板决定晋升你担任高层管理的职位。

但，晋升几个月之后，你却过得非常难受。

过去，你特别在乎产品的细节和体验，也因为对产品细节的精益求精才取得突出的业绩。但现在，当你身处更高的位置后，这种对细节的极致追求反而成为了你最大的掣肘。

这样的习惯让你对产品的诸多细节事必躬亲，亲自下场参与讨论和决策。而当你把很多时间花费在产品细节上的时候，你的团队管理变得非常混乱——

» 因为缺乏深度的沟通以及大家对公司整体战略的理解不一致，导致你管辖的多个部门都目标不明，且部分部门的关键项目进度完全不符合公司的整体预期。
» 由于你对产品细节的强关注和重参与，产品部门形成了“几乎所有事都依赖于你”的习惯，任何事情不经你的决策和参与就无法推进下去，整个部门反而变成一个效率低下、“等靠要”的组织。
» 因为晋升为高管，你需要参与部分对外公关活动，且你的言行也开始代表公司。但你在连续几次活动上的发言仍然聚焦在你在意的产品细节上，这反而引发了团队内部的不满，有人认为你缺乏远见和领导力，有人认为你的言论对公司形象形成了负面伤害，还有人觉得你的言论透露出你不信任产品团队的信号……

» 你的性格偏温和，但整个公司更注重狼性文化，当你成为公司高管后，很多涉及销售、营销的工作与决策向你涌来，你发现，你过去温和的性格形成了一套思考决策的方式，而现在，这一套方式与公司强调的犀利、果敢的战略决策格格不入。

» 你也特别不适应晋升为高管后的工作状态。过去，你有足够的时间投入到对产品的细细打磨中，但现在，你每周需要跟6～7个不同的团队开会和讨论，还要面对各式各样的决策，建立一大堆流程，你有点疲于应付，时常一周下来开了无数个会议，但好像啥实际成果也没获得。

你不禁陷入了深深的自我怀疑中——你真的适合在这家公司担任高管吗？你真的想要远离那些让你特别满足和有成就感的产品设计工作吗？

上面的故事，在很多人的职业生涯中，只要一路上行，会是早晚终将面对的场景。

这里存在一个重要的真相——

我们每一个人身处社会环境中，都在扮演着多种不同的角色，如儿子、丈夫、妻子、母亲、员工、同学……

还有一些角色，在这个社会中天然会有更大的影响力和社会地位，支配着更大的权力、财富并肩负着更大的责任，如明星、企业家、公司高管、政府官员等。这一类角色，天然会对他们提出更高、更多的要求，从思考习惯到工作方式，从沟通表达到需要承受的压力，从内心坚韧强大到一个人某些方面的性格特征必须调整。

我们可以想见，当你在职业生涯中开始迫近“通关”状态，即将从被动变为主动之时，你必然希望自己变得更好。

于是，你会心怀欲望，希望谋求成为某一类社会影响力更大、社会地位更高的人，获得更大的成就。

这必然意味着你要选定一类角色，调整自己的思考、工作方法、沟通表达习惯甚至性格特征，以让自己由内而外胜任这一类角色。

甚至，在某个阶段，为了让自己胜任某一类角色的职责和要求，你可能需要舍弃你过去已经习惯了的某种角色，包括许多过去自己视之为骄傲的事物。

是的，你所选择的角色和挑战，将会重新塑造你，或是对你提出更高的要求。

恰如，作为一个公众明星，你必须舍弃自己的许多私人生活，学会把自己喜欢做的、率性而为的事情掩藏起来，也必须接受自己的私人生活被大众舆论不断拿出来消费。有些时候，一旦应对不力，很可能会毁掉你的整个职业生涯。

这个时候，你必然经历某些内心的剧烈冲突，并向自己发出“是否真的想要”和“是否真的是合适的人”这样的拷问。

最终，你会在每一轮这样的拷问和冲突中，对自己形成更深刻的认知，也不断调整和强化自己的心性。

而当你经历了内心的冲突和对抗，也重塑了自己的认知，接下来你的应对之道就会非常简单——**要么，你调整自己的欲望，放弃成为这一类角色；要么，你调整强化自己的心性，以胜任这一角色。**

恰如上面例子中的主人公，如要战胜他所面临的挑战，要么他放弃成为高管，重新回归产品部门做自己喜欢的工作，要么他重塑自己对包括“管理”“公司经营”等在内的诸多认知，并在自己身上做出一系列调整，才能应对好面前的挑战。

某种意义上，在心性成长曲线的轨迹下，一个人必将经历无数次这样的拷问，直到对自己的自我认知变得极为深刻，内心也变得坚毅无比，能把一些重大的责任和期许扛在肩上，能面对各种常人不可想象的压力和挑战，一往无前。

为了达成这个终极命题，在心性成长曲线下，一个人将不断面对3类修炼（如图5-3）。它们分别是——

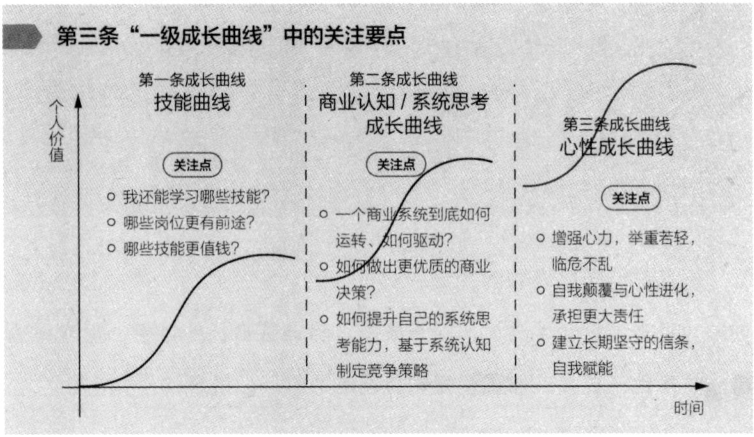

图 5–3

（1）不断增强自己的心力，让自己能够应对各种巨大的压力、挑战，做到内心从容，举重若轻，临危不乱。

（2）不断调整和强化自己的心性，更好地胜任和匹配对应的角色和责任要求。

（3）充分认识自己，在各种挑战中逐渐找到可以长期坚守的信念，历久弥坚。

下面我们将对这3类修炼逐次具体说明。

2.“心性成长曲线”下的第一类修炼

“心性成长曲线”下的第一类修炼，其实很简单——它只关乎你能够经受得住多大的压力，能够掌控住多大、多重要的场面。

就好比，有的球员，站到世界杯的赛场上，聆听着耳边近 10 万人的呐喊声和嘘声，可能会腿脚颤抖，大脑一片空白；而另一些“大心脏”的球员，则会迎着喧嚣和嘘声显得更加冷静和兴奋，视十万人的呐喊、喧闹如无物，在球场上“翩翩起舞”，奉献出大师级的表演。

也好比，很多人第一次面对需要花出 100 万的预算，或谈下一笔数百万元的生意时，很可能内心焦虑、语无伦次；而另一些身经百战的高手，在一些至关重要的大局面前，显得越发冷静，举重若轻地就做出一个重大的决定，然后深藏功与名。

针对第一类修炼采取的方式，也特别简单——**你必须一次又一次地让自己面对更大的场面，承受更大的压力，做出更艰难重大的决策，并在每一次经历过类似的压力和场面后都进行深刻的自我反思和复盘，努力让自己下一次做得更好。**

一个没有上过战场的战士有可能只是看到队友受伤就会手足无措，一个新手医生第一次动手术时必然额头冒汗。很多事，唯有真正亲历后，你才能自如面对。

这是唯一的应对之道，全无捷径。

3.“心性成长曲线”下的第二类修炼

第二类修炼是相对深刻的。它需要你不断调整自己的心性，更好地胜任某个角色，承担相应的责任。

第二类修炼，往往当你在某个组织中身居高位，承担了某些重要的职责时出现。

当你在一个组织中身处高位或担负某种重要职责，则你与这个组织间是一种互相影响、彼此塑造的关系。你当下的性格、心性可能影响一个组织的协同思考方式，而这个组织的发展和变化，又反过来对你提出许多要求。

所以，当你身为一个重要且有影响力的角色时，诸多“拷问”随着组织的发展扑面而来，由不得你想或者不想，你只能直面自己的内心，完成一些重要的蜕变。

类似的挑战和修炼，在一个创业者，或者一个组织的核心领导者、高管等角色上，最常出现。

这里也举个例子。

我的合伙人、三节课创始人兼CEO Luke曾是一个十分随性、内在并无太强的欲望和野心、较为信奉多元和自由，同时也不喜欢输出价值观和愿景去影响他人的人（这一点与我有很大的不同）。

2015年底，我们合伙创业。在很长时间里，Luke的主张都是：我们这家公司最好的状态就是保持开放的文化，尽可能弱管理，给予每个人尽可能开放和自由的空间，而不是约束。在日常工作中，他会花很多时间与团队交流很多开放的话题，包括科学信仰、行业大势等。他也有很多天马行空的想法，并且由于生性随性，在我们内部会议上，往往是经常迟到的那个人。

然而，到了2019年，Luke身上已经有了翻天覆地的变化——他开始异常坚定地强调，“我们必须成为一家拥有强大商业能力的公司”，跟我们分享他的野心和欲望；他花了很长时间去做战略聚焦，砍掉很多不必要的战略方向；他也花了很长时间建立公司的使命、愿景、价值观；同时，他也开始异常坚决地强调管理和纪律性并以身践行。

下面简略叙述一下这些转变发生的过程和内在逻辑。

2018年，三节课完成A轮融资，成为行业内第一家获得顶级机构投资的新职业教育公司，需要在业务和商业能力上取得更大的发展。在商业环境中，企业犹如逆水行舟，不进则退。

然而此时，我们发现公司在很多地方都遇到了障碍——公司的人才结构不够合理，无法支撑业务上的想象力；公司的战略极度分散，有一段时间，我们同时在推进5个完全不同的业务方向；随着团队逐渐从50人扩张到100人，再到接近200人，公司的管理能力成为显著的短板，很多内部跨部门协作流程和管理机制完全缺失，导致内部赏罚不明、协作和沟通困难、团队人效比持续降低。

所有这些问题，最终都指向了作为CEO 的Luke身上——很大程度上，他的思考和言行决定了这家公司的管理机制和文化。

有一段时间内，Luke承受着来自投资人的抨击、我们几个合伙人和公司核心成员的指责，面对着团队一线成员的许多抱怨，也看到很多团队早期成员逐渐麻木，甚至有人选择离开。

Luke的内心一度充满疑惑。为了解惑，他花了许多时间与许多成功的创业者和投资人进行交流，他给自己请了教练。

然后，他开始深刻地认识到，很多问题的源点，的确在于他自己。他跟我们说，他必须改变，如果他不能胜任这家公司的CEO，应该把这个位置让出来，让更适合、更有能力的人带领这家公司前行。

他做了非常深刻的自我反思，重塑了诸多自我认知——

他发现，如果要引入优秀人才改善公司的人才结构，根本上是三节课这家公司的商业想象力要足够大，以及他自己对于优秀人才的渴望要足够强烈；

他发现，如果要扭转公司战略不够聚焦的现状，必须在一定程度上抑制自己“随性、天马行空”的思考方式，让很多事变得更加有序，需要在公司内建立一些机制来对抗和约束他的“随性”；

他也发现，一家教育公司想要长久发展并能持续感召和吸引更多人加入，并在团队持续壮大的情况下大家的思考还能尽可能简单和同频，则“使命、愿景、价值观”是个必需品，这件事必须回到他的内心去寻找答案。

然后，才有了上面我提到的他的种种变化。

其实一个组织的领导者的心性，可能是一种更加底层的操作系统。很多伟大的企业家、领导者也许都经历过这样的过程：他们原本处在某种心性状态中，也取得了一些成就，但在更大的责任和成就面前，他们感到了心性层面的巨大瓶颈。于是，他们中的一部分人选择打碎自己，重塑自己的心性，以此重构自己的底层操作系统。这样的心性层面的转变又让他们拥有更大的可能性和空间赢得更大的成就，担负起更大的责任。

你可能知道，美团的创始人王兴曾经一手打造过校内（前人人网）、海内、饭否等多个在互联网行业内令人颇有好感，充满“理想主义+文艺”气息，但在商业上价值却非常有限的社交媒体产品。此后，他创办的美团却完全改变了基因，打造出一支“地推铁军”，逐步缔造了中国互联网一家巨头级公司。

你可能知道，字节跳动的创始人张一鸣在创办字节跳动、开发出“今日头条”之前，是一个小有名气的天才程序员，也有过几段并不算成功、也没什么名气的创业经历。而今天，字节跳动在短短数年内，已经成为中国互联网版图内最不容忽视的力量之一，拥有极为强悍的创新能力和战斗力，业务遍及全球，旗下拥有多款日活数亿级别的现象级产品。

你可能也知道，万人景仰的苹果公司创始人乔布斯，曾经是一个“有点混蛋的少年天才”，他创办了苹果，却因为自己的独断专行把公司管理搞得一团糟，乃至最后被一手创办的公司扫地出门。而此后，他蛰伏数年，痛定思痛，等到他第二次重返苹果时，可以自如地率领数万人进行创新和业务转型，一点点把这家公司从危机中拯救过来，最终成为移动互联网时代全世界最伟大、市值最高的公司之一。

他们都经历过前后两个完全不同的阶段。在前一阶段，他们已经是小有名气的天才、创业者、发明者；而后一阶段，他们则成为一名伟大的企业家。

这背后，都经历过无数阵痛、反思和在某些残酷现实面前的内心博弈，以及或许不止一次的重要心性升级和转变。若没有这样的转变或是“底层操作系统”的自我升级，他们很可能无法带领企业到达更高的地方。

第二类修炼，就是如此不易与残酷。有些时候，它需要你亲自把过去所依赖或珍视的东西敲碎，然后亲手完成对自己的重塑。而重塑之后的那个样子，也许在很长时间内，你都不适应、不习惯和不喜欢。

4.“心性成长曲线”下的第三类修炼

“心性成长曲线”下的第三类修炼则是更本质的。你必须深刻地认识自己，也必须在变化不断、充满不确定性的世界中找到你自己的坚守。

2019年，瑞·达里奥的《原则》畅销全球。

而《原则》一书的核心传递的是这样一个信息：**在一个纷繁杂乱的世界中，如果我们能够找到内心诸多坚韧而强大的信念，则我们在抵抗外界变化、诱惑和挑战时，将拥有更加恒定、可依赖的力量，也将感召并影响更多人一起同行。**

其实，这与我在上一节提到的找到自己的边界，为自己建立起诸多需要恪守的原则颇为相似——许多人在最初迈入一个复杂世界和系统中时，都会进行大量学习和研究，试着找到最优的选择。然而，当我们经历了足够多的事情再回过来看，你会发现，也许最优的选择，很多时候是不存在的；如果要持续在不同角度追逐最优的选择，很可能你会为此心力交瘁，疲惫不堪。

这就好比投资理财。有人选择快进快出，有人选择长线投资，很难说哪一个是最优的选择。

但如果放眼全世界的成功投资者，常常是那些拥有某种坚定不移的投资理念的人最终获得了巨大成功，例如，巴菲特的“价值投资”，或是索罗斯追求高风险高回报的“反身理论”，又或是瑞·达里奥追求稳健资产组合的“恪守原则”。

而那些听风就是雨，经常在各种不同的投资方式或投资组合里不停切换的人，往往最终非常被动，损失惨重。

这也许是这个世界的真谛——**在我们刚刚认知和踏入这个世界时，总是在追求一个所谓的“正确答案”。然而，在你真正阅尽千帆后，也许幡然醒悟，有很多事根本不存在所谓的“正确答案”，只有长期可依赖的答案。**

属于每一个人的长期可依赖的答案，也许正是你内心坚守的许多原则。

怎么才能拥有自己坚守的原则？

这可能取决于3方面——

第一，你需要充分认识自己，深刻知道自己的喜好、弱点和诸多内在特质。

第二，你需要找到某些自己相信的这个世界的基本规律。

第三，你需要依赖自己相信的规律去持续指导自己的行动，并在行动过程中结合自己的内在特质和外部世界给予的诸多反馈，最终形成自己的长期信条与决策行动原则。

这三点其实很像电影《一代宗师》里提到的“见自己，见天地，见众生”。

不妨再举一例。

第一财经曾经发表过一篇关于美团创始人王兴的报道，名为《王兴：从饭否到美团的成长血泪史》，这篇报道真实地展现了王兴在前后几段创业中经历的心性考验和转变。

2009年以前，王兴是一个典型的高智商工科男，他对一切有趣的新科技着迷并乐意动手；他相信0和1的二进制法则终将改变世界，相信极客精神，把自己看作主张“信息沟通成本理应趋向于零”的理想主义者。

他还曾经有一句名言，那就是：“面对一件不满意的事情，有三种选择，一是忍耐，二是走掉，三是去改变它。”

在2009年之前，王兴主导的校内、海内、饭否等多个创业项目，每一个都在互联网圈内得到很多人的称赞，然而每一个最终都“叫好

不叫座”，并未发展成为一个成熟的商业项目。

2009 年，饭否关闭。

王兴坦言：这一事件，对于自己的创业生涯是一次极大的打击和转折。

正是这一事件，让原本只是以一个“极客”和“理想主义者”自居的王兴，开始重视这个世界的基本规律——商业。

2010 年，王兴一个转身，远离了自己折腾了五六年的 SNS、社交媒体，直接杀进了血腥残酷的 O2O 团购战场——是年 3 月，美团成立。

自此后，王兴有了一些显著的改变——美团时期，他开始极度重视现金流和商业运营效率，与之前做 SNS 时不看收入、只看增长和“极客精神、理想坚持是否得到体现”的他完全不同。

他在某些决策上变得非常果敢而坚定。2010 年，团购网站间的“千团大战”初见雏形，战场十分惨烈，但王兴在很多事上的决策都与其他对手不同。

首先，当时不少竞争对手采取代理商模式换取发展速度，用市场份额换取 VC 的投资，但是王兴坚定地只做直营模式，因为直营模式可以控制团购的品质，在现金与产品品质之间，他坚定地选择了后者。

其次，在各大团购网站纷纷一天上很多单的情况下，王兴也坚持每天只上一单，将所有的流量都导入一个商家。当商家发现在美团的流量和业务数倍于其他团购网站时，合作意愿也更加强烈。

美团就靠着一些很朴素的理念和坚持在“千团大战”中挺了过来，并逐渐建立起自己的优势，最终发展到今天，成为中国商业版图中一家举足轻重、不容忽视的公司。

多年以来，王兴也一直相信：“凡是还没有被互联网所改变的行业，都即将被互联网所改变。”他内心里坚守的极客精神，也始终还在。

只是，进入美团时期的他，开始努力学习传统商业的管理规则，用数据驱动的高运营效率降低未知，将极客理想与商业融合并互相激荡。

他不再简单地只聊“极客精神”和“理想主义”，相反，他会说——“创业失败有两种，一种是钱花完了，另一种是没信心了。信心可以自我实现，钱还是要在需要时有足够花的钱。”

有人评价：美团之所以能成功，不仅仅是因为王兴改变了商业，而且也在于他同时被商业所改变。

王兴依然相信科技创新和市场的自由竞争会改变一切，但商业世界微妙的关系也让王兴的思想不断变化。

他在微博上写下：“我曾经也认为自己要永远‘站在弱者这一边’并颇为自豪，后来多经历一些事情，才知道正确的是‘站在规则这一边’，不是谁（以弱者身份）来闹谁就有理，就能得利，否则，最终所有人都是受害者。”

恰如我们所言，类似的一些值得长期依赖的信条和信念，一旦形成，必将历久弥坚。

下一节，我将重新回归我的自身经历，更加具体地分享我在2015—2020年所经历的心性曲线成长与变化。

5.4 我的心性曲线成长之路

我在前文中提到，我个人的心性曲线成长之路，差不多是从2015年我30岁前后开启的。

那一年，是我和Luke、布棉3人正式创办三节课的第一年。

从那一年开始，我保持着一个习惯——每一年都会写下一些个人年度反思。

也恰如上一节所言：**当你在一个组织中身处高位或担负某种重要职责，则你与这个组织间是一种互相影响、彼此塑造的关系。**

回望做三节课的5年来，三节课这个组织和这一份事业在不断牵引着我，并一步步塑造和强化着我的心性。

为了让你更好、更具体地感知一个人在心性曲线下的成长过程，我尽可能毫无保留地把我过去几年的一些思考和记录，以及我个人在心性层面的主要变化分享给你。

1. 2015年——我的破、信、立

2015年，恰逢我30岁，是年10月，Luke、布棉和我以合伙人身份创立三节课。

在这一次创业之前，我恰好经历过一个“寻找自己的边界”，或者说“重新认识自己”的阶段，越发明确了自己将教育作为全力以赴投身去奋斗的赛道和战场。

在正式开启这一次创业前，我写下了一篇近似内心独白的文章。

站在三十岁面前，我的破、信、立

中国人有一句古话：不破不足以立。

我对它的理解是：若想获得新的突破性的进阶和成长，你必须打破自己旧有的某些观念。

其实这句话还不太完整，在“破”与“立”之间，我觉得还需要加上一个“信”。逻辑更严谨一点的说法，可能是这样的：

若想立，需要找到新的可以帮助你立得稳当的支点，这个支点通常是一种全新的“信”。每一种“信”所能支撑的“立”，其程度和能量都是不同的。想要获得更高阶的“立”，必须先有更高阶的“信”。

而一种高阶的“信”对于一种低阶的“信”，往往是颠覆式的。

要想把自己的“信”升级到更高阶，通常需要先打破、摔碎旧的自己，获取新生。

简单地说，“立”是结果，而“破”和“信”则是两个必要条件。过去十年，这个逻辑，被我奉为圭臬。

我还有一个已经持续了四五年的习惯——每过一段时间，我总得抽点时间一个人独处一阵子，稍稍回顾过去这一段时间里，自己的破、信和立发生了哪些变化，是否需要进行某些调整和修正。

今年，这事对我尤其重要，因为这一年，我将要三十。

关于破

将要三十的这一年，我觉得自己完成的一个大“破”，是更加清楚地探寻到了自己的边界。

我觉得，人活着，总是需要先能够打破边界，然后再找到边界。前一个边界是外界给自己设定的限制和束缚，后一个边界，则指的是自己的能力、野心和欲望可及和应及的范畴。

打破前者，为的是找到这个世界的丰富性和可能性，打开眼界和格局。找到后者，为的是找到自己个人的局限和使命，获得谦卑、专注与平静。

有此二者后，“我”才可以成为真我。

过去十来年，我做的事，多是打破边界。比如人人都说若无法走过高考这座独木桥，必然没有前途，我就非不信邪，非得以身试法来玩个退学看看。比如刚开始找工作那阵儿，大家都说像我这样的背景肯定是找不到好工作，也混不好的，爹妈也对我能不能找个正经工作表示没信心，我就非得较这个劲，靠着一封小五千字的求职信混进一个还算凑合的日企。再比如以单纯打工者的身份干时间久了，觉得视野受限，于是放弃了一份N多人眼里的香饽饽、可以舒舒服服拿不少回扣和福利的工作去玩创业，哪怕为此收入减少了一多半还不止，以至于很长时间里，虽然在团队里顶着个COO的头衔，却连淘宝上价格超过200元的衣服都不舍得买一件。

所有这些打破边界的想法，都是在一种旧有的环境和状态让我感到受限和难受的时候产生的。我会主动选择更换一个环境或是一种生活方式，借由外在状态的改变来牵引自己“内核”的更迭。所有这些选择，短期来看都很艰难和辛苦，但长期来看，它们当中的任何一个都令我受益终身。

但是，打破边界这种事，并不是绝对真理。要知道，人性，有贪。假如一件事可以持续给你带来正反馈，慢慢地，你面对它的态度和立场就会倾向于变成一种无节制的索取。

或者说，你有可能对“打破边界”这件事上瘾。对于我来说，这个状态差不多就是两三年以前曾经真的觉得自己无所不能——团队带得不错，牵头搞个项目也能顺利挣点儿小钱，想要做个线上的传播推广也能HOLD得住，内部大家信任和肯定，外部不断有同行、朋友给点赞许，觉得一切都很简单，一切都可以搞得定，倾向于没干过的事都去尝试一把，蔑视一切暂时超出自己能力范畴的事。那时，我的世界里，没有“界限”两个字。

没有界限，导致无法专注，导致没有节制和欲望膨胀。最重要的是，导致你丢掉谦卑与自我，无法认清自己与这个世界间的关系。

在这个意义上，我要感谢首次创业经历的失败，对我个人，它是一次洗礼和进阶。

所以，过去两年，我在做的事，更多地变成了“寻找边界”。在见识过这个世界足够的丰富性和可能性之后，我需要把关注的焦点从“世界”转回到“我”，关注自己在这个世界上应有的位置，以及自己该做什么，不该做什么。

然后，过去这一年，我最大的收获与改变，是认清了自己的局限。在以往，我如果知道一条更好的路，即便它会给我带来痛苦，我也倾向于逼着自己去走，去突破自我。而现在则不同，哪怕是对的，如果我不快乐，如果我的修为不够，缘分不到，我就不会逼迫自己，因为更加清楚自己的边界在哪里。

我可以平静地接受自己并不处在那条“最正确”的道路上，这，是我过去一年多时间里最大的成长。

关于信

在这一年，有了大破之后，我开始信命。

所谓信命，不过是一种关于命运的相信而已。我发现，我越来越相信，每个人在这个世界上都会有一个属于自己的独一无二的位置去发光发热。这个位置在哪里，是由你前三分之一的生命经历决定的。你将会用中间这三分之一的生命经历去探寻这个位置在哪里，并且为了它而付出行动。然后，你中间这三分之一生命时光里是否真的找到自己的那个位置，以及是否真的认真努力付出过和获得产出，则决定了你最后这三分之一的生命里过得怎么样，是臻于圆融清净，还是劳心劳力，不得安宁。

以我自己为例，我现在无比笃定、视之为使命要去尽力做好的那件事，源于我在年少时、前三分之一生命里曾经得到的喜悦、满足和承受过的痛苦，因为曾经被深深刺痛过和被拯救过，才会如此笃定。

这个逻辑，我称之为：是什么拯救过你，你就用它来拯救这个世界。但这一切的前提，是你得先拥有过足够丰富和深刻的经历和体验。

假如要给年轻朋友们一些建议的话，我最大的建议就是：25岁以前，唯一重要的事，有且仅有一件，就是让自己尽可能多一些或美好或痛苦的深刻的体验和经历。因为能帮你决定之后人生方向和抉择的，全部都是那些体验和经历，是它们塑造了你。

而中间这三分之一的生命，是用来承上启下的，也即通过探寻自己的过去以明确自己将来的方向，并为之付出行动和有所产出。

探寻，会是一个漫长和艰苦的过程。今天所讲的这些，我之所以知道并深信不疑，很大程度上源于过去这十年时间里我的探寻和验证。回想起来，其间的每一件事，从升职加薪到跳槽，从传统行业到互联网，从创业到散伙，还有各种数不胜数的或成功或失败的尝试，没有哪一件不是在做功课。没有这么多的探寻和验证帮我背书，这些话，即便我讲得出来，底气也不会那么足。

因而，我相信，人人都有自己的功课要做，那些没有做好的和欠下的，终归要“还”。

这里的探寻一旦完成，有了方向和指引，再需要做的就是行动和产出。行动和产出的成果如何，将直接决定你最后三分之一的生命可以有多少值得拿出来回味和细细咀嚼的东西，以及对中间这三分之一生命的过程是否无愧无悔，是否心安。

所以，对老黄而言，既然自认已经探寻得足够清楚，也有自己的“相信”，那么接下来一个阶段，很明确，将是用心做事的阶段了。

这中间三分之一的生命阶段，对我而言，才刚刚开始。

关于立

有一句古话：三十而立。是说人到了三十岁，就应该能独自坦然面对一切困难。这里的立，是大立。

以往年少，总会思量：凭什么一定是三十才能而立，凭什么不是二十或二十五而立？为此，心有不服，总想早一点证明自己，也总喜欢在别人面前表现出来一些超越自己原本年龄的“成熟”。

到了现在自己真的年近三十，才不得不感叹先人的智慧和洞见。有些需要岁月积淀的事，确实是难以替代的。哪怕你再少年老成，哪怕你再天赋异禀，有些事，真的只有等那个时间窗口到来，才有机会打开那扇紧锁的窗，获得新的发现，去修炼，去成长。

所以，有时也越发觉得，钱钟书那句话，是很值得品味的——

“一个人，到了20岁还不够狂，这个人会是没出息的。如果到了30岁他还很狂，那也是没出息的。”

对我本人而言，20岁和30岁的最大区别，就是如果见面聊天，20岁时我会跟你聊我做过些什么和能做些什么，而30岁时，我一定会跟你聊我不能做什么。

过去一年，在我身上，发生的事儿不算少。虽然没有哪一件称得上顺利、轻松和成功，但也没有哪一件不是在帮我补足自己身上的短板和缺失，仅这个感觉和状态，我觉得很舒服和享受。也会觉得，这正经算是有点儿接近“而立”的状态了。

又或者讲，“立”本身就是一个会持续很久的进行时，而我，已身处其中，开始以另一种不同的立场和视角去看待一切。用互联网的话讲，这个叫作“错维”。

以往，我的世界里，一是得失成败，二是个人成长，三是目标使命，有且只有这三个维度，并倾向于认为，三维世界就是全部。而到了将近而立之年，看得多了，知道得也多了，开始发现更多以前看不到的东西，开始知道，三维也只不过是这个世界的一个局部而已。三维之上，还有众多维度等待着我去发现和体验。

经历体验过的维度多了，对你重要的，就不再是每个单一维度的答案，而是去思考众多维度之间的关联与关系，以及贯穿其间的规律、公理。

开始看到三维之上的更多维度，能够思考、感知和触碰到一些它们之间的规律，是老黄在将近而立之年自身的最大变化。也是这样的变化，让我可以坦然。

再说穿了，人生到头，无非是修行。要想通关，都逃不过苦修，无论身心内外。

执信而立，迎难而破。三十岁面前，借此文重发，既是自省，也与每一位在路上的同行者共勉。

2. 2016年——我的爆发式成长与精进

2016年，是我们创办三节课的第一年，也是我在个人输出上爆发式成长，以及我个人的商业认知更上一层的一年。

这一年，公司还处在初创期，我更多地在一线冲杀，自己也借由持续输出慢慢成为许多人眼中的“行业大咖”和互联网运营方面的代表性人物之一，也依靠自己的个人输出为团队和公司带来不少收益和价值。

这一年，在日夜兼程的高强度工作节奏下，我写出了业内同类书籍豆瓣评分第一的《运营之光》，在互联网运营方向完成了超过1000多小时的个人输出和分享，还带着两个实习生打造出当时算得上一个现象级的微信公众号——三节课，并搞出来好几个在业内“刷屏”的知名案例。

上述几件事，客观地讲，任何一个人在一年内能做成其中一件已经很不容易，但我在这一年全部实现了，这给了我巨大的成就感和自我认同。

借着这一年的诸多输出和成绩，我对于自己在课程制作和内容输出上的能力，有了绝对的自信和底气。换个角度来看，我从这一年起，开始成为一个顶级的“老师”和“写作者”。

在这一年，我内心对于有些事的认定和坚持也变得越来越强烈，或者说在有些事上找到那种很强烈的“非我莫属”的使命感。

比如，我越来越发现，对于学习这件事，我的确心存执念。我感觉这辈子注定要好好围绕着学习做点事，以及在内心深处，也相信学习是一件美好的事情。

又比如，针对“运营”这个互联网行业大家公认很难讲清楚的

“玄学”，我找到一些逻辑和方式能够把它讲得更清楚一点。

再比如，我对于内容和文字方面的敏感和驾驭能力，显著强于大多数人，我善于通过内容和文字把价值传递给其他人。并且，与大多数人做内容喜欢追求瞬间爆发不同，我做内容的逻辑更多的是细水长流、厚积薄发型的。我渐渐有了某种强烈的自信：做内容，如果要比短时间内追热点造势、做10W+，可能我比不过很多人；但若是把时间周期拉长，看在三年五年甚至更长的时间周期内是否能够持续产出优质、有穿透力的内容，我相信少有人能比得过我。如果要举个不一定恰当的例子，我也许不擅长百米短跑，但要是比马拉松，我相信能比得过我的人有限。

当有了这些越来越清晰的答案后，我产生了一种“有些事情，可能天生就应该是属于我的使命和责任”的感觉——一方面，我相信这些事是有价值的；另一方面，对于做好这些事，我相信自己是一个“对”的人。

这让我在整个一年中，有一种特别强烈的时不我待的感觉，迫切想要去完成或实现些什么。

也许每个人的生命中，都会遇到一些时刻和场景让你觉得“自己注定就应该在这里留下些什么”，对一个心有念想的人来说，这样的时刻和场景如果错过，也许会遗憾终生。

也是差不多从这一年开始，伴随着更深刻的自我认知形成，我找到了一种方式，可以不妄求，不受外界影响，不被欲望和恐惧绑架，让自己长久保持内心的平静。

举个例子，如果在三四年前，一本别人都在交口称赞的书我却死活看不进去的时候，我会倾向认为这是自己的问题，开始玩命跟自己较劲。

然而，到了这一年，同样一本别人口中的“好书”，我尝试了两三次仍然发现自己无法吸收或消化其中的内容，会认为这本书不适合我——至少是现阶段不适合我，从而心安理得地把它扔到一边。

体现在工作中，在2013—2016年，我在很多时候总是关注自己身上有哪些短板，以及该如何补足它们；而到了这一年，我更加关注如何找到自己身上的长板，然后将其发挥到极致。

如上，可以视作我2016年在心性层面的一些主要变化。

3. 2017—2018年——我的内在冲突与心性挑战

我姑且把2017年和2018年合并到一起来说。

这两年，是我在第二次创业过程中遇到显著挑战和内在冲突的两年。

就像上面提到的，创业第一年里，我成为了一个顶级的“写作者”和“老师”，通过这两个身份，我为公司带来一系列增长和收益，自己也享受于其中。

因为对“写作者”和“老师”这两个身份的钟爱和对自我的要求，我对内容细节充满苛求——我花费了大量时间对内容进行细细打磨，很多时候，“三节课”微信公众号上发布的内容，小到一个用词、几个标点符号，我都亲自上手去改。

然而，问题和冲突也来源于此。

2017 年，三节课完成 Pre-A 轮融资，2018 年，又进一步完成了 A 轮融资，我们在行业内逐渐超过很多其他同类公司，进入规模化增长的阶段。

就像之前说的，你在一个组织内身处高位，组织的发展一定会对你提出要求——公司的发展要求我把自己更多地放到赋能团队并管理的位置上。

然而，那个时候我并不擅长，也特别不享受做管理。

这意味着，我似乎刚刚在“写作者”和“老师”的身份下找到了极大的成就感、满足和自信，就必须丢弃和解构它们，让自己进入另一种自己特别不习惯、不喜欢的角色中去。

我还记得，2017 年上半年，对我是冲突特别大的半年。

合伙人 Luke 专门和我聊了一次，大体就是我到底希望把自己做成一个 KOL 或一个小媒体，还是和大家一起，努力做成一个更大的事业。我也思考纠结了特别久。

最终，我选择了后者，开始让自己担负起另一类不同的责任。

然而，这个过程真的特别艰难，身处其中，内心的纠结和冲突是特别巨大的。

我仅举一个很小的例子。

2016年，我带着两个实习生写了200多篇文章，把“三节课”微信公众号做成了一个业内现象级的公众号。身为一个写作者，那是我的一个作品，是我的骄傲。

并且，在长达一年多的时间里，借由那个公众号与数十万读者建立起了一种心心相映的感觉，我知道他们需要什么，我也在持续输出某些价值理念帮助他们。作为一个对内容吹毛求疵，以及对自己的作品无比珍视的人，我很难接受和容忍这个公众号上出现某些我认为品质显著低于我的标准和要求的内容。

在我决定要以管理者的身份看待和要求自己之后，我大概花了整整一年半，才真正做到“对于这个公众号发布什么内容”不再那么在意。

2017年5月开始，我停止在“三节课”微信公众号大量输出自己的内容，把公众号运营的工作正式移交给了团队。但坦率地说，在最初几个月，我很难做到完全不管这个号发布的内容，在到底该管到什么程度上，总是拿捏不好分寸，时常出现某个同事发了一篇内容我觉得看不下去，把他骂得狗血喷头，又或者自己亲自上手去改的事。

在这样的状态下，其实大家都不那么舒服，团队也有点无所适从，我也没有把足够的精力放在真正需要从整个公司管理层面要关注的事。

大概一直到2018年5月之后，我才逐步接受了“那个曾经被我视作骄傲的公众号上，有时候发出的内容让我感到不爽甚至是恶心”这样的事实，并从类似事情中抽脱出来，把更多焦点和精力放在赋能团队和管理上。

那种感觉，接近于把自己过去的许多人格特质亲手封装，并“敲碎”在自己眼前，扔进垃圾堆。有了类似的经历，我的心性变得更加强大。

这两年，在诸多这样的内心历练和冲突中，我参与了更多重要的决策，在更多复杂的问题面前建立起自己的诸多信条，学着赋能更多的团队成员，调整自己的性格，也让自己的心力变得更加强大。

然而，在内心深处，我并没有完全放下对我的作品——无论是写作还是课程——的眷恋。

2017年和2018年末，我分别写下一些对自己的年度反思。我把2017年部分内容摘录如下，你可以从中看到我在这一阶段的内心纠结、不适和对过往骄傲的记挂，以及一个虽然下定决心要担负起更大的责任，但还未完全成为一个合格管理者的不成熟的样子。

2017年这一年，我觉得身上有3个最为显著的变化。

首先，是我变得更加严苛了。

这个变化，源于压力驱使和对于效率低下的难以容忍。

一方面，在一种几乎每一天都有一堆事要处理和解决、恨不能把时间掰成两半用的状态下，我在应对所有事务时都倾向于追求极度的高效；另一方面，我完全无法容忍自己或身边的人在工作上连续1～2

周都没有显著的产出，不能驱动事情取得进展。不仅对我的团队成员如此，哪怕是对我的老板、我的合伙人和外部合作伙伴，也都不例外。

这让我在处理许多问题或展开许多对话时收起所有的温情，变得严肃而凌厉。一个典型的例子是，在一次面试中，经由我6分钟内的几次发问和最后否决，一个来面试的男生当场哭了出来。

我常常说，以我现在的状态，跟我做朋友其实是挺好的选择，也许每隔几个月见一次面聊聊近况，我还能给些建议或帮助。但一旦与我共事，则必须承受来自我的巨大压力。

用一位团队中的妹子的话来说，她现在越来越害怕我，甚至有时候，我可能不说话，只是坐到她身边，又或者是一个眼神，她就会感到巨大的无形压力。

其次，我变得更加“不舒服”。

所谓“不舒服”，就是远离了自己的舒适区，去处理更多自己不擅长、也没有做过、全无把握能否做好的事，比如，做管理和对外BD。

除此以外，随着团队和公司的发展，也越发意识到“如果你不能突破自己的瓶颈，就会成为整个团队的天花板”的意义。到了这个阶段，越来越感觉，可能需要更多牛人才能做成一件大事，而能够搞来牛人的前提，一定是自己走到更高处，否则，即便牛人来了，我也注定Hold不住，留不住。而接下来，“如何才能突破自己的瓶颈”就必将成为一个长期令我苦恼的问题，尤其是，有时候我也很难讲清楚自己的瓶颈到底在哪里。

这样的事，在 2017 年，几乎每 1 ~ 2 个月就会发生一次。

当然，经历这种状态的，在团队里也绝不止我一个。

好在，从心态上，我早已把这种“不舒服”视为某种责无旁贷、必须背负的东西，可以坦然视之。

最后一个改变，则是一种很好的变化——在众多的“不舒服”和“变化无常”中，我成功找到了某些答案，可以让自己即便在做我完全不享受的事，也能变得更为笃定。

这源于今年端午假期前后，我受一些问题所困，于是决定去一趟西藏，一个人独处几天，试着看看能不能想通一些事。

在西藏期间，有一天，我去爬了一座山，山的名字就不说了，反正也不重要。

我的膝盖不好，是医生一直说“你千万不要爬山或剧烈运动，否则可能到 40 多岁你的膝盖就会彻底废掉”的那种不好。

所以理论上，我爬山需要慎重，且那天去之前，也没想着一定要爬山。

但那天站在山脚下（那座山很特别，是藏传佛教的一个修行圣地，周边全是沙漠，唯独这一座山植被茂盛，鸟语花香），我突然有一种特别强烈的感觉：如果明明知道我当前仍有能力可以往上爬到更高的地方，可以看到更多不一样的风景，可以得到更多不同的体验，此刻却止步于此，会不会心有遗憾？

于是，我开始往上爬。

一直到临近峰顶大约还有一两百米的时候（那座山没有路），山的坡度越来越陡，我已感到膝盖不适，并且，以当时山路的艰难程度，我明确感到假如我真的登上峰顶，后续再下山，对我的膝盖会是巨大的挑战。

于是，我做了个决定，果断停了下来，就在这个位置静坐了一下午，看天上云的变化，看周围经幡的摆动，听山中虫鸣鸟语，甚为享受。

那一天，让我突然想明白了点东西。

我觉得，有时候，人生可能就跟这次爬山的过程挺相似的——

在你还不知道自己能在一条路上走到多远或者爬到多高，甚至连试都还没有试过的时候，你总会心存期待，这时候，你至少应该先尽力做一些尝试，试试看自己到底能走到哪里。

但当某一个时刻来临，你明确地知道这就是自己的极限或者是边界的时候，你或许不应执着于非得达到某一个结果。这时候，你应该停下来，就待在这个你已经尽了力触及的高度上，尽力发现你在这个高度上看到的所有的美，就够了。

最终，我们每一个人在前行路上都有自己能够到达的高度，找到这个高度后，你会形成自己特定的使命。但问题是，你总得先全力以赴过，才知道到底什么样的高度和位置才是属于你的最好选择。

对一个人而言，如若心有念想，总得先尽力而为，方能不负自己，不负时光。

回首2017年，大约有这样一些事让我觉得做得不够好，或者还存有遗憾——

（1）身处一线战场冲锋陷阵太多，为团队赋能太少。这一点，我将作为2018年的重点课题来看待。

（2）给予自己整块学习的时间和空间都较以前少了不少，一直说的想要花一点时间去如混沌大学创新营这样的地方好好学习一次，也始终未能成行。不出意外，2018年下半年我会把这个念想付诸行动。

（3）因为自己的时间更多地投入到业务管理上，曾经几乎是“现象级”、足以让我长期为之自豪的“三节课”公众号的内容品质和识别度在这一年出现显著的下滑和摇摆，这让我觉得非常遗憾。在2018年，我希望通过团队的重组和我的投入，让“三节课”公众号产出的内容重新回到应有的水准之上——所以，无论你是优秀的内容撰稿人，还是文案策划，要是想一起玩儿，都欢迎来“勾搭”我。

（4）这一年，尤其在上半年的业务冲刺期，疏于锻炼，胖了10斤，此后再也没能降下来。如果可能，我至少希望2018年体重不要再继续上升。

（5）作为一个以“写作者”身份自居的人，我至少憋了两本书想写，都是特别有表达欲望的那种，可是看起来真的没有时间。这个问题，只能慢慢来了。

最后，说几个不那么起眼、但我一直记得的小事——

（1）我的公众号有一个粉丝，从2016年开始，每篇文章都给我赞赏，后来有一次我跟他说，这样吧，你记录一下，哪天你赞赏够100次了，我送你个礼物好了。然后他就开始记录自己的赞赏次数，每次打赏完都留个言，到2017年初应该已经40多次了，但后来，受苹果微信虚拟商品支付政策影响，微信公众号在IOS端的赞赏被取消，加上我更新的频次也慢慢不那么稳定，他的留言就渐渐消失了。

直到后来有一天，我发现他还在通过赞赏码给我打赏——这估计是他接近70次赞赏了吧。如果他真的坚持，很可能2018年他将能够达成我们“打赏100次”的约定。

（2）在教师节，收到这样一条微信（如图5–4）。我觉得能作为“老师”在教师节被人记起和问候，还是很值得骄傲的。

> 老黄，今天是教师节，脑子里蹦出来的第一个人竟然是你！😁感谢老黄，去年在三节课认识了你和很多同学。转眼一年了，再看那个时候你鼓励我要学会输出，今年终于迈开第一步，那天你发我关于知乎 live 团队对我文章认可的对话截屏时，那是我在训练营的最后一天，也刚刚得知 X 和你以前的关系，心里不由得感叹，世界真是奇妙和美好！感谢你，老黄！感谢你去年和今年给我的帮助！在我心里，你是非常出色的老师，记得每一个 3.3 人名字的老师，也记得他们是谁的老师。矫情地说一句，老师节日快乐！以后不管有什么事，我一定竭尽全力来帮忙！再次感谢🌞🌞希望你和三节课越来越好🖤

图5–4

（3）这一年上公众号的频次没那么高，经常漏掉留言。记得有一个留言是一个有道精品课的化学老师特别认真地写了十几条特别长、特别具体的问题，希望我能回复她，但因为留言时间超过了48小时，我已经没法回复她了。

也不知道她的问题后来解决了没有。

（4）一个从2012年开始就见证着我的创业和个人成长史、隐约知道点儿我对“学习”这件事的坚持和念想，但从来没有参加过任何一堂三节课课程的朋友，某一天终于选择报名参加了我们的一堂课程。一周后的某天下午，她突然发来这样一条信息——“终于体会到三节课的虐了，请务必持续做三节课，它的价值超乎想象。”

我回她：“嗯，会的。:)”

创业做三节课的第2年，一路上得到许多人的帮助、支持、督促和鼓励，这当中有一些人的一些话或许只有寥寥数语，却让我产生某些微妙却又无法割舍的触动，这些，都是最好的礼物。

纵使我没办法再有那么多时间频繁与大家互动，纵使我不得不选择让自己的行事风格变得严苛而又强硬，纵使我现在容易漏掉各种消息已成为常态，但内心深处，你们的所有帮助、支持、鼓励，我都记得。

我仍会在内心深处永远保有一份温情，纵使它可能不会那么频繁地被表露出来。

从2017年开始，我身上有越来越大的责任感和背负了某些重要使命的感觉。

3年前，我们创业之初，产品和运营都还是“玄学”。很多人都在质疑：产品经理和运营，能被培养吗？

而这两年来，如下面这样的信息（图5–5），我们收到得越来越多——

看到这样一些反馈，总是一半欣喜欣慰，一半忧虑。

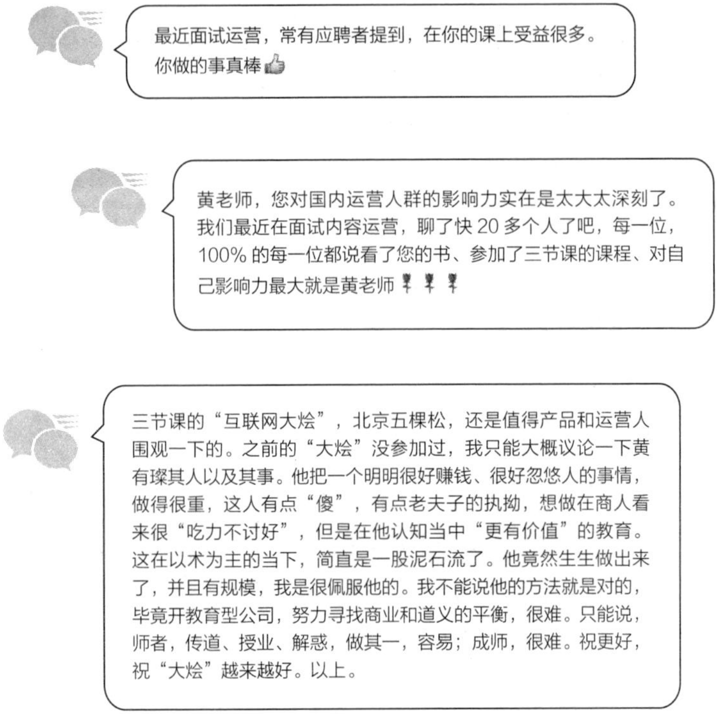

图 5–5

欣喜和欣慰的是，我们在做的事，确实已经产生了一些价值，这些价值甚至获得了行业的认可。

而忧虑的则是，我们身上的责任将更加重大——如果我们在某些地方做得不好，也许将影响到无数行业从业者。

也因为如此，在对团队的管理和要求上，我有变得越发严苛的趋势——我常常跟大家说，我们自己在教人如何做好产品和运营，但如果自己在有些事上都做得特别差劲、特别 Low 的话，该拿什么让我们的用户信服和认可？

从这个角度看，某种意义上，做三节课的用户，可能比成为三节课的团队成员要更幸福一点。

4. 2019—2020年——我的突破与身份转变

2019年春节过后，我开始真正在很多事上彻底想通，把自己完全放到团队管理者，甚至企业家的身份上。

同时，2019年5月，三节课宣布完成B轮融资，领跑新职业教育赛道。

在一年时间里，我真正在管理上进入角色，不再纠结我的那些作品如何，把焦点放在了整个公司的发展和成长上。

我开始更多地向外看，跟更多优秀的企业家和创业者进行交流，并不断自省；我推动整个公司做出好几个重要的决策，开启了团队人才结构和组织架构的升级；在2019年下半年，我跟团队一起，带领整个公司完成了一次特别重要的战略转型，让团队从有点混乱的状态重新回归到有序和聚焦。

虽然还远远不够，但我在自己的心性进化上确实付出了许多努力，克服与改进了许多，比如过去会独断专行，急迫推进一个重要决策，在团队沟通的颗粒度上总是做得不够，等等。

最重要的是，我会以“企业家”的身份反思，自己当前的格局、视野和心性是否能够支撑这家公司走得更远；在管理上，我更加收放自如，知道吸引一些比自己更优秀的人加入团队，是一个较大的突破——这在一定程度上，解决了“如何避免让我自己成为整个团队的天花板”的问题，算是一大进展；在一些重要的关于人和事的决策上，我也越发果断，建立起了更多关于管理和作为一个企业家的信条。

2020年春节前，在公司内部的年度复盘上，我公开向大家检讨和表达：团队在管理中存在的许多问题，本质上就是我处在一个公司的管理决策者的位置上，内心更加享受“做一个好老师”和组织业务发展需要一个更加成熟的管理者之间的人格冲突的问题，在2020年，如果我仍然在这个位置上，也希望组织能够取得更大的发展，那至少一段时间内，我必须把“老师”的身份在公司内解构得更加彻底。

到了这一时期，我能够感受到，虽然我还没成为一个成功、优秀的企业家，将来也未见得就一定跻身成功者之列，但我的确有了一些更强的、企业家需要具备的责任感和气质担当。

下文是2019年2月春节期间我写下的一点反思。在我看来，这一篇反思标志着我对于“伴随着组织的发展，我到底要把自己放到什么角色上来要求自己”有了更加深刻的思考，并在内心可以坦然地接受至少在一段时间内抛弃过去自己钟爱的两个身份，担负起身为一家B轮公司的管理者和企业家的责任。

我这一年来的最大变化和自白

这是农历己亥年的第一天。

我选择在这一天写下我在2019年的第一篇文章。

此时距离我上次认真地在自己的公众号上写下些什么，已经是3个多月了。

1

少有人知道，我其实是个特别内倾型的人。

一个外倾型的人，天然有着大量与其他人交流和互动的欲望与诉求，并习惯于在和他人的交流和互动中获得能量。而一个内倾型的人，不擅长甚至会害怕与其他人进行大量的互动——那会让自己的能量不断趋近于油尽灯枯的状态。相反，他们往往通过独处，通过在内心中与自己对话和思考来获得能量。

我显著属于后一种人。举个例子，我甚至会因为在理发店里给我剪头的造型师不断和我无意义地搭话而感到焦虑不已。如果某家店可以付费购买一项造型师不向我搭话，只是安静地给我剪头的增值服务，我想我一定会毫不犹豫地购买它。

话说回来，内倾与外倾，不存在绝对的好与坏。重要之处在于，你需要找到与这个世界更合理、更容易被他人认同的相处模式。

例如，因为我不善于主动交流，我会把与他人之间相处的模式无限趋近于一种“我来为大家提供帮助与价值，从而获得更多人的肯定和认同”的模式。即：我更愿意花费大量时间让自己独处与思考，并在有了充分思考后，让我跟其他人的每一次互动和交流都变成我可以输出一些我的思考来为他人提供帮助和价值——不定期地写下一些自己的思考也是这一逻辑下的产物。

这会让我感到更舒适、更自如。

这一状态其实是个微妙的平衡，它的存在和保持依赖于两个前提条件——

一是我要保证让自己有足够的时间独处与思考。

二是我要保证自己对外的交流不至于过载。

因此，一旦我长期身处忙碌中，缺乏独处和深度思考的空间，我会觉得身心俱疲，并渐渐失去能量与动力。

2

因为上面提到的第一个前提条件，我长期以来都有一个习惯，也可以说是一项诉求——在经历了一些或重要、或杂乱的事情过后，我特别希望能够静静地坐下来，一个人认真梳理和思考，重新认识自己，回顾所有得失，找到接下来继续前行的方向和动力。

我相信，每一段重要或杂乱的经历，都会给自己留下诸多牵绊，只有认真完成了一些思考，才能与那些过去挥手作别，此后心无旁骛，既往不恋，纵情向前，重新启程。

恰如苏格拉底所言：没有检视的人生不值得活。

又恰如一句谚语：一个人或一个组织，只有充分理解了自己的过去，才更容易清晰地知道自己未来该向何处去。

而有趣的是，我也正好具备一种独特和重要的能力——只要给我独处的空间、充分的时间和适合的环境，我一定能把一些重要的、复杂的问题梳理清楚，并思考得较为清晰和透彻。

3

然而，过去一年中的大部分时候，上述1中提到的那个微妙的平衡，在我身上是被打破的——很多时候，我既没有整块的时间让自己独处和思考，又要进行大量的沟通和交流。

在最近的3～4个月时间里，因为创业又进入一个全新的阶段，这种平衡被打破的状态到了一个极致——从去年整个12月到今年1月超过80%的时间里，我差不多都是从早上9点多开始与他人沟通，几乎一刻不停地持续到晚上12点多。

还记得，去年12月底的某天晚上，我打车回家，路上司机主动跟我搭话，我直接回了一句：抱歉，我有点累，您能别跟我说话吗？到家了我给您加点费用都行。

在这一年，尤其是最近3～4个月，我感到自己身上一定又在发生着某些变化，与此同时，也遍布着许多压力、挑战、撕裂感和焦虑不安。

这种马不停蹄的状态持续了将近4个月后，我的焦虑感和疲惫感都显著增加，恰如2中所言，一旦心中堆积了许多东西未及一一整理和消化，我对自己做出的许多选择和行动的确信感就会减弱，也就很难再做到100%心无旁骛地坚定前行。

因此，在这个春节前，我比以往更迫切地需要一些独处和思考的空间，对自己一年来的变化和得失进行梳理，重新在一些问题上找到答案。

4

我给自己找了个很适合独处和思考的环境。

农历己亥年即将到来的前一天，我独自一人徒步数十公里，在遍布着高达半米的石阶、砂石和不时出现的荆棘丛、落石的古栈道上行走了近10个小时，翻越数座大山后，来到一个地方。

这是一座半山腰上的小村庄，面临玉龙雪山，背靠哈巴雪山，站在阳台上，若是天好，在村中即可看到对面触手可及的“玉龙十三峰”全貌，而村庄的身前，是一条纵深落差达数千米高的极深峡谷，峡谷中流淌着汹涌奔腾的金沙江。

我在此驻留了一夜，长坐静思，并下行数千米的海拔高度，行至谷底，目睹了峡谷中落差数百米的金沙江，震撼不已。

自从2013年在台湾用8天时间完成1000多公里的环岛骑行后，由于膝盖状况不佳，以及家中孩子的出生，加上创业后的繁忙，这似乎是5年来我第一次尝试如此大负荷的户外运动。

对我来说，在孤身一人的艰难路途中，面对诸多令人震撼和感到谦卑的自然景观，远离喧嚣，才更容易找到一些复杂问题的答案。

5

2019年初上映的创业纪录片《燃点》中有两句话，让我印象深刻。

第一句来自唐岩：人是一个社会人，是由很多身份构成的。你可能是一个丈夫，可能是一个男朋友，可能是一个儿子。我绝对不建议把个人的所有信用、所有东西都压在一个创业项目上。我觉得创业不是生活的全部。

另一句则来自傅盛，大致说的是：不要事事都追求平衡，面面俱到最可能的结果就是一事无成。就像创业与家庭之间，注定是没办法平衡的，最理想的做法，到最后也许还是把它变成一道丢给自己的、必须做出选择的题目。

上面两句话如果放在一起看，我会有如下的一些延伸思考——

（1）很多时候，在同一个人面前，你会存在多重身份，可能既是合作伙伴，又是朋友。对一个成熟的个体来说，需要拎得清楚，在什么时候扮演何种身份。

（2）在不同的身份和语境下，存在不同的行为模式。只有当你驾轻就熟地进入某种特定的行为模式，你才开始胜任这个身份，并承担起相应的职责。就像面对一个长时间跟随着你、忠心不二的下属，若你的身份是一名导师，则你需要谆谆教诲、循循善诱，但若你的身份是一个管理者，则你需要的可能是凌厉果敢，手起刀落，当断则断。

（3）一个人越往上走，背负和承担的责任越大，往往被要求扮演多种不同的角色，熟练驾驭更多的行为模式。

（4）在精力有限的情况下，为了避免陷入自我分裂，也为了提升沟通效率，一个人即便拥有多重身份，也一定要选择1～2种身份示人。

6

当我在山中独自一人认真整理和思考过去一年的种种经历和感受时，我意识到，这一年里，我遇到的最大的挑战，以及发生的最大的变化，都源于我要去扮演某些我较为陌生、也并不那么擅长的身份。

从过去来看，我身上所附着的诸多身份标签当中，有几个是我很擅长，也比较喜欢和享受的。

比如“写作者”，我已经验证过了。在通过文字来表达一些复杂问题及打动他人方面，我的能力应该算得上是顶级的。

比如“老师”，我也已经验证过了。在研发课程和教授学生方面，我也有着异于常人的热情，并且能做得比绝大多数人都要好很多——可以大言不惭地讲，在产品、运营等同品类的课程中，我没有看到过比三节课更好的课程。

再比如“营销、传播和运营等方面的一名专家”，我同样已经验证过。我对于什么东西更容易引发用户的传播和互动意愿也拥有极为敏锐的感觉。如果让我自己来做，我一定可以以极低的成本源源不断地产出许多刷屏级的案例。

上述三个身份，我应该算得上是优秀的，有些时候也许算得上是卓越的。

然而，到了三节课创办的第三年，我必须让自己成为一个合格的团队管理者，以及一名需要平衡更多利益关系和承担更多压力的创业者——即便我不是三节课的CEO。

在这一点上，我的合伙人、三节课CEO Luke做得要比我好不少，他总是在不断提醒我，不能执着于某个自己很喜欢、很享受的角色。他总是能够极快地学习，根据公司发展的需要，进入某些他全然陌生的角色中去。

7

参与或亲历创业5年多，前后经历和见证过六七个创业公司的诞生、发展和死亡，三节课算是我第一次和伙伴们一起走过从0到1，从1到10，再从10到100，也即将迎来从100到无穷的挑战。

这中间大抵有个深刻的感受——创业，在从0到1甚至从1到10的过程中，是可以依赖，甚至很多时候必须依赖英雄主义的。创业早期能否生存下来，或能否赢得一方根据地，往往依赖于创始人或核心团队在某几个核心战场上的战斗力。

一旦度过了从1到10，在从10到100的阶段，个人英雄主义则必须被抛弃和打倒，因为但凡是高度依赖个人的事情，都是不易复制和无法规模化的，这与企业经营和发展的根本诉求完全背道而驰。

在这一阶段，一家创业公司的重心必须转移到组织发展、团队管理和建设上来，构建一个更稳定、更可持续的增长引擎，并充分保证一个团队在规模逐渐增大的情况下有效地组织在一起，形成良好的战斗力。只有这样，一家创业公司才能赢得未来。

在三节课头两年的时间里，我们面临的都是从0到1和从1到10的问题。在这个阶段，有很多重要的问题，往往依赖我来解决。这样的方式很有效，也是我擅长和享受的部分，在很大程度上也成就了我。

而进入第三年，我要解决的问题则变成了：我要把那些自己特别擅长、过去曾经成就我自己和这个团队的许多东西打碎并抛弃，把自己的精力和焦点倾注到一些完全陌生、也并不擅长的事情上去。

因为这种转变，我要收起许多我想要做的表达，调整我的许多行为模式。

例如，我要把超过50%的时间用于沟通和开会，还必须保证沟通和开会的有效性。很多时候，我要思考“同一个信息，我是面向20个人统一说一次好，还是分成5拨，进行5次不同的沟通更好”这样的问题。

例如，我要接受一件我之前“不能容忍做得太烂”的事情。我明明知道怎样才是90分，甚至知道怎样可以做到90分，但现在只要维持在65分左右的水准就好。

再例如，我必须学会另一项技能——通过提问、辅导和其他一系列工作让团队的整体工作能力得到提升，而不是我个人变得多厉害。

简而言之，我必须扔掉那些过去自己最认同、最享受，甚至让我骄傲的某些身份，而要重新学习和适应另一个全新的、自己没那么享受，甚至有些地方违背我个人的天性（比如完成大量的沟通）的身份。

这是我这一年中面临的最大的挑战。

站在当下看，我还不能说自己做得多么好，但我在其中确实已经有了许多成长，按照我对自己的认知，假以时日，我应该做得比大部分人好。

8

我逐渐明确下来，要倾尽全力适应新的身份，与Luke和老布让三节课成为一家既可以获得商业成功，又受人尊敬的公司，哪怕需要舍弃掉更多。

在新的一年里，三节课的核心管理者的身份会超越我所有其他的身份，成为我身上最核心的标签。

一个人年岁越长，经历的事情越多，往往拥有越多的身份与标签，在各种冲突和利益交织中，如何在诸多身份之中取舍，往往是最难的。

一旦在诸多身份中，很坚定地拥有一个你认为至高无上、其他一切都要为之让路的身份认同，很多决策和思考都会变得简单很多。

9

新的一年，我对自己有两个期待——

（1）在企业经营和管理方面，尤其是组织建设与发展方面更好地学习与实践，成为一个更加合格、能够匹配三节课的发展要求的管理者。如果做不到，我应该果断“干掉”自己。

（2）我希望在今年找到某些更好的方式，让自己在写作、对外表达方面的欲望更好地为“管理者”这个第一身份服务并形成帮助，而非阻力。

农历新年第一天，借此文与各位共勉。

也愿你们都能给自己一点时间，充分思考和面对过去一年的得与失，然后，如我一样，心无旁骛，纵情向前。

以上，是我2015—2020年在心性曲线下走过的历程。

这5年算得上风雨兼程，几乎绝大部分时间都投入到公司和工作上，平均每天工作超过12小时，每一年都有一种“这一年的工作负荷和强度真是太大了”的感慨，但到了下一年又觉得其实上一年根本不算什么。

往回看，经历的一切都很值得，没有什么遗憾。前路依旧，我和三节课的伙伴们也仍然在路上，还有许多挑战要面对，还有很多事情需要做好。

5.5 关于心性成长曲线的本质与总结

我大概花了接近1个半月的时间来写作本章，坦率地说，这一过程，远超我的预计。我想，这与心性成长曲线的特殊性不无关系。

在我写作本章的过程中，脑海中像放电影一般，不断闪回许多令我印象深刻的画面。

我时常沉浸在这种回望过去、跟自己对话的状态中，一点点重新审视自己，也一点点试着把我所理解的心性成长曲线扒开，用更好的方式向你展示它的全貌。

我会想起，我出生并成长在20世纪80年代末和90年代的贵州山区，那里山清水秀，也有被大山束缚住的狭隘和窄视。我生长在县城，也有无数机会回到农村老家了解和目睹那片乡村土地上发生的变迁和唏嘘，在那个年代以及日后的岁月里，这片土地上的朴实、亲切和无助，是留给我印象最为深刻、也最易让我感动的事。

我会想起，我拥有一个尚算快乐的童年，在那些纯粹亲切的岁月里，我可以奔跑在乡间的田野上，可以纵身从十余米高的大石上一头扎进奔腾的大河，可以怀抱着我的狗和兔子入睡，也可以有足够多的时间和空间躺在草坪上仰望蓝天，或是低头悲伤地注视一只快要死去的蜻蜓。我对那些日子心怀感恩，正是那些日子，让我在内心的最深处始终保留着一份希望和一份孩童式的纯净。

我会想起，我的成长期拥有过很多不一般的经历，例如从小学5年级直接跳级上了初一，例如曾经在身无分文的情况下离家出走一个礼拜，例如在平均每天至少逃课2堂的情况下还考上了省重点高中，再例如我又从省重点高中退学，不仅没参加高考，连高中毕业证都没拿到。

我会想起，高中之后，我坠入人生低谷，患重度抑郁，险些无法从中走出。这样的黑暗岁月，在我身上持续长达3年半，才慢慢找到方式应对和战胜它。其中的痛苦折磨，我曾无数次不知向谁说。庆幸的是，当我终于从绝望中走出时，我已不会再倒下。

我会想起，来到北京开始打拼，我也一样经历过所有不成熟的年轻生命都曾经历过的迷茫、冲动、努力、目光短浅和不知天高地厚。从进入职场开始，我最大的目标曾经依次是以下这些：拿到2000元月薪，在一家还算靠谱的公司顺利度过试用期，获得一次晋升和加薪，在一个负责采购的岗位上看看能不能有机会偶尔拿点回扣、赚点工资之外的收入，炒股挣些钱，读个MBA 让自己的学历好看一点，顺利在北京买个房，出国并从此不再回来，等等。

我会想起，在感受生活多变和残酷的日子里，我经历过父母离异，几乎要与父亲对薄公堂，几乎要与母亲断绝母子关系，一个人租住在城乡结合部的破烂平房、半夜起来上厕所都要走上5 分钟路，在办公室被同事集体鄙视和孤立。

我会想起，我在北京结识了一个真正的“理想主义者”，亲眼用

15年时间目睹、见证他如何捍卫自己的理想并赢得无数人的尊敬，却始终无法在商业上建立起一个良性的系统和组织，以至于虽然殚精竭虑，却无法让理想绽放出更大的光芒。

我会想起，我在第一次创业时如何用尽心思组建起一个满意和骄傲的团队，以及大家因为共同的理想和愿景兴奋不已，每天不管不顾地工作十数个小时。然后在此后半年到一年时间里，因为商业上的不成熟和管理上的混乱，那些满怀热忱的伙伴不得不一个接一个地离开。他们当中，有一个人，在离开前跟我在办公室谈心聊天，直到泪流满面；另一个人，任劳任怨，拿着并不高的薪水，一路陪着我走到项目决定终止的一刻，什么都没多说，也什么都没带走。

我会想起，在决定离开第一次创业的项目之前，我辗转反侧，经历前后三四个月的思想搏斗，离开之际，我约当时的合伙人一起吃顿饭，喝次酒。那天晚上，我才开口说了一句话，他就已经哭得像个傻子一样。

我会想起，我有好几任老板，都曾经为我自己在团队管理和决策上的不成熟、不果断交了很多学费。甚至在我工作的第一家互联网公司，我的一些不成熟举措，还导致一位待我不薄的老板被公司扫地出门——而他，临走前专门找到我，叮嘱我以后别再“太傻太天真”。

我会想起，第一次亲手解雇一个因为热爱和共同理想加入我们、极为努力的员工时的场景。每开口说一个字，都完全口不对心，犹如一刀一刀刺进对方的心中。

我也会想起，为了让自己成为一个更加成熟、合格，甚至优秀的管理者，我同样舍弃和丢下了许多自己曾经的骄傲，甚至将过去的某种人格敲碎一地。

正是过去经历的这些所有，塑造了当下的我。

我的童年经历过的种种，可以让我的内心永保一份真诚、朴实和温暖。

我曾经重度抑郁和从社会底层一路攀爬上行的经历，可以让我相信，哪怕你经历的现实再残酷，这个世界最终仍遍布着希望和美好，令人期待。并且，过往的经历也让我有更加强大的内在力量，可以去追逐和捍卫这样的美好。

我出身于教育家庭的背景和我曾经对于体制内“应试教育”的反感，加上我自己独特的成长学习经历，让我有了投身和从事“教育”并将之作为事业的初心。

而我在职业和商业环境下追逐理想并不断成长的经历，则让我对于“商业”有了更加深刻的理解，对于“世俗”和“理想”之间的关系，也有了更加深刻的理解。曾经的我，满口理想情怀却全无商业逻辑，也在现实面前被狠狠鞭笞；如今的我，则更加信奉——在一个商业逻辑为重的世界中，假如你心怀理想并希望将其发扬光大，最佳的路径就是躬身入局，用商业能力捍卫你的理想主义和坚守。

所以，心性修炼，到最后，到底修的是什么？

你会发现，**一个人内心的某些信念和力量，来自你经历过的某些事情。往往一些事带来的痛苦、冲突和纠结越激烈、越深刻，越能在你心中沉淀下来某些不由分说的信念和力量。**

当你尚未经历得足够多时，你必须先填补自己的经历空缺，让自己亲历诸多激烈的痛苦、冲突和纠结，并不断从中抽取、沉淀出你可以依赖的信念和力量。

就像是，你总得上过战场，留过血，经历过生离死别、血肉横飞，才能从中找到一些坚定的信条，支持你在做出许多事关千百人的生死抉择之时仍可内心沉稳，面色不改。

当你经历得足够多时，你将不断建立起一些信条，用以强大自己的“心性”，也不断调整自己内心的欲望和责任。

这一过程，终点在哪里？

答案是：我也不知道。甚至对很多人而言，可能根本就不存在终点——心性层面的修炼，是终其一生的，即便对许多绝顶高手，也是如此。

有一点可以肯定：必将有很多人，在一次又一次的淬炼中，真真切切地让自己变得更加沉稳，更加富有担当，对世界和自己的认识更加深刻，也更加具有强大的内心力量。

当下的我，也正在这样的路途中前行和修行着。

这正是为什么我会说——

心性成长曲线，是一条最为特别的曲线，也是一条非常漫长，甚至没有上限的曲线。

这也正是心性曲线的美好之处和魅力所在。

至此，这大概就是关于“心性成长曲线”，我想要给你分享的一切了。

1 一个人的世界观和对于整个外部世界的认知要想趋于稳定，前提是他见得足够多，经历了足够多的压力、冲突、两难决策和世俗成就之后形成的世界观，更经得起推敲，更趋于稳定。

2 在我们刚刚认知和踏入这个世界时，总是在追求一个所谓的“正确答案”。然而，在你真正阅尽千帆后，也许幡然醒悟，有很多事根本不存在所谓的“正确答案”，只有长期可依赖的答案。属于每一个人的长期可依赖的答案，也许正是你内心坚守的许多原则。

3 我觉得，人活着，总是需要先能够打破边界，然后再找到边界。前一个边界是外界给自己设定的限制和束缚，后一个边界，则指的是自己的能力、野心和欲望可及和应及的范畴。打破前者，为的是找到这个世界的丰富性和可能性，打开眼界和格局。找到后者，为的是找到自己个人的局限和使命，获得谦卑、专注与平静。

4 创业，在从 0 到 1 甚至从 1 到 10 的过程中，是可以依赖，甚至很多时候必须依赖英雄主义的。一旦度过了从 1 到 10，在从 10 到 100 的阶段，个人英雄主义则必须被抛弃和打倒，因为但凡是高度依赖个人的事情，都是不易复制和无法规模化的，这与企业经营和发展的根本诉求完全背道而驰。

NONLINEAR GROWTH 06

非线性成长

如何与这个注定不确定、不可控的世界共舞？

很多年以后，当我们这一代人回顾2020年上半年的时候，也许仍会有一种永生难忘的感受。

2020年1月，新冠肺炎疫情爆发。

2月底，新冠疫情已导致全国近8万人感染，全国停工停学，多个行业遭遇巨大冲击。

4月底，全球超300万人感染，超20万人死亡，疫情对全球范围内多个国家的经济、文化，甚至政治带来持续的影响。

我将这次新冠疫情称为“我有生以来亲身经历过的最大的‘黑天鹅’事件”。

2020年1月疫情初现时，任何一个再有想象力的人，恐怕也很难预计到这场疫情对全球的影响竟会大到如此程度。

并且，截至我写作本章内容时，疫情还在不断发展和演化着，很难预计，这场疫情最终对于我们所处的世界带来何种影响和冲击。

而在这次疫情背后，很多人开始更加深刻地思考并理解这样一个现实——

这个世界的本质，注定充满各种不确定性。

然而，每一个人总有追问确定性的本能。

我们当中的大部分人，到了某个时刻总会发现，我们花了那么多时间，学习了那么多知识、方法，寻求了那么多高手、“大神”的帮助，仍然无法在这个世界中获得非常确定的答案。

这个现实对部分人可能是残酷的，而我们也必须学会应对这种残酷。

所以，我们在难以抵挡的“不确定性”面前该如何自处?

这一章里，我想和你聊聊我对此的一些思考和理解。

6.1　应对不确定性的两种武器

对于这个世界，我们有太多的未知和不确定性，当你在这些不确定性来临时若缺乏某些应对方式，你会恐惧慌张、手足无措。

如果你仔细关注，你会发现，人们几乎所有恐惧的来源，都是某些不确定性——有人害怕离开家乡，是因为不知道家乡的外面都有些什么；有人害怕下岗，是因为下岗会没有收入来源；有人拖延，或许是因为不知道付出行动后会带来些什么；有人害怕失去，是因为失去之后的种种未知；有人在死亡面前恐惧，也同样是因为死亡之后的一切都是不确定的。

因此，我们需要找到应对种种不确定性的方式，有了应对不确定性的既定模式，你才能获得安全感。

在这方面，人的本能往往喜欢把安全感托付给一个外界的存在。我想这很容易理解，在一个孩子刚刚具有自我意识时，他的安全感几乎完全源于母亲，也就是说，对于人而言，其生命初始的安全感来源，就是从外界而来的，因而在成长过程中，人会本能地从外部世界寻找安全感。典型的安全感来源包括父母、家人、恋人等。

但这里有一个致命的问题——作为“你”之外的外部世界，你所托付的对象本身很可能就是在不断变化的。他们带给你的安全感的状态，也很可能是不稳定的，一旦这种状态发生改变，你将失去你的安全感来源。并且，你将对此无能为力。

就像是，一个人也许会为了安全感选择进入某个看起来很稳定的行业，但倘若2年后整个行业都遭遇颠覆和变革，则他可能失去所有原本依赖着的安全感。

看起来这是一个超大的BUG——如果你无法让外部世界稳定在一个状态下，你的安全感来源也将无法稳定。

当然，还有一些人，会为了安全感而极尽所能地追求权力、财富和秩序，但若剖开了看，无论权力、财富还是秩序，一定程度上也都只是一个让我们误认为自己有能力掌控一切的形式而已，并未触及到事情的本质。

这就像是有些人，也许费尽心机在一家公司内攀爬到一个高位，但倘若有一天，整个公司都风光不再，而他又全然不具备在公司以外的环境中进行思考、判断和生存的能力，则他很可能会濒临崩溃。

我们都要认识到：**如果一个人的内心世界是无序的，充满了偶然性和不确定性，即便他已经在一个系统中握有很大的权力也没用——这个世界轻易就可以摧毁他。**

想要对抗不确定性，最好的方式不是简单地把安全感托付给一个外界事物，而是要回归到自己身上，让自己的内心世界变得更加有序，拥有“为自己提供安全感和确定性”的能力。

这里引出两个故事。

故事 1——

一个朋友 Y，在 2014 年前后，他只是一位普通的产品经理。

那个时候，正值国内掀起创业浪潮。他发现，身边的世界变化极快，无论在公司里还是在行业内，他只能随波逐流，在各种变化面前疲于应付。

他觉得，这不是他期待的状态，他希望自己可以掌控更多事情。

于是，从那时起，在长达四五年的时间里，他开始做一件事——试着总结和分析各种商业案例和战略决策，从中找到许多基本规律，或是用一些更为基本的经济学模型对很多公司、产品竞争、战略发展等进行分析和解释。

久而久之，他的信息输入量越来越大，在分析判断市场和战略上，他形成了一些自己信赖的基本逻辑和基本规律，比如，在看待很多公司和产品的发展上他都会回归到这样几个基本问题上来——

» 这是一类怎样的需求？是否刚需？用户决策成本是高是低？使用频次是高是低？
» 核心产品或服务是否已经标准化？如果还没有，距离标准化还差什么？
» 当前市场上供需两侧的情况是怎样的？市场格局最终是垄断型的还是松散型的？
» 该类产品可能的壁垒在哪里？目前行业内的竞争态势是怎样的？

有了这样一套规律和逻辑后，他开始运用这些逻辑进行实践，对大量市场和产品的发展进行预测，并不断与人交流，或在实践中获得反馈。在这个过程中，他发现自己对于很多问题判断的准确性逐步提升。

到了2018年前后，他可以非常熟练地应用这套分析逻辑对很多复杂的企业经营管理问题进行推断和预测，而他做出的大部分推断和预测，最后都得到了印证。就像《原则》一书的作者对投资决策的分析一样，形成一套自己的既有逻辑，且屡试不爽。

在这一过程中，他自己的职业生涯也不断获得突破，到了 2020 年，他已经是一家巨头互联网公司旗下某独立事业部的 COO。

故事 2——

2015 年，我刚刚开启第二次创业。

那个时候，新媒体浪潮此起彼伏，微信公众号拥有大量红利，行业内的很多人都极为信奉的观点是——

- 新媒体时代，内容要变得更短，更轻，更有趣味性。
- 新媒体时代，是短文章、图片、短视频等内容形式占据主体的时代。

那时，我还不是什么大咖，对于自己能不能做好新媒体，也没有很强的信心。然而，我一直以来都喜欢写长文，尤其是严肃性的长文。

我清晰地记得，大概 2015 年 11 月底，我们刚开始做新媒体，没有什么成功的经验。

有一天早上，我写了一篇比较严肃的文章，巨长无比（万字长文那种）。我发给几个同事看，他们快速扫了几眼，跟我说：你这个太长了，看起来一点都不轻松，根本没人会看的，能不能短一点啊?

我初听反馈，略有些纠结。但细细思考了很久，我发现这篇文章几乎全都是我想真实表达的东西，之所以写得长，是因为我想表达的东西太多——那真的是一种不把话说完、讲清楚就会觉得心里难受的感觉。

而且，当我认真阅读这些文字时，是真的很享受且被打动的。我觉得：这个地方表达得真是准确啊，我怎么能把它描述得这么好呢！也许换个时间，我就写不出这么好的表达了。

因为这篇作品足够打动我，我也足够相信它的价值，最后这篇文章发布时，我决定一字不改，保留了大家都纷纷吐槽的“万字长文”的样子。

这篇文章，成了我写过的第一篇10万+文章。

它的标题是“豆瓣十年，一个典型精英社区的起伏兴衰”[1]。

从那时起，我心中渐渐形成这样一个信念——

不管行业热点、风口在哪里，关于内容，我是有着自己的“相信”的：我就是信奉严肃、认真的文字的力量。而这种文字，即便行业再怎么变化，也总有它的价值所在。因此，我只需要守护好我相信的严肃、认真的内容，并把它的价值放大到极致，就足以对抗许多行业内的不确定。

两个故事讲完了。

1 关注微信公众号“黄有璨”，回复关键字“豆瓣”可看到本文原文这两个故事，正好完美映射出应对“不确定性”的两种武器——

其一，向外看，付诸理性思考，发现这个不确定世界中的局部基本规律，通过系统思考和专业主义，让很多事情变得可控，让自己拥有依赖一些基本规律对复杂系统推演和预估的能力。

如果简单回顾历史，在人类历史中占据重要地位的“文艺复兴”正是以理性和科学来应对不确定性，而不再完全依赖于宗教。

于是，科学有了巨大的发展，科学正是我们提到的在这个复杂世界中某些稳定的局部基本规律。

其实本书的前4章，本质上都是关于如何发现这个复杂世界中存在的许多“局部规律”。

我们提到的“头部效应”、“S型曲线”、3条“一级成长曲线”和无数条“次级成长曲线”、通关区域、蜕变区间等，都是职业成长这个复杂游戏中的某些局部规律。学会利用好它们，能帮助你在职业成长过程中找到更多可依赖的确定性和安全感。

其二，向内看，回归内在的信仰、热爱和坚持，让自己成为一个即便身处复杂环境，仍可保持内心稳定的能量体。一旦内心足够坚定强大，能量充盈，你将在内心深处获取“无论外面风吹浪打，我自岿然不动”的稳定能量，从而天然拥有某种独特的确定性。

无论是向外看还是向内看，本质上，都离不开理性和思考。这也正是个人可以对抗不确定性的根本。

当然，相比于追求一个稳定的“答案”，思考的过程有时的确是痛苦的。并且，很多时候，通过思考得出的答案也仍然会改变。

但那无关紧要，因为你用来面对不确定性和寻求安全感的工具已经成为了“思考”这种方法，而不是通过思考得出的某个确定答案。

我猜，这也是为何帕斯卡会说：**“人是有思想的芦苇，我们的全部尊严，就在于思想。”**

关于如何通过“系统思考+专业主义”和“内心坚守和热爱”来对抗不确定性，在接下来的两节里，我还会向你进一步分享一些东西。

6.2 以“系统思考+专业主义”应对不确定性

所谓“专业主义”，指的是在不同领域内，充分尊重和相信基本规律，依靠理性和专业迅速建立起一些关键规则，让许多事有序、高效地运转，最终解决问题、创造价值的精神。

当然，在特定问题和领域面前要想显得专业，拥有系统思考能力是一个基本前提。

2020年2月，因为新冠疫情的冲击，差不多200人规模的三节课开启了长达两个多月的在线远程办公。此前，这200个人从来没有过只通过在线会议、文档、邮件协作办公的经历。

但当两个月过去后，我们却发现，公司的内部管理协作效率不但没有降低，反而有40%左右的提升。

这一切，是在我们进行了充分的全员沟通、提前建立了完善的协作机制和跨部门间的目标管理机制，甚至还在远程办公期间优化了大量团队管理和协作流程带来的成果。

所有这些，多少带有一些“系统思考+专业主义”的气息。

下面，我想为你展示一下我们做了什么。

在疫情刚刚发生时，很多企业和组织还在观望，心存侥幸心理，寄希望于疫情很快过去，因此在处理一些公司的战略调整、是否迅速进入远程办公等事宜方面显得有些犹豫。

很多员工，也因为疫情带来的各种不确定性而充满焦虑，有人想冲到一线为防控疫情贡献一些力量，也有人不断在公司群里讨论疫情带来的各种可能和冲击。

我们在第一时间商议过后就迅速做出了决策——不要心存侥幸，立即按照疫情可能持续到四五月份的最坏打算来安排一切工作，把全体员工的健康安全放在第一位，立即开启全员远程办公，直到疫情真正稳定后才恢复现场办公，同时也要让大家调整好心态，以应对前所未有的挑战。

做出这些决策后，我们在第一时间给全体员工发了一封邮件，快速完成在思想意识层面的统一。

这封邮件的部分内容我摘录如下——

相信很多人都能感受到，我们正经历着一场不大不小的危机，并因此处于一个弥漫着一些危险的不确定时期中，并且，这个时期会持续多久，会如何演变，也还充满未知。

对此，我有几点建议和思考想要分享给大家，也希望借此在全员层面对于春节假期后我们将面临的挑战和应有的心态建立起一些共识。

第一，从冠状病毒蔓延到科比的意外（*2020*年*1*月，我们还经历了一代篮球巨星科比突然离世的意外），在令人感到悲痛、不安和处境艰难的同时，也揭示了这个世界的本质——充满不确定性。而想要成为一个强者，你就必须学会与“不确定性”共舞，在不确定的世界中不断应对变化，找寻和创造属于自己的“确定性”。

第二，如果身处一场充满不确定性的危机中，生存必然是第一法则，此刻你最好思考最坏的情况，做好充足的心理和物质准备，不要心存侥幸。

“不会发生在我身上吧”“那个谁应该会支持到我们吧”“他们应该不会这样吧”……这些想法最好统统扔掉。

对于个人而言，减少移动，避免去一切人多的场合，万一需要出现在公共场合，必须戴口罩，并在有条件的情况下做好一切必要的家庭物资储备。

对公司和组织而言，则要回笼一切可以回笼的现金，减少一切非必要的支出。这些举措可以保证在你最差的情况下，仍可维持生存。

另外，当我们思考公司的发展规划时，也必须基于“疫情的发展和影响可能会持续到整个一季度结束，甚至到四五月份”的最坏情况。

第三，对抗不确定性依赖的是理性的专业主义——这句话很戳中我，我也把它分享给大家。

本次疫情中，既有个别地方政府和少数个体的反应迟缓、指挥不当，也有类似上海这样的城市在政府指挥下，媒体、医疗机构、企业、民众良好协作，非常有序地进行疫情防控的典范。

同理，当你想帮助他人，一腔热血地冲上前线其实效用并不大。如果你仅仅只是凭借着一腔热情，没有预见性地采购各种物资，也许你采购的物资反而会大量错配，造成浪费和效率下降。

在不确定性带来的危机面前，无论身为组织还是个体，我们都应当保持“理性的专业主义”予以应对——我们要努力让自己成为一个具备“专业主义”精神的人，也要让“专业主义”的光芒绽放到更多地方。

对个人而言，最简单、最触手可及的“理性的专业主义”，莫过于在当下不确定的疫情环境中，为家庭制作一份“资源储备消耗计划”。对组织而言，我们也将迅速行动起来，重点基于此后几周会大量进行远程协同的状态，做好一切准备。

第四，也要相信，每一次危机，既会摧垮很多人，也同时孕育着一些机会，让另一些人脱颖而出，变得更加强大——当然，前提是你已经做好了准备。

17年前的“非典”时期，众多公司遭遇重击，但刘强东从中关村的店面柜台被逼到电商之路上，淘宝也在那一阶段取得了飞跃性的发展；2020年的春节，《囧妈》无奈从春节撤档，而张一鸣和字节跳动迅速行动，把《囧妈》搬到线上，开创了一线电影网络首映的先河，这都是极佳的事例。

我们要相信，强悍者的强悍，往往在于他人都在瑟瑟发抖、不知所措的时候，他们理性而敏锐地思考和捕捉各种转瞬即逝的机会，一旦抓住，就会毫不犹豫地冲上前去迅速占有它。

如今的疫情，伴随着春节期间各地停学、禁止举办线下公共活动的通告发布。对于整个教育培训行业，尤其是大量依赖线下业务的公司冲击是极大的，但我们同样看到很多家优秀公司，在春节之前对于疫情的走势和可能带来的影响跟我们一样一无所知，但当疫情带来更大影响之后，它们在第一时间就采取各种行动，不仅为疫区提供了一系列线上课程服务，还把更多线下的业务全面往线上转移，并取得了一系列成果。这样强悍的反应速度，更值得我们学习。

我们通过这封邮件迅速向大家传递了信息——要以最坏的打算来思考面临的挑战，以“专业主义”从容应对个人、家庭、工作层面遇到的各种问题，并迅速落实一系列工作、人事方面的安排和计划。

在发完这封邮件后，我们又重点锁定了几个问题——

- 如何解决好远程办公期间的团队目标管理，确保各部门目标清晰、进展可控，同时又不会导致管理者的沟通负担增加。
- 如何保证远程办公期间跨部门沟通效率不低于线下时期。
- 如何减少远程办公期间的无效会议。
- 如何确保远程办公期间团队简单、高效而充满信任的沟通。

继而，我们迅速围绕上述问题采取了一系列远程办公内部团队管理和协作的规则。

2020年2月下旬，在远程办公持续了半个月之后，我们写下一篇复盘总结，其中对我们在远程办公期间采取了哪些管理和协作规则进行了特别详细的描述，相信对你在团队管理方面能带来一些启发，也对如何以“专业主义”应对远程办公带来的不确定性形成更加具体的认知和理解。

关于团队远程办公与协作的总结及经验分享[1]

对于几乎所有的中小企业来说，我们正处于一个重要的非常时期。

2月3日，跟大部分公司一样，拥有200多名成员的三节课在线上开工了，开启了我们的“远程协作办公”之旅。

1　写于2020年2月19日

此前不止一位大佬说起过——

这一轮疫情，也许将会催生和磨砺出一群优秀的团队。待到疫情带来的影响逐渐散去，那些优秀的团队将会脱颖而出，而那些平庸的团队，将会逐渐掉队，甚至还没等到疫情影响散去，他们就已经倒下。

在带着200多人的团队全员在家远程办公了半个月后，我们对于上面这句话有了更加深刻的理解。

因为，我们发现，作为一家200多人团队的创业公司，我们的内部管理与协作效率不仅没有降低，反而还有40%左右的提升。

并且，因为远程协作的倒逼，整个团队中层管理者的管理能力、定目标拿结果的能力也得到了显著提升！

有几个可以分享的数据——

- 过去2周以来，我们的核心业务指标较原定计划至少提升了2倍。
- 根据面向全员的内部调查，在200多位员工中，有超过74%的人都觉得过去2周内，无效会议显著减少，感受较为积极。
- 2周以来，周目标达成率在90%以上的部门，超过了90%；而之前线下办公时期，能持续做到周目标达成率在90%以上的部门，只接近60%。

而同一时期同行业内，无数公司受限于远程协作的各种约束，面临着沟通成本上升、团队士气低下、很多计划被打乱、常规管理机制完全失效等一系列问题，一筹莫展。

那么，我们是如何做到的？

答案是：一定，一定要学会用好文档。

下面我围绕几个远程协作过程中特别重要的问题，摘取其中一些有价值的经验，与大家分享。

1. 提升远程协作状态下的信息同步效率

相信很多人都有过这样的经历：在公司内负责一个跨部门协作项目，要在多个部门间进行信息确认和同步，通过大量密集、频繁的会议进行沟通协调，确保各团队形成共识，然后才能顺利推进项目。

然而，在远程协作状态下，很多同事无法像在办公室里那样，随时都能看到、找到，很难再密集、频繁地通过会议沟通协调。

而线上开会，也不像办公室里那样，大家可以随时在黑板上写写画画、交流想法，从而在沟通与信息同步方面变得低效。

对此，我们的应对方式是：减少开会，增加文档的应用。

我们要求，对于所有的复杂项目或议题，但凡需要周知与同步的人超过3人，必须形成文档，且优先通过文档进行信息同步，而不是会议。

只有文档看过后还存在争议或者不清楚的信息，我们再开会。

你可能会说：但是我们过去从来没有使用文档的习惯啊。如果文档写得不好怎么办？

对此，我们的经验和建议是——

» 要学会用好各种模板。比如在三节课，我们有关于一个项目立项的模板、对一个复杂议题进行思考和讨论的模板、对一个岗位进行工作复盘的模板等。这些常见模板可以保证大部分团队成员很快在文档使用方面上手，提升协同效率。
» 作为团队负责人，只要做好表率，比如自己先做一个完整清晰的文档同步给大家，让大家感受到通过文档进行信息同步的好处。大家只要尝到甜头，使用文档的动机就会迅速提升。

如果"不会做"的障碍与"没有动机做"的障碍都解决了，剩下的，作为管理者只需要提要求并做好赏罚就好。

2. 不让低效会议太多成为降低团队效能的杀手

就我们所知，部分公司在远程办公期间经常遇到的一大问题就是：参与的低效会议太多，团队战斗力和沟通效率严重受到影响。

更痛苦的是，这些会议当中，需要你参与讨论并知晓的，也就5～10分钟的内容，你却要在其中驻留一个多小时。这种情况，其实在线下办公时就大量存在。

而远程办公无疑加剧了这一问题：很多问题没法像以前那样快速

走到工位上沟通，于是得一个个沟通确认时间，谁没来还得电话催一通，结束后还面临有些议题大家记不得了的情况……

对此，我们通过一个小办法在极大程度上解决了这一问题——

我们要求全体成员，但凡是那种只要2～3句话，5分钟内就能说清楚的话题，全部通过文档进行异步讨论，而不是召集会议同步讨论。

比如下面这两个例子，我们只需要把文档、待办事项和要交流讨论的话题列清楚，然后@（提醒）相关同事，把文档链接发给对方，等他们有空时再回复我们就可以了（如图6–1和图6–2）。

进度更新

TM 团马 更新于2020-07-23 17:30:21

推广方面：

1.推广海报的框架——基本完成，框架已确定，待@小王和@小张进一步讨论；

2.H5页面的框架——未完成，框架已经给到@小李，但忙于海报制作还未开始，明天跟进

3.公众号推文内容的框架——基本完成，已经和Luke，老布讨论并确定框架，稍后与老黄进一步讨论：@小李

4.推广渠道，KOL资源基本定下来——基本完成；@小李

5.测试企业微信短时间内添加人数上限——已完成，企业微信无上限；@小玉

销售话术：

1.添加客户微信的话术——已完成；@小王@小韩

2.强需求客户的销售话术，逼单话术——基本完成，今晚搞定；@小徐@小李@小韩

直播内容：

1.直播内容的框架——待老布反馈；@小徐

其他物料：

1.添加微信后发给客户的资料包的框架——基本完成，已经沟通过，明天genji你；@luke

2.会销中发给客户的产品介绍——待老布反馈@老布

图6–1

图 6–2

根据不精确的统计，这个小小的行动帮助我们减少了40%的会议数量，并让几乎所有人很积极开心。

3. 中高层管理者如何在少开会的情况下保证业务顺利运转

有相当一部分企业中高层管理者特别习惯通过大量面对面沟通进行管理，在远程办公期间感觉缺少管理抓手，不知道一线业务情况如何，比较缺乏安全感。

他们不断发起很多沟通和会议，了解情况，推动业务。

事实上，这样做不仅让管理者变得低效，对一线员工来说也未必是好事——因为老板三天两头就要发起沟通，一线会变得特别谨慎，但凡老板没有确认和沟通过的事情，很难得到有效推进。

在三节课，经过一小段时间的摸索后，我们总结出来一套行之有效的“远程协作业务管理三板斧”。它能够做到：让一个CEO或一个部门的负责人，一周只需要2～3次核心会议，就能做好整个团队的目标管理，并确保业务进展顺利。从而让中高层管理者把时间聚焦在重要的思考和决策上。

首先，“三板斧”的基本指导思想，是“敏捷+迭代”思维——我们要求自己和团队保持一个很敏捷的工作节奏，以周为单位制定计划和阶段性目标，并以周为单位对一些行动计划进行调整和迭代。在这样的指导思想下，我们的“三板斧”是——

（1）每周一上午，作为管理者，你要给出你所负责的业务单元的周目标，并要求下级团队提交他们的周目标，他们的周目标，应与你的整体周目标直接相关，没有偏移。（通过文档同步，少部分时候需要开会）

（2）每周三或周四，请下级团队的所有成员进行周中工作回顾，汇报核心工作的进展和风险。（通过文档同步，少量问题单独会议沟通与讨论）

（3）每周五和周六，举行团队的周工作总结会议，确认一周以来的进展，并就一些核心问题进行讨论。借由讨论，也提出下周需要重点关注的问题，进而迭代出下周一些工作方向和计划。

举个例子，假如我是“学习中心”大团队的负责人。我会在每周一上午，上传一个“本周工作计划”的文档（如图6–3），提出当周的重要工作，并@相关负责人，请他们也上传自己的计划（如图6–4）。

我无须开会，只需要看文档来确认他们的计划哪些地方跟我的预期有偏差或是不清晰，如果有，单独提问就好。

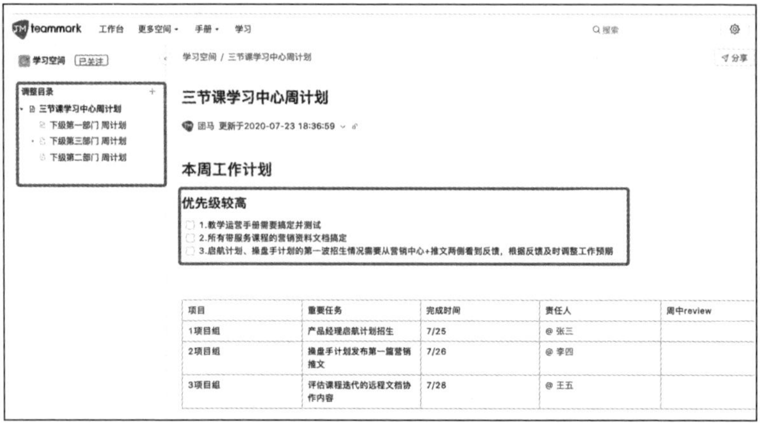

图 6–3

图 6–4

每周三，进行周中工作回顾，回顾同样通过一个模板来进行，而我只要重点关注其中有风险的部分，如图 6–5。

最后就是周五或周六召集部门总结会。如果你是一个管理者，能够自己践行并要求团队成员通过以上方法进行目标制定及管理，你可以在每周只开 2 ~ 3 个会议的情况下保证团队目标清晰，业务进展一切顺利，风险可控，且不会出现很大的信息偏差。

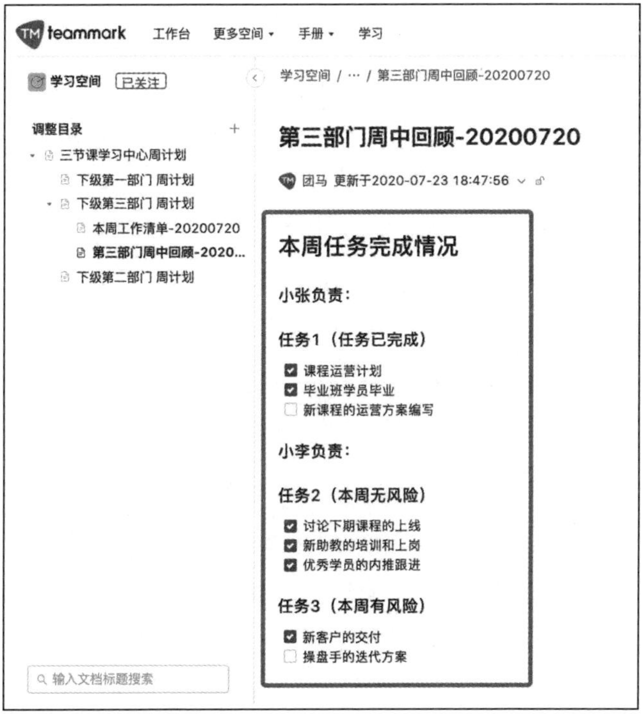

图 6–5

4. 如何确保团队的工作状态和战斗力

远程办公期间，一个员工的工作状态受如下几方面因素的影响——

» 员工的工作目标及要求是否清晰。

» 是否被卷入大量无效会议。

» 是否能够得到其他同事及上级的频繁互动与反馈（远程办公期间这一点尤其重要），如果遇到困难或问题，是否有一个反馈的出口。

» 日常工作中是否有管理机制，帮助一线员工快速进入并保持工作状态。

在三节课，我们的配套管理机制如下——

» 远程办公期间，早9点半到晚7点，企业微信等消息必须30分钟内回复，工作时间不允许穿睡衣等。
» 各部门制定周计划并落实到具体人。
» 每天上午10点各部门开早会，所有成员被分配或认领当日具体工作任务。
» 每天晚上12点前，所有人写工作日报。
» 为了丰富大家的业余生活，每周会组织一些文化建设活动，比如猜灯谜拿红包、线上平板支撑PK大赛、周末座谈会（聊点人生的意义啥的），等等。

通过这些并不复杂的机制，我们团队内绝大多数人的工作状态是积极正向的，管理者无须投入过多精力进行监督。

5. 各种文档模板

三节课有非常丰富的各种文档模板——

» 工作日报（如图6–6）
» 不同部门的新人手册
» 跨部门协作流程
» 整个公司的OKR–KPI
» 项目管理、会议记录、每日工作计划、每周工作计划……

我想起一个朋友，5 年前开始决定做一个教育类的垂直媒体，这是一个怎么看都既辛苦又没什么太大商业想象空间的事儿。于是有人问她，为啥要做这个？她只是天真地说：我超爱啊。

接下来的两年里，她真的带着一群人风风火火地把这个事搞了起来。两年里，孕期中的她挺着大肚子到处演讲、办活动，经常凌晨跟人狂侃教育的现状和未来，无所顾忌地对各种看不过眼的人和事开炮，还不计得失、毫无忌惮地把一群搞教育的人团聚在一起，四处给人牵线搭桥，介绍合作。两年时间，她带领一群姑娘们，赢得了整个行业的认可和尊重，以至于，当有一天她决定办一个行业性的年会时，几乎所有数得上的教育界大咖和明星创业者们都愿意出来为她站台。

到今天，她们的行业影响力和认可度，别无二家。

当然，她偶尔会在经历了一些糟心事儿、累得喘不过气来的时候在一群朋友面前哭得稀里哗啦。但一觉醒来，她又会迅速回归到打了鸡血的状态中。

偶尔有人问她为什么能做到，她也还是那样回答：我超爱啊。

我又想起一个做 SEO[1] 的朋友，从大学毕业开始做 SEO 到现在，历经数家公司，现在已是 SEO 大牛一位。

SEO 乍听起来很高端和有技术含量，但其实要做大量枯燥乏味的

1　Search engine optimization，搜索引擎最佳化

基础工作，比如优化代码、换外链，那都得一行一行代码去改，一个一个页面去看，一个一个链接去谈去更换，都是真体力活，要知道一个网站动辄几十万个页面啊。

很多SEO从业者们都耐不住寂寞，干了几年后纷纷选择转行。

我问这个朋友，他会不会考虑转行。他斩钉截铁地说不会。

我再问为什么。他说："我就是喜欢SEO啊，这个事特别有意思。有人喜欢跟人打交道，我就不行，我就喜欢一个人去跟一个看不见的规则反复较劲，最后战胜它的状态和过程。"

他还说："有人经常会说做好SEO，需要耐得住寂寞。说实话，那种常年埋身于成千上万个页面中，无人赏识和回应，只能自己给自己寻找点乐子的状态，真的不是所有人都扛得住的。但一旦你用点心，就会发现这个事也挺好玩的，它也不完全是寂寞，有时候你熬上好几个月，几百次尝试后终于分析判断对了一个规则，吭哧吭哧就把一个网站的流量给做上去了，那个感觉还挺爽的。"

我还想起，2012年我第一次跟几个朋友一起创业的时候，对于创业、商业、资本、产品、运营等都是一知半解的。当时的我，是不具备创业成功的能力和水平的。

但我最宝贵的东西，就是我真的喜欢和认可我们在做的事。正是由于喜欢，我有了无穷的前行的动力——我可以几乎忽略回报地投入到工作中，可以为了琢磨怎么让数据提升10%而绞尽脑汁，可以为了搞定一个合作而不厌其烦地"安利"合作方，可以为了学习到底怎么能把这件事做得更好而满世界去找其他的创业者、行业从业者们交流，还可以面向用户一遍又一遍发自内心地给他们讲述我对这件事的喜欢，甚至还真的以此感动了数以千计的用户。

那段时间里，不知道方向何在的茫然和绕不过去的发展瓶颈也是层出不穷的，但就像第1章提到的，这段经历仍然带给我火箭蹿升式的成长，而这一切的源起，仅仅只是因为我找到了一件自己真心热爱和着迷的事，并让自己All-in了而已。

上面这几个故事，都是真实的。我觉得这几个故事的主角都很有代表性——对于未来，对于那些不确定的事情的掌控力，他们不见得能比你多出多少来，但他们的状态却并不那么糟。

这让我觉得，当身处巨大的不确定面前，有两种解决方案。其一，提升对外部环境和变化的掌控力，让一切变得更加可控；其二，回归内心深处的呼唤与热爱，无论外面风吹浪打，我自岿然不动。

换一种说法，虽然人人都讲要顺势而为，但真正能够找得准“势”在何处的，毕竟只是极少数人。假如你注定找不到外部现成的“势”在哪里，何不掉转过来往回看，只是顺应自己的心性？要知道，很多时候，当你顺应了自己的心性，或许就已经在给自己造了一个“势”。

毕竟，想要顺势，你得先能看清一个势。假如那个外部现成的“势”太难以捕捉和看清，为何不能转而从自身出发，给自己创造一个“势”？

我最后一件想起的事，还是关于我自己的。

1997年的时候，我迷上了足球。那种着迷是倾注式的，以至于我对足球这件事可以自顾自地思考琢磨上一整天而乐此不疲。在我眼中，足球是这个世界上最为复杂、也最具有魅力的运动了——与其他很多只考验你某项特定能力的运动不同，它需要技巧、速度、力量、敏捷、思考和体能的高度合一。而在足球场上，100个不同类型的足球运动员，就有100种不同的生存之道。

从那时到现在，我已经踢了19年球，也在不断思考、练习和钻研着我自己在球场上的生存之道。坦白地说，能在工作之外还有些事可以让我如此沉浸其中，是个挺幸福的事。

直到如今，即便创业经常会忙得连饭都顾不上吃，我仍然每隔2周左右必须让自己抽出些时间去踢场球。在足球场上，我是可以得到专注和平静的。哪怕工作中有再多的苦累烦闷，我只要到球场上奔跑2小时，好好出一身汗下来，顿时可以满血复活。

刘慈欣在他的小说里说：美妙人生的关键在于你能迷上什么东西。

罗曼·罗兰则在《约翰·克利斯朵夫》中说：**工作的习惯等于你的一幅铁甲，可以使你的心灵不至于崩溃。**

我觉得，这两句话我都特别能理解和赞同。找到一个自己真心热爱的事情，既可以让你在茫然焦虑的时候回归专注平静，又可以让你在疲惫劳累的时候获得源源不断的能量补充。至少就我的感受而言，这是确定无疑的。

所以，如果你已经有了可以让自己疯狂热爱的东西，请一定让它保留下去。

如果你还不知道什么才是值得自己疯狂热爱的东西，那么我祝你在接下来的时间里尽快找到它。

6.4　假如你注定无法掌控自己的工作和生活

行文至此，我想在第6章结尾抛出这样一个问题——

假如我已给了你如此多的武器、方法和建议，你既有了“理性的专业主义”，也有了内心热爱，但最终你仍然无法完全掌控自己的生活，无法如愿得到自己所期待的结果，你该怎么办？

在我迄今为止的生命中，2014年那一年，让我对于“如何面对不确定性”，有了完全不同的认知和理解。

那一年，我经历了家庭中的一次重大变故，它可谓突如其来，几乎完全打乱了我一整年里的种种规划，也让我放弃了很多很多。

是的，这个世界总有其残酷的一面——人们总会试图掌控自己的生活，让自己可以得到预期中的结果，并乐于把如愿赢得结果视为“成功”，但很多时候，这种努力是徒劳的。

你会发现，生活常常也会如此：你满怀希望和憧憬地奔赴前行，却总会被各种意外和变故搞得措手不及，疲于应付。

于是问题来了——如果你在最初就已经知道你的努力多半不会得到预期中的结果，也知道你的生活其实是无法掌控的，那这种努力的意义何在？

我猜，这里或许有两种答案。

第一种答案是：**唯有已经全力以赴，才可以坦然放手。**

我还清楚地记得，在2014年面对重大变故来临，我在纠结要不要放弃一些东西，以及要不要做出某些决策时，收到了一位朋友发来的信息。他说：只有尽过最大努力的人才有资格放弃。这句话当时几乎是直击我的内心。

回想起我人生中的几个决定“放弃”的时刻——比如当我正式决定结束第一次创业时，虽然在此之前也曾犹豫良久，但在真正做出决定的那一瞬间，我可以说，我是无比坦然的。不为别的，只因在力所能及的范围内，我自认已经尽到了我所能做的一切。有了这些努力，至少我不至于在将来回想起这个瞬间时满是遗憾。

再多的“成功”与“成就”，也比不上内心平静、自在舒坦。又或者说，那些“成功”与“成就”，本就应该是更好地为了自己而服务的，而不是相反。

我的一位朋友，也是我的前老板，他多年来为自己的事业打拼，平日较少顾及家中的太太和儿子。在我离职之后，我们曾有一次私下聚餐，饭桌上我问起他：“你这么拼，陪伴儿子的时间这么少，不觉得遗憾和亏欠么？”他答道：“这么拼，正是为了将来给他一个好的答案。假如将来我只能告诉他，我是为了他而放弃了自己想做的事，我不觉得那是一个好的答案。”

对于他当时的回答，我一直心有戚戚。

每个人总是会经历一段持续很久的“活在束缚中”的阶段。在这个阶段里，你所有的努力和付出都只是为了要达成那个在很多人眼中带有光环和象征意义的目标而已。直到某一天，你突然灵光一闪，冲破了这重束缚，你会顿时发现，拼一把，努力一把，全力以赴一把，并不是真的为了得到，而只是为了求一个心安理得、坦然自若、内心平静。

换一种说法，似乎也可以讲，这是让我们获得真正自由的唯一途径。你会慢慢发现，我们所拥有的最大自由，是改变自己以应对外部世界的自由，这种自由将让我们无时无刻都充满力量。

假如你正饱受这个世界的束缚之苦，却未曾全力以赴地尝试过改变现状，你一定是不自由的。同样，假如你发现自己已经拼尽全力，却仍然对于改变世界感到无能为力，从而就此活在阴影下饱受煎熬，你也同样是不自由的。两者中的无论哪一种，其本质都是未能摆脱这个世界试图强加于你身上的镣铐。

第二种答案是：**付出与努力是为了意料之外的发现，而不是按部就班的得到。**

我一直觉得，如果生命就是一个按部就班地获取自己想要的东西的过程，那会变得很无趣。

我也一直觉得，你生命中那些最美好的东西，往往不是被给予和创造的，而只能被发现。

生命中的意外无处不在。有的意外属性向好，那叫作惊喜，你只需去享受。

有的意外属性向坏，需要你施展浑身解数，闪转腾挪才能避开，那叫作试炼，你需要调整状态，确保自己在它面前技高一筹，并在应对和战胜它的过程中获得提升和好的体验。

还有的意外，属性向坏，且避无可避，那叫作劫数，在它面前，你只能用尽全部心力去经受。但如果你能保有一颗发现和领悟的心，一旦劫数度尽，往往能够找到很多光芒万丈、耀眼无比的东西。

在2014年底，经历前文提到的那次巨大变故时，我多次往返医院的重症监护室，多次面对人生中分量重若千钧的决策，也无数次经历各种彷徨和焦虑，但回过头来看，也正是在那些完全无法预料的日子里，我得到了人生中最美好的很多东西，那是有关于生命、选择和爱的领悟。

乔布斯有一句话，从我真正理解以来就一直令我印象深刻。他说：**你无法把还没有画出的点连接起来，只能把已经画出的点连接起来。**

我们当中有一部分人，他们总会试着在还没有下笔时就进行大量设想和计划，想要一蹴而就地画出一个完美的圆或方，并因自己的画笔无法画出那么完美的弧形和线条而困扰。还有另一部分人，则会先试着在空白的画布上涂抹上星星点点的几笔，再找到一种最好的方式把那些已有的星星点点串联起来，他们因此而总会收获意想不到的神来之笔。

正如乔布斯在自己还是个毛头小伙子时只是完全凭借着兴趣钻研书法，到了合适的时候，他自然找到了机会把这些曾经的“沉淀”变成了 IOS 中那些漂亮的字体和界面。

经历得越多，我似乎越有此感受：**规划设计的意义是有限的，而追随内心去做一些你认为应当要做的事，有更大的意义。只要你做得足够多、足够丰富，终有一天，你会发现无法预计到的机会，让你把你生命中那些你已经画出的点连接起来。**至少，对于我而言，我当下越来越多的选择，都早已不再是规划和计划，而是把那些我已经画出的点连接起来。

因而，即便明知你无法掌控自己的生活，或许你仍然可以做好两个准备——第一，为你所希望和期待的事全力以赴地尝试，那会让你摆脱遗憾的陷阱和束缚；第二，假如因为种种你所无法掌控和决定的原因让你的追逐目标之旅变得力有不逮，不妨试着换种视角去选择发现。

要知道，那些你生命中最为美好的事物，往往不是被给予和创造的，而只能被发现。

也要知道，我们所拥有的最大自由，是改变自己以应对外部世界的自由。这种自由一旦拥有，将无人再能够从你手中夺走。

至此，这就是我在第 6 章里所有想要对你说的了。

1 对抗“不确定性”的两种武器——

其一，向外看，付诸理性思考，发现这个不确定世界中的局部基本规律，通过系统思考和专业主义，让很多事情变得可控，让自己拥有依赖一些基本规律对复杂系统推演和预估的能力。

其二，向内看，回归内在的信仰、热爱和坚持，让自己成为一个即便身处复杂环境，仍可保持内心稳定的能量体。在内心深处获取“无论外面风吹浪打，我自岿然不动”的稳定能量，从而天然拥有某种独特的确定性。

2 如果你是一个管理者，能够自己践行并要求团队成员通过本章介绍的方法进行目标制定及管理，你可以在每周只开 2 ~ 3 个会议的情况下保证团队目标清晰，业务进展一切顺利，风险可控，且不会出现很大的信息偏差。

3 经历得越多，我越有此感受：规划设计的意义是有限的，而追随内心去做一些你认为应当要做的事，有更大的意义。只要你做得足够多、足够丰富，终有一天，你会遇到这样的机会，让你把生命中你已经画出的点连接起来。

尾声

EPILOGUE

我想通过一种不太一样的方式为你在本书的阅读之旅画上一个句号，也为你在读完本书后留下一些思考和回味的空间。[1]

我认为，这个世界上总是会存在两类人。

一类人叫做约束者，他们永远面临的是无尽的任务与约束，另一类人叫做选择者，他们面前则总是无限的选择与自由。

约束者要去完成一件事，动机往往是“不得不做”，好比工作是为了生存而不得不为之，生养孩子是为了传宗接代、延续香火而不得不为之。

对于约束者而言，即便某些事看似都是基于他们的自愿和自主选择，但事实上，他们不得不如此选择，哪怕看起来已经大权在握，如一国之君、一企之主。

对于选择者而言，要去完成一件事，工作也好，婚姻也好，生养孩子也好，却是为了让自己感觉更好。

---

1 尾声中的内容和思考，大量受到詹姆斯·卡斯所著的《有限与无限的游戏》一书的启发，在部分观点上也从该书有所借鉴。

与约束者相反，哪怕是看起来最无奈、最无可选择、最非干不可的事，选择者也会以多种不同的视角去看待它，并在每一种视角下得到全然不同的意义，从而赋予自己更多选择的权利和自由的空间。

对于约束者而言，工作要么是任务，要么是为了实现某种目的而不得不采取的手段。而对于选择者而言，工作只是产生更多可能性的方式。

约束者希望通过增强对自身生活的掌控从而摆脱对“不可控”的恐惧，实际上却使自己陷入一个更加难以摆脱的禁锢之中。

选择者从不真正试图掌控，他们选择和世界和谐共处，在他们眼中，一切付出和获取更像是“礼物”。他们把自己作为礼物赠送给生活与自然，获取来自自然和生活的各种回赠。在礼物中，他们发现和得到更多的惊喜。

约束者的生活像在演戏，剧本、角色和场景都是早已设定好的，他们总是试图把一个角色赋予一个生命，包括自己。而选择者的生活则是传奇，他们自己都不知道接下来将会面对什么和发生什么。

在剧本的视角里，一件事情的发生，例如婚姻，是一桩设定好的事件；而在传奇的视角里，这是一个裂变，这个事件发生的瞬间使得“过去意味着什么”产生了新的意义。在传奇的视角里，每一个重大事件的发生都既改变了过去，也改变了未来。好比在婚姻和一个孩子的诞生面前，一切有了全然不同的新的可能性。

因为更像是在演戏，对约束者而言，观众的角色是不可或缺的，只要还存在一个观众，他们就希望这个观众是深深入戏的。

而选择者，则是自己扮演自己的观众。他们与观众间的关系，不存在取悦和监督，只有相互看到和感知。

约束者总是试图推动一切。我将你推向一个已经准备好的地方，这就叫作推动。在推动你时我保持不动，这个行动才是成功的。

而选择者从不推动，他们更多的是触动和被触动。触动只有发自内心地回应，且双方同时完成时，才能实现。触动的根本逻辑是：除非你以触动我为回应，否则我无法触动你。

在一个成功的触动中，触动者与被触动者成为一个整体。而推动的兴趣在于让对方进入我设计的逻辑和流程中，并最终让我获胜。

好比治疗与痊愈，治疗指的是驱除疾病，而痊愈指的则是带着疾病的康复。**痊愈并不一定要把疾病全部消灭，我之所以是自由的并不在于我能克服自己的无力，而在于我能与之和平共处。当我痊愈时，我的自由并不因为机能的减弱而减少。**

触动发生在人与人之间，而推动只能发生在人与机体之间。好比医生要治疗疾病，就必须把他面对的人抽象为某种机能的存在，这时候，他处理的是疾病，而不再是人。

约束者的生活是为了得到某个既定的结果，选择者的生活则是为了体验和延续。好比玩游戏，每一个约束者的最终目的都是在游戏规则的范畴内使自己成为最终获胜者，而选择者往往是在跟规则本身玩，他们试图通过重建规则，使每一个人都可以成为获胜者。

为了得到某个可以象征自己成为赢家的结果，约束者往往是在消费时间，而选择者则生产时间。因为对选择者而言，一切都没有一个终结式的结束。对他们来说，每一瞬间都是一个新的开始，他们因此而生产了时间。

约束者的努力是为了赢得头衔、认可和不朽，他们的最大乐趣来自赢得。而选择者的最大乐趣则来源于他们开启了一件自己无法结束的事，并在其中持续发现。

约束者和选择者都会生活在某些环境的约束下。约束者会把战胜和摆脱这种约束视为胜利，而对于选择者而言，他的自由和胜利并不在于他可以全部克服自己的无力，而在于他可以与之和平共处。

从这个角度说，约束者期望的自由是摆脱了一切束缚、肆无忌惮的自由，而选择者的自由则是生活在各种约束中还能悠然自得。

约束者的最终期待是赢得一场终极PK的胜利，但他们并不清楚这个终极PK是什么。

选择者的最终期待，则是可以把自己人生的每一个节点都视为一个胜利。

对约束者而言，我们必须拥有时间才能拥有自由。对选择者而言，我们自由地拥有着时间。

约束者认为，一切都是被给予和创造的；选择者认为，生命力不能被给予和创造，只能被发现。

在约束者眼中，一切成长和改变都是线性的，可以通过既定的步骤达成。而选择者喜欢把这样的过程视为有机的和动态演化的。好比为人父母，你必须随着孩子的成长而成长，而不是让孩子按照你预设好的剧本模式去成长。教学、工作和彼此相爱也是一样的。

如果想成为一个选择者，让自己在职业成长这场游戏中实现通关，可能是一个基本条件。

最后，从个人立场来说，在任何我意识得到和有所犹豫的时候，我会努力去做一个选择者。

附录 A APPENDIX

部分概念解释

本书提及了很多概念，为了便于读者记忆和理解本书的内容，在此我特别拎出其中较为重要的一部分加以注释。另外，部分概念为我个人自创，表达未必严谨，如有不当之处，也欢迎通过我的微信公众号“黄有璨”给我留言。

1. 线性成长模式

一种相信任何一个人的成长是由单一纬度的要素来驱动的，只要在单一维度下持续地努力，随着时间推移就一定能够持续获得成长，且成长速度较为稳定可控的成长模式。

2. 非线性成长模式

一种相信任何一个人的成长是由很多不同纬度的要素来驱动的，并且个人成长轨迹不太可能呈现一种简单的直线上扬的成长模式。

3. S 型曲线

非线性成长模式也分有序和无序这两大类。“S 型曲线”是有序的非线性成长模式中最常见、也最容易被我们借鉴和利用的一种模式。

4. 线性竞争与非线性竞争

线性竞争是指多个竞争参与者在同一条曲线或同一个维度下，相同能力点上硬碰硬的竞争。

非线性竞争是指多个竞争参与者之间，在不同维度或不同曲线下，通过不同的模式和系统进行对抗和竞争。用策略上的优势来胜过单点技能的不足即为“非线性竞争”的典范。

5. 成功范式

一种可以长期遵循和指导你行动，并帮助你在特定时间和竞争环境下赢得竞争的基本规则。

6. 成长赛道

成长赛道是指在一段时间内可以支持你较为稳定成长的环境。每一个成长赛道背后，必然对应着一类成功范式。

7. 职业通关

职业通关是指在职业生涯中达到一种满足以下两个条件的状态：

（1）具备获得稳定的、可观的收入的能力；

（2）拥有核心竞争力和不可替代性，拥有比较大的职业选择自由。

8. 蜕变区间

蜕变区间是指一个人处在某一成长曲线的顶部，正在寻找新的成长曲线的过程。

9. 一级成长曲线（三条）

任何一个人在职业生涯的成长过程中经历的大的阶段，我认为有以下三个：

第一条一级成长曲线是技能曲线；

第二条一级成长曲线是商业认知/系统思考成长曲线；

第三条一级成长曲线是心性成长曲线。

10. 次级成长曲线（多条）

每一段单独的职业经历都可被视为一条次级成长曲线。

11. 第二曲线

此概念源于查尔斯·汉迪。在本书中，“第二曲线”不是指商业认知/系统思考成长曲线，而是指相对于你所处阶段的下一条成长曲线。

12. 顶级专家

一般指在某个特定领域内有一技之长，且足以胜过绝大多数人（比如95%以上的人），并借此为自己持续带来商业回报的人。

13. 商业操盘手

一般指有能力独立负责一个业务单元，通过商业经营让一家公司或一个业务的商业价值持续得到放大，收益更多并且效率更高的人。

附录B APPENDIX

推荐书目

任何一个人的成长，离不开一些知识和思想对其认知、精神世界带来的启迪和滋养。

在我个人的成长历程，以及写作本书的过程中，我也同样得到过很多好书的赋能与滋养。在此，我诚意地把其中我认为值得分享的书目推荐给你。

1.《好好学习》《好好思考》，成甲 著

推荐理由：关于如何更高效地学习和思考，这是两本特别值得推荐的书。

2.《跃迁》《拆掉思维里的墙》，古典 著

推荐理由：关于职业成长，古典可能是业界最值得你信赖的人之一。

3.《第二曲线：跨越“S型曲线”的二次增长》，[英] 查尔斯·汉迪 著

推荐理由：创业、商业领域的经典书目之一，也是本书的重要理论基石。

4.《跨越鸿沟》，[美] 杰弗里・摩尔 著

推荐理由：创业、商业领域的经典书目之一，对创业公司发展成长过程中“S型曲线”的必然出现，以及如何迈过最重要的鸿沟进行了很详细的介绍。

5.《有限与无限的游戏》，[美] 詹姆斯・卡斯 著

推荐理由：一本读完会让你无限回味的书，曾经备受美团CEO王兴推崇，也是我过去10年里读过的最喜欢的书之一。

6.《这个社会会好吗》《自由在高处》，熊培云 著

推荐理由：这两本书在我二十五六岁时，帮助我厘清了许多关于这个世界、时代和我到底该相信什么等诸多重要问题，令我至今可以特别坚定地迈步前行的书。

我常常说，熊培云在精神上给予了我一次成人礼。

7.《极简宇宙史》，[法] 克里斯托弗・加尔法德 著

推荐理由：如何依赖“少数极简的规则”推演出复杂宇宙运转的整个逻辑，这本书给出了最好的诠释。

这也是一本散发着极简美感的书。

8.《中国的新革命》《联想风云》，凌志军 著

推荐理由：这是两本很有分量、对我的创业和人生都带来很大影响的书。前者讲述了中关村这个中国科技企业的发源地和聚集地自改革开放以来近30年里的发展演化历程，后者则完整地讲述了联想这家备受尊敬的公司的创业发展史。

从中，你可以更深刻地感受商业世界的变化无常，以及在时代潮流中，少数站在风口浪尖的人是如何与之共舞的。当然，你也可以看到类似柳传志这样的老一代企业家在创业过程中心性的发展和变化。

9.《自由人》，程苓峰 著

推荐理由：在复杂和变化多端的世界中，你需要学会看透本质，或者找到某些你坚定不移信守的信念。这本书在关于互联网的某些方面，也许可以让你拥有更深的系统思考。

10.《系统之美》，[美] 德内拉 · 梅多斯 著

推荐理由：关于“系统思考”的经典中的经典，必读。

11.《重新理解创业》，周航 著

推荐理由：一个经历了一次“伟大失败”的创业者的自白与回首，很难得。

12.《英雄之旅》，[美] 约瑟夫 · 坎贝尔 著

推荐理由：每个人的一生，都在不断经历着属于自己的“英雄之旅”，只是有的人未曾意识到，或者未曾完整走完而已。

13.《成为乔布斯——天才的挫败与孕育》，[美] 布伦特 · 施兰德，里克 · 特策利 著

推荐理由：可能是我看过的最好的乔布斯传记。你可以看到这位一生中有幸多次改变世界的伟大天才是如何成长、涅槃和蜕变的。

14.《激荡三十年》，吴晓波 著

推荐理由：有关中国商业史的经典之作，也是必读书目。

15.《企鹅与怪兽》，[美] 尤查 · 本科勒 著

推荐理由：在复杂的互联网和商业世界里，如果你偶尔会冒出“这个世界会好吗”“科技和互联网是否真的能够向善、不作恶”这样的念头，那我建议你读一读这本书。

16.《约翰 · 克里斯朵夫》，[法] 罗曼 · 罗兰 著

推荐理由：这是一本能够长期浇灌一个人的心灵之花，给予一个人无穷力量的伟大著作。

17.《学习之道》，[美] 乔希 · 维茨金 著

推荐理由：关于如何学习，这是我看过的最诗意，也最贴近本质的著作之一。

18.《运营之光》《运营之光2.0》，黄有璨 著

推荐理由：我的第一本书及修订本，也是豆瓣评分最高、过去3年里销量最好的互联网运营类书籍。推荐对互联网运营有兴趣的读者阅读。

致谢

THANKS

对于一位写作者而言，每一本书的诞生，都需要一些特定的机缘。

2019—2020年，恰逢我跟Luke、布棉一起创办三节课5周年，身为一名创业者，在公司逐渐发展壮大、各种挑战迎面而来的阶段里，我对于“成长”这件事开始有了越来越不一样的思考。

这让我想要换个不太一样的角度好好聊聊“成长”。

2020年，也恰逢我有生以来经历过的最大的“黑天鹅”——新冠肺炎疫情席卷全球，为我们所处的世界带来了无数难以预知、可能还很深远的变化。

这也给了我异常的感慨——成长的一部分，本身就是为了更好地应对不确定性。在这样的环境下，我也有了很多关于“如何应对不确定性”的思考，它们逐渐演化成为这本书的最底层内核。

此外，在本书写作过程中，我也得到了诸多朋友、前辈们的帮助和指正。我想要在此对他们表示由衷的感谢，我深知没有他们的帮助，这本书很难如愿面世。

感谢我的好朋友，也是这本书的策划人、天演出版的创始人吴燕恬女士。她是我见过的最好的出版策划人，至少也是之一。她有着对内容产品极强的敏感度和追求，并把出版视作自己的毕生事业。她创办的天演出版也致力于超级畅销书的策划和出版，希望以图书和出版策划为器来影响更多人，破解生活和生命中的更多难题。

在写作本书的过程中，燕恬总是一次又一次地在内容、阅读体验、一些观点表达的严谨性等诸多方面给予我不断的敲打、鞭策、鼓励和引导，用尽各种方法帮助我把这本书变得更好。

特别不容易的是，有时她也会面对我的一些执拗显得气愤不已、无可奈何。但我相信，在一起合作本书的过程中，我们对彼此都有了更加深刻的了解，也更加知道该如何帮助对方。某种程度上，我相信这一段合作经历让我们之间的友谊得到了升华。

感谢天演出版的李佳隽同学，从最初成稿至今，你总会在每一次稿件交付时给出非常细致和中肯的建议，并费尽心思地查证资料、收集案例，帮助我把内容变得更好。若非有你，这本书的出版绝不会如此顺利。

也必须要说，你绝对是那种我特别希望有机会再次合作的编辑。

感谢电子工业出版社的李影、胡晔老师，两位老师对于本书的策划、内容都提出了很多价值连城的建议，让这本书有机会成为一本真的能够带给更多人帮助和价值的书。

在跟两位老师合作的过程中，我看到了业界顶尖出版人应该有的专业度和责任心。尤其是李影老师，在投身出版行业20多年后，仍然以精细到每一次用词用字，甚至每一个标点符号的严谨认真程度来要求一本书稿，令我也止不住汗颜，并有了诸多反思。或许，这就是匠人精神的最佳体现。

感谢我的朋友、本书的特别营销顾问、畅销书《一年顶十年》的作者、江湖人称“猫叔”的剽悍一只猫。猫的成长经历与我颇有几分相似——我们同样拥有从籍籍无名的草根一路通过一些非线性的轨迹实现了远超他人成长速度的经历，也因此在关于“成长”的话题方面有诸多共鸣，他也抽出了很多精力，为本书的营销推广工作带来了特别大的贡献。

在“如何通过社群做好知识产品的营销推广”方面，我相信猫拥有极为深刻的理解和非常强悍的策划执行能力，如果你也有相关出版物或知识产品推广的需求，我愿意向所有作者、出版人推荐猫。

感谢我在三节课的两位合伙人Luke、布棉，创业5年，是在跟你们的合作过程中才让我对于成长、对于担当和责任有了更加深刻的理解，也让我自己能够变得更好。也是你们的支持和理解，才让我得以在创业过程中还能抽空完成本书。

感谢三节课的崔晓玲同学，你几乎是本书所有内容的第一读者，感谢你在我写作过程中费尽心思的监督和鼓励，以及帮我处理承接掉各种大小事务，没有你的支持和帮助，我很难想象这本书能够如期交付完成。

感谢新精英生涯创始人古典老师、猎豹移动CEO傅盛、罗辑思维CEO脱不花等前辈，必须要说，我关于“个人成长+职业发展”的许多理解和思考，都来源于你们的很多分享，在我个人的学习成长过程中，你们也在无形中给予我很多指引和启发。

感谢大象公会创始人黄章晋、车好多集团创始人兼CEO杨浩涌、果壳网&在行分答创始人兼CEO姬十三、脉脉创始人兼CEO林凡、Boss直聘创始人兼CEO 赵鹏、乐纯创始人兼CEO Denny、中国欧盟商会高级经理齐恬田、蓝象资本创始合伙人宁柏宇、中国国家品牌网高级副总裁上官芸、向上生长学院创始人粥左罗、中国人民大学艺术学院副教授郭春宁、著名产品战略专家梁宁、“女子刀法”创始人兼CEO刀姐、跟谁学创始人兼CEO陈向东、虎嗅网创始人兼CEO 李岷、创业黑马执行总裁罗浛予、北京大学教授路江涌、见实科技CEO徐志斌、拉勾招聘联合创始人鲍艾乐、场景实验室CEO吴声、芥末堆网创始人梅初九、著名战略营销专家小马宋、刺猬CIWEI创始人亚平、罗德传播集团亚太区人力资源副总裁王宁昕、畅销书《精进》系列作者采铜等老师、前辈和好友们在百忙之中抽空试读了本书，给予诸多宝贵的意见，并为这本书写下了推荐语。

感谢范秦、沈鹏、成甲、马占凯等圈内好友，本书中引用的许多案例，都来自你们曾经给予我的启发和触动。也一定是你们的存在，才让我在自身的成长道路上有了很多可参照的“标杆”，给了我许多前行的额外动力。

感谢我过往15年职业生涯中与我共事并向我提供过帮助的所有领导、同事和伙伴们，正是在跟你们共事的过程中，我才一点点取得了诸多成长，得以走到今天。很多时候，你们为我提供的帮助也许对你们而言毫不起眼，但对我却意味着很多很多。

感谢三节课的许多用户和我的个人微信公众号“黄有璨”的读者们，是你们的鼓励和支持，让我有了愿意持续写作输出的动力，也是你们的反馈让我收集了诸多灵感、案例和现象。没有这些反馈，这本书的很多内容和思考都无从谈起。

最后，一定要感谢我的家人们。

感谢我的母亲，她总是为了家庭倾其所有，很多时候，她并不能理解我的创业在做什么，但她总是在背后用各种方式默默表达着对我的关心和支持，比如每天早上5点起床，为我专门做一顿在她看来更有营养的早餐。

感谢我的妻子刘莉，我们相识11年，结婚9年。自2015年创业开始，我陪伴家人的时间就越来越少，却几乎从未受到过来自你的责备，更多时候，我感受到的都是你的默默支持，这是我的幸运和福气。

也一定是你的陪伴，才让我得以走过一些别人无从得知的痛苦和曲折，对“成长”有了更加本质的理解。

也必须感谢我们家的两位小朋友——6岁的黄佐琨和1岁的黄佐琪。

当我一边注视、回望着你们俩的成长，一边在写一本关于成长的书，那真的是一种很奇妙的感受，也给了我一种特别的动力要把这本书写好。

如果可能，我希望你们俩在未来成长的道路上，总能有爱相随。

亦希望你们未来在充分体验这个世界的复杂、多样之后，仍然内心充盈着对美好的坚守和追求。

本书编委会

序

“工业强基战略研究”重大咨询项目自 2014 年起，已经连续开展了二期研究工作，为中央决策和地方发展做出了积极贡献，对推进我国夯实工业基础具有一定的积极作用。

自中华人民共和国成立以来，特别是自改革开放以来，经过几十年的发展，我国制造业取得了巨大进步，如今“中国制造”已经成为国际响当当的标签，2019 年，中国制造业增加值 3.9 万亿美元，继续位居世界第一。中国制造业的发展为世界各国提供了巨大的市场和机遇，也为中国人民摆脱贫困、实现小康社会奠定了坚实的物质基础。

当前，国际形势复杂多变，逆全球化暗流涌动，尤其是新冠肺炎疫情的突发，加速了全球产业链的分工调整。在新时期，我们要更加深入地推动产业基础高级化和产业链现代化，更加坚定不移地推动建设制造强国战略。

我国实施工业强基工程八年来，一批核心基础零部件（元器件）、关键基础材料实现突破，在重大工程和重大装备中成功实现应用，部分先进基础工艺的研发和推广带动了行业向绿色化、智能化发展，“一条龙”模式打通了部分重点产品从研发到应用的阻塞环节，形成了良性循环，专注于基础领域的“专精特新”企业也逐步提升了实力。经过这些年的持续努力，我们更加坚信，依靠广大人民的勤劳和智慧，我们一定能够解决基础薄弱问题，为实现中华民族伟大复兴做出重要贡献。

在课题研究过程中，中国工程院工业强基战略研究（二期）课题组深入全国各地，对工业基础领域企业进行调研，与广大深耕在核心基础零部件（元器件）、关键基础材料、先进基础工艺、产业基础的企业家和生产一线的工程技术人员广泛交流，了解到这些企业对推进工业基础进步的高度关注。工业强基的实施一方面引起了社会对基础领域的广泛关注，成为我国制造业高质量发展的关键一环；另一方面形成了推进工业强基的具体实施方案和切实可行的路径，让人们更加明确解决基础薄弱问题的路径、方法和政策。

该项目汇集了数十位院士、专家的经验、智慧和思路，他们尽心竭力，为解决制约社会经济和国防安全的基础薄弱环节、建设制造强国、实现中华民族伟大复兴奉献了思路和建议，供国家决策部门参考。

我们相信，在党中央的正确领导下，中国人民一定能够解决基础薄弱问题，实现产业基础高级化和产业链现代化，将我国建设成为富强、民主、文明、和谐的社会主义现代化强国。

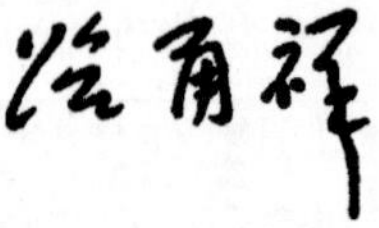

（注：因为有些研究项目之前已完成，所以文中有些分析数据是往年的数据。）

目录

第一章

强化工业基础能力，支撑制造强国

工业基础薄弱是一个由来已久的问题，也是一个难以解决的复杂的系统问题。然而，我国经济发展已经进入新常态，后发优势有向后发劣势转变的趋势，在这个历史机遇期，做好工业强基这一供给侧改革，对我国实现制造强国具有决定性的意义。

一、工业强基发展态势良好

（一）从发展阶段看工业强基

中华人民共和国成立以后，我国工业大体经历了四个主要发展阶段。第一阶段是中华人民共和国成立以后到改革开放之前，这一时期的主要任务是挖潜、革新和改造，主要目的是解决人民的基本生活需求。在这一时期，轻工业得到了长足发展，为我国制造业的发展奠定了一定的基础。第二阶段是改革开放之后 30 年，这一时期的主要任务是引进吸收、消化创新、优化结构和自主发展，主要目的是满足人民日益增长的消费需求。在这一时期，我国工业实现了跨越式发展，形成了较为完整的工业体系，主要产品的产量上了一个新台阶，对外贸易蓬勃发展。第三阶段是从 2008 年到 2015 年，这一时期的主要任务是掌握自主核心技术、创建自主品牌、参与国际竞争和实现可持续发展，主要目的是提升人民的生活质量。在这一时期，我国部分技术取得了重大突破，大多数装备和电子行业都已经实现整机组装、生产，部分产品国产化率超过 50%。第四阶段是从 2015 年到 2035 年，这一时期的主要任务是创新驱动、质量为先、绿色发展、结构优化和人才为本，主要目的是建设制造强国，达到世界制造强国阵营的中等水平，支持实现伟大复兴的中国梦。

从发展阶段来看，在工业化初期的背景下，我国选择通过引进、吸收、消化技术实现追赶的战略完全符合当时的历史条件。从国际经验来看，经济发展主要有两种技术研发模式。一种是以基础研究和应用性研究为基础的发现型研究开发，从内部创造新技术。创造技术带来的超额利润大，维持时间长。例如，美国在许多领域采用发现型研究开发，其技术优势是创造前沿性技术，通过新的前沿技术形成新兴高技术产业，使得经济发展后劲较强。另一种是以引进技术消化并吸收和改进为主的跟踪模仿型研究开发。跟踪模仿型研究开发是根据市场需求引进技术，可以享受“技术搭车”的优势，较快地实现追赶。我国人口基数大，生活水平落后，工业底子薄弱，可以从发达国家引进技术，也可以自己开发，由于引进成熟技术成本更低，所以大多数企业选择第二种技术发展模式。因此，在很长一段时期，我国工业发展必须也只能以保障和提高居民消费水平为首要目的，并适当增加我国外汇储备，抵挡国际金融风险。我国工业被迫选择以整机、主机的组装为主的附加值低、技术含量低的加工制造业，并充分利用后发优势，加快新一代信息技术的应用和推广，在部分领域初步实现吸收、再创新，基本解决了整机、主机的产业化问题，使得大规模生产成为现实。

可以说，经历了前三个阶段，我国已经成为制造业大国，并在 2010 年超过了美国，成为全球制造业第一大国。我国已建立起门类齐全、体系完整的现代工业体系，具有全球唯一性，在世界 500 种主要工业品中，我国有 220 种产品的产量居全球第一位。

但正是这种后发优势，使得我国形成“重显轻潜”“重主机轻部件”“重规模轻质量”的传统发展思维。主机、整机的快速发展，并没有带动零部件、材料、工艺的发展，反而使得这些基础工业越来越落后。主机和成套设备、电子整机产品等陷入“空壳化”困境，产业的自主性和控制力较低，既严重威胁着我国的产业安全，又影响着我国经济和国防安全：我国每年集成电路进口额占全国外贸进口的 10%左右，基础软件 90%以上依赖国外企业，高档工程机械、汽车、船舶、飞机等设备中的液压件和发动机几乎全部依赖进口，占核电机组设备投资额 1/4 的泵阀也主要依赖进口。

进入第三阶段之后，我国这些基础薄弱问题骤然涌现，工业成为"跛脚的巨人"，基础能力薄弱使得工业已经无法支撑起新常态下的经济发展。值得庆幸的是，在这一阶段，政府、行业、企业和专家、学者也逐步开始重视基础薄弱的问题，基础领域的开始起步发展。例如，产品品种和水平有了一定的提升，紧固件、气动元件、模具等多种普通机械基础件及阻容元件、电声器件、印制电路板、微特电动机等电子元器件产量（产值）居世界前列；铸造、锻造、焊接、热处理和切削加工能力及焊接材料、高速钢、硬质合金、钕铁硼永磁体、压电晶体材料、覆铜板材料等基础材料产量居世界首位；基础制造工艺取得明显进步，一批发电设备用大型铸锻件已具备走向国际市场的能力；建立了一批国家级工程中心和重点实验室，对行业共性技术发展起到了积极的作用。一批工业基础领域企业不断发展壮大。例如，中芯国际成为全球第四大芯片代工企业；湖南科霸已经成为丰田汽车动力电池的主要供应商；京东方的高世代 TFT-LCD 面板产能和技术水平均居世界前列；厦门宏发在继电器领域、厦门法拉电子在电容器领域也都具有重要影响力。

进入新时代即第四个发展阶段之后，基础强国成为向制造强国转变的重要支撑。国务院发布了中国制造强国战略，高度重视实体经济发展，将制造强国作为国家战略推动，明确了我国 2015—2025 年的发展方向和发展路径。作为中国制造强国战略的核心内容之一，工业强基被大篇幅谱写，希望通过这个黄金 10 年，补强工业短板，弥补以往资源投入上的不足，为制造业夯实基础。到 2025 年，70%的核心基础零部件、关键基础材料将实现自主保障，80 种标志性先进工艺将得到推广应用，部分达到国际领先水平，建成较为完善的产业技术基础服务体系，逐步形成整机牵引和基础支撑协调互动的产业创新发展格局。

（二）部分"四基"产品和技术有力支撑了我国重大工程和重点产业的发展

自 2013 年以来，工业强基已经坚持不懈地走过了 6 年，尤其在 2016 年，工业和信息化部（以下简称工信部）发布了《工业强基工程实施指南（2016—2020 年）》，提出要着重围绕重点领域，解决 170 余个"卡脖子"的关键产品。经过全社会的共同努力，部分工业基础产品和技术实现了从无到有，从有到优，有力支撑了航空航天、先进轨道交通、机器人、工程机械、节能与新能源汽车等领域的发展。在航空航天领域，航空铆钉提升了我国高端航空紧固件的制造能力，为C919大飞机制造的国产化奠定了坚实基础。在先进轨道交通领域，高速动车组齿轮传动系统解决了制约高铁装备发展的重要基础瓶颈，打破了德国和日本企业的垄断，实现了进口替代，各项性能指标均达到或高于国外产品，并且在轻量化、振动和温度控制技术方面处于国际领先水平。在机器人领域，伺服电动机、减速器、控制器“三大件”的依赖进口问题正在扭转，高精密减速机、RV减速器轴承、伺服电动机等已经研制成功，部分产品进入产业化阶段，并实现了国内外市场销售。在工程机械领域，液压是中国工程机械的发展短板，从小吨位挖掘机到大吨位挖掘机，无一例外都必须依赖日本川崎和德国林德。山东潍坊集团通过国际资本运作成功收购林德液压，并实现国产化制造和生产，中国林德液压产品在产品质量、技术和成本方面均优于日本川崎，有望实现全面替代进口。在节能与新能源汽车领域，混合动力汽车从关键基础材料——电池基体，到核心基础零部件——镍氢动力电池，再到混合动力总成系统，实现了全产业链国产化突破，产品技术水平与日本丰田汽车公司相当，并已经成功打入丰田供应商体系。

（三）“链式突破”逐步解决自主化产品和技术的应用难题

针对国产化产品应用难题，工业强基工程提出了“链式突破”的新思路，即以需求为牵引，针对重点基础产品、工艺，提出包括关键技术研发、产品设计、专用材料开发、先进工艺开发应用、公共试验平台建设、批量生产、示范推广在内的“一条龙”应用计划，促进整机（系统）和基础技术互动发展，协同研制计量标准，建立上中下游互融共生、分工合作、利益共享的一体化组织新模式，推进产业链协作。鼓励整机和系统开发初期制订基础需求计划，吸收基础企业参与；鼓励基础企业围绕整机和系统需求，不断开发和完善产品和技术；鼓励整机和系统企业不断提高基础产品质量，培育品牌，满足市场需求。提升先进基础工艺的普及率，提升生产技术和管理水平，促进企业向高端化、智能化、绿色化、服务化转型。

该方式全面创新政策支持模式，以市场为主体，充分发挥独立第三方机构的专业能力，以应用端为导向，实现产品和工艺的产业链上中下游和价值链上中下游的充分整合与协同，建立一套全产业链、全生命周期互融共生、分工合作、利益共享的协同机制，促进形成整机与基础互动发展的市场自发自生体系。该方式首次试点“工程机械高压油泵、多路阀、发动机和超大型构件先进成形”“焊接及加工制造工艺”“轻量化精密成形件”和“IGBT 器件”四个“一条龙”应用计划，共梳理产业链关键环节 31 个、示范企业 45 家、示范项目 48 个，并取得了阶段性成果，包括搭建供应对接平台，建立产业链内技术磋商研讨机制，突破了相关产品产业化应用瓶颈，如实现了工程机械急需的高端液压元件稳定批量生产及在徐工集团、山东临工、国机常林等主机上的大批量配套。

（四）专精特新“小巨人”企业和专精特新冠军企业正在逐步成长

中国工程院课题组在苏南五市（苏州、无锡、常州、镇江和南京）、宁波、上海、嘉兴等东部沿海城市考察时，发现这些制造业发达的地区有一个共同特点，就是一批行业细分领域的专精特新（专业化、精细化、特色化、新颖化）“小巨人”企业在制造业转型升级中发挥了重要作用。这些企业攻坚克难，在“四基”领域填补了很多空白，在全球细分市场上已占据领先地位，取得了很多成功经验。这些地区通过培育专精特新“小巨人”企业，弘扬创新精神和工匠文化，也进一步提升了地区制造业的发展水平，形成了新的竞争优势。

上海市加快了产业创新转型和新旧动能转换的步伐，坚持方向引导和资金支持两点发力，将培育专精特新“小巨人”企业作为工业强基工程的重要抓手和发力点。特别是针对航空、电力装备、海洋高端装备、新能源汽车、集成电路等优势领域及物联网、人工智能等高科技领域，把培育高成长性、创新能力强的专精特新“小巨人”企业作为巩固和提升上海工业基础能力的有力抓手，取得了系列成果。

苏南五市制造业门类齐全、基础雄厚。近年来，苏南地区有一大批民营企业急发展之所需，解国家之所难，瞄准跟踪制造业核心基础零部件/元器件和关键基础材料领域发展的前沿方向开展研发，部分企业已达到国际领先水平。例如，在微小型轴承、传感器、模具、齿轮、密封件、气动元件、紧固件、液压件、注塑机、碳纤维材料、碳化硅材料、石墨烯材料等方面，许多企业都代表了国内最高水平，有一批已经领先于国外同行。

作为全国最大的新材料产业基地，宁波市在高端金属材料、高分子材料、稀土永磁材料、电子信息材料等领域形成了国际竞争优势，目前已有优势企业28家。这些企业的技术均为自主研发，并且有90%的企业开展了产学研合作。

二、当前工业强基的一些新形势和新问题

（一）新形势

1. 工业基础领域是未来国际竞争的聚焦点

2018年4月16日，美国商务部以违反美国制裁禁令为由，正式将中兴通讯及其子公司中兴康讯列入制裁名单，禁止任何美国公司和个人向中兴出口电信零部件产品，包括敏感技术。此举引起国内外轩然大波，中兴通讯A股和港股临时停牌，科技股指数一路走低；与此同时，美国多家主要供应商股价大跌，部分触及跌停。此次被禁对我国信息通信产业尤其5G领域是一个重磅打击，缺“芯”空“核”的难题再次摆在国人面前，中国新一代信息技术产业抢占国际竞争制高点之路困难重重。美国对中兴的制裁不是一个孤立事件，美国商务部2015年就禁止Intel向我国超级计算机中心出售至强CPU芯片，近几年也多次以国家安全为由否决了多起收购要约。

芯片制裁绝对不是美国针对中国的最后一个制裁手段，它只是中国参与全球产业竞争的一个缩影。中华人民共和国成立以来，经过70多年的不懈努力和持续积累，产业发展已经从过去的跟踪模仿向技术引进同步赶超、吸收再创新转变，部分重点领域甚至成为主要国家的竞争者、产业技术的引领者，少数行业进入世界前列。在从大国向强国迈进的同时，我国与美国、德国、日本等国家在产业分工方面的边界将越来越模糊，必然会触及这些国家的既得利益。因此，无论是贸易摩擦，还是发达国家对高新技术、产品的封锁和制裁，都将越来越频繁。尤其是工业基础属于发达国家必须高度垄断的领域，也是技术含量最高、附加值最高的领域，因此未来将会有越来越多的贸易摩擦围绕着传感器、芯片、材料等产品和技术展开。

2. 新技术的涌现速度加快，颠覆性技术频现

当前，以新一代信息技术为代表的新一轮科技革命正在全球范围蓬勃兴起，人工智能、生物技术、量子通信等新技术正在积聚力量，与产业融合形成大量颠覆性技术，对基础科学研究积累提出了更高的要求。人工智能是引领这一轮科技革命和产业变革的战略性技术，在移动互联网、大数据、超级计算、传感网、脑科学等新理论、新技术的驱动下，呈现出深度学习、跨界融合、人机协同、群智开放、自主操控等特征，正在对经济发展、社会进步、国际政治经济格局等方面产生重大而深远的影响。生物技术领域新一代基因组学、合成生物学、新型治疗方法等技术不断掀起研发热潮。生物技术的颠覆性同时表现在民用领域和军事用途。据了解，美国已在生物材料、仿生设计、生物计算、生物燃料等领域取得突破，并试图利用这些"颠覆性技术"催生出新的作战模式和作战理念。量子通信技术结合了量子力学理论和信息技术，将变革计算、编码、信息处理和传输过程等，成为下一代信息技术的先导和基础，是提升国家信息技术水平、增强国防实力的重要基础支撑。

信息处理向集中化和大数据化方向发展，数据成为像土地和矿产一样重要的战略资源，数据产品成为像物理产品一样重要的企业制造产出。社交网络的普及应用使广大消费者也成为数据的生产者，传感器和存储技术的发展大大降低了数据采集和存储的成本，使得可供分析的数据呈爆发式增长。我们把传统的软件和数据库技术难以处理的海量、多模态、快速变化的数据集称为大数据，如何有效挖掘大数据的价值已成为新一代信息技术发展的重要方向。大数据的应用涉及各行各业，如互联网金融、舆情与情报分析、机器翻译、图像与语音识别、智能辅助医疗、商品和广告的智能推荐等。制造业产品在从市场规划、设计、制造到销售、维护等的过程中都会产生大量的结构化和非结构化数据，形成了具有多源异构、多尺度、不确定、高噪声等特征的制造业大数据。

（二）新问题

国防和社会安全需求与企业实际技术水平存在一定差距。每年工业强基工程发布的重点支持方向都会存在 1～3 个方向没有符合评审条件的企业，或者没有企业能够进行申报，导致项目招投标流标。主要原因就是当前我国企业的技

术储备与国际先进水平存在着非常巨大的差距，企业对专利、标准、软件著作权等知识产权不重视，缺少专业的研发部门，或者国内科研机构无法满足企业的实际需求，即产学研脱节现象比较严重。当前高等院校考核机制严重偏离市场需求，企业缺少共性技术和前瞻技术来源，因此就没有能力取得核心零部件和关键基础材料等的突破。

1. 部分产品的市场化应用存在问题

例如，北方重机研发突破的 P92 钢有效地解决了我国核电的安全问题。但是，由于整机企业在招标采购中给予国外产品一定的优先待遇或加分条件，同时外国企业恶意压低价格，导致国内企业产品市场化应用比较困难。

2. 产品迭代升级存在问题

当前，新材料的研发周期已经大幅缩短，往往新一代产品出现之后，前一代产品将被彻底颠覆。这种现象导致我国基础材料领域的大量产品重复攻关、重复布局，并没有形成企业自身的持续创新能力。

3. 各部门分割、协同能力交叉

科技部、工信部、发改委各自发布项目指南、指导目录，都要求项目具有技术研发突破、产业化能力建设，必然导致项目重复支持，且国家技术路线导向不清晰。

三、工业强基的典型范式和专精特新冠军企业的成长模式

（一）典型范式

1. 基础企业+专家团队

“基础企业+专家团队”是目前国内工业基础领域企业进行产业升级的主要方式。我国拥有大量从事工业基础领域研究和生产的制造企业，这些企业通常规模不大，以中小企业为主，他们以往主要是为国外企业代工或为国内低精度整机、主机提供零部件配套，长期受制于国外基础领域企业的知识产权壁垒，并受整机、主机企业的利润压榨。这类企业利润较低，拥有一定的生产制造能

力，但是研发能力普遍较弱或者基本没有研发能力。同时，经历了前三阶段的资本原始积累以后，这类企业基本解决了资金问题，现阶段急需进行产业升级，摆脱不利局面，向中高端产品挺进，掌握产品定价权和产业链话语权，获取高额利润。由于金融危机的发生，以乌克兰、荷兰等国家为代表的制造业企业面临经营困难，大批掌握关键核心技术的老专家、老技工、老匠人面临退休和裁员的问题，这一历史机遇恰恰为我国基础领域企业解决了专业人才不足的问题，大量国外专家团队与国内基础领域企业合作，将匠人精神和关键技术植入企业，快速地推进了企业产品升级。另外，我国正在加快科研成果转化，高校和科研机构拥有可观的知识产权面临转移和转化，专利与企业深度结合，可以将以往的潜力全部激发。

该范式具有以下特征：

① 企业完成了资本原始积累；

② 企业迫切寻求产品升级；

③ 企业专注于基础领域制造；

④ 行业顶级专家团队深度介入；

⑤ 专利和技术没有国际纠纷。

2. 装备企业+问题导向

“装备企业+问题导向”是目前装备制造企业解决现实需求的主要方式之一。在我国，装备制造业一直以来都是国家重点支持发展的领域，大批装备制造企业在内需和外贸的拉动下基本上具备了相当强的装配生产能力。在很长一段时期内，这些企业通过进口国外零部件、材料，引进国外先进工艺等手段在国内实现整机装备，在通过国外设备检测之后，将产品销售应用于各类工程。这种方式极大地解决了我国工程领域的迫切需求。这类企业的利润通常很低，整机企业并不具有话语权，生产会受到国外企业的打压，在国际市场没有竞争力，产业链利润率被国外零部件、材料企业攫取，而且工艺落后一代，导致资源消耗大。通过长时间的产品和技术的引进、吸收、再创新，这类装备企业基本掌握了与整机配套的零部件、材料的相关技术，具备较强的研发能力，能够在短期内形成一定的生产制造能力。在进入第三阶段后，这些装备企业会针对企业发展的某一专用零部件、材料发力，研发的产品与进口产品相比基本达到性能相近，可以解决一定的生产需求。

该范式具有以下特征：

① 企业是国内龙头企业；

② 企业拥有独立的研发机构；

③ 基础产品的附加值、利润极高；

④ 受国外供应链制约。

（二）专精特新冠军企业的成长模式

上海、苏南和浙江的专精特新“小巨人”企业在成长过程中，经历了不同的发展道路。多年来，这些地区的民营企业家们在市场经济的风口浪尖摸爬滚打，不断探索创新，创造出了很多独特的发展模式和经验。

1. 按照全产业链，集中推进高端产品研发和产业化模式

江苏恒神股份有限公司（以下简称恒神公司）是一家集碳纤维和复合材料设计、研发、生产、销售、技术应用服务为一体的国家高新技术企业。该公司沿袭了世界一流碳纤维企业的发展模式，是行业内国内唯一拥有从原丝、碳纤维、上浆剂、织物、树脂、预浸料到复合材料制品的全产业链企业。由于碳纤维属于新兴领域，产业配套尚不成熟，恒神公司始终坚持“三全”定位（全高端化定位、全产业化模式、全系列化产品），打造“碳纤维—织物—预浸料—树脂—设计应用服务”的全产业链。在前进的路上，恒神公司多次面临资金和技术攻关压力，始终抱以坚定的信念，立志打破国外垄断。公司累计投入40多亿元开展产品研发和产业化，终于在碳纤维产业各环节产品的设计制造和技术服务能力上得到了全面提升。

2. 对标世界先进技术，高起点研发创新模式

长三角地区的资源禀赋，决定了该地区专精特新中小企业的发展可以对标国际先进技术，依靠科技创新高起点发展，成为最具发展潜力的专精特新冠军种子企业。一些企业在高起点上起步研发，始终在技术、产品和市场上保持领先，逐步形成了在细分行业中的行业影响力。

上海和伍复合材料公司是一家专业从事石墨烯、石墨烯增强金属基复合材

料等新材料研发的科技型企业，建有国内领先水平的焊接材料研发中心、石墨烯研发中心、石墨烯增强电接触材料研发中心等。经过近几年的研发投入，该公司成功开发出了单层石墨烯、纳米银离子石墨烯、石墨烯增强银基电接触功能复合材料等具有自主知识产权的系列产品。该公司还联手上海交通大学，研发出了一种新型石墨烯改性触点材料，在全球电接触行业首次制备出高导电性、高延伸性、长寿命的银/碳系列铆钉产品，并建立了年产量50吨石墨烯增强银基电接触材料的示范线，填补了国际国内空白。

3. 以高质量产品赢得用户信任，准确切入市场模式

江苏恒立油缸公司（以下简称恒立公司）确立了“以非主流产品切入市场，以高质量赢得用户信赖，逐步向高端主流产品拓展”的发展战略。该公司首先选择的突破点是为非主导产品6吨级小挖掘机配套的280千克压力多路阀，经市场认可后，又突破了350千克压力多路阀的关键技术，从而打开了通向业内公认的20吨级中型挖掘机升级的大门，实现了为三一重工、徐工、柳工等龙头企业供货，并成功进入卡特彼勒、日立建机、神钢建机等欧美日系企业的全球供应链体系。2017年恒立公司的挖掘机配套产品销售额增长4倍，形势十分喜人。

恒立公司坚持25年如一日，深耕于液压领域，跨越了铸造工艺、研发设计、测试分析、品控管理四大门槛。现在，恒立公司又将此经验引向柱塞泵、控制阀等核心液压零部件的研制。历经多年求索，恒立公司解决了最为重要的高精密铸件质量问题，其产品性能达到并部分超过国际主流水平。恒立公司还高度重视试验检测，花费巨资设计性能试验制造设备，以保障液压产品的质量和可靠性。

4. 零部件与整车（整机）企业联合创新模式

上海万泰汽车零部件有限公司（以下简称万泰公司）是专业从事汽车关键零部件研发生产的企业，其主要产品有汽车发动机下缸体、油底壳、转向器管柱支架、凸轮轴轴承盖、汽车空调汽缸体、汽缸盖等系列产品。

万泰公司认识到，作为为整车厂配套的汽车零部件生产企业，只有了解汽车行业的技术发展趋势，了解整车厂的需求，不断开发创新新产品，才能跟上

汽车产业快速发展的步伐。万泰公司通过与上汽通用公司协同研发汽车发动机关键零部件，不断提升公司的工艺技术水平，采用精密压铸、真空压铸等先进技术工艺，为整车厂提供铝合金零部件，逐步形成与整车同步开发的能力。

为助力节能与新能源汽车产业的发展，万泰公司通过自主创新，形成了节能与新能源汽车零部件的自主核心技术。通过与整车厂协同创新，万泰公司缩小了我国自主品牌汽车零部件产品与外资企业产品在一致性和可靠性方面的差距，提高了自身的研发创新能力。

5. 几十年如一日，把简单产品做到极致的“深耕”模式

把简单的招数练到极致，就是绝招。把简单的产品做到极致，就是精品。宁波慈溪市公牛集团二十几年来深耕电器插座行业，一心一意研究产品和市场。2015 年，公牛集团销售总额达 56 亿元，在一个产品技术不高和行业体量不大的市场，它缔造了市场占有率全球第一的“公牛神话”。

20 世纪 90 年代初，慈溪市做插座的作坊多如牛毛，但低劣产品充斥市场，用户口碑很差。1995 年，从公牛电器创办伊始，创始人阮立平就把“做不坏的插座”作为口号。公司成立了课题组，专门研究产品的安全性和可靠性。随后，公司建立了产品设计中心、电子设计中心和工程工艺中心。大到插头、电线、外壳和开关，小到内部铜片甚至螺丝，每个插座都要经过 27 道安全性设计和检测。公牛插座坚持走高质量、高价格路线，虽然价格较其他同类产品贵了一倍多，但使用安全，质量有保证，逐渐在消费者中建立了口碑，销量突飞猛进。在 2001 年的全国插座品牌监测活动中，公牛插座以超过 20%的市场占有率夺取了全国冠军。

从 2000 年起，公牛集团开始关注国外市场。其出口策略是与欧美巨头飞利浦、罗朗格和贝尔金等合作，学习对方的先进技术和管理模式。2003 年，公牛集团斥资 1000 万元建成国际上最具权威性的安全实验与鉴定机构——经美国 UL 认证的高标准实验室，可以做防雷测试、升温测试等。在合作学习的过程中，公牛集团的自主创新能力不断加强。随着新产品的不断推出，公牛品牌逐渐走向全球市场，销往美、德、法、日、韩等 30 多个国家和地区。

慈溪市是全国有名的电器制造基地，机会和诱惑很多，经常有人让公牛集团做各种投资。但董事长阮立平认为，“我们的力量只够做好一件事。我们只做一件事，但在这件事上要做强”。至于其他行业，他认为，“做不成领先者，还

不如不做”。公牛插座经过二十几年的“修炼”，把小生意做出了大局面。经过不断推陈出新，公牛集团成了名副其实的行业领导者。

四、工业强基链式突破的重点方向和路径

（一）超大型构件先进成形及加工制造工艺

1. 必要性

《国家能源发展战略行动计划（2014—2020 年）》中提出，到 2020 年核电装机容量将达到 5800 万 kW。核电技术向三代 AP1000、CAP1400 和华龙一号等发展，核电站发电功率不断增大，安全系数要求不断提高，核电设备趋于更大型化，核电大锻件向超大化和一体化发展，尺寸越来越大（超大、超长、超厚），两个或多个合在一起形成异形结构，同时质量要求也越来越高，这使得其成型制造难度越来越大。超大型锻件的制造技术已成为制约我国乃至全球核电发展的瓶颈。我国超大型锻件以前依赖进口，受制于人。目前，国内的中国一重、上海电气、中国二重等企业初步具备了核电关键超大型锻件的生产能力，但是尚未全面突破大型锻件的关键共性技术，产品合格率低，质量不稳定，“做二保一”甚至“做三保一”。此外，材料利用率低，生产周期长，不能满足国内核电建设的需求量，也难以支撑我国的核电装备走出去战略。

大型铸锻件是核电主设备（核岛、常规岛）的关键组成部分，主要包括核岛核反应堆压力容器、蒸汽发生器中的顶盖、接管段、底封头、上封头、锥形筒体、管板和常规岛内的低压转子。部分超大构件见表 1-1。单台核电动机组需锻件约 1800 吨，价值约为 5 亿元，每年市场近 70 亿元。

表 1-1　核电装备中典型的超大构件

序号	构件名称	特点（尺寸、重量）及难点
1	接管段	法兰和接管段；异形锻件，锻造难度大
2	AP1000 蒸汽发生器过渡段锥形体	呈锥形，锻造难度大
3	管板	直径 4488mm，厚 797mm；实心特厚饼状，锻造难度大

续表

序号	构件名称	特点（尺寸、重量）及难点
4	核反应堆压力壳封头	封头和法兰由两个锻件合为一个锻件；异形锻件，锻造难度大
5	蒸发器封头	AP1000 项目水室封头有 5 个支管，形状非常复杂；异形锻件，锻造难度大
6	常规岛整锻低压转子	CAP1400 堆型的低压转子用了 715 吨的钢锭；钢锭及锻件的成分、组织、性能均匀性问题突出
7	常规岛焊接转子	大、厚断面焊接难度大

2. 推进路径

针对核电核岛及常规岛成套设备的轴类（大型转子）、筒类（上接管段、下接管段）和饼类（管板、蒸发器封头）对象，推进先进成型加工制造工艺一条龙研究，满足我国核电建设的需要，并支撑我国核电装备走出去的战略。

推进高纯净钢水冶炼技术、超大型钢锭的夹杂物和宏观偏析控制、超大型构件锻造过程的缺陷演变与控制、超大型构件的均质化热处理、大型分段核电转子和异型锻焊结构件的焊接、大型构件成型制造全流程工艺分析设计一体化技术六项技术，推进路线如图 1-1 所示。

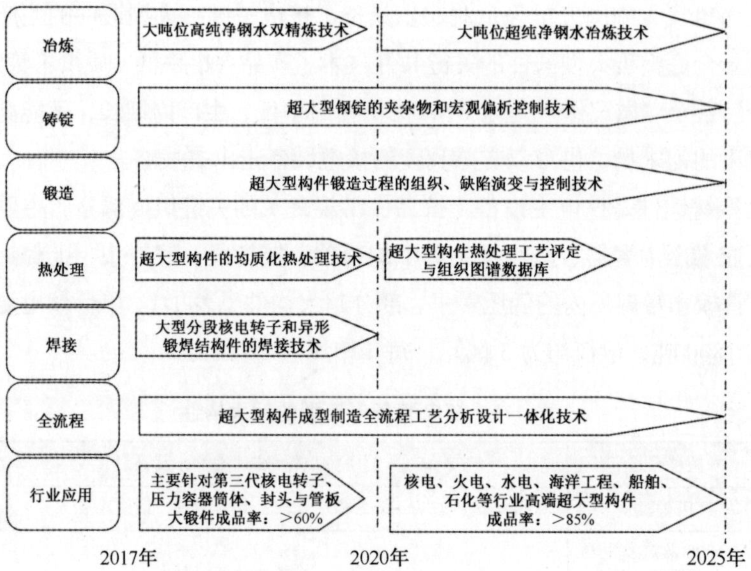

图 1-1　超大型构件成型制造一条龙推进路径

（二）轨道交通 SiC IGBT

1. 必要性

IGBT 器件作为轨道交通装备的“核芯”，被誉为轨道交通装备的“CPU”。IGBT 作为电力电子技术的核心器件，其对变流装置及应用系统的产业拉动作用为 1∶10∶100。

作为第三代功率半导体器件的 SiC IGBT 类器件，具有更高的工作频率、更低的能量损耗，将推动轨道交通装备向轻量化、小型化的“绿色智能”迈进。采用 SiC IGBT 类器件及其装置的电力电子技术进行交流电力机车变频调速，可节电近 30 亿千瓦时；用于城市轨道交通，可节电 30%左右；用于高速动车组轨道交通，可节电 25%左右。

重点产品有：3300V/50A SiC MOSFET 器件及 3300V/1500A SiC MOSFET 功率模块；6500V/35A SiC IGBT 类器件及 6500V/400A SiC IGBT 类功率模块；10kV/20A SiC IGBT 类芯片。

2. 推进路径

以高频超高压 SiC IGBT 器件为核心，突破低缺陷 SiC 单晶和厚外延材料、高精度栅极工艺、晶圆减薄及薄片加工、低寄生模块封装、超高压绝缘保护、高压高速驱动和保护等关键技术，实现轨道交通装备用 SiC IGBT 类芯片和模块关键技术的超越和创新。

以 SiC IGBT 和 MOSFET 器件的物理级模型及行为级模型为基础，建立芯片和模块设计仿真平台。以全自动化工艺设备、检测与测试设备作为 SiC IGBT 类芯片和模块制造的执行终端，以规模化生产、智能制造及柔性制造作为提升产品可靠性、良品率的措施，进一步丰富和完善 SiC IGBT 类芯片和模块封装的设计、制造、测试和试验平台。

（三）机器人减速器及伺服系统

1. 必要性

RV 减速器是在摆线针轮传动的基础上发展起来的一种二级减速传动装置，作为关节型机器人传动中关键的核心部件之一，占整机价格的 30%左右，其稳定性及寿命直接影响关节机器人的定位精度、重复定位精度和承载力等。RV 减速器一直是各国人员研发的热点问题。由于我国目前仍未完全掌握 RV 减速器的核心产品设计、制造工艺及热处理、装配工艺等技术，生产企业大多处于研发、试制、小批量验证等阶段，大批量产业化的企业为数不多，因而应用在各类机器人关节的高精密减速器仍需依赖进口。

谐波传动与一般的齿轮传动相比，具有运动精度高、传动比大、质量小、体积小、承载能力大、效率高、容易实现零回差、能在密闭空间和介质辐射的工况下正常工作等优点。目前约有 90%的谐波传动应用在机器人和精密定位系统中。谐波传动一出现即引起了各国的重视，目前在美国、日本、中国、英国、俄罗斯、乌克兰和印度等国都有研究机构在进行此领域的研究工作。日本谐波传动系统有限公司的谐波传动产品不仅垄断了主要国际市场，并且进入了中国市场。虽然我国谐波减速器企业近几年投入了大量的研发资金，攻克了技术难关，使国产谐波减速器性能基本达到国际先进水平，但我国谐波减速器产业规模与日本相比偏小且产品种类少，批量生产制造能力还远不及日本。

2. 推进路径

应突破 RV 减速器摆线针轮齿廓曲线修型方法与技术、全寿命周期可靠性技术、关键零部件检测技术等关键共性技术。建设 RV 减速器数字化设计平台，实现 RV 减速器的参数化设计、定制化生产、样机试制、试验验证等。开发 RV 减速器高精度综合性能试验台。建设 RV 减速器数字化车间（恒温恒湿净化车间），满足 RV 减速机生产必需的制造环境。建设智能加工及装配生产线。研制摆线齿轮、偏心轴等 RV 减速器关键件加工、检测设备。研制适合高精密减速器用齿轮、轴承的材料、热处理及装配工艺。

进一步加强关键共性技术研发，优化齿形设计。开展谐波减速器柔轮、刚轮和轴承材料及热处理关键技术与工艺研究。开展自动化制造工艺与设备研究。进行等效寿命测试与疲劳性能预测的理论研究，开发谐波减速器多功能加载/加速测试平台。开展谐波减速器振动特性试验研究平台，提出谐波减速器振动与噪声控制方法。建立谐波减速器模拟试验开放平台。进行谐波减速器在机器人整机上的应用性能对比测试，实现规模化批量应用。

（四）工程机械高压泵、多路阀、电动机“一条龙”

1. 必要性

在以内燃机作为原动机的公路和非公路移动机器中，液压传动技术以其功率密度比大、控制灵活和效率高的优点而成为主流的传动技术。广义上的工程机械包括建设机械、土方机械、工业车辆、矿山机械、农业机械等。工程机械配套的液压元件和系统压力等级高，工作环境和工况恶劣，设计与制造难度大，国内企业一直无法成功进入原始设备供应商体系，仅服务于主机服务的备品备件市场。高压液压元件的设计与制造涉及材料、热处理工艺、精密制造、检测、装配与实验方法、清洁度控制等环节，液压元件的国内上游配套工业基础薄弱，精密制造文化缺失，而且国内行业企业规模小利润薄，几乎没有研发体系，难以对新技术有较大规模的投入，因此工程机械配套的高压产品，如轴向柱塞变量泵、液压多路阀和轴向柱塞电动机减速总成三大类产品严重依赖进口。我国已超越美国、日本、欧洲，成为全球最大的工程机械市场。国内市场需求方面，以挖掘机为例，其配套用高压柱塞泵、行走及回转电动机和多路控制阀的下游企业主要有国产品牌三一重工、徐工集团、玉柴集团、山河智能、柳工集团等，以及进口品牌卡特彼勒、小松、神钢、日立、斗山、沃尔沃等。目前国产工程液压元件几乎全部属于挖掘机的售后服务市场，制约了产品技术水平的提升，售后市场的产品由于质量问题一直无法进入主机制造商的原始设备供应商体系。中国每年进口的液压产品超过 100 亿元，其中大部分为工程机械配套用高压柱塞泵、电动机和多路阀。

2. 推进路径

以挖掘机高压重载轴向柱塞泵、多路阀与液压电动机为目标产品，突破设计方法与手段、材料、制造工艺、质量检测、实验评估与数据库建设、主机系统匹配与应用等共性关键技术，实现小挖和中挖产品配套液压元件的突破。同时相关技术拓展到其他高端工程机械领域，如路面机械、工程施工机械、高空作业车、起重机等。时间周期：2017—2020 年。

提升 28 ~ 32MPa 压力等级的工程机械轴向柱塞泵、多路阀和液压电动机的制造质量，越过“消化吸收”阶段。以小挖液压泵和阀、农业机械液压泵、电动机集成装置和起重机多路阀为重点产品牵引。开发系列化的 28 ~ 140cc/rev 柱塞泵，流量规格为 80 ~ 250L/min 的多路阀。预期产品在 13 吨以下微型和小型挖掘机、高空作业车、旋挖转机、起重机等工程机械上批量配套应用，进入国内主流工程机械制造商的液压元件原始设备供应商体系，实现大批量配套，市场占有率已经达到 20% ~ 30%。重点突破的共性关键技术有：复杂液压元件的先进设计方法；性能、可靠性和寿命的评估方法、标准与实验装备；复杂结构高压液压元件的精密铸造技术；微米级精度的零部件批量制造技术；高压重载摩擦副的双金属烧结工艺；液压元件清洁制造工艺、方法与设备；柔性专用工装、自动化装配工艺与制造单元。

（五）发动机电喷系统

1. 必要性

2017 年，我国对压燃和点燃发动机的道路车辆全面实施国五排放标准，非道路用发动机实施国四排放标准。目前汽油机电喷系统已经全部被外资企业垄断，道路车辆用柴油机电喷系统也已基本被国外公司垄断。从国四排放及部分国五排放法规实施以来，博世、德尔福、电装在中国市场总计装机大约 350 万套，占共轨装机总量的 97.2%，而国产共轨总计装机约 10 万套，占比为 2.8%。博世、电装、德尔福这些公司拥有庞大的研发团队、一流的产品开发体系、先进的产品和验证测试平台、现代化的生产装备，以及几十年的电喷系统研发和生产经验，随着我国实施排放法规的不断升级，这些国际巨头越来越多地占领中国市场份额，虽然它们在合作时提出强势或有些不平等的合作条款，但国内柴油机企业苦于国内资源的匮乏等因素都只能接受或让步。我国发动机生产厂所生产的国五排放标准发动机全部配套了外资和合资企业的电喷系统。

客观而言，我国柴油机电喷系统的研发和生产已具备一定的基础。虽然我国自主柴油机电喷系统制造企业研发和生产准备起步晚，技术力量薄弱，但近十余年来，多家自主生产企业都投入了数十亿元进行技术研发和生产工艺升级换代，并通过采用大量国际先进的制造装备实现柴油机电喷系统的生产。国产电控喷油系统性能虽已具备满足发动机性能、排放使用要求的能力，但是电喷系统的精度、一致性和可靠性等关键指标与进口产品仍存在差距。当前自主电控喷油系统主要应用在非道路的三阶段排放发动机上，国五道路车辆至今没有取得产品公告。

基础共性技术落后是自主电喷系统的关键问题。共轨系统的性能和可靠性需要精密加工和检测过程控制来保证，但这些大量的高价值设备都被国外设备厂家控制。产业链建设环节中的油量计量阀、轨压传感器、喷油器高速电磁阀等关键部件连同一些关键材料也都不得不依赖进口。测试技术与标定同样是重灾区，这些都增加了自主电喷产品的成本，严重影响了产品的竞争力。这些共性技术问题不是单一企业能攻克的，必须靠国家的“一条龙”工程来解决。

2. 推进路径

推进路径分三步。

第一步，采取商业竞标的方式选择 2 家电喷系统企业。从国际电喷企业竞争格局看，属于寡头垄断的发展模式，因此应在国内众多电喷企业中选择 2 家进行培育，打造出 1～2 个具有规模优势和国际竞争力的大型电喷企业。以柴油机电喷系统为突破口，在统一的技术条件和运行环境下，获取各电喷企业的产品性能参数，然后采取商业竞标的方式综合评价备选企业，选出 2 家企业作为培育目标，并鼓励企业间的兼并重组。

第二步，采取联合攻关的方式给予被培育企业技术支持。组织协调高校、研究院所、材料企业、工艺装备及测试单位等行业资源，集中解决被培育电喷企业所面临的实际问题。帮助企业解决电喷系统性能的一致性、质量的稳定性和可靠性等问题，满足国四阶段非道路和国五道路车辆对电喷系统的要求，并在国五道路车辆的应用公告方面获得突破。同时，针对影响行业发展的关键工艺设备、关键原材料、关键零部件等进一步实施强基工程，补齐短板，提升国产系统产业链的实力，从而增强国产系统的竞争力。

第三步，采取示范工程的方式给予被培育企业公告和市场推广支持。选择有应用自主电喷系统意愿的道路和非道路发动机生产企业和整车企业，在现有产品发动机平台上，替换应用开发，完成国家规定的所有验证实验要求，达到批量产品应用的目标。

参照电动汽车补贴政策的做法，出台支持国产共轨系统装机的优惠政策，即组织开展电喷系统示范工程，对选用国产电喷系统的整车和整机企业，以安排技改补贴资金或后奖励资金的方式，激励和鼓励其优先选用国产系统。并针对电喷系统开展信息化技术应用，实现示范应用的信息实时监测和数据积累。通过国家层面的支持，明确国产电喷系统和进口系统的无差异公告申报、验证流程，由第三方进行实验监控，完成所有道路车辆用发动机的国五、国六公告的工作流程，最终实现国产电喷系统的批产和上量。

（六）工业基础领域数据平台

1. 必要性

工业大数据是制造业实现从要素驱动向创新驱动转型的有力手段，“四基”（核心基础零部件/元器件、关键基础材料、先进基础工艺和产业技术基础）大数据是工业大数据应用的基础，也是实现制造业企业从制造向服务转型的关键支撑技术。要推动我国制造业的转型升级，实施制造强国战略，必须抓紧实施“四基”大数据平台创新能力建设，加速工业大数据和产业互联网的发展，特别是要结合企业应用实际，加强“四基”大数据与制造业的融合。

（1）“四基”数据平台有助于推动智能制造发展

各国制造业创新战略的实施都基于工业大数据采集和分析，并以此为制造系统搭建应用环境。随着物联网、大数据等新一代信息技术与先进制造技术的融合发展，制造企业的数据将会呈爆炸式增长，研发与验证过程、制造过程、产品使用过程都在源源不断地产生大量的数据，建立“四基”数据平台，将这些数据有效应用到企业运营管理、产品设计研发、监控与运维等整个生命周期，形成支撑智能制造模式的数据循环系统，是发展智能制造的基石。

（2）“四基”数据平台有助于加速企业自主创新

中国“四基”的薄弱之处主要体现在制造企业在产品设计等方面自主创新能力不足，目前大部分中小型制造企业的研发设计不成体系，缺乏有效研发数据的支撑，很多设计图纸等数据化程度不高，无法形成知识的有效积累。建立公共数据平台，促进共性技术资源、可重用数据模块的开放共享，能够有效地实现数字化设计、生产、管理、应用的一体化，缩短研发制造周期，成为企业自主创新的加速器。

（3）“四基”数据平台有助于加强产品质量控制

目前大部分工业产品的成品检验都为抽样检验，“四基”数据的应用带来了更可靠的产品质量控制方案，通过收集大量产品的过程工艺参数、成品检验结果参数、抽查不合格品的检验数据及对应的工艺、技术、管理数据，找出各种定性、定量数据与成品质量的关系，对产品质量进行预测和判断，从而帮助企业及时改进产品质量。“四基”数据平台的建立，有助于企业建立新的质量控制与管理手段，并形成质量问题可跟踪、可追溯，促进企业质量目标的提升。

（4）“四基”数据平台有助于挖掘产业发展势能

“四基”大数据使工业基础数据中所蕴含的价值得以挖掘和展现，从复杂的数据应用中发现新的模式和知识，挖掘到有价值的信息，支撑协同制造、大规模个性化定制、设备健康监控、远程运维等新兴制造服务业态发展，帮助企业挖掘产业势能，寻找新的利润增长点。“四基”数据平台将引导企业发现数据价值，通过平台数据引导企业开展协同创新、应用大数据使能工具开展制造服务等。

2. 推进路径

针对我国“四基”数据平台薄弱的问题，提升工业基础信息化和智能化水平，围绕核心基础零部件、关键基础材料、先进基础工艺和产业技术基础四大基础领域建立一大批数据平台，构建“工业大数据 PaaS 云平台+若干行业公有云平台+企业私有云部署”的数据平台分布格局，形成“四基”工业大数据生态圈。依托科研院所、产业联盟和行业协会建立一批行业专属“四基”数据平台；依托数据基础好的龙头企业建设大量的企业专有数据平台；依托具有公益性质的科研院所及第三方服务机构建立面向制造业的综合性数据共享和交易平台。“四基”大数据平台布局如图 1-2 所示。

“四基”大数据平台主要围绕四类数据资源展开集成和服务，包括生产经营宏数据、工具类标准化数据、可重用模块化数据和外部通用数据。

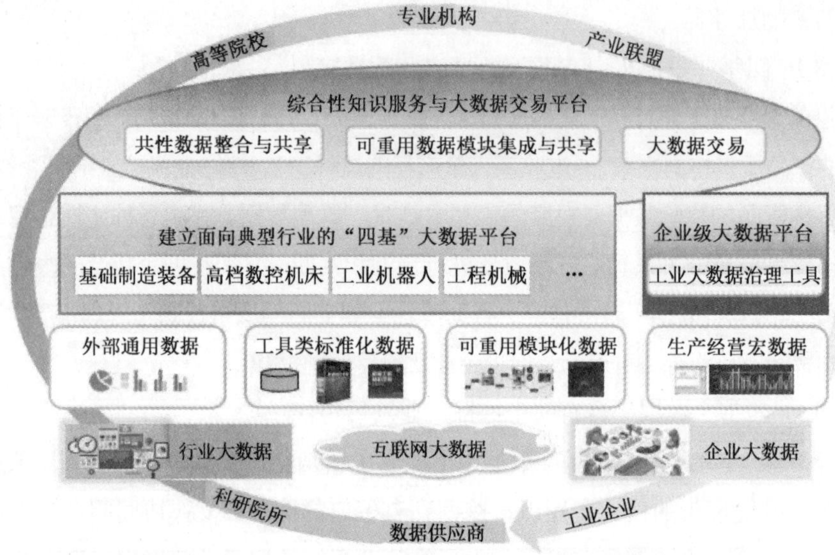

图 1-2 “四基”大数据平台布局

（1）生产经营宏数据

生产经营宏数据主要来自传统企业信息化范围，被收集存储在企业信息系统内部，包括传统工业设计和制造类软件、企业资源计划、生产过程执行管理系统、产品生命周期管理、供应链管理、客户关系管理和环境管理系统等。这些信息系统产生、积累了大量的数据，包括产品研发数据、生产性数据、设备数据、经营性数据、客户信息数据、物流供应数据集、环境数据。这些数据是工业领域传统的数据资源，在新一代信息技术应用环境下正在逐步扩大范围及数据量。生产经营宏数据主要掌握在制造企业手里，典型的应用场景包括产品创新、产品故障诊断与预测、工业生产线物联网分析、工业企业供应链优化和产品精准营销等，通过数据决策驱动新的业务增长模式。

（2）工具类标准化数据

工具类标准化数据是企业在研发设计、加工制造过程中广泛应用的设计工具类数据，如机械设计常用数据及标准、基础工艺数据、基础材料数据、基础零部件数据、共性技术方案等。这部分数据广泛分布在制造企业、科研机构的设计手册、标准文件、数据库和工具软件。

（3）可重用的模块化数据

可重用的模块化数据指非标准化的数据，以及不涉及企业核心技术机密、可共享可重用的数据内容。在绿色制造、敏捷制造、智能制造、服务型制造等新兴制造模式及业态的发展下，产生了设计模块数据、工艺仿真数据、非标零部件数据、设备运维数据、个性化定制数据等，这部分数据在支撑企业提升自身设计、制造与服务效率的同时，还将形成的数据分析解决方案共享给同类企业，以降低其研发成本。

（4）外部通用数据

外部通用数据指与制造企业产品决策、市场舆情分析、制造服务能力补充相关的数据，以网络大数据和专业科技服务机构数据为主，如专利、标准、文献、政策、技术动态、行业动态、检测认证信息、企业的动态、市场数据、专家、人才和培训资料等。

五、政策措施

（一）建立法律法规和财税政策保障

德国和日本在 2008 年金融危机中能够快速复苏的关键原因之一，就是他们的工业基础能力强，零部件、基础材料等具有核心竞争力，基础能力较强的原因之一就是两国都制定了相关法律来保障基础领域发展。日本针对特殊阶段制定了“临时法律法规”，相继出台“机振法”“电振法”“电动机法”，引导机械和电子工业重点发展独立的原材料、元器件生产体系和基础技术，使得电子和机械领域长盛不衰。德国制定了严格的本地产品标准、法规，最终使“德国制造”成为质量的代名词。工业基础领域的企业通常是一些中小企业，他们在产业链中地位较低，融资困难，必须依靠强有力的、持续的政策保障支持，才能得到长足发展。

除建立相关法律法规和财税政策外，还应加大招标和政府采购支持力度。鼓励企业采购国内“四基”领域企业的产品，使用中央财政资金和部分使用中央财政资金的项目，在招标或政府采购过程中，优先使用国内“四基”目录的生产企业。对于国内能够实现自主化生产的产品，及时调整《重大技术装备和产品进口关键零部件、原材料商品目录》，取消免税政策，并给予国内“四基”领域企业出口退税优惠。

（二）发挥金融体系的作用

鼓励引导社会资本参与工业基础领域发展，吸引整机、基础企业、金融机构等共同出资，组建工业基础领域产业发展基金，支持工业基础领域技术研发和产业化工程化突破。鼓励信用担保行业和保险行业参与工业基础领域发展。探索建立符合工业基础产品需求的保险产品和服务，通过股权融资、债券融资、实物抵押等多种方式为工业基础领域中小企业提供信用增级，提高企业贷款偿还能力，降低企业贷款风险。鼓励金融机构对现有授信企业或大型企业进行上下游拓宽，以大型企业或授信企业为标准，为基础材料、基础零部件（元器件）等配套生产的中小企业拓宽信贷业务。拓宽工业基础领域中小企业融资渠道。支持工业基础领域企业在中小企业板、创业板市场上市融资，扩大企业集合债券和小微企业增信集合债券发行规模，开展企业股本融资、股份转让、资产重组等活动。建立广覆盖、差异化、高效率的小微企业金融服务机构体系，为小微企业提供资金支持，降低资金使用成本。

（三）将工业基础作为突破点

基础领域的通用性、共性最强，也最容易实现在军用、民用领域共同使用，市场有保障，技术很先进，适合成为重点方向。《工业强基工程实施指南》明确提出，调动各方面资源，联合攻关，破解核心基础零部件（元器件）、关键基础材料、先进基础工艺、产业技术基础体系等制约瓶颈；充分发挥军工技术、设备和人才优势，引导先进军工技术向民用领域转移转化；梳理民口优势领域和能力，跟踪具有潜在军用前景的民用技术的发展动态，促进先进成熟民用“四基”技术和产品进入武器装备科研生产。还提出了要实施“四基”发展联合行动专项。

（四）实施重点产品突破与“链式突破”协同推进

针对重点领域的发展需要，将制造厂商与主要用户联合组织实施，将相关材料研制生产企业、相关工艺研究院所与高校和相关试验机构联合起来，进行协同创新。优选标志性核心基础零部件（元器件），针对每种零部件提出包括关键技术研究、产品设计、专用材料开发和产业化、先进工艺开发、公共试验平台建设、批量生产、应用示范与推广在内的“一条龙”方案。推动整机、系统和基础联合攻关和协同发展，构建关键基础材料、核心基础零部件（元器件）和先进基础工艺的竞争力链条，促进产业链互融互动整体提升。鼓励重大工程、重点装备在建设和研制方案中提出基础材料、基础零部件（元器件）需求计划。注重需求侧激励，鼓励整机用户、基础研发和生产企业、高等院校、科研机构开展产需对接，建立产业联盟，实施联合攻关，通过政府和社会资本合作模式，围绕辐射带动作用强的关键基础材料、核心基础零部件（元器件）、先进基础工艺组建以企业为主体的独立非营利的基础创新研究中心，形成一批具有行业带动作用的技术、资本应用一体化的联合体。

引导主机企业与“四基”领域企业、高校、科研院所产需对接，支持全产业链协同创新和联合攻关，系统解决“四基”工程化和产业化关键问题。支持“四基”领域企业在重大装备或重大工程初期参与主机企业技术研发工作，同步研发，利用互联网和大数据技术，建立良好的互动反馈机制。

（五）将专精特新冠军企业培育作为工业强基的重点任务

当前国内外的发展形势更迫切地需要我们培育一批专精特新冠军企业，不但要掌握先进的技术，而且能够在此基础上自主研发、创新迭代、市场拓展，这样才能动态、持续有效地解决工业基础薄弱问题。可以说，培育专精特新冠军企业是解决我国工业基础薄弱的主要途径。2020 年，力争在全国培养出 300 家制造业专精特新冠军企业，能够基本支撑和满足我国重大装备和重大工程需求。到 2025 年，力争在全国培养出 800 ~ 1000 家制造业专精特新冠军企业，能够基本解决我国工业基础薄弱的问题。

（六）人才永远是决定性因素

现阶段，我国通过人才引进能够解决企业面临的迫切需求，但是，企业的持续发展、基础领域的持续进步要求有一大批专业的、甘心从事基础制造的匠人。借鉴德国“双元制”培养人才经验，开展在企业接受实践技能培训和在学校接受理论培养相结合的职业教育形式，重视发展职业教育，倡导企业与学校和科研机构联合开展职业教育和在职培训，形成多层次适用人才培养体系。引导高等学校、中等专业学校和职业技术学校重视制造业基础学科建设，加强基础科学研究，按照基础知识实现功能化、产业化的要求，通过长期基础知识和技术的积累，奠定产业发展的知识基础。

历史的车轮总是不断向前推进，只有解决好人才问题，补上历史“欠账”，我国制造业的发展才能够“有根”“有心”，经济发展方能稳固。

课题组成员

顾　问： 柳百成　屠海令　尤　政　李　俊　丁荣军
谭建荣　杨华勇　王华明

组　长： 屈贤明

成　员： 罗　文　李　东　宋志明　肖　华　单忠德
朱森第　王赟松　董景辰　陈　警　石晓鹏
史文军　冯毅雄　戴建军　朱明皓　杨晓迎

执笔人： 朱明皓　杨晓迎　陈　警　薛　塬　古依莎娜
臧冀原

第二章

超大型构件先进成形、焊接及加工制造工艺“一条龙”推进路线研究报告

一、必要性分析

2010 年以来，我国制造业增加值连续居世界第一，但是关键基础材料、核心基础零部件和元器件、先进基础工艺、产业技术基础等工业“四基”薄弱，关键技术受制于人。2016 年，工信部发布《工业强基工程实施指南（2016—2020 年）》；提出第十个重点产品、工艺“一条龙”应用计划，即超大型构件先进成形、焊接及加工制造工艺“一条龙”应用计划。针对核电等能源装备及海洋工程和船舶装备等对超大型构件先进制造工艺的需求，推广超大型构件铸造工艺、锻造工艺、焊接工艺及加工工艺等。超大型构件“一条龙”应用计划所针对的是重点产品的先进基础工艺。先进基础工艺主要是机械制造基础工艺，即铸造工艺、锻压工艺、焊接工艺、热处理工艺等。在工业“四基”发展目录（2016 年版）中，核电电力装备领域的核心基础零部件包括压力容器、蒸汽发生器、冷却剂主泵、控制棒驱动机构、堆内构件、汽轮机焊接（整锻）转子等。

超大型构件通常是重大装备中独立的零部件，是大型铸锻件超大型化的代表。大型铸锻件产品是电力、冶金、石化、造船、铁路、矿山、航空航天、军工、工程等装备的基础部件（如轧钢机支承辊、工作辊，汽轮机高、中、低压转子及缸体，水轮机上冠、下环、转轮体、大轴，核反应堆压力容器，飞机用镍基合金涡轮盘等）。本研究涉及的超大型构件主要指核电能源及海洋和船舶等

高端重大装备，对一般的大型铸锻件有示范作用。

核电大型构件按结构形式分为压力容器筒体、饼类管板、大厚壁管道和大型转动部件。核岛设备包括压力容器、控制棒驱动机构、堆内构件、蒸汽发生器、稳压器、主泵、主管道、燃料装卸与储存设备。反应堆压力容器、蒸汽发生器、稳压器等均属于大型压力容器。常规岛设备则包括汽轮发电机组及辅助设备等。

海洋工程和船舶装备中的大型构件包括大型齿轮齿条、全回转舵桨、推进装置、连接件、海洋平台结构、浮体结构与贮藏舱等。

虽然我国大型构件生产工艺和装备水平有长足的进步，但距离世界最先进水平尚有差距，如生产质量与效益有差距，研发创新能力薄弱，关键大型构件稳定化、批量化、国产化制造经验不足，节材、节能、环保综合指标比较低，新技术与理论研究、精益化制造及管理等与国际先进水平尚有明显差距。

2015 年，国务院总理李克强在主持召开的国务院常务会议中，提出部署中国核电装备“走出去”战略。到 2025 年，我国制造业整体素质将大幅提升，创新能力显著增强，工业化和信息化融合迈上新台阶。70%的核心基础零部件、关键基础材料实现自主保障，80 种标志性先进工艺得到推广应用，部分达到国际领先水平。自主知识产权高端装备（如核电装备、海洋工程装备及高技术船舶）市场占有率大幅提升，核心技术对外依存度明显下降，基础配套能力显著增强，重要领域装备达到国际领先水平。

二、需求分析

法国核电发电量占本国发电量的 73%，韩国占 30%。2016 年，全球 31 个国家在运核电反应堆共 445 座。而目前我国核电发电量占全国总发电量的比重仅为 3.5%，核电主设备来自 11 个国家。但我国核电事业发展很快，大陆地区在建核电机组 24 台，装机容量 2636 万千瓦，在建规模世界第一。《国家能源发展战略行动计划（2014—2020 年）》中提出，到 2020 年核电装机容量将达到 5800 万千瓦。我国也是世界上第 7 个能自主设计和建造核电站的国家。近年来，我国初步具备年产 10 套左右 100 万千瓦级核岛主设备的能力。核电站建设国产化率超过 60%。已经自行开发了第三代核电技术：CAP1400 和华龙一号。目前，采用 CAP1400 技术的机组设备国产化比例达到了 72%，采用华龙一号技术的机组设备国产化比例能够达到 86.5%。核岛的大部分关键设备，如压力容器、蒸汽发生器、控制棒驱动机构、核主泵部分部件等都可以立足国内制造。

自 2015 年以来，李克强总理多次向海外推介中国核电技术。2015 年 10 月，中广核与法国电力集团签订了英国新建核电项目的投资协议，成功迈出了核电“走出去”的第一步。国内核电装备制造企业也积极“走出去”，开始承接国外订单。中国将逐步成为世界核电的产业中心，实现从核电大国到核电强国的历史跨越。

核电技术向三代发展，如 AP1000、CAP1400 和华龙一号等，核电站发电功率增大及安全系数不断提高，核电设备趋于更大型化，对基础零部件（核电大锻件）、超大型锻件的制造技术和生产能力，已成为制约我国乃至全球核电高速发展的瓶颈。大型铸锻件是核电主设备（核岛、常规岛）关键组成部分，国际上仅有少数公司能够制造。目前国内有能力生产核级大型铸锻件的企业有中国一重、中国二重、上海电气等，每年近 70 亿元市场规模。

尽管我国已经具备国内加工、制造大部分核岛设备和常规岛主设备大型构件的能力，但未能掌握全部技术，少数关键技术仍依赖国外。核电装备制造工艺和关键材料是核电发展的重要研究内容。

另外，近年来我国海洋工程和船舶装备产业快速发展，“十三五”我国将形成世界级海工装备制造企业。在产品体系方面，覆盖面已由传统的自升式钻井平台、半潜式钻井平台、FPSO 和海工辅助船进一步扩展至经济型钻井船、FSRU、小型 FLNG、特种海工作业船等相对高端领域。同时，自升式钻井平台、半潜式钻井平台、自升式作业/支持平台、三用工作船、平台供应船等主力装备实现批量化建造，特别是自升式钻井平台和海工辅助船，市场份额均居世界第一，半潜式钻井平台市场份额也大幅提升。海洋工程装备向大型化、深水化发展，性能要求不断提高，对大型构件提出了更高的要求。

（一）超大型构件生产现状

超大型构件是一个较新的概念，以往通常是指大型钢结构。本研究所指超大型构件是近年来提出的核电等能源装备及海洋工程和船舶装备中功能独立的关键大型铸锻焊件。超大型构件的特征不仅仅是尺寸大，更重要的是制造技术含量高，是材料与工艺的集成。核电等能源装备的超大型构件大多是大型（铸）锻件，海洋工程和船舶装备的超大型构件大多是连接件。海洋及船舶大型构件大多是陆地模块化制造海上组装连接。以下主要以核电大型（铸）锻件为例说明超大型构件的生产现状。

大型铸锻件制造业是一个非常特殊的行业，是我国重大装备制造业的基础。经过多年的建设和积累，大型铸锻件行业已成为核电快速发展的基础。大型铸锻件是大型铸件、锻件的合称，是核电站中常规岛和核岛主设备的关键组成。单台核电机组需铸件约 200 吨，锻件约 1800 吨。核电铸件价值约 10 万元/吨，核电锻件 24~25 万元/吨。铸锻件的总价值约为 5 亿元。

核电大型铸件主要用于制造结构复杂的核岛非承压设备，如常规岛汽轮机缸体和核岛主泵外壳等。这些铸件代表了世界铸造生产的最高水平。早期我国 1000MW 等级的核电汽轮机几乎全部采用进口，如大亚湾核电站汽轮机从 GEC 公司进口，岭澳一期核电站汽轮机从 ALSTOM 公司进口，田湾核电站汽轮机从列宁格勒金属工厂进口。2010 年，二重为东方阿海珐研制了 CPR1000 核电主泵泵壳。目前，我国已拥有 ACP1000 和华龙一号堆型自主知识产权。国内三大汽轮机制造商（东汽、上汽和哈汽）均具备独立设计、制造核电汽轮机的能力。核电汽轮机已基本上实现国产化，汽轮机国产化率可达到 98%。

核电大型锻件主要用于制造反应堆压力容器、蒸汽发生器、稳压器、堆内构件、主管道、主泵、汽轮机发电机转子等。核电大型锻件可分为合金钢锻件、不锈钢锻件，大部分为整体锻件。核电大型锻件工艺、技术难度巨大，同时必须使用大型万吨以上自由锻压机才能完成该工艺。近年来，我国一重、二重、上重等重机厂经过装备升级改造，设备能力已达到国际先进水平。我国已拥有超过 10 台自由锻万吨水压机，生产能力居世界首位，一些大型铸锻件已初步实现自主生产，全球相关产业也正在向我国转移。我国已初步形成以上海、东北、四川三地为中心的三大核装备生产基地，能独立设计和制造核电核心大型锻件。

2006 年，我国向日本制钢所 JSW 订购了红沿河一期工程反应堆压力容器一体化顶盖和接管段筒体的第一批核岛锻件，但日本政府以种种借口拒不签发出口许可。2007 年，三菱以 JSW 低压转子锻件供货进度为由，致使海阳项目供货期推迟，价格上涨了 3000 万元。2011 年以前，我国核电主泵和主管道制造技术全部依赖进口，受制于人。

2009年，东方电气完成国内首台百万千瓦核电主泵装机生产。2009年，一重承担的三门核电站2号机组蒸汽发生器管板锻件研制取得成功，实现了蒸汽发生器锻件的完全国产化。2012年，哈电集团制造成功国产首台AP1000蒸汽发生器。这台AP1000蒸汽发生器，高为22.5米、最大直径为5.8米、重达620吨，突破了大厚管板锻造、深孔加工和传热管的胀接技术，以及U型传热管制造工艺。2013年，二重为第三代核电AP1000三门核电站一号机组、海阳核电站一号机组提供了国产化的主管道。AP1000 主管道是当时我国第三代核电AP1000自主化依托项目中唯一没有引进国外技术的核岛关键设备。

压力容器是核岛的关键，也是核电站的关键构件。压力容器的利润率高达40%。2014年，一重承制的首台国产化AP1000压力容器筒体——三门2号机组反应堆压力容器筒体研制成功，标志着我国全面掌握了AP1000反应堆压力容器核心制造能力。2014年，一重研制的CAP1400反应堆压力容器整体顶盖、一体化接管段及一体化底封头1:1的试验件，经典型部位全截面解剖检验，性能指标满足核岛主设备技术规格书要求，整体锻造和热处理技术达到了国际领先水平。

核电转子是核电站最大的金属构件。2010年，二重生产了国内首支110万千瓦核电半速转子，锻造钢锭重560吨。2013年，国内首支核电拼焊转子在二重锻造成功。2016年，作为华龙一号示范核电站的常规岛核心设备，该汽轮发电机组采购包将由上海电气承揽制造，并将首次采用低压焊接转子新技术。

第三代核电大型锻件质量通常有几百吨，由400 ~ 700吨的钢锭锻造而成。一重、二重、上重均具备核电特大型钢锭的生产能力。

国外，具备大型铸锻件生产能力的企业有日本的 JSW、俄罗斯的 OMX Izhora、韩国的斗山、法国的 Le Creusot、英国的 Sheffield Forgemesters、印度的 Larsen & Toubro。早在20世纪80年代，JSW就已具备生产百万千瓦核电钢锭及大型构件的能力，已向全世界提供100多套反应堆压力容器和相关设备。2010年，日本将核电出口定位为未来重点发展的战略产业之一。国外核电设备制造企业都在增加生产能力，并对研发的新技术加以保护。

（二）超大型构件生产中的问题

当前，超大型构件存在的突出问题是电力能源（百万千瓦级核电机组、超临界/超超临界火电机组、70 万千瓦以上大型水电机组）、船舶海洋、冶金及石化等设备所需的大型铸锻件的制造。以核电为例，我国在百万千瓦级核电压力容器整体顶盖、接管段、下封头、蒸汽发生器的上封头、锥形筒体等铸锻件方面，具备一定的生产能力，但产品质量不稳定，合格率很低，行业内存在“做二保一”“做三保一”的状况，工艺水平亟待提高。

压力容器方面，尽管国内核电设备供应商已基本掌握了 AP1000 大型锻件制造技术，但企业的过程控制水平，无论是成本控制、工艺控制还是质量控制都还有很大的提升空间，关键是要对上、下封头的压制、加工及环缝、接管段、安全段的焊接等技术进行提高。

蒸汽发生器方面，二重在核电蒸汽发生器和管板锻件方面已能批量制造，蒸汽发生器锥形筒体中筒节、下筒节等锻件已实现大批量生产，管板产品的合格率稳定在 80%以上。二重还成功锻造出了整体技术参数和性能要求很高的 3 支核电蒸汽发生器锥形筒节。2010 年，二重成功锻制 2 支 AP1000 核电站蒸汽发生器关键锻件管板。与 CPR1000 管板相比，该管板属超大特厚饼形件，探伤要求严，锻造难度极大。它的锻制成功是国家三代核电技术国产化的新突破。

此外，在主管道锻件、汽轮机转子锻件和 600 吨级特大型钢锭等产品方面尚需加强攻关力度，尽快完成产品的合金设计、熔炼、浇注、锻造、热处理、焊补、性能检测与评定等工作。

总体上，目前我国大型铸锻件的制造能力和技术水平与世界先进水平相比还有较大差距，主要体现在产品等级、工艺理论水平、原材料与能源消耗及经济效益等方面。

（1）基础材料、新工艺的应用和新产品研发能力薄弱，相关机理性问题研究不深入，发展滞后于成套机组的技术进步。

目前国内部分企业虽然有了较好的硬件条件，能制造出部分高要求的大型铸锻件，但由于基础技术研究比较缺乏，研发能力薄弱，对大型铸锻件的机理性问题研究不够深入，还未掌握大型铸锻件的成形机理与组织性能演化规律，未完全掌握特大型钢锭凝固过程的偏析和夹杂物演化、大型锻件成形应力应变、缺陷演化和热处理组织变化等规律，产品质量的稳定性难以保证。目前工艺理论水平还停留在大型铸锻件成形基本可控而缺陷演化和组织性能不可控阶段。

（2）工艺窗口窄，质量稳定性差

目前，大型铸锻件的合格率较低，集中体现在关键产品易产生宏观缺陷、性能不均等问题上。究其原因，在于目前大型铸锻件领域对材料机理研究不够深入，多数企业的铸锻工艺存在照搬照抄现象，对铸锻工艺设计思想缺乏全面认识与考虑，知其然而不知其所以然，因此在生产过程中，成功具有偶然性，报废原因分析比较盲目且不全面，导致最终工艺窗口较窄，产品质量稳定性较差。

（3）产品试制成本高

随着核电、超超临界火电、石化、冶金等重大技术装备的性能参数不断提高，对其所用的大型铸锻件提出了更高的要求，主要表现在尺寸规格更大、形状更复杂、性能要求更高。因此，一次成功率低，需要进行多次反复的摸索攻关，解决一系列的关键技术，并在实践中积累经验。而用户对新型铸锻件一般要求先按 1:1 比例试制解剖，成功后再进行正式投料制造。试制样件可能需要多次投料才能成功，而产品质量一般在 200 吨以上，一次投料成本超过千万元，而作为大型锻件最高等级的百万千瓦核电常规岛低压半速转子，其钢锭质量更是高达 600 吨，投料成本超过 3000 万元。这样高的研究试制成本，单靠铸锻件制造企业自己难以承受。

（4）大型铸锻件的质量亟待提升

主要的质量问题体现在以下 4 个方面。

① 冶金缺陷多。

大型铸锻件截面尺寸大，凝固时间长，内部缩孔疏松、偏析严重；例如，2400MW 汽轮机发电转子锻件尺寸达 ϕ1808mm × 16880mm，单重 247 吨。大型锻件必须由大型钢锭直接锻成。由于截面尺寸大、凝固时间长，大型钢锭中的偏析、缩孔、疏松、非金属夹杂物和各种组织不均匀性非常严重，气体含量也比较高，而且这些缺陷很难在后续的锻造过程中去除。因此，在大型锻件中往往存在显著的化学成分不均匀性，多种多样的组织缺陷和过高的有害气体含量，从而使得大型锻件的热加工过程往往十分复杂、费时和昂贵。

②应力大。

厚大截面、变截面、复杂型面的大型铸锻件产品在凝固、锻造、热处理过程中的热应力、相变应力、残余应力大，易出现热变形和热裂纹。例如，600 吨大钢锭直径达 5 米，高度达 7 米，凝固过程温度场变化造成的应力和组织演化造成的应力叠加在一起，非常容易导致开裂。

② 组织不均匀。

大型铸锭或锻件凝固时间长，冷却速度慢，以 600 吨钢锭为例，凝固速度仅为 1℃/h，在这种情况下，初始铸态组织粗大，枝晶发达，长度达几十毫米。同时，在自由锻造过程中，锻件上不同位置的变形历程不一样，并且各部位变形量和冷却速度不均匀，造成锻件组织粗大或混晶，组织性能不均匀，一些钢种存在组织遗传性。

④工序多、周期长。

大型铸锻件生产环节多，包括冶炼、浇注、加热、锻造、热处理、机加工等，周期长，长达数月，前后工序相互影响大。图 2-1 给出了火电低压转子锻件的生产流程。

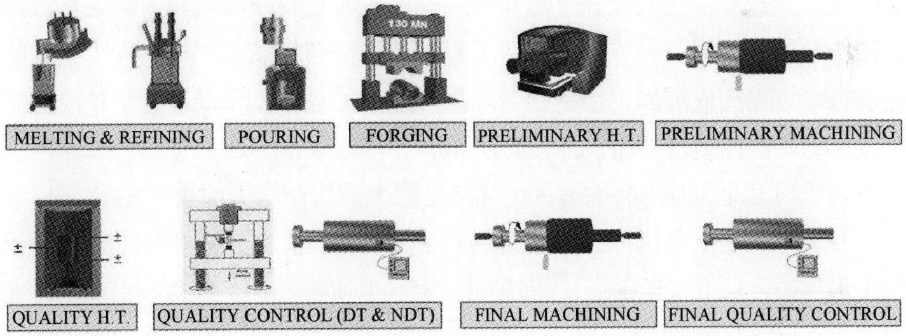

图 2-1 火电低压转子锻件的生产流程

三、推进思路与目标

问题导向：聚焦超大型构件成形制造过程的关键基础工艺技术这一薄弱环节。

重点突破：重点突破以核电核岛筒形件、饼形件和常规岛核电低压转子为代表的超大型构件从熔炼、铸锭、锻造、焊接到热处理全流程的关键共性技术，突破其中的竞争前共性技术，覆盖超大型构件的成形制造全流程，形成产业链。

协同创新：建设产学研用联盟或公共服务平台，研发要与信息化深度融合。

示范应用：核电装备中的超大型构件形成 3~4 家制造基地，进行示范应用，带动我国超大型构件的制造水平。

推进手段：一是信息化与工业化深度融合；二是智能化。

国外大型构件成熟的先进技术与应用基础研究密切相关，并在 20 世纪 80 年代采用了工艺过程模拟仿真技术。直至 21 世纪初，日本、欧美等国的大型构件制造水平一直遥遥领先。为了重振制造业，美国科学院和工程院共同设置的国家研究理事会（National Research Council, NRC）于 2008 年发表了题为《集成计算材料工程》（Integrated Computational Materials Engineering, ICME）的报告。集成计算材料工程（ICME）是一个新的学科和技术方法，旨在把计算材料科学的工具集成为一个整体系统以加速材料设计开发和工艺过程优化。近年来，集成计算材料工程正在向材料基因工程（或材料基因组计划 MGI）演变。集成计算材料工程的特点是多学科、多尺度及全流程，主要研究内容包括材料的成分、工艺、组织、缺陷、性能。集成计算材料工程包括建模与仿真，不仅要建立可靠的模型，开发快速的计算方法和相应程序，而且要开展实验对理论进行快速验证并形成数据库。集成计算材料工程是计算机信息技术和材料加工技术的深度融合，可提高成形加工全流程信息化与数字化水平，实现超大构件成形制造全过程的质量控制，可缩短工程周期 50%，降低成本 50%。集成计算材料工程是推进我国工业强基的有效途径，尤其是超大型构件制造的关键技术。

智能化也是大型构件制造发展的一个重要方向。组织开展核电装备智能制造技术攻关，采用“互联网+”等先进信息技术实现设计、制造、工程全过程数据的数字化共享与关联。

四、推进重点

核电装备中的关键大型锻件有：压力容器中的一体化顶盖、容器法兰接管段等；蒸汽发生器中的管板、水室封头、锥形筒体等；主管道中一体化（带管嘴）的锻造不锈钢主管道；常规岛中的整锻汽轮机低压转子和发电机转子等，见表 2-1。

表 2-1　核电装备中典型的超大构件

序号	构件名称	特点（尺寸、质量）
1	接管段	法兰和接管段
2	AP1000 蒸汽发生器过渡段锥形体	异型锻件
3	管板	直径为 4488mm，厚度为 797mm，实心饼状
4	核反应堆压力壳封头	封头和法兰由两个锻件合为一个锻件
5	蒸发器封头	AP1000 项目水室封头有 5 个支管，形状非常复杂
6	常规岛低压转子	CAP1400 堆型的低压转子用了 715 吨的钢锭
7	常规岛焊接转子	

本章内容聚焦核电轴类件、筒类件、饼类件等为代表的超大型构件，重点突破熔炼、铸锭、锻造、焊接、热处理全流程的关键共性技术，覆盖超大型构件的成形制造全流程，形成产业链。

（一）超大型轴类构件（大型转子）

核电常规岛的汽轮机低压转子锻件有整锻转子和焊接转子两种。

整锻转子整体性能好，但是需要特大钢锭，如大型核电转子需要纯净度要求极高的 300 吨级及以上的双真空高合金钢钢锭，其中 1000MW 级核电大型低压转子需要的双真空钢锭重达 600 吨。CAP1400 堆型的低压转子用了 715 吨的钢锭。

采用焊接方法制造的转子具有以下几个优势：

（1）降低结构质量。焊接结构可以大大减少转子结构所需钢材，减小了转子的质量。

（2）焊接结构缩短了生产周期。

（3）分段以后的锻件尺寸较小，易于锻造，转子的每一小段也易于进行完善的热处理，这样有利于保证转子的内在质量。转子发现缺陷的部位也易于更换。

（4）转子的各部分可根据需要采用不同材料，满足不同位置对性能的不同要求，材料利用率高。但是转子的焊接壁厚大，焊接质量要求高。如低压转子最大焊接壁厚超过 180mm。

（二）超大型筒类构件（上接管段、下接管段）

压力容器大锻件主要由封头类、筒体类、法兰类及接管类锻件组成。其中堆芯区（筒身段、过渡段、接管段）锻件在服役期将受到来自堆芯的中子轰击而引起辐照脆化。蒸汽发生器制造难度体现在锥形筒体锻件上。AP1000 蒸汽发生器过渡段锥形体是核岛一回路设备中最为关键的部件之一，其锻造毛坯为制造难度极大且需整体成形的异型锻件（参见图 2-2、图 2-3）。

图 2-2　核电低压整锻转子结构示意图

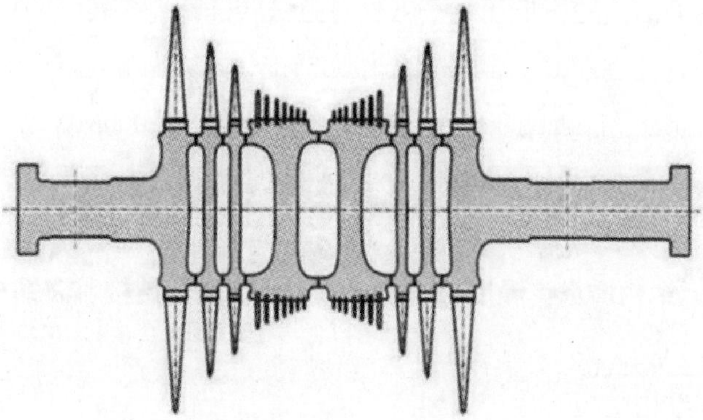

图 2-3　核电低压焊接转子结构示意图

（三）超大型饼类构件（管板、水室封头、蒸发器封头）

蒸汽发生器制造难度还体现在管板及水室封头锻件上。管板锻件属于特厚件，如 AP1000 蒸汽发生器管板成品是直径为 4488mm、厚度为 797mm 的饼状实心锻件，淬透性很差。这些大锻件多为实心件，为保证内部无超标缺陷，需在冶炼时严格控制夹杂物，并在锻造时采取多项工艺手段确保中心压实。如水室封头为带支管的封头类锻件（AP1000 项目水室封头有 5 个支管），形状非常复杂，目前国内外该锻件的制造方案均为整体加工成形，这就造成了钢锭利用率非常低（钢锭质量近 400 吨，锻件交货质量为 38 吨，材料利用率不到 10%）。同时大锻件的一体化程度提高，以减少关键焊缝数目，增大了锻件难度。如核岛压力壳封头和法兰由两个锻件合为一个锻件，法兰和接管段合为一个锻件（见图 2-4、图 2-5）。

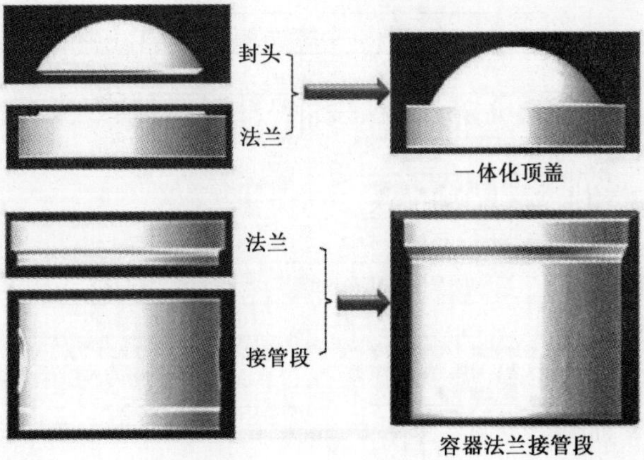

图 2-4　核电压力壳一体化顶盖

图 2-5　核电蒸发器管板（尺寸ϕ4888mm×797mm，实心）

五、推进路线

针对核电轴类（大型转子）、筒类（上接管段、下接管段）和饼类（管板、水室封头、蒸发器封头）构件推进先进成形加工制造工艺一条龙研究，满足我国核电建设的需要，并支撑我国核电装备“走出去”战略。

推进高纯净钢水冶炼技术、超大型钢锭的夹杂物和宏观偏析控制、超大型构件锻造过程的缺陷演变与控制、超大型构件的均质化热处理、大型分段核电转子和异型锻焊结构件的焊接、超大型构件成形制造全流程工艺分析设计一体化技术等六项技术，推进路线图如图 2-6 所示。

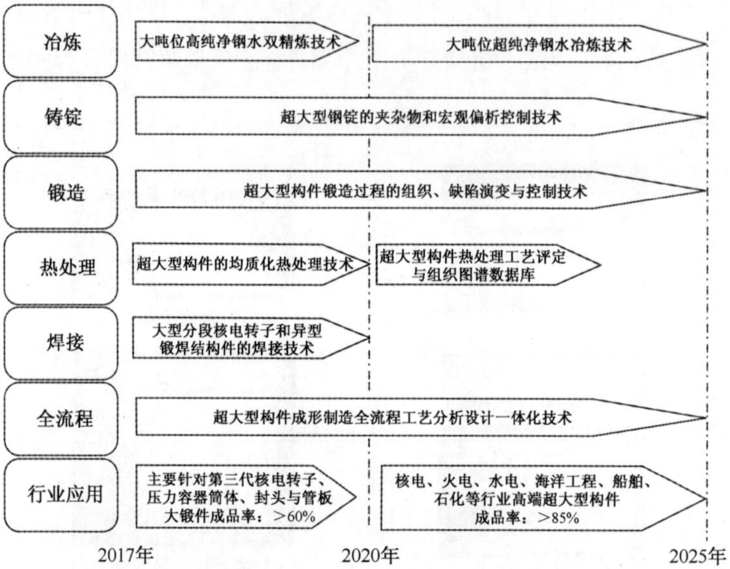

图 2-6　超大型构件成形制造“一条龙”推进路线图

（一）高纯净钢水冶炼技术

（1）研究大吨位超纯净钢水冶炼工艺提升技术。

（2）研究双精炼（VD/AOD+ESR）各阶段参数（原电极脱氧制度、电渣供电参数、造渣制度、精炼气氛）对材料纯净度的影响。

（3）研究重熔精炼熔池热源分布及熔池形状对铸锭凝固质量的影响。

（二）超大型钢锭的夹杂物和宏观偏析控制技术

（1）研究钢水中夹杂物的运动规律和控制技术，实现钢锭的纯净化，提高钢锭利用率。

（2）综合运用钢锭解剖和数值模拟与物理模拟等手段，研究超大型钢锭以碳为主的合金元素在浇注与凝固过程中的传输规律，揭示碳为主的合金元素在钢锭中的宏观偏析规律，找出影响宏观偏析的主要因素。研究采用多包合浇等先进技术有效控制宏观偏析，满足核电各类超大锻件用均质化特大钢锭的需求。

（三）超大型构件锻造过程的组织、缺陷演变与控制技术

（1）研究短流程、复杂锻件整体成形、净成形等先进塑性成形工艺。研究复杂异形超大锻件的快速高材料利用率的净成形技术，如整体锻造技术、锻造加火焰切割技术。

（2）研究超大超厚锻件的孔洞缺陷、夹杂性缺陷及微观组织在锻造过程中的演变规律，研究超厚大断面的压实方法，有效消除缺陷，控制锻件纤维组织。

（3）确定超大型构件强度、韧性及其合理匹配关系。

（四）超大型构件的均质化热处理技术

（1）研究超大、超长、超厚、异形锻件热处理过程中的微观组织演化规律，提高淬透性、细化晶粒和超长、异形、厚薄不均超大锻件的分区热处理与性能控制技术，解决超大型转子整体锻件细化晶粒难题和不同区段不同温度差温控制分区热处理的难题，保证锻件的各部位力学性能和组织。

（2）制定超厚大锻件淬透性评定方法，建立完整的微观组织图谱和微观组织检验标准等基础数据库。

（五）大型分段核电转子和异型锻焊结构件的焊接技术

（1）研究大型合金钢锻件的焊接性，研究材料冷裂纹、再热裂纹倾向，为焊接工艺研究提供基础数据。

（2）研究大型构件焊接和焊后热处理工艺的关键技术，重点研究热输入及不同热处理温度条件对焊接接头的影响，以确定合理的焊接、热处理参数。

（3）研究大型构件焊接接头的运行寿命及安全可靠性，保证焊接接头各部位性能、组织满足要求。

（4）研究整体塑性成形和焊接变形控制技术。

（六）超大型构件成形制造全流程工艺分析设计一体化技术

（1）针对超大型构件的形状和尺寸特点及由此带来的成分、组织和加工性能的不均匀性，建立超大型构件材料与热加工全过程一体化工艺设计与优化技术。

（2）利用计算机数值模拟技术和材料加工技术的融合，搭建针对超大型构

件特点的铸锭、锻造及热处理全过程数值模拟仿真平台，实现成形加工全流程的数值模拟、工艺优化及组织性能预测。

六、实施路径与政策保障

通过中国制造强国战略五大工程，如工业强基、数字化设计与制造等国家制造创新研究中心及国家 04 重大专项等项目立项，采用产学研用联盟攻关。

七、项目建议

针对核岛核反应堆压力容器一体化封头、筒体等大型锻件和蒸发器水室下封头、管板等大型锻件，重点突破大吨位高纯净钢水冶炼技术、超大型钢锭的夹杂物和宏观偏析控制、超大型构件锻造过程的缺陷演变与控制、均质化热处理、成形制造全流程（熔炼、铸锭、锻造、焊接、热处理）工艺分析设计一体化等关键共性技术。

到 2020 年，实现核电超大型构件成形制造全流程工艺制定的数字化和科学化；实现三代核电站压力容器成套设备全部国产化，将成品率提高到 60%，材料利用率提高 15%，全面满足国内三代核电站建设需求。建设成核电装备超大型锻件 1~2 家制造基地，开展示范应用，带动我国超大型构件的制造水平。

到 2025 年，实现核电超大型构件成形制造过程的智能化，成品率进一步提高到 85%，材料利用率提高 30%，满足我国三代核电站建设和核电装备“走出去”的超大构件需求。建设完成产学研用联盟或公共服务平台，建设成核电装备超大型锻件 3~4 家制造基地。

有条件的企业：一重、二重、上重。

课题组成员

组　长： 柳百成

专家组： 沈厚发　钟志平　马庆贤　赵海燕　崔振山
顾剑峰　王月乔　张景利　张智峰　曹天兰
孙明月

执笔人： 康进武

第三章

先进轨道交通装备用 IGBT 等“一条龙”推进路线研究报告

一、轨道交通装备用 SiC IGBT“一条龙”推进路线

（一）必要性分析

IGBT 器件作为轨道交通装备的“核芯”，被誉为轨道交通装备的“CPU”。IGBT 作为电力电子技术的核心器件，其对变流装置和变流应用系统的拉动作用十分明显。2018 年我国的 IGBT 用量价值约为 261.9 亿元，直接带动了约万亿元的产业发展。

“一代器件，一代装备”，器件效能的提升促进装备整体升级，推动电力电子技术产业发展，功率半导体器件技术发展到 IGBT 器件，推动了电力机车从“直流”到“交流”的发展，作为第三代功率半导体器件的 SiC IGBT 器件，具有更高的工作频率、更低的能量损耗，将推动轨道交通装备向轻量化、小型化的“绿色智能”迈进，如图 3-1 所示。

SiC IGBT 器件能够减小系统装置的体积和质量、有效提高系统效率、降低能耗，它已成为世界各国抢占能源制高点的战略先机。采用 SiC IGBT 类器件及其装置的电力电子技术进行交流电力机车变频调速，可节电近 30 亿千瓦时；用于城市电车、工矿电机车和电瓶车调速运行，可节电 20%左右；用于风机和泵类设备的调速运行，耗电量比传统的节流方式要少 30%左右；用于电动汽车控

制器，耗电量比传统方式节约15%左右。

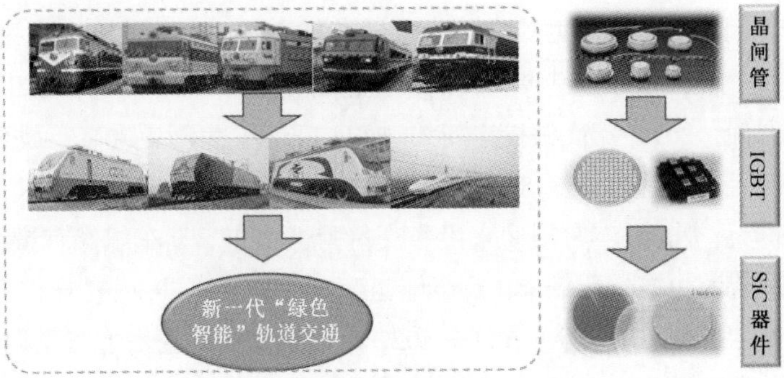

图 3-1 一代器件，一代装备

SiC IGBT器件具有明显的技术优势，大力开展自主SiC IGBT器件的研发势在必行。IGBT器件的可关断特性，使其成为电机控制和功率变换器首选器件，是轨道交通牵引和电力电子变压器的发展方向，将大大推动我国自主提出的“中国标准动车组”对功率半导体器件的要求。

国际上，已经将SiC IGBT类器件广泛应用于轨道交通、电动汽车等领域，并形成了一定的商业化。自2012年东京地铁“银座线”首次采用SiC混合IGBT器件并投入商业运营以来，已经有5条线的轨道交通车辆升级为SiC IGBT类器件，并取得了良好效果。2014年，日本的小田急电铁新型“1000系”通勤车辆配备三菱电机制造的“全SiC”逆变器装置，使逆变器的体积和质量减小65%，逆变器装置的开关损耗降低约55%，实际运行大幅减少车辆运行时的电力，定员时可削减20%电力，满员时可最多削减约36%电力。支持直流1500V接触网架线，器件耐压为3.3kV，额定电流为1500A，图3-2为SiC器件逆变器与传统逆变器的对比。

图 3-2 SiC 器件逆变器与传统逆变器的对比

（二）需求分析

根据我国轨道交通发展战略，未来铁路核心装备和部件国产化需求主要体现在高速动车组、城际轨道等领域的关键部位。

高铁方面，2019 年高铁投产新线 5474 千米，为历史次高，截至 2019 年年底，高铁运营里程为 35378 千米。未来高铁通车里程仍维持高位，动车组缺口进一步扩大，2020 年有望迎来设备交付弹性之年。动车组保有量约为 3500 组，车辆密度为 0.79 辆/千米，远低于近三年平均水平 0.9 辆/千米，车辆缺口进一步扩大。预计未来三年（2020—2022 年）高铁平均新增通车里程超过 4000 千米，按照保守假设 0.8 辆/千米的配车密度，未来三年需新增动车组 1212 组，平均每年 404 组。

城轨方面，据中国轨交协会统计，截至 2019 年 12 月 31 日，国内目前累计已有 40 个城市开通轨道交通，运营总里程 6730.27 千米，城轨车辆保有量超 3.5 万辆，预计 2020 年新增通车 1280 千米，2021 年新增通车 1594 千米。根据以往年份的地铁通车里程数和车辆保有量计算，我国历年地铁通车密度均高于 6 辆/千米的水平。按此计算，2020 年和 2021 年地铁车辆新增需求量将分别达到 7250 辆、9564 辆。轨道车辆的增加，将带动 SiC 器件的持续增加。

另一方面，SiC 器件在电动汽车方面有大量的需求，我国 2019 年新能源汽车产销超过 120 万辆，国务院印发的《节能与新能源汽车产业发展规划（2012—2020 年）》提到，到 2020 年纯电动汽车和插电式混合动力汽车生产能力要达到 200 万辆、累计产销量超过 500 万辆。电动汽车的增加，将带动 SiC 器件市场的持续升温。

据 IHS 统计，2018 年我国对 IGBT 的产品需求量接近 7898 万只，预计到 2020 年将超过 1 亿只，随着我国电力电子普及程度的提高，市场需求量将进一步增加。

（三）推进思路与目标

轨道交通装备用 SiC IGBT 器件，是第三代功率半导体器件，具有较高的技术前瞻性和较大的技术难度，是我国半导体产业实现“换道超车”的重要选择。

1. 推进目标

技术上，突破低寄生栅极设计和工艺、薄片加工、万伏级绝缘保护等关键技术，研制 3.3kV ~ 10kV 高频高压 SiC IGBT 及 MOSFET 器件和驱动保护装置，实现轻量化、小型化的 SiC 牵引变流装置和电力电子变压器，并在新一代轨道交通实现示范应用，推动轨道交通电力装备向高频化、低损耗、低噪声方向发展。

产业上，2020 年实现轨道交通用 SiC IGBT 在城市轨道交通应用的突破，2025 年逐步实现 SiC IGBT 器件应用于高铁、机车等领域，并向电动汽车、新能源发电乃至消费类电子辐射。发挥轨道交通装备用 SiC IGBT 器件的火车头作用，带动 SiC 器件产业的全面发展，打造轨道交通装备用 SiC IGBT “材料—芯片—模块—装置”的全产业链， 实现 SiC IGBT 及其核心装备产值不低于 50 亿元，带动相关行业产值不低于 200 亿元。

2. 推进思路

以产学研用相结合，以轨道交通装备用 SiC IGBT 器件为核心，推动 SiC IGBT 材料、器件、装置的技术全面进步，抢占国际技术制高点；以政企融相结合，推动 SiC IGBT 产业发展，逐渐将国产 SiC 功率半导体器件产业做大做强。为此，分三阶段推进轨道交通装备用 SiC IGBT 产业。

第一阶段，以城市轨道交通应用为源头，实现 3.3kV 高频高压混合 SiC IGBT 及 SiC MOSFET 器件、驱动和变流装置的技术突破，推动轨道交通装备向高频化、轻量化方向发展。开发精细化加工技术、栅极结构优化技术和低寄生模块封装技术，研制 3.3kV 高频高压混合 SiC IGBT 及 SiC MOSFET 器件、驱动和变流装置，降低器件和模块的能量损耗，提升牵引变流装置和牵引电机的工作频率，使牵引变流装置的工作频率提升到 5kHz，从而减小电感等磁性元件体积和质量，实现轨道交通装备的高频化和轻量化。

这一阶段以轨道交通装备用 SiC IGBT 关键技术突破为主，组建产学研用联合体，充分发挥企业、大学、科研机构的作用，并充分加强国际合作，借鉴和学习国际先进技术，实现技术的超越和创新。

第二阶段，以高铁和机车的应用为源头，开发 6.5kV 和 10kV 万伏级超高压 SiC IGBT 器件、变流装置、电力电子变压器等技术，推动轨道交通装备向高压化、低噪声方向发展，助推“中国标准动车组”的发展。开发 SiC IGBT 关键材料、晶圆减薄及薄片加工、厚外延生长、超高压绝缘保护等技术，研制 6.5kV、10kV 超高压大容量 SiC IGBT 芯片及模块，一方面满足轨道交通电力电子变压器对超高压 SiC 功率半导体器件的需求，减少半导体器件的串并联数量，减小装置体积，提升装置可靠性，另一方面提升牵引变流器中间电压，提高牵引电机工作电压，简化牵引变流装置和牵引电机结构，进一步降低轨道交通装备的能量损耗和工作噪声。

这一阶段在深化轨道交通装备用 SiC IGBT 关键技术发展的同时，更加注重 SiC IGBT 产业发展，形成国产化的 SiC IGBT 器件及其轨道交通核心装备“材料—芯片—模块—装置”产业链。

第三阶段，将 SiC 器件及相关核心装备进行同心多元化拓展，向电动汽车、新能源发电乃至空调等消费类电子辐射，形成以 SiC IGBT 为核心器件的大产业，推动我国电力电子产业的整体发展。在时间上，第三阶段与前两阶段有一定的重合性。

这一阶段以产业发展为主，辅以相关 SiC 器件、材料和装置等关键技术的发展，以政企融相结合，为产业发展注入活力，推动 SiC IGBT 产业发展，逐渐将国产 SiC 功率半导体器件产业做大做强。

跟进长期发展，优化轨道交通装备耐高温体系，改变轨道交通冷却模式，推动轨道交通装备小型化、轻量化发展。进一步开发耐高温电极接触体系和终端钝化保护等芯片技术，设计耐高温模块封装结构体系，优选耐高温模块封装绝缘材料，研制耐高温达 250℃的 SiC IGBT 器件，简化变流装置的冷却模式和冷却系统，助推电力电子产业的全面升级。

（四）推进重点

（1）根据轨道交通装备用 SiC IGBT 芯片和模块技术特点，基于国内已有基础，进一步丰富和完善 SiC IGBT 芯片和模块封装的设计、制造、测试和试验平台。以 SiC IGBT 和 MOSFET 器件的物理级模型及行为级模型为基础，建立芯片和模块设计仿真平台。以全自动化工艺设备、检测与测试设备作为 SiC IGBT 芯片和模块制造的执行终端，规模化生产、智能制造及柔性制造提升产品可靠性、良品率，降低综合成本，提升市场占有率。

（2）以高频超高压 SiC IGBT 器件为核心，突破低缺陷 SiC 单晶和厚外延材料、高精度栅极工艺、晶圆减薄及薄片加工、低寄生模块封装、超高压绝缘保护、高压高速驱动和保护等关键技术，实现轨道交通装备用 SiC IGBT 芯片和模块关键技术的超越和创新。

SiC 器件关键技术及国内外现状，见表 3-1。

表 3-1 SiC 器件关键技术及国内外现状

关键技术	国内现状	国际现状	技术目标
SiC 单晶材料	有 4 英寸 SiC 单晶材料，目前缺陷密度相对较高，6 英寸单晶材料正在研发中	4 英寸及 6 英寸单晶材料已经能达到“0”微管，位错密度控制在很低范围	6 英寸单晶能达到“0”微管缺陷，位错密度不大于 1000/cm^2
SiC 外延技术	4 英寸和 6 英寸 30μm 以下 *n* 型外延技术能很好控制表面缺陷、粗糙度；厚外延质量较差，P 型外延缺陷多	4 英寸和 6 英寸 30μm 以下 *n* 型外延技术能很好控制表面缺陷、粗糙度；厚外延质量较差，P 型外延缺陷多	100μm 以上厚外延缺陷密度小于 0.1/cm^2；P 型外延位错密度不大于 1000/cm^2
SiC IGBT 芯片设计技术	利用仿真软件可以进行芯片结构的定性设计仿真，可进行后验证	结合制造工艺技术进行建立模型，进行初步定量设计，设计准确度较差	芯片设计误差在 10% 以内
SiC IGBT 芯片制造技术	具备 SiC 二极管等芯片加工制造能力，高压及超高压 SiC IGBT 等薄片加工能力不足	具有 SiC IGBT 等器件加工能力，但薄片加工能力不足	可进行普通晶圆和薄片加工能力
SiC IGBT 芯片集成技术	研制出 SiC 二极管和 1200V 等级 MOSFET，尚未有 SiC IGBT 芯片	已经研制 26kV SiC IGBT，但没有进行产业化	研制 3.3kV 和 10kV SiC IGBT 器件
模块封装	可进行 6.5kV 及以下的 SiC 模块封装，但是寄生电感较大，不适于高频封装	可进行 6.5kV 及以下的 SiC 模块封装，正在不断优化寄生电感	高频模块封装；10kV 等级模块封装
驱动技术	1200V 以下小电流 SiC 器件驱动技术	1200V 以下小电流 SiC 器件驱动技术	3.3kV～10kV 大电流模块驱动技术
测试技术	可进行 1200V 以下小电流 SiC 器件动态测试	具备高压高频 SiC 器件动态测试能力	具备高压高频 SiC 器件高速动态测试能力
SiC 器件装置	1200V 以下小电流 SiC 器件为基础的逆变、DC-DC 等装置	具有 3.3kV 及以上 SiC 器件为基础的逆变、电力电子变压器等装置	3.3kV 及以上 SiC 器件为基础的逆变、电力电子变压器等装置

（3）根据轨道交通装备用 SiC IGBT 芯片和模块技术特点，开发牵引变流器、辅助变流器和电力电子变压器等装备，并推进城市轨道交通、机车和高铁开展示范应用，形成新一代轨道交通装备的示范效应。

（4）对轨道交通装备用 SiC IGBT 产业链上下游企业进行资金和政策扶持，鼓励国内有实力的制造企业组建现代化的制造工厂及相应的技术团队，组建具有先进技术和现代化管理的 SiC 器件产业制造企业。发挥轨道交通装备用 SiC IGBT 器件的火车头作用，带动 SiC 器件产业的全面发展，打造轨道交通装备用 SiC IGBT “材料—芯片—模块—装置”的全产业链。

（五）实施路径

（1）形成技术创新团队，对关键技术进行攻关。以产业链上下游各环节的优势企业为核心，形成企业、高校、科研机构为一体的技术创新团队，分别对 SiC 单晶材料、SiC IGBT 芯片及模块中存在低缺陷 SiC 单晶、薄片加工、厚外延生长、超高压绝缘保护等关键技术进行攻关，将技术攻关成果迅速转化为产业。目前国内已经形成了几个这种技术创新团队，如中车株洲所与中科院微电子所形成的联合研发中心、山东天岳与山东大学形成的产业化转化团队等。

（2）支持技术平台和产业平台建设，发挥平台优势，带动产业发展。支持产业链上下游各环节的优势企业建立技术平台和产业平台，包括 SiC 单晶材料生长技术平台、SiC IGBT 芯片设计平台和制造工艺平台、低感模块封装平台等，以技术为基础，以平台为支撑，以产业化为导向，形成技术创新团队的凝聚力和向心力，加快关键技术攻关力度和攻关速度。

（3）通过现有的 IGBT 产业联盟，发挥联盟作用，形成产业上下游互动，加快 SiC IGBT 器件的应用和产业化。通过政策支持，提升联盟地位和影响力，使产业链上下游互相支持，互相配合。

（4）制定行业标准，规范行业发展。建立行业自律和自我监管机制，提升行业产品质量，使行业进入良性循环。

（5）通过政策和资金扶持，提高企业活力，使企业做大做强。

（六）政策保障

（1）鼓励 SiC IGBT 产业链上下游企业创新，对轨道交通装备用 SiC IGBT 的研发成果和核心知识产权进行有效保护，并给予适当奖励。

（2）通过政府引导，以龙头企业起带动作用，鼓励和扶持民营资本参与轨道交通装备用 SiC IGBT 产业链的产业。

（3）重视轨道交通装备用 SiC IGBT 企业科技创新人才的培养和引进，在职级职称评定、专利申报、科技成果鉴定等方面提供优质服务，给予一定人才培养和人才引进的奖励政策支持。

（4）充分发挥轨道交通装备产业协会、轨道交通装备产业创新联盟、IGBT 产业联盟和各类创新服务平台的作用，实现产业上下游合作，实现协同发展。

（5）鼓励 SiC 类器件的产业化和商业化发展，一定程度上给予降低或减免税收的支持，使产业链愿意优先使用 SiC 类器件。

（七）推进路线

推进路线图见表 3-2。

表 3-2 推进路线图

研究项目	研究子项	2018年	2020年	2022年	2025年
SiC单晶衬底	“0”微管 6英寸单晶生长技术	平衡单晶生长动力，实现低应力“0”微管6英寸SiC单晶			
	衬底加工技术	控制加工精度，降低加工应力，实现低应力350μm 6英寸			
	缺陷控制技术		实现 6英寸 SiC单晶衬底中位错密度低于500/cm^2		
SiC超厚外延生长	低表面缺陷外延	“0”表面缺陷SiC厚外延			
	200μm N型和 P型厚外延生长	外延生长厚度可达到200μm，表面粗糙度低于0.2μm			
	厚外延少子寿命控制		N型外延少子寿命不低于100μs，P型外延层少子寿命不低于50μs		
超高压SiC IGBT薄片制造工艺平台及关键工艺	激光退火欧姆接触技术	N型欧姆接触电阻率小于5e-5Ω/cm^2 P型欧姆接触电阻率小于5e-4Ω/cm^2			
	终端保护及绝缘技术	终端耐压能力不低于12kV			
	单面 SiC晶圆减薄技术		晶圆减薄到100μm，翘曲度不大于200μs		
	薄片加工平台建设		具备厚度小于100μm的SiC晶圆加工能力，加工精度不小于0.5μm		

续表

研究项目	研究子项	2018年	2020年	2022年	2025年
SiC IGBT芯片产品	芯片结构设计	高频SiC MOSEFT高精度栅结构设计	超高压SiC IGBT终端结构、工艺设计		
	3.3kV SiC MOSFET芯片产品	电流不小于65A的3300V SiC MOSEFT芯片，可支持工作频率不低于10kHz			
	10kV SiC IGBT器件		实现10kV SiC IGBT芯片，电流不小于20A		
SiC IGBT模块封装及测试	高频低感模块	实现高频低感模块动态均流，实现3300V/500A SiC MOSEFT模块			
	超高压模块封装			超高压绝缘保护，实现10kV/200A SiC IGBT模块	
	高速开关的动态测试技术			高开关响应速度及高d*v*/d*t*测试	
小型化牵引变流器及电力电子变压器	驱动保护技术	高频高压的高速响应驱动			
	城市轨道交通小型化牵引变流器	小型化牵引变流器，体积缩小30%，能耗小于30%。			
	机车或高铁用牵引变流器和电力电子变态器		超高压牵引变流器，电力电子变压器		

二、轨道交通用智能传感器“一条龙”推进路线

（一）必要性分析

1. 轨道交通装备用传感器概述

近年来，随着物联网概念的兴起，作为物联网的末梢神经，传感器越来越受到行业关注。对自动化、网络化、智能化要求越来越高的轨道交通行业，自然也不例外。而传感器，则是以高铁为代表的先进轨道交通驶向智能时代要通过的第一道大门。

高速列车是智能化程度最高的轨道交通产品，累计有 4 万多个零部件。在我国新动车组列车中，就有多达上千个传感器，可随时随地上传大量数据。可以说，作为轨道交通装备的神经末梢，传感器是轨道交通装备运营安全的保障

性技术，也是装备持续升级的关键器件技术。专家预测，智能传感今后将融入人工智能，有望直接实现对列车关键部位的故障诊断和故障预测。随着车联网的发展，轨道交通用传感器需求量会不断增长。

2. 轨道交通装备用传感器市场现状分析

目前，全球传感器市场的规模已经超过2000亿美元，随着物联网的快速发展，2020—2024年全球传感器市场将保持8%左右的速度增长，预计到2024年市场规模将会达到3284亿美元。全球约有40个国家从事传感器的研制、生产和应用开发，研发机构6000余家。而在国内，约有1700余家机构从事传感器的研制、生产和应用，其中上市企业多达66家，国内市场规模已超过2000亿元。

经过几十年的技术积累，国内主流传感器生产厂商已占据了50%的国内轨道交通传感器市场，但对另外50%市场的争夺，更加激烈和残酷。因为在这个尚未占领的50%的市场里，有相当一部分属于高端产品。资料显示，目前我国虽有1700余家机构在从事传感器的研制、生产和应用，但高端传感器芯片进口占比高达90%，仍严重依赖国外。

3. 轨道交通装备用传感器技术现状及发展趋势分析

近几年来，随着高铁市场的快速增长，对敏感元器件及传感器的需求同步增长。由于在技术和生产能力上同发达国家还有较大差距，产品技术档次低，品种规格不齐全，国内的传感器产品还远不能满足轨道交通对传感器的应用需求，特别是一些高端传感器、MEMS传感器及专用配套传感器等，主要依赖进口。

目前，轨道交通用传感器正处于传统型向新型传感器转型的发展阶段。新型传感器的特点是微型化、智能化、多功能化、低功耗、便携式以及无线传输，它不仅促进了传统产业的改造，有助于建立新型工业产业，是国民经济新的增长点。

（二）需求分析

1. 智能传感器市场需求分析

轨道交通装备的健康运行离不开智能化传感器的有效支撑，在未来的轨道交通发展过程中，列车及其相关载体的结构健康检测将变得越发重要，智能传感器将发挥不可替代的感知作用。

综合分析，智能传感器将在以下六个方面体现出强劲的应用需求：

一是收集列车的运行状态信息；

二是集成化的高速综合检测列车；

三是列车综合性能全面检测；

四是用于钢轨探伤；

五是轨道状态远程监测；

六是室内外环境综合传感。

2. 智能传感器技术需求分析

轨道交通用传感器对技术方面的需求，主要表现在以下几个方面。

（1）智能化：传感器+微处理器（MEMS+IC, MEMS+ASIC）

智能传感器（Intelligent Sensor）是具有信息处理功能的传感器。智能传感器带有微处理机，具有采集、处理、交换信息的能力，是传感器集成化后与微处理机相结合的产物。信号处理单元主要包括 IC 芯片、ASIC 芯片等。

（2）微型化：MEMS 技术+纳米技术

微型化是建立在MEMS技术基础上的，MEMS技术包括体微机械加工技术、表面微机械加工技术、LIGA 技术（X 光深层光刻、微电铸和微复制技术）、激光微加工技术和微型封装技术等。

（3）多功能化：多传感器集成的多传感器数据融合技术正在形成热点。这项技术形成于 20 世纪 80 年代，它不同于一般信号处理，也不同于单个或多个传感器的监测和测量，而是对基于多个传感器测量结果基础上的更高层次的综合决策过程。

（4）低功耗: 满足现有便携产品的低功耗要求，延长使用时间。

（5）便携式: 满足质量轻、体积小的要求，节省空间，方便携带。

（6）无线传输: 不需连线，降低成本；相互间没有直接的电气连接，不存在相互干扰的问题，非常适合用在恶劣的环境中。

（三）推进思路与目标

1. 智能传感器推进思路

加强传感器研发企业与轨道交通整机设备组装厂商的沟通协调，统筹规划轨道交通用智能传感器的整体布局，注重与国家科技重大专项和对口重大工程的衔接；整合现有的轨道交通资源，突出重点，联合优势高校和科研院所，充分发挥企业的主体地位和作用，在理论基础研究和工程化开发方面优势互补；针对轨道交通用智能传感器的重点需求，努力从整体上把控以及提升解决问题的能力，使智能传感器在轨道交通领域实现微型化、数字化、集成化、多功能化和网络化，重点开发出满足应用的智能传感器，构建极具轨道交通特色的智能传感器产业集群，形成工程示范化效应。

2. 智能传感器推进目标

（1）总体目标

轨道交通用中高端智能传感器产业整体达到世界先进水平，产业模式由“跟随型”向“引领型”过渡，关乎轨道交通领域核心设备所需的智能传感器实现自主研发和自主生产制造，中高端智能传感器在国内轨道交通市场占有率提高到 80%以上，并逐渐延伸到海外轨道交通市场。

（2）近期目标

以制造强国战略为契机，以提高轨道交通结构健康运行状态为重点，着重中高端智能传感器的国产化替代，解决智能传感器的微型化、数字化、集成化、多功能化、网络化等关键问题，完成一批新型智能传感器的自主设计、制造及工程化，建立行业技术标准，参与国际技术标准的制定，大幅提高轨道交通用传感器的整体技术水平，为持续自主创新提供有力支撑，使轨道交通结构健康运行状态得到显著提升。

（四）推进重点

1. 传感器核心器件研究

当前的轨道交通电流传感器市场主要以中小电流检测为主，对核心器件（敏感检测单元和信号调理电路）的微型化和集成化的需求日益强烈。为实现这一目标，通过采用 ASIC 与 MEMS 技术，开发高度集成的专用芯片，发展适合轨道交通领域应用的小型化电流传感器。

（1）霍尔型 ASIC 传感芯片研究

研究霍尔型电流传感器专用 ASIC 电路芯片，对主要指标进行量化分析，包括静态电流、带宽、响应时间、输出噪声、静态输出电压、灵敏度范围、线性度误差、批量化校准等关键指标。

（2）磁通门型 ASIC 传感芯片研究

磁通门型电流传感器所用的 ASIC 集成电路芯片，主要采用二次谐波检测法来实现高精度测量。为了良好的匹配微型化磁通门敏感检测单元，接口 ASIC 电路芯片要满足高分辨率、低噪声、低漂移、低功耗的特征，从而提高磁通式电流传感器的灵敏度、线性度、信噪比等性能。

（3）MEMS 敏感检测芯片研究

针对传统磁敏感检测单元存在体积大、质量大、一致性差、成本高等问题，采用先进的 MEMS 微加工工艺技术，研制出微型化的磁敏感检测单元芯片，满足小体积、小尺寸、低成本、高一致性、批量化的生产需求。分别从大电流检测和小电流检测两方面入手，前者主要以霍尔检测原理为主，后者侧重于磁通门检测原理，对霍尔敏感检测单元和磁通门敏感检测单元进行小型化研究，以兼顾轨道交通对大电流检测和小电流检测的双重需求。

2. 传感器仿真研究

传感器是一个相对比较复杂的器件，其仿真涉及多物理场协同仿真研究、电磁兼容仿真研究、封装可靠性仿真研究等诸多方面。

（1）传感器多物理场协同仿真研究

电流传感器主要是通过检测磁场来对电流进行间接测量，包含磁学、电学、结构力学、热学等方面的部件，因此电流传感器的仿真研究要综合考虑多种物理场的交叉作用。为了更好地设计电流传感器，需要利用专业的多物理场仿真工具（Ansys 或 COMSOL Multiphysics）建立尽可能真实的协同仿真模型，涵盖敏感检测单元模型、信号调理电路模型、铁芯磁部件模型、外壳结构模型以及灌封胶受力模型等，充分模拟实际应用环境，为传感器设计提供准确的理论指导。

（2）传感器电磁兼容仿真研究

建立电流传感器的电磁兼容仿真分析模型，模拟电流传感器的实际工作环境，反馈结果后进一步改进传感器的电磁兼容设计。

（3）传感器封装可靠性仿真研究

敏感检测单元芯片和 ASIC 电路芯片的封装可靠性关系整个传感器的工作可靠性，需要研究引线键合、封装外壳及气密性等相关指标，建立封装结构的仿真模型，充分模拟不同结构在受力、发热、电气特性等对器件的影响。

3. 传感器基础材料研究

电流传感器应用到的基础材料包括磁性材料、磁屏蔽材料及高分子材料等，其作用分别是敏感检测、屏蔽外界干扰及抗震防潮等。

（1）磁性材料研究

作为电流传感器的核心部分，磁性材料的选择要满足高性能、低成本、高一致性的需求，集中在磁性薄膜、钴基非晶材料、坡莫合金材料及铁氧体方面的研究。

（2）磁屏蔽材料研究

磁屏蔽材料的研究主要针对低成本、高性能、易于布局及不同频率段的应用需求。

（3）高分子材料研究

电流传感器后续组装环节使用的高分子灌封胶材料主要研究其与其他电子元器件的兼容性，在满足牢固性、抗震性、防水、防尘等基本要求前提下，提高灌封胶的可靠性，防止其对其他结构产生不可逆或者破坏性的损伤。

4. 传感器加工工艺验证研究

电流传感器加工工艺包含芯片微加工工艺、芯片封装工艺及高分子材料真空自动灌封工艺等。

（1）传感器芯片微加工工艺研究

在已有的 MEMS 传感器芯片微加工工艺基础上，有针对性地改进优化关键加工工艺，重点突破芯片良品率低的瓶颈，以满足大批量的应用需求。

（2）传感器芯片封装工艺研究

重点开展晶圆级封装和系统级封装两方面的研究，将 MEMS 敏感检测单元芯片和 ASIC 集成电路芯片进行单片集成或双片集成，进一步缩小整体尺寸，提高封装工艺质量可靠性。

（3）传感器高分子材料真空自动灌封工艺研究

①研究真空灌封材料配方选取、真空自动灌封工艺控制、真空自动灌封设备以及真空灌封质量检测等核心过程。

②重点研究真空自动灌封工艺中涉及的预热温度、升降温速度、固化温度、固化时间、后固化温度和后固化时间等热历程参数。

5. 传感器可靠性测试与试验规范研究

（1）传感器芯片工艺可靠性研究

采用成熟的、已形成标准的或即将形成标准的芯片加工工艺方案，避免使用小众化、偏僻的工艺技术，保证工艺的可靠性，有利于工艺方案研发成功后，能够兼容芯片代工厂的主流加工工艺，缩短中试工艺与规模化工艺之间的研发周期，加快产品的应用进程。

（2）传感器芯片封装可靠性研究

通过加速寿命试验、疲劳试验以及各种极端环境试验，验证传感器芯片封装工艺的可靠性。

（3）传感器通用试验规范研究

会同国内外轨道交通用传感器生产厂家，建立电流传感器通用试验规范，满足轨道交通应用环境的整体要求。

（五）实施路径

1. 传感器核心器件研究实施路径

以 ASIC 与 MEMS 技术为基础，开发高度集成的专用芯片，发展适合轨道交通应用领域的微型电流传感器；研究铁芯与外壳的整体注塑技术，减小外壳体积，提高抗震性；研究新材料铁芯在电流传感器上的应用，以减小铁芯的体积。

2. 传感器仿真研究实施路径

（1）根据 MEMS 敏感检测探头单元和 ASIC 电路单元，分别建立对应的磁路仿真模型和电路仿真模型，进行磁路和电路协同仿真，确定磁学和电学参数。

（2）建立外壳结构和电子灌封胶的力学和热学仿真模型，联合磁路和电路仿真模型，进行多物理场联合仿真，确定结构和受力参数，并相应修正磁学和电学参数。

3. 传感器基础材料研究实施路径

（1）研究电流传感器精度、动态特性、过载能力、位置误差、抗干扰等关键技术指标对于磁性材料的要求，并通过引进新型磁性材料提高电量传感器的性能指标以及解决降本问题。

（2）选择新型磁性材料，将对应的传感器性能指标与磁性材料参数进行一一验证，确定最佳的磁性材料参数。

4. 传感器加工工艺验证研究实施路径

（1）利用专用工艺仿真软件对设计的 MEMS 芯片或 ASIC 芯片的工艺进行仿真优化。

（2）参照仿真工艺流程，进行实际验证操作，找出存在的问题，不断进行优化改进。

5. 传感器封装可靠性测试与试验规范研究实施路径

（1）根据成熟的封装工艺并结合芯片的特殊要求，进行针对性的封装方案设计，以及必要的工艺仿真分析，确定关键封装参数。

（2）开展实际工艺验证试验研究，不断优化以获取最佳封装工艺参数。

（3）开展相关的传感器性能试验，评估其成熟度，建立标准试验规范。

（六）政策保障

2013 年 2 月，工信部、科技部、财政部、国家标准化管理委员会联合印发《加快推进传感器及智能化仪器仪表产业发展行动计划》。实施期为 2013 年至 2025 年。该计划指出，我国在 2025 年传感器及智能化仪器仪表产业整体水平要跨入世界先进行列，涉及国防和重点产业安全、重大工程所需的传感器及智能化仪器仪表实现自主制造和自主可控，高端产品和服务市场占有率提高到50%以上。

2014年6月，工信部、发改委、科技部、财政部等部门联合编制并发布了《国家集成电路产业发展推进纲要》，意在充分发挥国内市场优势，营造良好环境，激发企业活力和创造力，带动产业链协同可持续发展，加快追赶和超越的步伐，努力实现集成电路产业跨越式发展。

2015年5月，国务院发布了中国制造强国战略计划，将着重突破工业机器人、轨道交通装备、高端船舶和海洋工程装备、新能源汽车、现代农业机械、高端医疗器械和药品等重点领域的新技术，推进产业化。

2016年4月，工信部、发改委、科技部、财政部联合发布《工业强基工程实施指南（2016—2020年）》，围绕制造强国十大重点领域予以重点突破，大力建造一批产业技术基础平台，培育一批“专精特新小巨人”企业，形成整机牵引与基础支撑协调发展的产业格局。

2016年9月，为深入贯彻落实《国务院关于积极推进“互联网+”行动的指导意见》，国家相关部门联合发布《推进“互联网+”便捷交通促进轨道智能交通发展的实施方案》，旨在全面推进交通与互联网更加广泛、更深层次的融合，加快交通信息化、智能化进程，推动我国交通产业的现代化发展。

2017年11月，工信部发布《智能传感器产业三年行动指南（2017—2019年）》，紧抓智能传感器市场需求爆发增长、技术创新高度活跃的战略机遇期，聚焦移动终端、智能硬件、物联网、智能制造、汽车电子等重点应用领域，突出“后摩尔”时代融合创新发展主线，紧紧围绕产业链协同升级和产业生态完善，补齐以特色半导体工艺为代表的基础技术、通用技术短板，布局基于新原理、新结构、新材料等的前沿技术、颠覆性技术，做大做强一批深耕智能传感器设计、制造、封测和系统方案的龙头骨干企业，打造一批具有国际影响力的技术标准、知识产权、检测认证和创新服务的机构，建成核心共性技术协同创新平台，有效提升中高端产品供给能力，推动我国智能传感器产业加快发展，支撑构建现代信息技术产业体系。

2017年12月，《促进新一代人工智能产业发展三年行动计划（2018—2020年）》指出，人工智能显著的溢出效应将进一步带动包括传感器及其智能化技术的大力发展。

2019年12月，为贯彻落实《工业强基工程实施指南（2016—2020年）》，充分利用市场机制推进重点工业基础产品和工艺示范应用，工信部继续开展工业强基工程重点产品、工艺"一条龙"应用计划相关工作。其中，传感器"一条龙"应用计划主要以产业链上下游供需能力为基础，应用为导向，针对关键环节重点产品、工艺，推动相关重点项目建设和技术突破，形成上下游产业对接的"一条龙"应用示范链条，按照以我为主、兼收并蓄的原则，推进产学研用协同创新，深化产业链协作。

以上政策的颁布实施，为智能传感器的发展提供了有力的政策导向和资金扶持，能够迅速有效地聚集一批优势企业针对关于国计民生的中高端智能化传感器开展相应的研究，推动包括轨道交通在内的各行各业的快速发展。

（七）推进路线

轨道交通装备用智能传感器推进路线，包括设计、材料、工艺、制造、检测、应用示范及产业化。

1. 需求

中国高铁运营里程的快速增加，对轨道交通结构健康检测能力的需求急剧增长，伴随而来的是对智能化传感器的庞大需求，以此来完成铁路机车、轨道线路、自然环境等的监测；随着轨道交通安全保障技术项目的实施，未来高铁对传感器的需求数量有望增加30%以上。

2. 目标

2020—2025年，重点突破轨道交通用电流传感器在大电流检测和小电流检测的微型化、集成化、数字化、网络化及系统化方面的工作，国产化智能传感器在国内轨道交通市场的占有率提高到80%以上。

3. 发展重点

（1）智能传感器设计。针对已有的大电流检测用传感器和小电流检测用传感器研究基础，深入挖掘高铁的特色需求，以微型化为目标，设计新颖的传感器结构方案，兼顾不同电流检测范围的需求。

（2）智能传感器材料。重点研究电流传感器需求迫切的高性能磁性材料、电磁屏蔽材料和高分子灌封胶材料，提高电流传感器的可靠性、一致性和抗干扰性。

（3）智能传感器工艺。以MEMS和ASIC技术为基础，重点研究MEMS敏感检测芯片和ASIC电路芯片的协同工艺设计和工艺加工，提高集成化水平和产品良品率。

（4）智能传感器制造。重点研究6英寸/8英寸的传感芯片批量制造能力，在后续组装环节，着力改善智能化加工水平，提高传感器产品的规模化制造程度。

（5）智能传感器检测。重点研究MEMS芯片和ASIC芯片的批量化性能检测能力，以及电流传感器的批量化校准与试验检测能力，减少检测环节的成本。

（6）智能传感器应用示范。重点扶持行业内技术水平过硬的传感器制造企业开展基于不同检测原理的微型化电量传感器的应用研发，开发出两到三款拳头级电流传感器产品，形成示范化效应。

（7）智能传感器产业化。筛选出综合性能最优的1~2款电流传感器，联合轨道交通应用单位，进行实际装车考核，评估其各方面性能，全面改进后进行产业化开发，形成规模化经济效益。

三、轨道交通新型复合材料“一条龙”推进路线

（一）必要性分析

材料工业是国民经济的基础产业，新材料是材料工业发展的先导，是重要的战略性新兴产业。党的十八届五中全会明确提出，积极加快培育和发展新材料产业，对于引领工业升级换代，支撑战略性新兴产业发展，保障国家重大工程建设，促进传统产业转型升级，构建国际竞争新优势有着重要的战略意义。在材料工业发展中，新型复合材料的科技发展自始至终都拥有着特殊的作用。随着新型复合材料引入和产品功能不断增多，产品的结构形式越来越复杂，更新换代频次越来越快。而在轨道交通装备领域，虽然我们有着较好的市场基础

支撑轨道交通装备的发展，然而，在轨道交通装备的减振、降噪、轻量化以及高性能高分子材料的工程化应用方面还需要进一步加强。为此，必须落实对国外先进技术的跟踪、引进、消化、吸收再创新，有效整合我国轨道交通装备用新型复合材料技术创新资源，尽快提升我国轨道交通装备用新型复合材料技术工程化水平，为我国重大建设、国防装备和装备制造产业提供成套化、成熟化的材料技术及制品。

（二）需求分析

“十三五”期间，在全球轨道交通装备制造业发展趋势整体向好的大背景下，轨道交通配套设施尤其是新型复合材料制品的前景一片光明。近年来快速发展的轨道交通装备用新型复合材料，形成了从上游的先进复合材料基础研究、复合材料原辅材料研发生产，到中游的复合材料结构设计和工艺开发、复合材料生产设备研发制造，再到下游的复合材料构件、产品研发生产的完整产业链。通过专项实施，在轨道交通中轻量化的新型复合材料的使用要大幅度提高。5 年内累计直接形成高分子材料产业产值 240 亿元，拉动上游产业发展形成产值 120 亿元，推动下游产业发展形成产值约 2500 亿元。重点基础材料高端产品平均占比提高 15%～20%，带动支撑 30～50 万亿元规模的基础材料产业发展，减少碳排放 5 亿吨/年。

（三）推进思路与目标

为有效整合我国轨道交通装备用新型复合材料技术创新资源，尽快提升我国轨道交通装备用新型复合材料技术工程化水平，主要推进思路如下。

（1）开展先进复合材料在轨道交通装备高端领域的研究，如突破聚合物复合材料、C/C（碳/碳）复合材料等先进复合材料技术难点，深化复合材料原辅材料（新型树脂基体、碳纤维、芳纶纤维等）研制开发力度，实现长期依赖进口的关键材料升级换代。

（2）强化复合材料结构设计能力，利用复合材料性能的“可设计性”使材料达到最优的性能组合，如增强纤维（玻璃纤维、碳纤维、芳纶纤维、硼纤维、碳化硅纤维等）、基体树脂（不饱和聚酯、乙烯基树脂、环氧树脂、尼龙、聚酰亚胺树脂等）；实现自我提升，并最终实现轨道交通装备用新型复合材料技术的超越。

（3）形成复合材料制造工艺研究技术积累，充分发掘在热压罐、RTM、VARI、缠绕、模压、拉挤等全套复合材料制备技术方面的优势，解决新型轨道交通装备对复合材料及其构件产品的迫切需求问题。

（4）重视测试评价研究工作，建造我国轨道交通装备用新型复合材料数据库，形成复合材料的结构设计技术，强度分析技术，制造一体化产品设计技术等，并在先进轨道交通关键装备中示范应用。

（5）拓展复合材料在轨道交通等重要高端市场的应用，打通产业链上下游，巩固壮大现有先进复合材料产业链，完善“原辅材料—复合材料—复合材料构件—应用市场”产业链协同格局。

（6）组建产学研用联合体，协作分工。复合材料企业、高校、科研机构或其他组织机构组建我国轨道交通装备用新型复合材料技术创新战略联盟，以企业的发展需求和各方的共同利益为基础，以突破轨道交通装备用新型复合材料关键技术为目标，以具有法律约束力的契约为保障，形成联合开发、优势互补、利益共享、风险共担的技术创新合作组织，通过产学研用的方式，实现轨道交通装备用新型复合材料技术国产化。

（四）推进重点

车辆结构的轻量化是现代车辆制造技术所追求的目标。这是因为轨道交通轻量化能够降低轨道线路的建设与维修保养费，减少电力和电网设备维护，提高环保性能、车辆行走能力，与未来轨道交通提速的战略相匹配。实现轻量化的主要途径基本可以归纳为两个方面：一是合理优化结构设计，二是新材料的应用。

合理优化结构设计是在初定结构基础上以材料强度、刚度等约束函数，质量为目标函数，运用强度理论和优化设计分析程序寻求最佳设计方案，经验证明，通过优化计算设计车体结构质量一般可减轻 10%；另一主要途径为新材料的应用，是轨道交通轻量化的重要措施，一般减轻质量在 25%左右。复合材料由于其优异的性能与高自由度的设计性，逐渐开始在轨道交通领域崭露头角。复合材料是由基体材料（聚合物材料、金属、陶瓷）和增强体（纤维、晶须、颗粒）复合而成的具有优异综合性能的新型材料，是 21 世纪发展最迅速的新材料之一。我国轨道交通建设已进入繁荣期，这为复合材料产业提供了一个大有可为的崭新平台。用复合材料做成的构件质量轻、强度高、刚性大、耐腐蚀，对减轻车厢质量，降低噪声、振动，提高行走能力、安全性、舒适性，减少维修等均有重要作用，并且具有无可比拟的可设计性，已成为理想的高速轨道交通用结构件。除用作轨道交通内部设施和装饰材料外，其在承重结构上的应用也越来越广泛。

为了进一步推动轻量化复合材料在轨道交通领域的应用，有必要加强对轨道交通用新型复合材料的研究，包括以下 6 个方面。

1. 新型复合材料构件结构设计技术研究

（1）轨道交通用复合材料构件结构设计技术研究

轨道交通用新型复合材料已在轨道交通领域获得了广泛的应用，主要应用包括车身、地板、墙板、行李舱、门窗框架、座椅、洗漱间、水箱、箱体、车前头盖板、车顶板、兼做空调风道的天花板、餐车空调盖板的侧天花板、受电弓罩等部件。新型复合材料的应用范围很广，应用形式也很宽泛，其结构形式（层板结构、夹层结构等）以及工况要求（载荷工况、功能要求工况等）不尽相同，而复合材料相对于其他材料而言最大的优点之一就是其可设计性，因此有必要针对不同部件的新型复合材料开展结构设计技术研究，在保证结构安全性的前提下，尽可能减轻复合材料用量，减少装配连接用金属零件数量，优化新型复合材料结构设计。

（2）轨道交通用复合材料构件结构降噪阻尼减振抗冲击一体化设计技术研究

客运车辆的舒适性与轨道交通的噪声息息相关。随着列车速度的提高，轮轨相互作用、弓网间以及空气动力学等作用的不断增强，振动和噪声日益严重，车厢内部噪声的核心问题是抑制车外噪声向内部传递，最有效的方法是通过列车内部声学材料与结构的优化来有效吸收和隔离轮轨噪声、气动噪声和转向架共振诱发的结构振动噪声等。由于车厢内壁板与主体结构间铺设大量的保温材料，因此在保证车厢内部温度、湿度等环境要求下，开展保温、降噪、减振一体化多功能复合材料设计技术进行内部噪声控制，对降低高速列车车厢内部噪声以及提高乘客的舒适度有着重要的意义。

2. 新型复合材料构件材料技术研究

由于不同的应用环境、工况、载荷要求，轨道交通用新型复合材料构件的功能特性也不尽相同，因此复合材料的增强纤维、树脂基体也应具有不同的性能。因此，针对不同使用环境的轻量化复合材料构件，需开展特定的材料技术研究。针对壁板类部件，可采用轻量化的夹层结构复合材料；针对车架等在持续振动、冲击等载荷作用下的部件，需要开发具有阻尼减振降噪功能一体化的复合材料；针对内饰板、客舱地板等典型部件，除了力学性能要求外，还需要复合材料满足阻燃、逸出有害气体及生物防护等安全性要求。这些不同工况、不同材料需要进一步开展下述研究工作以支撑新型复合材料在轨道交通领域里的应用。

①结构阻燃一体化复合材料研制；

②结构阻尼减振一体化复合材料研制；

③结构降噪一体化复合材料研制；

④结构生物防护一体化复合材料研制；

⑤结构雷电防护一体化复合材料研制；

⑥结构隔热保温一体化复合材料研制；

⑦结构透玻一体化复合材料研制；

⑧结构电磁屏蔽一体化复合材料研制。

3. 新型复合材料构件成形技术研究

不同新型复合材料构件的材料特性、结构特性及功能特性的差异，使得其具有不同的成形工艺特点，采用合理的成形工艺技术，不仅可以发挥新型复合材料的优势，同时可以降低制造成本、保证新型复合材料成形质量，促进批量化生产与应用。因此，需要进一步开展新型复合材料构件成形工艺技术研究。

（1）整体制造技术研究

由于减少构件数量，会大大降低复合材料大结构件的复杂性，并减少实际生产及总装所需要的工作量，降低总体成本，故需开展大型复合材料构件的整体制造技术研究，以有效地减少构件数量与装配用连接件数量，提高构件的整体结构性能。

（2）低成本制造技术研究

低成本制造技术的范围较广，一般将成形效率高、成品率高和原材料适用性广的工艺技术称为低成本技术。对于高速轨道车辆制品而言，低成本制造技术是指多种成形工艺协作的系统。因为制造大而复杂的高速轨道车辆产品，通常只有应用多种成形技术才能达到理想的效果（比如减重、高性能等）。德国AEG和MBB公司在开发转向架时同时应用了模压、缠绕、拉挤成形技术以及黏结技术。因此只有将各种工艺和技术有机融合，复合材料才有可能在高速轨道交通领域得到更新和更多的应用。

低成本自动化制造技术已经成为发达国家复合材料的核心制造技术之一，正在大力推广应用之中，如应用于第四代战斗机、大型商用客机及运输机复合材料机身。低成本自动化制造技术的采用能够大大促进复合材料产品降低成本，是其得到更广泛应用的必由之路。自动化制造技术包括纤维缠绕、自动铺带以及自动铺丝技术。针对不同结构尺寸复杂程度的构件选用相应的成形方式，能够有效地控制成本，因此，需要进一步开展新型复合材料低成本自动化制造技术研究。

4. 新型复合材料构件评价技术研究

新型复合材料构件的一些功能特性的评价，如阻燃、逸出有害气体、烟密度、生物防护指标、绝缘、减振、隔振、降噪、抗冲击、耐腐蚀、耐疲劳（高低温交变等）等功能的评价，需要针对性地开展特定测试评价研究工作。这种测试评价研究工作需要结合高铁的实际应用工况，从仿真模拟、试验条件的制定、试验测试、结果分析到评估分析，全方位地支撑新型复合材料在轨道交通领域的应用。

5. 新型复合材料构件应用技术研究

新型复合材料在轨道交通领域的应用前景巨大，而新型复合材料的结构、功能特性及其无可比拟的可设计性为持续扩大新型复合材料在轨道交通领域的应用奠定了坚实的技术基础。有必要结合轨道交通构件的特点，进一步挖掘新型复合材料的特点，扩大其应用。

应从以下几个方面开展研究工作。

（1）复合材料加工装配技术研究

尽管复合材料构件可通过成形工艺设计减少零件的数量和通过近净尺寸成形技术减少加工工序的时间，但不可避免的，复合材料在实际应用过程中会涉及加工装配工作。此外，复合材料结构件固化后，因内应力释放等因素影响，毛坯件存在椭圆和翘曲变形，对接面及形位公差要求较高的表面需依赖机械加工来保证其精度要求。而先进复合材料的增强纤维和树脂基体不尽相同，其性能也有着很大差异，这些材料性能的差异以及成形工艺特点，都对复合材料的加工及装配技术提出了更高的要求。先进复合材料的加工和装配涉及多种技术，包括：

①复合材料加工工艺技术（磨、铣、钻、车等）；

②芳纶纸蜂窝的加工工艺技术；

③复合材料加工刀具的选择；

④复合材料制孔工艺技术；

⑤复合材料装配用金属零件的选择；

⑥复合材料装配用金属零件的处理。

因此，需要针对不同材料及成形工艺的先进复合材料的加工及装配技术开展研究工作。较为常见的先进复合材料包括碳纤维复合材料、玻纤复合材料、芳纶复合材料和芳纶纸蜂窝夹层结构复合材料。

针对碳纤维和玻纤复合材料的加工，一般使用电镀金刚石刀具，型面加工用碗式砂轮，曲面加工使用球形砂轮，窗口和型腔加工使用磨棒。对于碳纤维和玻纤复合材料的加工，其难点在于钻孔加工过程容易引起孔周围复合材料的缺陷。在碳纤维复合材料上钻孔时，钻削轴向力引起层间应力，当层间应力大于树脂强度时，孔壁出现分层缺陷。钻出时，待加工材料层不断减薄，材料刚性下降，外层纤维发生退让，纤维撕裂。需要针对性地开展加工工艺研究、加工刀具选择研究等研究工作。

对于芳纶复合材料的加工而言，芳纶复合材料的高韧性和导热性差等特点带来的影响是其难加工性，这也直接导致加工该种复合材料的困难性，除对构件的外型高精度加工展开研究外，还需针对复杂曲面构件及长径比大、精度要求高的深孔的加工展开研究，获得满足使用要求的刀具、转速和冷却技术等加工工艺参数，并开展特种非接触式先进加工工艺技术研究。

对于芳纶纸蜂窝的加工，传统的加工方法会由于蜂窝在加工时退让刀的特点引起加工精度下降的问题。采用新型的加工工艺技术如超声加工，可以提高加工质量和加工精度。因此，对于广泛采用夹层结构的轨道交通用复合材料而言，有必要针对性地开展芳纶纸蜂窝的加工工艺技术研究。

对于复合材料装配技术研究而言，不但涉及装配精度问题，还涉及装配用连接金属件的选择，金属件使用前的处理，紧固件的防松措施，以及螺钉拧紧应力的设置等技术问题。设定不同安装拧紧应力，考察不同拧紧应力下，轨道交通用新型复合材料构件对于局部应力集中的响应，获得最佳最优化装配工艺参数。从装配技术上来控制构件尤其是薄壁结构的变形量，实现构件的高精度装配，降低装配过程所产生的内应力，增强构件的使用安全性和延长使用寿命。

（2）轨道交通用复合材料修补技术研究

随着新型复合材料在轨道交通领域的大量应用，使得复合材料部件在运营过程中不可避免地造成结构性缺陷或损伤，复合材料部件加工过程中出现损伤的概率也伴随增加。复合材料损伤的主要表现形式有分层、脱胶、表面划伤、孔边损伤、冲击损伤、裂纹、燃烧等。给运行安全带来重大隐患。理论上，损伤产生的缺陷通常都是可依据一定规范标准进行修复的，从而延长部件使用寿命，降低使用成本。因此，开展复合材料修补技术研究是十分必要的。很多新型复合材料部件，一旦有超过质量检验标准的缺陷存在就报废，在经济上是很不合理的，尤其是当部件较大、价格昂贵时。应进行适当的修复以满足生产和使用成本上的需要，因此在这方面开展相关技术研究工作是十分必要的。

（3）智能轨道交通用复合材料

在复合材料构件内嵌入多功能智能纤维实时诊断复合材料构件损伤情况，并据此实现结构健康监测并调整整个构件的工作状态，对构件的内部结构进行连续控制与无损探伤，以避免危险事故的发生。

（4）轨道交通用复合材料构件无损检测技术

传统的声学无损检测技术（超声波、敲击法）很难对夹层结构的胶接质量进行可靠的判断，并且也很难实现现场实时监测，无法解决这一问题会导致轨道交通用复合材料构件使用的可靠性受到影响，为此，需开展多种无损检测方法效果评价研究，同时综合考虑效率、成本、可靠性等因素，从而获得满足夹层结构适用性要求的无损检测方法。采用新型无损检测技术在现场跟踪获取轨道交通用复合材料构件的材料本体损伤情况，进而获得轨道交通用复合材料构件的失效判据。

考虑到轨道交通用复合材料构件存在在装配工序过程中受到下落异物（如扳手）的撞击、使用工况条件下会受到冰雹撞击的可能，针对此等意外情况，有必要对轨道交通用复合材料构件是否产生冲击损伤从而影响其使用性能而做出有效判断，从而获得轨道交通用复合材料构件的失效判据。

（5）轨道交通用复合材料构件舒适性研究

随着全球高速列车的发展，列车车厢舒适性受到越来越多的关注和重视。车厢舒适性来源于旅客的个人体验，但这种体验基于列车车厢的整体环境和温馨的列车车厢服务。影响列车车厢舒适性的因素较多，主要包括空间要求、内饰系统、空调系统、照明系统、噪声控制和列车车厢服务。对于轨道交通用复合材料构件来说，提高舒适性主要从内饰系统与噪声控制入手。内饰系统与列车车厢舒适性紧密相关，能为旅客提供美观实用的装饰件和设备。内饰设计包括内饰件的工业设计和工程零件设计。工业设计主要包括造型、色彩和纹理。噪声控制从材料技术方面入手，结合噪声设计技术，实现噪声的有效控制。

6. 平台建设

建立研究开发平台，包含理论计算及材料体系数据库建设，并形成如下标准：

①轨道交通用复合材料树脂体系技术标准；

②轨道交通用复合材料增强纤维材料技术标准；

③轨道交通用复合材料预浸料技术标准；

④轨道交通用复合材料构件成形工艺标准；

⑤轨道交通用复合材料构件无损检测标准；

⑥轨道交通用复合材料构件装配工艺标准；

⑦轨道交通用复合材料构件验收标准；

⑧轨道交通用复合材料构件修复标准。

同时，形成轨道交通用复合材料构件预浸料制备规范，轨道交通用复合材料构件装配规范等。

（五）实施路径

促进复合材料企业与轨道交通装备制造企业的双向合作。通过合作，复合材料企业可以了解并解决铁路行业当前存在的技术问题，研制出具有阻燃、抗紫外、耐高温、抗老化、高强度、高模量、质量轻等一系列高性能新型复合材料及其制品，在国内和国际新型高速列车和城轨列车上获得规模化应用。

组建复合材料行业联合开发平台。呼吁国内有实力的复合材料企业加强合作，如时代新材、海利化工、博云新材、中国航天集团航天材料与工艺研究所等，共同研究行业基础理论，解决共性技术问题，制定相关行业标准，联合开发高端复合材料。在组建联合开发平台的同时也要加强与高等院校合作，如中南大学、国防科技大学等，充分利用其科研资源，进行相关研究，实现长期依赖进口的关键材料升级换代。

组建产业技术创新战略联盟。以复合材料的应用需求为导向，由复合材料企业牵头开展各项工作，包括：

①联合中南大学、中国航天集团航天材料与工艺研究所等高校和科研机构对轨道交通用新型复合材料技术和理论进行研究；

②联合复合材料行业上游企业，如巴陵石化公司、时代新材等，对复合材料基础研究和复合材料原辅材料研发生产进行调研并开展相关研发、试验等工作；

③联合复合材料行业中游企业，如顶立科技、江南四棱数控机械有限公司等，对复合材料成形设备制造技术等进行研发；

④联合复合材料行业下游企业，如博云新材等，对复合材料产品及应用进行研发生产，在壮大复合材料产业领域自身的同时，推动复合材料技术的发展。

企业建立复合材料人才的储备队伍，强化企业科研创新能力。企业的发展归根到底还是依托专业人才的发展，要加强同高校合作联合培养，向企业输送复合材料专业人才。复合材料企业可以将生产一线中遇到的实际问题作为高校科研的重点，通过科研攻关，将新成果应用到实际工程实践中，并促进生产的发展。复合材料企业要与高校共同制定培养目标、共同建立课程体系和教学内容，共同实施培养过程，共同评价培养质量。学生要有一定的时间在企业学习，深入开展工程实践活动，参与企业技术创新和工程开发。复合材料企业要重视内部技术人员的培养，构建分类分层专业技术人员的继续教育体系，形成专业技术人员继续教育的长效机制。通过集中培训、岗位轮训、高校进修、出国考察、科研攻关、在线学习等形式，进行专业技术人员的继续教育。

（六）政策保障

鼓励复合材料企业创新，将轨道交通装备用新型复合材料的研发作为高新技术项目，允许企业申请国家资金支持。

通过政府引导，鼓励有能力的民营复合材料企业参与国家重大轨道交通装备国产化建设，并优先选用合格的复合材料产品替代进口。

重视轨道交通企业科技创新人才的培养和引进，在职级职称评定、专利申报、科技成果鉴定等方面提供优质的服务。

充分发挥轨道交通装备用新型复合材料产业协会、轨道交通装备用新型复合材料产业创新联盟和各类创新服务平台的作用，建造我国轨道交通装备用新型复合材料数据库，强化与复合材料企业的合作，实现协同发展。

（七）推进路线

推进路线表，见表 3-3。

表 3-3　推进路线表

研究项目	研究子项	2020 年	2025 年
先进复合材料在轨道交通装备领域的研究	壁板类部件研发	轻量化的夹层结构复合材料研发和应用	—
	车架等在持续振动、冲击等载荷作用下的部件研发	阻尼减振降噪功能一体化的复合材料研发和应用	—
	内饰板、客舱地板等典型部件研发	芳纶蜂窝复合材料制备技术研究	满足力学性能、烟毒性等安全性能研发应用
复合材料构件结构设计技术研究	轨道交通装备用新型复合材料轻量化研究	能够批量生产满足工况要求和结构形式的轻量化产品	—
轻量化复合材料构件成形技术研究	复合材料成形技术	充分发掘热压罐、RTM、VARI、缠绕、模压、拉挤等全套复合材料制备技术方面的优势	—
	聚合物基体复合材料制备技术	—	实现国产化

续表

研究项目	研究子项	2020年	2025年
	高性能纤维及其复合材料制备与应用技术	—	实现国产化
复合材料构件评价技术研究	功能特性的评价	实现仿真模拟、试验条件制定、试验测试、结果分析到评估分析	建成我国轨道交通装备用新型复合材料数据库
新型复合材料构件应用技术研究	货运轨道交通的设计与生产应用技术	高性能树脂基体及其预浸料；复合材料阻燃改性及高效隔音机理研究	—
	磁悬浮车辆的设计与生产应用技术	复合材料隔音阻燃性能及其机理研究	—

经过研究开发平台的建设，实现轨道交通用复合材料的材料性能、设计参数等大数据的统筹与集合，以利于指导以后的轨道交通用复合材料构件的设计与制造。

四、轨道交通装备用轴承“一条龙”推进路线

（一）必要性分析

轨道交通尽快在向磁悬浮列车等新型交通模式发展，但是目前无论是大铁路，还是城轨交通，主要是采用传统的轮轨模式，也就是车辆依靠车轮在钢轨的滚动，利用钢轨实现对车辆的支持与导向。因此，铁路从1825年诞生到今天，都离不开一个重要零部件——轴箱轴承，实现车轮的灵活旋转。除了轴箱轴承，在传动系统中，还需要电机轴承和齿轮箱轴承，以保证电机转子和齿轮高速旋转。随着高速铁路和重载铁路运输的不断发展，轴承转动速度和载重在不断提高，轴承越来越难以满足轨道交通发展的需求，而且在轨道交通运行中，因为轴承失效导致的轨道交通车辆停止运行的事故时有发生，甚至因为轴承失效导致的热轴和切轴恶性事故也有发生。因此，轴承工业的发展水平严重影响着世界轨道交通，特别是高速铁路的发展。

目前，全球轨道交通市场持续稳定增长，中国在轨道交通的发展规模和速度居世界前列。轨道交通用轴承属于铁路的关键部件，根据使用部位主要分为牵引电机轴承、齿轮箱轴承和轴箱轴承等，主要轴承型号见表3-4。

表 3-4 铁路轴承主要部位和轴承系列

配套轴承部位	轴承类型	主要轴承系列
轴箱	圆柱滚子轴承、深沟球轴承、四点角接触球轴承、圆锥滚子轴承	NU32 系列、NU23 系列、NUHJ2232、30 系列、31 系列、30 系列、QJ322、QJ3234、62 系列、63 系列等
牵引电机	圆柱滚子、深沟球轴承	NU210、NU214、NU215、NU1022、6319、6016 等
轮对轴承（转向轴承）	双列圆锥滚子轴承	352220X3、352226X2、352230X2

高速铁路轴承基本要求精度高（尺寸精度和旋转精度）、寿命长，安全性和可靠性要求异常严格。而目前国内轴承厂家无论是在轴承的基础性研究，还是在制造水平和检测水平上，相比国外铁路轴承企业都有较大差距，所以高端铁路轴承一直被日本、德国、瑞典等少数几个国家垄断，动车组 CRH1 和 CRH5 主要由 SKF 提供轴承、CRH2 主要由 NTN 和 NSK 提供轴承、CRH3 和 CRH380 主要由舍弗勒旗下的 FAG 提供轴承。铁路关键轴承长期依赖进口，不仅采购周期长，而且价格和维修费用也较高，再加上国外轴承企业对我国的技术封锁，所以发展国内高端铁路轴承，实现铁路轴承国产化是当务之急。国家“十三五”工业强基工程及中国制造强国战略都对发展轨道交通轴承有重要指示。

（二）需求分析

轨道交通是我国发展的重点领域，是国家“一带一路”倡议、高铁“走出去”和制造强国战略等的具体抓手。高铁领域，截至 2019 年年底，高铁运营里程为 35378 千米，动车组保有量约为 3500 组，车辆密度为 0.79 辆/千米，远低于近三年平均水平 0.9 辆/千米，车辆缺口进一步扩大，预计 2020—2022 年高铁平均通车里程超过 4000 千米。按照保守假设 0.8 辆/千米的配车密度，未来三年需新增动车组 1212 组，平均每年 404 组。轨道车辆的增加，伴随的是轴承需求数量的持续增加，包括新增车辆的需求，以及检修的需求，而且未来新增车辆会趋于饱和，检修所需轴承量将越来越大。2015 年中国高速铁路轴承市场容量约 10 亿元，2020 年仍会保持良好的增长趋势，达到 20 亿元的市场容量。

轴承行业在我国也在“蓬勃发展”，我国的轴承生产企业有四五千家，但是能生产高档轴承（高速、重载轴承）却寥寥无几，其中，我国多如牛毛的轴承生产工厂的销售收入总和，还赶不上一两个国外知名企业（如 SKF 公司）的产值。轨道交通用轴承也是同样境况，目前铁路上用的轴承除了有国企“洛轴”“瓦轴”等，还有“天马”等私企，供货的范围仅仅在低速领域，160km/h 及以上的机车车辆目前均采用 SKF、FAG、NSK、NTN、KOYO 等国际知名品牌轴承。蓬勃发展的我国轨道交通产业，特别是世界领先的高速铁路，并没有给我国的轴承工业带来升级与发展。究其原因，一方面是我国采用引进消化吸收再创新的轨道交通发展太快，特别是高速铁路的发展，对轴承应用提出新的要求，我国原有的轴承产品无法适应轨道交通的发展；与此同时，国外轴承产品却在不断利用研发的优势，不断跟踪我国轨道交通的发展，如 SFK 和 FAG，根据 CRH380 高速列车的研发需求，研制出高端的高速轴承，并利用中国庞大的高速列车运用经验，在不断提高他们的产品质量和适应性。这些因素造成国内外轨道交通用轴承产品的差距越来越大，中国轨道交通轴承需求成为国外轴承企业独享的美羹。

轨道交通一直在追求国产化率，高速列车也在强调自主化、国产化。这给轨道交通用轴承的国产化提供了很好的国家政策支持与发展导向，中国轴承企业有机会分享我国轨道交通发展所带来的巨大市场，进一步来支撑中国轨道交通的可持续发展和“走出去”。

（三）推进思路与目标

为实现轨道交通轴承的国产化，建议推进思路如下。

1. 系统认识轨道交通产品，掌握应用需求

对于高速列车等新发展的轨道交通，我国轴承企业首先应该充分了解轨道交通产品对轴承应用的需求，如服役载荷形式、振动环境等，为轨道交通用轴承的研发提供依据；其次，利用好我国政府统筹的机制优势，与轨道交通研究、设计、生产、运用和维修部门一起，从轨道交通装备运用的要求方面进行轴承的运用设计，优化轨道交通装备轴承的运用效率和运用环境，从而进一步提高轨道交通产品质量。

2. 建立轨道交通轴承研发理论体系，支撑产品的研发

我国轴承企业多如牛毛，但小型分散，缺乏研究与开发能力，轴承设计存在模仿现象。轨道交通由于振动的恶劣环境，轴承应用条件更加苛刻。因此，需要发展更加符合高速列车等轨道交通运用要求的轴承设计理论，包括以轴承为研究核心，考虑轨道交通装备系统振动的动力学理论等，并形成有一定体量的研究队伍，支撑轨道交通轴承的设计。

3. 城市轨道交通、动车、高铁轴承逐步推进

城市轨道交通（地铁和轻轨）由于速度较低（一般小于 140km/h），对轴承的性能要求也相对较低，而且目前国内轴承企业已经有部分配套，所以轴承企业应先以实现城轨轴承国产化为目标，积累经验。逐步过渡到实现一般动车组轴承（160km/h 和 200km/h），高速动车组轴承（250km/h 以上）的国产化。

4. 以国外先进轴承企业产品为标杆，实现超越和创新

国内轴承厂家借鉴铁路轴承领头企业（SKF、FAG、NTN、NSK 等）开发产品的特点以及对轴承的开发经验，实现自我提升，并最终实现铁路轴承技术的超越。

5. 组建产学研用联合体，协作分工

轴承制造企业、大专院校、科研机构和其他组织机构组建铁路轴承技术创新战略联盟，以企业的发展需求和各方的共同利益为基础，以突破铁路轴承关键技术为目标，以具有法律约束力的契约为保障，形成联合开发、优势互补、利益共享、风险共担的技术创新合作组织，通过产学研用协同创新、战略合作的方式，实现高端铁路轴承的国产化。

6. 轨道交通轴承实现的目标

争取 2020 年实现城轨交通和 200km/h 速度等级及以下的机车车辆关键轴承的国产化，2025 年实现高速列车关键轴承的国产化。同时建立比较完善的轨道交通用轴承的理论体系、产品与评价标准、试验与检测平台。

（四）推进重点

1. 高速铁路（200km/h 以上）轴承设计与评价方法

（1）深入理解轴承和油脂的摩擦磨损性能、耐热耐蚀性能和抗疲劳特性，了解轨道交通振动环境对轴承应用的影响。

（2）结合轨道交通装备工作的环境特点，提出考虑轴承应用环境（振动、热、空气质量）轴承分析理论和设计方法；根据轨道交通装备结构，从冷却、润滑和减振等方面，优化轴承服役条件，改进轴承设计水平，并优化润滑技术。

（3）在以上基础上，研究高速铁路专用轴承的耐久性能、密封性能和综合性能。

（4）组建铁路轴承耐久试验台、高速铁路轴承防水密封性能试验台、高速铁路轴承防粉尘密封性能试验台及综合性能试验台等，开展轴承试验和评价方法研究。

2. 鼓励国内有实力的轴承制造企业组建现代化的铁路轴承制造工厂及相应的技术团队

（1）具有先进的轴承制造、检测和试验设备，能够实现轴承从生产制造到试验评估的全过程监控。轴承制造设备包括先进的专业化磨加工、超精加工设备，以及滚子高速冷镦机，双端面和球基面磨床等。检测设备能够精确地测量铁路轴承的关键控制参数。保证轴承的精度和精度保持性、性能和性能稳定性、使用寿命和可靠性达到国际先进水平，主要的技术指标满足高速铁路轴承高精度、高性能要求。试验设备应能够测试轴承、油脂、保持器的主要性能。

（2）具有现代化的生产管理理念。轴承企业内部应普及卓越绩效、六西格玛、精益生产、质量诊断、质量持续改进等先进生产管理模式和方法。

（3）人才队伍建设。轴承企业应具有能够掌握现代生产管理知识的管理人才队伍、具有相当理论基础、解决实际问题能力和创新精神的专业技术队伍以及具有较高实践经验的技能人才队伍。

（4）具有服务型制造理念。轴承企业应能够提供铁路行业的整体解决方案，为客户提供精准的定制化个性化服务，能够实现产品的全生命周期的运维和在线支持服务。具体体现在两个方面，一方面是产品先期设计过程中为客户提供轴承产业和轴承应用的信息服务，轴承产品设计、技术研发服务，与轨道交通制造企业合作，同步研发，或超前进行配套轴承的研发，以及轴承应用的整体和系统解决方案；另一方面是轴承使用过程中能够提供安装、维护的现场服务，节约用户资源的轴承持续供应，再用轴承的技术升级和持续质量改进，轴承使用过程中的智能监测、故障诊断与维护，报废轴承的回收再制造，现代物流服务等。

3. 为实现轨道交通轴承国产化，国内轴承行业应重点突破一些铁路轴承关键技术

铁路轴承关键技术，见表 3-5。

表 3-5　铁路轴承关键技术

关键技术		国内现状	国外现状	目标
轴承材料		主要有电渣重熔的高碳铬轴承钢 GCr15 和 GCr18Mo，渗碳轴承钢 G20CrNi2MoA，渗碳钢主要应用在轮对轴承上。Gcr18Mo 一般采用贝氏体等温淬火工艺，但是对于高速铁路轴承、GCr18Mo 的等温淬火是否满足要求仍待进一步验证	国外轴承原材料一般采用真空熔炼钢，SKF 开发了氧含量极低、强度更高的贝氏体轴承钢 SKF XBITE II 钢以及相应的贝氏体淬火工艺；NTN 开发了抗疲劳性能更好的 STJ2 材料等	开发含氧量低（$<5\times10^{-6}$），耐冲击、强度高的贝氏体轴承钢
热处理工艺和设备		对于铁路牵引电机轴承主要采用马氏体淬火、贝氏体淬火工艺，轮对轴承主要采用渗碳工艺，热处理设备落后，造成效率低、热处理件性能差	对铁路轴承主要采用贝氏体淬火和渗碳工艺，具有先进节能的热处理设备和成熟的热处理工艺，而且效率高、污染小。通过材料和热处理工艺的优化，轴承热处理件性能稳定	开发优质高效、绿色节能的下贝氏体等温淬火热处理生产线
绝缘技术	绝缘涂层	国内轴承生产企业可以生产 Al_2O_3 涂层的绝缘轴承，但是喷涂主要依靠国外工厂，国内喷涂尚不能产业化	等离子喷涂 Al_2O_3 涂层或者表面涂覆 PPS 树脂涂层，要求绝缘轴承和标准轴承具有互换性。如 SKF 研发的 INSOCOAT 轴承，FAG 研发的 J20 系列绝缘轴承，NTN 开发的 MEGAOHM™ 系列轴承等	开发成本较低，性能稳定的绝缘涂层，并形成产业化
	混合轴承	由于涉及陶瓷（Si_3N_4）及加工，且陶瓷滚动体脆性较大，所以混合轴承还没有运用到国内铁路轴承上	国外轴承企业能够开发技术成熟的混合轴承，如 SKF 开发的牵引电机混合轴承和轴承单元，主要应用在高频工况中，但是由于陶瓷球成本高，应用不广	开发成本较低、有较高韧性的陶瓷滚动体，并形成产业化
高精度滚子制造技术		国内各生产企业制造的滚子性能参数一致性较差（如滚动表面粗糙度、滚动表面圆度、凸度等），未达到高速铁路轴承的性能要求	具有高效高精度多工位滚子冷镦机，以及高精度无心磨床、外圆超精机、滚子双端面磨床、球基面磨床等先进设备，能够保证滚子质量的一致性	能够大批量生产 0 级圆柱滚子、1 级圆锥滚子，满足铁路轴承需求

续表

关键技术	国内现状	国外现状	目标
保持器制造技术	较多使用钢保持器和铜保持器，少量使用塑料保持器，对铁路轴承用塑料保持器的研究刚起步	国外的轴承企业已经大量普及塑料保持器（尼龙、PEEK等），而且通过CAE设计技术可以使保持器性能达到最佳，SKF过半的保持器都使用塑料保持器，并在一定尺寸范围内选作标准保持器	从材料、结构设计、模具设计、成形工艺等方面对塑料保持器进行研究，形成塑料保持器的产业化
密封和润滑技术	国内企业对高速铁路轴承的润滑和密封研究较少	国外企业根据铁路轴承的使用工况开发出了长寿命合成润滑剂，如SKF开发的LGRT2润滑脂，NTN开发的高性能润滑脂UPG2，密封结构一般为迷宫式	通过对轴承润滑和密封的研究开发出长寿命润滑脂和密封材料以及结构合理的密封结构
磨超加工设备	设备精度和性能虽能达到或接近国外同类产品水平，但性能稳定性和精度保持性与国外设备有较大差距。而且设备连线技术和国外先进水平相差较大	磨超设备能够实现数字化管控，自动生产线实现连线操作，可以在线自动检测、反馈、补偿、统计、纠错、防漏等	制造出的产品精度和精度保持性、性能和性能稳定性、加工效率、自动化智能化程度达到国际先进水平

4. 新一代高集成智能轴承单元的研发和储备

（1）铁路轴承单元是行业新开发的产品，它的结构更加紧凑和轻量化，具有节省空间、自密封和预润滑特点。

（2）轴承单元对油脂、密封都有特殊设计，能够明显延长轴承的检修周期，提高铁路的运行性能。

（3）通过把传感器集成到轴承单元当中，可以在线检测轴承速度、加速度、工作温度、磨损和噪声等特性。

（4）目前应用最成熟的铁路轴承单元包括SKF设计的铁路轴承单元，如轮对轴承单元（圆锥轴承单元、圆锥轴承单元）、牵引电机轴承单元（圆锥轴承单元、深沟球轴承单元）以及舍弗勒设计的轮对轴承单元等。

（5）国内轴承企业可以通过借鉴国外先进技术，最终开发出带嵌入式预紧力和润滑等服役状态自动调控装置的智能轴承单元。

（五）实施路径

（1）促进轴承企业与轨道交通制造企业双向合作。通过合作，轴承企业可以了解并解决铁路行业当前存在的技术问题，同时借助轨道交通平台引进国外先进轴承部件，开展轴承逆向研究，并进行装车试验，提升轴承制造水平。

（2）组建铁路轴承行业联合开发平台。呼吁国内有实力的轴承企业加强合作，共同研究产品基础理论，解决共性技术问题，制定相关行业标准，联合开发高端铁路轴承。

（3）组建产业技术创新战略联盟。

①以铁路轴承需求为导向，由轴承企业牵头开展各项工作，联合高校和科研机构对铁路轴承关键技术和理论进行研究。

②联合铁路轴承行业上游企业对牵引电机轴承和轴箱轴承的工况进行调研并开展相关研发、试验等工作。

③联合铁路轴承行业下游企业对铁路轴承的配件、设备等进行研发生产。

④企业建立铁路轴承人才的储备队伍，强化企业科研创新能力。轴承企业可以将生产一线中遇到的实际问题作为高校科研的重点，通过科研攻关，将新成果应用到实际工程实践，并促进生产的发展。轴承企业要同高校共同制定培养目标、共同建设课程体系和教学内容，共同实施培养过程，共同评价培养质量，学生要有一定的时间在企业学习，深入开展工程实践活动，参与企业技术创新和工程开发。轴承企业要重视内部技术人员的培养，构建分类分层的专业技术人员的继续教育体系，形成专业技术人员继续教育的长效机制。通过集中培训、岗位轮训、高校进修、出国考察、科研攻关、在线学习等形式，进行专业技术人员的继续教育。

（六）政策保障

（1）鼓励轴承企业创新，将铁路轴承的研发作为高新技术项目，允许企业申请国家资金支持。

（2）通过政府引导，鼓励有能力的民营轴承企业参与国家重大轨道交通装备国产化的建设，并优先选用合格的国产轴承替代进口轴承。

（3）重视轨道交通企业科技创新人才的培养和引进，在职级职称评定、专利申报、科技成果鉴定等方面提供优质的服务。

（4）充分发挥轨道交通装备产业协会、轨道交通装备产业创新联盟和各类创新服务平台的作用，强化与轴承企业的合作，实现协同发展。

（七）推进路线

推进路线图，见表 3-6。

表 3-6　推进路线图

研究项目	研究子项	2020年	2025年	2030年	2035年
轨道交通轴承产品	城际轨道交通关键轴承	实现牵引电机轴承和轴箱轴承国产化			
	普通动力组关键轴承	完成动力组牵引电机轴承、轴箱轴承的试验测试		实现牵引电机轴承和轴箱轴承国产化	
	高铁关键轴承	完成高铁牵引电机轴承、轴箱轴承的试验测试			实现牵引电机轴承和轴箱轴承国产化
轴承基础元件的研发	贝氏体钢和热处理工艺研究	开发出高强度、高韧性新型贝氏体钢，并总结最优化的热处理工艺			
	滚动体开发	能够批量生产 0 级圆柱滚子、1 级圆锥滚子，满足铁路轴承需求			
	塑料保持器开发	开发出成本低、结构合理、耐冲击、稳定性和安全性优异的塑料			
	润滑脂和密封材料的开发	开发适合铁路工况的长寿命润滑脂 开发长寿命密封材料以及密封结构			
	绝缘材料及工艺研究	开发性能优异的绝缘涂层 开发韧性、精度等性能优异的陶瓷滚动体			

续表

研究项目	研究子项	2020年	2025年	2030年	2035年
轴承单元及传感器研究	轴承单元制造	单元化轴承设计和制造技术研发应用			
		开发带传感器的，具有远程轴承运行状态自动检测、故障自动诊断和报警的轴承单元			
		开发带嵌入式预紧力和润滑等服役状态自动调控装置的智能化轴承单元			
	轴承传感器及智能化系统研究	轴承速度、加速度、温度、磨损、噪声等特性的传感器的研发和应用			
		远程轴承运行状态自动监测、故障自动诊断和自动报警系统研发和应用			
		轴承预紧力和润滑等服役状态自动调控装置的研发和应用			
组建轴承试验台	耐久试验台	研究轴承耐久性能试验方法，并组建耐久性能试验台			
	轴承防水密封试验台	研究轴承防水密封试验方法，并组建防水密封试验台			
	轴承防粉尘密封试验台	研究轴承防粉尘密封试验方法，并组建防粉尘密封试验台			
	铁路综合性能试验台	研究轴承综合性能试验方法，并组建综合性能试验台			
轴承制造设备	滚子制造设备	引进国外先进滚子加工设备，并进行消化吸收，研发出国际先进的滚子加工设备			
	热处理设备	研发节能、高效、污染少的先进渗碳热处理生产线和贝氏体等温淬火生产线			
	磨超加工设备	引进国外先进磨超加工设备，并进行消化吸收，研发出国际先进的磨超加工设备			

五、高速受电弓受流滑板“一条龙”推进路线

（一）必要性分析

1. 受流滑板在轨道交通电力牵引中的重要作用

我国目前是世界上铁路建设和城市轨道交通发展最快、最活跃的国家，电力牵引是轨道交通装备动力的主要模式。电力牵引轨道交通装备从供电网接触导线通过受电获取电能，由牵引电动机驱动运行，完成牵引运输任务。其中，受流滑板位于列车车顶上受电弓的最上部，列车升起受电弓时，支撑着滑板与接触导线接触，高压供电网的接触导线与列车间通过滑板连接，电流相继经由接触导线、滑板、受电弓流入列车的牵引设备，供列车牵引使用。受流滑板发生故障时，列车只能立即停车、中止运行，严重时还会导致供电网损坏。受流滑板故障率高时，列车将无法长时间稳定运行，严重打乱运行时序。可以说，受流滑板的性能直接影响轨道交通运行质量，在轨道交通电力牵引中具有重要作用。

2. 我国在受流滑板领域开发和应用中存在的问题

自电力机车出现时起，受流滑板就同步产生和发展。我国从 20 世纪 50 年代末开始发展电气化铁路。1961 年第一条电气化铁路宝凤段开通，运行速度不高于 70km/h。当时接触导线为铜导线，滑板为软铜滑板；于 1967 年改用纯碳材料滑板，但纯碳滑板机械强度较低，冲击韧性较差，在运行中常出现滑板折断和破裂，使用寿命低，特别是在雨季和潮湿地区，因摩擦力增大，常出现弓网故障；20 世纪 80 年代以来，铜基粉末冶金材料的滑板在国内得到了不断发展和广泛应用，直至现在，在直流电力机车和城市轨道交通车辆上仍在不断应用。粉末冶金材料已成为 120km/h 以下普通客货列车和城市轨道交通车辆较为理想的滑板材料。为满足高速度的要求， 20 世纪 90 年代以来，随着与法国、德国等欧洲先进铁路企业技术交往合作的深入，国内铁路开始引进浸金属碳滑板。浸金属碳滑板为碳基体浸入了金属液烧结制成，集碳材料及金属材料的优点于一体，寿命较高（可达 20 万千米以上），对接触导线的磨耗较低（经每万弓次统计，浸金属碳滑板对接触线的磨耗仅为粉末冶金滑板的 1/6～1/4），综合性能

比较优越。目前，在 160km/h 以下铁路电力机车、中低速动车组、城市轨道交通车辆上广泛采用浸金属碳滑板。

我国在很早时候（20 世纪 60 年代）就已涉足浸金属碳滑板的研究开发工作，也取得了一些进展，如铁科院、哈尔滨电碳研究所、哈尔滨电碳厂、东新电碳厂等都开展了相关的研究和试制，但由于种种原因，一直远远低于国外水平并鲜有应用。因此国内使用的浸金属碳滑板主要有两种来源：（1）原装进口，占比较大；（2）从国外按基本尺寸定制，在国内将滑板加工成图纸要求的尺寸，这种方式是最大来源。

2004 年以来，我国又开始从日本、加拿大、德国等国引进和国产化 CRH 系列高速动车组，CRH 系列动车组代表着当前全球动车组技术的最高水平。相应的，作为动车组十大重要配套技术之一，高速受电弓和高速受流滑板也进入国内。目前，CRH 系列动车组主要装备 SSS400+/TSG19、DSA380、CX-PG 三个系列的高速受电弓，它们的技术来源分别是德国 Siemens（西门子）公司、德国 Stemmann 公司和法国 Faiveley（法维莱）公司。其中，前两系列受电弓采用的滑板是进口德国的纯碳滑板，每个受电弓安装两条纯碳滑板，第三系列受电弓采用的是法国进口的浸铜碳滑板，每个受电弓安装一条浸铜碳滑板。进口纯碳滑板密度较低，质量较轻，对接触导线的磨损较小，可以达到很高的耐冲击强度，在 CRH 高速动车组上大量使用。密度较高，质量较大，但每个受电弓只需安装一条这样的滑板，对于滑板质量具有严格限制的高速受电弓来说仍旧适用，所以进口浸金属碳滑板也在 CRH 高速列车上大量装备。国内由于能够满足 160km/h 速度等级的滑板鲜有应用，CRH 系列高速动车组全部采用进口碳滑板。

由此，可以看出我国在受流滑板领域存在着如下重大问题。

1. 理论研究及技术发展全面落后于国际水平

以纯碳滑板和浸金属碳滑板为例，国外多年前已经成功开发出可以满足 380km/h 以上高速超高速动车组的应用，并已大批量运用。我国自 20 世纪 60 年代以来开始相关技术的追赶、研究，直至现在也没有满足 160km/h 以上牵引列车应用的高性能产品，而是全面依赖于欧美、日本，只能生产低等级滑板，只能运用于中低速领域。

2. 滑板市场巨大，但研究开发乏力，产品乏善可陈，巨大的市场并没有吸引到技术的有效趋附

滑板是电力牵引列车的重要部件，又是易耗部件。以一台准高速机车运用寿命30年约运行500万千米计，寿命期内至少需要消耗100条滑板。以全路电力机车保有量8000台以上保守估算，寿命期内滑板消耗量高达80万条以上。再以一列短编动车组运用寿命20年约运行1500万千米计，寿命期内至少需要消耗400条滑板。2019年全路动车组保有量已在3665辆以上，保守估算，寿命期内滑板消耗高达146.6万条以上。再以一列城轨列车运用寿命30年约运行450万千米计，寿命期内至少需要消耗120条滑板。2020年全国城轨列车保有量预计在8000列以上，保守估算，寿命期内滑板消耗也高达96万条以上。巨大而持续的市场需求下，一批国内单位、企业也在持续不断进行滑板材料的研究开发，但仍然没有高性能产品出现。

3. 深化受流滑板领域研究开发工作的重大意义

一方面是轨道交通产业对滑板巨大的需求，一方面是国内滑板材料性能远远不能满足要求，在中高速领域完全被国外进口滑板垄断，在当今高新产品和技术日新月异、层出不穷，轨道交通技术装备水平快速发展的环境下显得格格不入。

铁路是国家关键基础设施，城市轨道交通是城市重要基础设施。受流滑板作为直接影响电力牵引列车的产品，性能不过关，列车就无法正常稳定运行，轨道交通就发挥不出应有的运输效率。因此，轨道交通车辆迫切需要装备高性能滑板。

高速铁路是国家战略新兴产业，高新产业需要高新技术装备支撑。高性能滑板完全来源于国外，相关技术受制于人，永远摆脱不了技术贫困的局面，永远无法实现技术反超，也无法在国际竞争中占据主导地位，无法支撑国家推动高铁出海的战略。所以，迫切需要开发自己的高性能滑板。

由于国外高性能滑板高昂的采购价格，在国内巨大的市场需求下，消耗了可观的外汇收入。以上述保守估算的近260万条滑板消耗量计，如果动车组单条滑板平均采购价格为700美元，机车和城轨滑板为400美元，其采购总价已

超 13 亿美元。开发自己的高性能滑板，不仅可以节省大量外汇，还可为地方带来持续且可观的经济效益。所以，也要求大力开发出自己的高性能受流滑板。

自 20 世纪 60 年代至今已有半个世纪，虽然国内一直在进行滑板材料的研发，但至今没有开发出一种质量可靠、性能优良、广泛使用的滑板。当前，我国材料科学研究已取得长足发展，材料产业方兴未艾，高新材料层出不穷，产业合作如火如荼，完全有能力、有条件研制高性能滑板材料。我们应把握轨道交通产业快速发展的战略机遇期，研制出自主的高性能滑板。

（二）需求分析

1. 从受流滑板的发展历程看我国在该领域理论研究方面的任务与要求

受流滑板经历了漫长而复杂的过程。在受流滑板材料的研究和应用方面，主要经历了纯金属滑板、粉末冶金滑板、纯碳滑板、浸金属碳滑板等几个发展过程。

（1）日本。

以邻国日本为例，日本电气化列车受电弓受流滑板的材料就经历了由纯铜、石墨、粉末冶金材料到浸金属碳材料的过程。

1964 年日本新干线开通后，由于新干线列车运行速度快，而铜基滑板和铜接触线亲和力较强，导致接触导线磨损严重，而石墨滑板耐冲击性能较差，也无法满足运行要求，因而出现了铁系滑板材料。铁系材料的滑板在快速滑动中会形成铁氧化物，黏着磨损有了一定程度的下降。

但随着 20 世纪 80 年代后新干线列车提速到 200km/h 以上，铁系材料滑板的磨损也达到了以往的 3 倍以上，日本又致力于电阻系数小而机械强度高的新型碳质滑板材料的开发，随后推出了浸金属碳滑板。该材料是在压力作用下将碳质压块的气孔中填满金属液而成，组织致密。虽然浸金属碳制备工艺要求高，且由于含碳量高而自身磨耗较大，但兼有润滑性好、机械强度高、导电性好等优点，逐渐成为一种高速列车受电弓滑板的理想材料。如今，日本 2/3 以上的电力牵引列车都使用碳质滑板。

（2）欧洲。

20 世纪 70 年代以来，欧洲各国也竞相发展高速铁路，滑板材料也得到了相应的发展。法国的TGV、德国的ICE、西班牙的AVE都是具有代表性的高速铁路。起初，它们也是用铜合金和纯碳滑板，由于铜合金对接触线的高磨耗，使用逐渐受到限制，20世纪90年代中期，欧洲也继日本之后开始开发浸金属碳滑板。得益于欧洲国家深厚的工业技术基础，在持续不断的改进革新下，纯碳滑板和浸金属碳滑板的性能得到了显著提升。目前，欧洲的高速列车主要装备纯碳滑板和浸金属碳滑板，并在我国国内占领着所有动车组滑板市场。

可以看出，纯碳滑板和浸金属碳滑板在国外已取得了显著的技术提升，目前仍是普速和高速领域受流滑板的主要形式。日本、欧洲国家铁路基础工业发展早、水平高，虽然纯碳滑板和浸金属碳滑板均有各自的弱点，但不论是纯碳滑板，还是浸金属碳滑板，其性能均获得了极大提升，目前，不论是普速运用，还是高速运用，均有系列产品来分别满足。如进口德国的浸金属碳滑板在大秦铁路担当货运任务的HXD1机车上的运营里程可以达到20万千米以上，在各条干线担当客运任务的HXD1D机车上的运营里程可以达到20万千米以上，进口德国的纯碳滑板SK1560在京广高铁担当客运任务的CRH380A动车组上的运营里程可以达到12万千米以上，进口法国的浸金属碳滑板在京沪高铁担当客运任务的CRH380B动车组上的运营里程可以达到15万千米以上。

国外滑板材料的研究开发仍在继续发展。滑板材料的开发过程有一个方向，即不断开发组织致密性更好、铜碳比例更优的材料，既发挥铜的强度高、导电性好的特点，又发挥碳的润滑性能好的特点，同时采用合适的比例和技术，克服铜对接触导线亲和力大、碳的耐冲击能力差的不足。日本就正在努力开发完善铜基碳滑板材料的综合性能，以期开发一种理想的新干线高速铁路用受电弓滑板材料，达到新干线列车350km/h以上更高速度、有线列车200km/h以上更高速度的目标。

近年来，日本还开发了采用含浸铜合金的碳纤维增强碳复合材料（C/C）滑板、添加二硫化钨的环保性粉末冶金滑板、添加铋金属的寒冷地区用铜基粉末冶金滑板等新产品。

所以，我们应持续全力加大在以下方面的研究与开发。

（1）继续研究改进纯碳材料和浸金属碳材料，争取首先在160～250km/h的中高速领域形成突破，继而研究开发适用于250～400km/h甚至更高速度的高性能滑板。

（2）研究滑板新材料动向，加大新材料的开发。

2. 从国内受流滑板开发与运用现状看我国在工程化方面的任务与要求

普速领域，国内滑板材料主要采用的有纯碳材料、铜基粉末冶金材料和浸金属碳材料等。

纯碳滑板自 20 世纪六七十年代有所生产使用，后由于其性能差，常出故障被粉末冶金滑板替代外，一直没有改进革新，发展转为空白。如石家庄机务段在 1982 年统计的国产纯碳滑板的运营里程仅为 1.5 万千米，马角坝机务段统计的东新电碳厂生产的纯碳滑板的运营里程仅有 2 万千米，且频发折断、掉块等故障，平均运营里程只有约 7000 千米。

到 20 世纪 90 年代以后在干线铁路等使用的纯碳滑板，都是进口产品或从国外按基本尺寸定制，在国内将滑板加工成图纸要求的尺寸。

铜基粉末冶金材料的滑板，研制和应用起于 20 世纪 80 年代，生产单位众多。由于该材料滑板不能适应 160km/h 以上更高速度的使用，在铁路不断提速的大背景下，应用逐渐减少。

浸金属碳滑板自 20 世纪 90 年代随着德国 Stemmann 公司 DSA 系列受电弓进入国内以后，由于浸金属碳滑板的优良性能，获得了快速的发展。国内在更早时候（20 世纪 60 年代）就已涉足了浸金属碳滑板的研究开发工作，后来也取得了一些进展，如铁科院、哈尔滨电碳研究所、哈尔滨电碳厂、东新电碳厂等都开展了相关的研究和试制，但一直无法达到国外相应水平。根据三门峡机务段、湖东机务段的统计，铁科院、哈尔滨电碳研究所、哈尔滨电碳厂联合研制生产的 C203C 浸金属碳滑板的运营里程只有 3 万千米，远不能满足铁路应用的要求。因此，国内使用的浸金属碳滑板也均为进口产品，或从国外按基本尺寸定制，在国内将滑板加工成图纸要求的尺寸。

此外，由于电力机车、中低速动车组、城市轨道交通车辆等普速车辆运行速度较低，对滑板的要求相对较低，国内也部分采用碳纤维材料的滑板。江苏宜兴溢洋墨根等公司开发了碳纤维材料的滑板，在中低速铁路上有较大应用，可以达到较高的使用寿命，但对接触导线具有较高的损耗，限制了其在更广范围和更高速度下的应用。

高速领域，国内也有很多单位、企业进行了高性能滑板的研究开发。近年来较受关注的研究方向主要有以下方面：

（1）采用基于钛硅碳的一种结构、导电和自润滑多功能合一的新型导电陶瓷材料。其强度、电阻率、自润滑性能等指标皆优于碳基材料，耐高温、抗氧化性、可加工性也有明显优势。这种材料最早由国外研究人员采用 PVD 法在 2000℃高温下化学反应制备而来。国家 863 科技成果支持，河北竞和钛硅碳公司和北京交通大学也主持研发了一种钛硅碳滑板产品，并已在河北武安试制和装车考核，但磨耗寿命并不理想，仍需大的改进革新。

（2）另一种潜在应用材料是碳金属纤维滑板。它以金属纤维、金属粉末、金属丝网或它们的混合物增强碳基体，采用适当的混料方式使增强剂均匀分布于基体中，然后进行冷压或热压、高温烧结得到，目前还处于研究阶段。

（3）采用碳纤维强化的碳基或铜基复合材料。它将碳纤维布重叠起来，经压缩成形后烧结制备而成。长春工业大学等单位进行了碳纤维强化铜基复合材料滑板的相关研究，目前也处于研究阶段。

所以，目前高速滑板采用的纯碳滑板和浸金属碳滑板来源全部为欧洲进口。

鉴于国内滑板生产应用整体处在低端水平，高新领域也步履维艰，我们应持续全力加大在以下方面的帮扶力度：

（1）进行制造工艺攻关，全面提升相关工艺技术水平。滑板的制备涉及原材料的处理、合成、热压或冷压、高温烧结、铸造等多种工艺手段，欧美日等国家先进滑板的生产依赖其扎实的基础工业能力，国产高性能滑板的研制生产也离不开一批具有先进工艺水平的制造企业。

（2）为企业提供勇于尝试、敢于尝试的宽松平台。高性能滑板的研制成功，需要不断实验、不断试制、不断考核、不断更改，期间需要长时间不断地尝试和较高的、持续的资金投入，必须提供一个平台，解决企业的现实之困和后顾之忧。

3. 从轨道交通系统及弓网关系层面看对受流滑板的具体技术要求

综合轨道交通装备从中低速到高速和更高速度的运用要求，对受流滑板提出的主要技术要求如下：

（1）高导电性

滑板是受流部件，要求具有很高的导电性。实际使用上，决定滑板阻抗率的因素有滑板与接触导线的接触处的接触阻抗产生的焦耳热、滑板自身的焦耳热等。滑板应保证在停车状态下持续受流时，接触处和接触导线处的发热温升不超过 90℃，还应保证在运行中连续通过大电流时，滑板自身的发热对自身和受电弓上的相邻部件不产生有害影响。一般地，铁路应用的单条滑板应能承受 700～1000A 的运行电流，城市轨道交通应用的单条滑板应能承受 1000～2500A 的运行电流。

（2）耐电弧蚀损

滑板受电是一种滑动接触导电，容易导致接触不良，从而产生电弧放电。此外，当列车升降受电弓时，滑板与接触导线会带电接触或离开，这也会产生强烈电弧。滑板应能承受电弧导致高热的作用而不受损。外界的雨水、污秽等应不易侵入滑板表面的裸露部分，避免降低导电性、磨耗性等各项性能。

（3）高机械强度

列车高速运行中，受电弓和接触导线都在频繁振动。滑板既受到受电弓不断变化的支撑力作用，还受到接触线不断变化的下压力和摩擦力的作用。这些力还对滑板形成冲击力。滑板材料应具有在这些力长时间反复作用下不致于发生破损的强度，包括抗拉强度、抗折强度、抗弯强度等。

（4）适当的硬度

滑板的硬度不应超过接触导线的硬度，以保证接触导线较低的损耗率。

（5）自润滑性能

应以无润滑剂润滑的材料为最佳滑动媒介。

（6）耐冲击性能

滑板还经常受到飞鸟、砂石等异物的撞击。滑板应能承受这些偶发的撞击，并不致发生其他部位的连续破坏。

（7）大冲击下的安全导向

滑板内应布置自动降弓气道，在受到 250J 以上的异常冲击时，应能使气道破裂漏气，引发受电弓自动降弓功能，避免弓网故障时可能导致的进一步严重损失。

（8）寿命

用于 160km/h 以上的中高速列车时，在不同类型接触网条件下的寿命不应低于 20 万千米，用于 250～400km/h 高速列车时，在不同接触网条件下的寿命不应低于 10 万千米。

（9）轻量化

滑板应具有尽可能小的质量。目前，安装两条浸金属碳滑板的受电弓，单条浸金属滑板的质量在 3.6kg 以下，安装两条纯碳滑板的受电弓，单条纯碳滑板的质量在 3.2kg 以下，安装一条浸金属碳滑板的受电弓，滑板的质量在 4.5kg 以下。滑板的单重不宜超出以上值。

（10）经济性

应保证滑板的性价比。滑板的价格不应超出对应进口件的价格。

（三）推进思路与目标

1. 推进思路

依托国家级工程实验室及相关高校、科研院所等，开展实验和理论研究，结合中国铁路总公司的产业配套政策，培育该领域世界领先的供应链体系。

2. 推进目标

在受流理论和滑板材料等领域取得技术突破，开发出满足国家轨道交通发展战略需要的产品，打造行业内的国际领先企业和品牌。

（四）推进重点

（1）实现高速动车组用受流滑板的自主化配套，全力支撑高铁出海战略。

（2）通过技术平移、推广和创新，解决其他关键领域，如铁路干线客货运列车、城际动车组、城市轨道交通车辆、更高速度列车用受流滑板的自主化配套。

（五）实施路径

（1）发挥企业在技术创新中的主体作用，组建产学研联合攻关团队，培育我国受流滑板领域的国家队。

（2）以高等院校和科研院所为主，全面跟踪和评价国外滑板材料的研究现状和方向，确定材料攻关重点。

（3）以制造企业为主，全面调查和评估我国的工艺制造水平，确定工艺攻关重点和技改方向。

（4）以企业和科研院所为主，确定实验方案，完善实验设施，为实验和改进提供充足条件。

（5）以企业为主，建立长期持续合作机制，做好打大战、打硬战、打持久战的准备，长期跟踪、持续改进，保证产品持续保持高水平。

（六）政策保障

（1）铁路总公司是国家铁路战略的具体实施单位，充分发挥铁总的主导作用，在市场和技术方面提供全面的帮扶。

（2）国家铁路局领导、指导国家铁路行业发展。争取国家铁路局在政策导向、技术标准、监督监管等方面的配套和支持。

（七）推进路线

拟按照以下路线推进高性能受流滑板材料的攻关和发展。

1. 预研

通过文献收集、代表性样品收集、专业机构对比测试，全面掌握目前国内外受流滑板研究研制现状、成果和方向。

2. 确定技术指标

综合国内外现状、相关技术标准及今后一段时期内铁路装备技术发展趋势，适当超前确定高性能受流滑板的各项技术指标。

3. 确定技术方案

技术方案明确各成分和组成，决定着滑板成品的特性。技术方案将建立在广泛的调研、充分的论证上，并邀请相关领域专家进行评审。

4. 制定工艺路线并制备样块

项目组将考察国内先进生产企业相关工艺能力，遴选有能力的企业开展合作和攻关，制造符合技术指标的样块。

5. 试验与改进

委托有资质的检测单位进行各项技术指标的测试，通过反复测试、调整、改进，最终达到各项技术指标要求。

6. 运用、跟踪、改进与推广

根据最终确定的技术方案和工艺路线，生产符合尺寸要求的滑板，在货运电力机车、准高速电力机车、高速动车组上逐级装车验证，进行不少于 30 万千米的持续跟踪，最终达到满足高速列车 10 万千米以上无故障运行的目标。

课题组成员

组　长： 丁荣军

副组长： 刘友梅　钱清泉

成　员： 张新宁　陈高华　杨　颖　刘国友　韩　亮
谭　彬　姜其斌　刁克军　李晓南　李诚瞻
郑良广　刘　全　吕　进　袁文静　胡　淼

执笔组： 韩　亮　姜其斌　李诚瞻　郑良广　刘　全　吕　进

第四章

机器人关键部件“一条龙”推进路线研究报告

一、国内外发展现状

机器人是机电一体化的智能装备，集精密机械、控制技术、电机技术、传感器技术等于一体，结构通常由四大部分组成，即执行机构、驱动系统、控制系统和智能系统。机器人主要包括工业机器人和服务机器人两大类。其中，工业机器人的结构及形态较为相近，主要由减速器、控制器、伺服驱动系统、末端执行器、传感器等关键部件以及系统软件、应用软件组成，是现阶段行业关注的重点。服务机器人品种繁多、形态各异，关键部件除减速器、伺服电动机、控制器、传感器之外，还包括电池、气动元件、微处理器等，复杂多样，产品差异较大。本章着重围绕工业机器人关键部件展开分析论述。

目前，减速器、控制器、伺服驱动系统等关键部件成本占工业机器人整体生产成本的近 70%，关键部件所涉及的技术含量高，在同类产品中具有较强的技术溢出性。关键部件的质量及性能直接决定了工业机器人整机的性能和可靠性，关键部件的价格也直接影响工业机器人本体企业的生产成本。

（一）减速器

减速器是连接驱动电机和连杆运动部件的中间装置，把高速电机的运转速度降低到适合的工作速度，并传递更大的转矩，是机器人精度的决定性因素。

由于工业机器人在应用上具有长期连续运行的特点，减速器长期运行的可靠性是决定工业机器人可靠性和实际应用效能的关键环节。精密减速器的存在保证了电机在一个合适的速度下运转，并精确地将转速降到工业机器人各部位需要的速度，提高机械体刚性的同时输出更大的力矩。目前成熟并标准化的减速器有圆柱齿轮减速器、涡轮减速器、行星减速器、行星齿轮减速器、摆线针轮减速器、RV 减速器和谐波减速器等。其中，RV 减速器和谐波减速器是工业机器人上最常用的两种减速器产品，如图 4-1 所示。

图 4-1　RV 减速器和谐波减速器

（资料来源：中国机器人产业联盟）

目前，全球能够提供规模化且性能可靠的精密减速器的生产企业数量不多，绝大多数市场份额被日本企业占据。减速器是我国工业机器人关键部件中的薄弱环节，成本占比较高。

1. RV 减速器

RV 减速器是在摆线针轮传动基础上发展起来的具有二级减速和中心圆盘支承结构的纯机械精密部件。由于 RV 传动独特的刚性盘输出机构，同时采用两级传动，扩大了传动比范围，特别适用于大载荷、高刚度的机械传动场合。

目前，全球能批量生产及销售 RV 减速器的企业只有四家：日本纳博特斯克株式会社（Nabtesco，简称“纳博”）、日本住友重机（Sumitomo）、斯洛伐克 Spinea 公司、韩国赛劲公司（Sejinigb）。近年来，全球 RV 减速器市场需求旺盛，这四家 RV 减速器生产企业都处于供不应求状态，其中日本纳博占据全球约 60% 的 RV 减速器市场份额。

我国目前从事 RV 减速器研制的企业有 100 多家，大多处于研发、试制、小批量验证等阶段，大批量产业化的企业为数不多，典型企业主要有南通振康焊接机电有限公司（简称“南通振康”）、秦川机床工具集团股份公司（简称“秦川机床”）、武汉市精华减速机制造有限公司、浙江双环传动机械股份有限公司、浙江恒丰泰减速机制造有限公司、芜湖奥一精机有限公司、上海力克精密机械有限公司等。南通振康已攻克了高精密 RV 减速器的设计原理、结构设计、材料优化、加工与装配工艺、热处理、过程检测与质量控制、综合性能测试等关键技术，自主研发出了 RV-E 系列和 RV-C 系列等系列产品，目前南通振康的流水线批量装配车间已经投入运行，RV 减速器年产能接近 2 万台。秦川机床目前已制造完成多种规格减速器产品，每种规格都包含有 5 种以上不同的速比供用户选型。

总体来看，由于国内 RV 减速器的技术发展时间较短，基础薄弱，产品的综合性能以及批量生产的稳定性与国外相比仍有较大差距，但近年来的研发和生产已经取得明显进步。

2. 谐波减速器

从机械结构来看，谐波减速器由三部分组成：谐波发生器、柔性轮和刚轮，其工作原理是由谐波发生器使柔轮产生可控的弹性变形，靠柔轮与刚轮啮合来传递动力，并达到减速的目的，其按照谐波发生器的不同分为凸轮式、滚轮式和偏心盘式等。谐波减速器传动比大、外形轮廓小、零件数目少且传动效率高，是轻型六轴机器人、SCARA 机器人、并联机器人不可或缺的传动部件。

日本哈默纳科（Harmonic Drive，简称“HD”）公司是全球工业机器人用谐波减速器的主要生产企业。哈默纳科公司拥有四十多年谐波传动研究经验，同发那科、ABB、库卡等国际知名工业机器人企业都长期保持着合作的关系，其生产的 HD 谐波减速器具有轻量、小型、传动效率高、减速范围广、精度高等特点，被广泛应用于各种传动系统中。

我国谐波减速器生产企业主要有苏州绿的谐波传动科技有限公司（简称“苏州绿的”）、陕西渭河工模具有限公司、北京中技克美谐波传动股份有限公司、北京谐波传动技术研究所、浙江来福谐波传动股份有限公司等。苏州绿的针对国内机器人产业发展需求，在谐波减速器设计、材料、制造、测试、实验评价等技术方面进行攻关，成功突破了传统谐波齿形啮合设计理论，开发出全系列高精度谐波减速器，并在 3 家全球顶级机器人生产商的检测中完成了 2 万小时精度寿命测试，在精度、寿命、稳定性、噪声等方面，均达到国际先进水平，不仅在国内市场实现批量应用，并已进入国际市场。苏州绿的还积极与机器人整机企业开展协同设计，根据用户的要求对谐波减速器改型，实现了谐波减速器的定制化生产。

（二）伺服驱动系统

伺服驱动系统（包括伺服电动机及伺服驱动器）是工业机器人的核心部件，对机器人的速度、精度、稳定性、可靠性等指标都具有直接的影响。其中，伺服电动机是指在伺服系统中控制机械元件运转的发动机，是一种补助电动机间接变速装置。伺服电动机可使控制速度、位置精度非常准确，可以将电压信号转化为转矩和转速以驱动控制对象。伺服驱动器是用来控制伺服电动机的一种控制器，一般通过位置、速度和力矩三种方式对伺服电动机进行控制，实现高精度的传动系统定位，目前是传动技术的高端产品，如图 4-2 所示。

图 4-2　伺服电动机和伺服驱动器

（资料来源：中国机器人产业联盟）

从全球范围来看，工业机器人伺服驱动系统可以分为欧系和日系两类。其中，欧系产品的供应商主要包括西门子（Siemens）、伦茨（Lenze）、路斯特（Lust）、倍福（Beckhoff）、博世力士乐（Bosch Rexroth）、施耐德（Schneider）等公司，欧系伺服电动机及驱动部件过载能力高，动态响应好，驱动器开放性强，且具有总线接口，但是价格昂贵，体积质量较大。日系产品的供应商主要包括安川、松下、三菱、三洋等公司，价格相对较低，体积小，质量轻，但是动态响应能力相对弱，开放性较差。

我国从 20 世纪 70 年代开始跟踪开发交流伺服技术，主要研究力量集中在高等院校和科研单位，以军工、宇航卫星为主要应用方向，不考虑成本因素，主要研究机构包括北京机床所、西安微电机研究所、中科院沈阳自动化所等。20 世纪 80 年代之后，一些伺服产品开始进入工业领域，直到 2000 年前后，国产伺服系统仍然停留在小批量、高价格、应用面狭窄的状态，技术水平和可靠性难以满足工业需要。进入 21 世纪以来，我国制造业的快速发展为交流伺服产品提供了越来越大的市场空间，国内开始推出自主品牌交流伺服产品，但综合竞争力仍不及外资品牌。

在伺服电动机方面，目前外资企业在我国伺服电动机市场上占据绝对优势，其中日系品牌凭借良好的产品性能与极具竞争力的价格垄断了中小型设备制造商市场，而西门子、博世、施耐德等欧系品牌占据高端市场，国内企业所占份额较低。伺服电动机的核心技术之一是高精度编码器，目前我国机器人用多圈绝对值编码器严重依赖进口。

在伺服驱动器方面，由于国内机器人产业起步较国外晚，缺乏有研发实力的工业机器人专用伺服驱动器厂商，与国外产品相比，国内的伺服系统在性能指标、稳定性、功能先进性方面都还有一定差距。近年来，清能德创电气技术（北京）有限公司等企业面向工业机器人的需求开展伺服驱动器研发，研制出系列高性能伺服驱动器，获得国内厂商的高度认可。

（三）控制器

控制器是按照预定顺序改变主电路或控制电路的接线和改变电路中电阻值来控制电机的启动、调速、制动及反向的主令装置，如图 4-3 所示。机器人用控制器是通用运动控制器的一种特殊应用，其主要的软硬件架构基本相同，主要区别在于机器人控制器针对机器人特点定制人机界面（HMI），设计机器人的运动控制算法。控制器是机器人的大脑，它根据指令以及传感信息控制机器人完成一定的动作，其主要任务是控制机器人在工作空间中的运动位置、姿态和轨迹、操作顺序及动作的时间等。

机器人控制器的基本要求有：

（1）实现对工业机器人的位置、速度、加速度等的控制功能，对于连续轨迹运动的工业机器人，还要具有轨迹规划功能。

（2）方便的人机交互功能，操作人员采用机器人语言对工业机器人进行编程，使工业机器人具有机器人语言程序的编辑、修改、储存等功能。

（3）具有对外部环境（包括作业条件）的检测和感觉功能。为使工业机器人具有对外部状态变化的适应能力，工业机器人应能对诸如视觉、力觉、触觉等有关信息进行测量、识别、判断、理解等功能。在自动化生产线中，工业机器人应具有与其他设备交换信息、协调工作的能力。

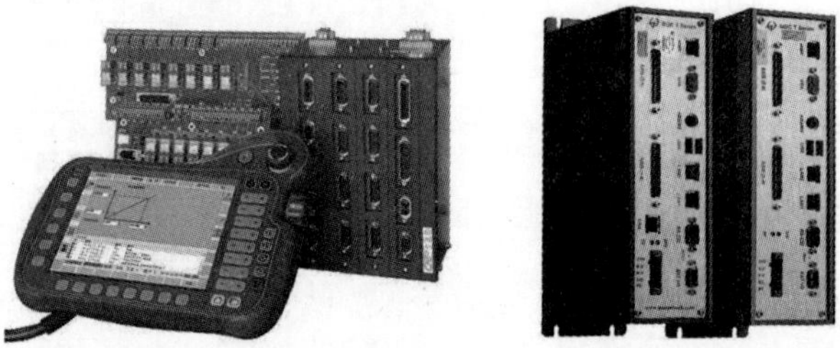

图 4-3　机器人用控制器

（资料来源：中国机器人产业联盟）

机器人用控制器生产厂商主要分为两大类。一类是控制器专业生产厂家，它们将控制器作为独立的产品进行销售，如奥地利 KEBA 工业自动化公司、贝加莱（B&R）工业自动化公司、德国倍福（Beckhoff）自动化有限公司和美国泰道（Delta Tau）公司等，这些厂家的产品仅提供基础平台，并没有针对工业机器人在性能和应用方面作太多开发。另一类是主流机器人厂商，这些厂商的控制器均为在通用的多轴运动控制器平台基础上进行自主开发，如发那科（Fanuc）、库卡（KUKA）、ABB、安川（Yaskawa）等各大品牌机器人均有自己的控制系统与之匹配。

总体来看，日系控制器产品设计风格偏向保守，系统开放性不高，各家自创外部通信总线，产品设计余量小，产品成熟，可靠性高，操作器多采用按键操作方式。欧系控制器产品设计偏向开放，采用通用总线，提供较多的高级开发工具用于客户深度开发，产品设计余量大，操作器多采用触摸屏方式。

我国机器人用控制器产品已经较为成熟，在硬件平台和软件平台上与国外的差距相对来说较小，但尚未形成市场竞争优势。以广州数控设备有限公司、华中数控股份有限公司、固高科技（深圳）有限公司、上海新时达电气股份有限公司等为代表的数控设备厂家进行了机器人专用运动控制产品的开发和应用推广，并逐渐走向成熟和产业化。部分企业不仅开发出机器人专用的控制系统，而且还借此进入机器人行业，并成为国产机器人企业中的骨干。

二、发展趋势

关键部件是机器人的重要组成部分，机器人的发展离不开关键部件，同样关键部件的发展必须紧随机器人的发展步伐。随着机器人技术在世界范围内的发展，机器人正在向智能化、模块化、系统化方向发展。机器人的这一系列发展方向决定了机器人关键部件的发展也必须符合相应的趋势。例如，减速器将朝着高效率、小体积、轻质量、低成本、定制化和模块化方向发展；伺服驱动系统向着高性能、高功率密度、高安全性、网络化的方向发展；控制系统将向着开放型控制器方向发展，同时实现标准化、网络化、智能化。更进一步，集驱动、减速、传感和制动为一体的关节驱动组件一体化设计将成为机器人关键部件的重要发展方向之一。

（一）减速器

随着智能制造的逐步推进，新一代协作机器人成为当前机器人发展的一个重要方向。与传统机器人相比，新一代协作机器人更趋于小型化、轻量化，这对减速器的需求将发生改变。未来，机器人本体厂商在新产品设计时，对关节的整体质量、尺寸和散热等将有越来越高的要求。减速器势必在机器人设计之初，就要融入整体结构的规划之中，与壳体、电机等进行整合，尽量去除多余的部分。在未来的机器人中，减速器可能不会单独出现，它将会成为标准关节模块的一个核心组件。

（二）伺服驱动系统

现代交流伺服系统，经历了从模拟到数字化的转变，数字控制环已经无处不在，比如换相、电流、速度和位置控制；同时得益于微电子、电力电子技术的发展，采用新型功率半导体器件、高性能 DSP（数字信号处理）加 FPGA（现场可编程门阵列）、伺服专用模块也日趋普遍。国际厂商伺服产品每5年就会换代，新的功率器件或模块每2至2.5年就会更新一次，新的软件算法日新月异，产品生命周期越来越短。

从国内外伺服厂家的技术路线和产品路线，可以看出交流伺服系统的最新发展特点及趋势。一是高性能，通过采用更高精度的编码器（每转百万脉冲级），更高采样精度和数据位数、速度更快的DSP，以及应用自适应、人工智能等各种现代控制策略，不断提高伺服系统的指标。二是智能化，即向具有参数记忆功能、负载惯量测定和自动增益调整功能、故障自诊断与分析功能、参数自整定的功能等方向发展。三是网络化，采用高速实时工业以太网完成高速高精度的多轴、同步、实时控制。四是安全功能，以电子和软件为核心的功能安全越发得到应用，安全集成驱动已经成为先进伺服系统的标准配置。五是集成化，包括硬件横向集成和信息纵向集成，其中，硬件横向集成是指驱控硬件一体化、电机驱动一体化，要求厂商具备整合电机本体及驱动控制的资源和能力，对大多数单纯的电机厂或驱动器厂来说是一种挑战；信息纵向集成是指利用传感器和大数据分析技术，将减速机、电机、编码器数据和驱动器的数据向上传递到控制器，甚至云端。

（三）控制器

机器人控制器是机器人控制系统的核心，承担着机器人运动规划、模型解算、生成对伺服系统的控制指令、示教器指令编译以及与外围辅助设备的通信和信号交互等一系列任务。现代工业机器人逐步向高速、高精、轻量化、高可靠性、安全、易用和开放方向发展，机器人用控制器也随之发展。对产品高性能的需求意味着更加精确和全面的模型及控制策略；高可靠性意味着进行全面的测试试验和大量的现场应用验证；而安全又是基于产品驱动、控制、本体、外部传感和安全控制器等一体优化的产品设计；易用性意味着更加友好的人机界面和简单明了的操作规范，这些都是现代工业机器人控制器的发展趋势。

同时，随着计算机技术的发展，微处理器的速度越来越快，价格却越来越低，采用基于工业PC构架的机器人控制器成为流行和发展趋势。在国际机器人“四大家”中，除发那科采用了自己的处理器芯片外，其他几家包括ABB、库卡和安川，均采用了Intel的X86架构处理器作为主CPU，用于支撑其高速的计算能力和复杂的算法。

（四）其他新型关键部件

随着机器人技术的发展，以人机协作机器人为代表的新一代机器人开始出现，并逐渐应用在工业生产中。与传统工业机器人不同，人机协作机器人更加灵活易用，可以与人在共同工作空间中合作、互动，共同完成工作，具备高安全性、高灵活性和高精度等特征。

由于产品特性大大改变，人机协作机器人所需核心零部件也与传统工业机器人有很大区别。为实现灵活性、智能化、低成本的需求，新型传感器、驱控一体化控制器、一体化关节等新型部件应运而生。其中，新型传感器将具备灵敏、精确、适应性强、小巧和智能化等特征；驱控一体化控制器集工业机器人控制器、伺服驱动器及多种接口于一体，可以避免传统多轴控制结构中配线过多、空间占用大等问题；一体化关节将机器人关节部件所需的电机、驱动器、减速器和传感器模块都集成在关节内部，将使机器人关节部件的体积更紧凑。

三、制约因素

机器人关键部件自主化的难点涉及研发设计、原材料、核心元器件、制造和装配工艺、试验检测等多方面，制约机器人关键部件自主化的核心因素主要有以下四点。

（一）技术积累时间尚短，产业间融合不足

机器人关键部件是高技术含量产品，其发展离不开长期的技术积累，是在机器人整机应用过程中不断改进的产物。例如，垄断全球机器人 RV 减速器市场的日本纳博特斯克（Nabtesco），是由帝人精机（Teijin Seiki，1944 年成立）和纳博克（Nabco，1956 年生产了日本第一个自动门）两家日本公司强强合并组成的。纳博在 RV 减速器研制方面具有 30 年以上的经验，其新产品在开发定型后仍然需要经历长达 1 年的测试调整才能上市。虽然目前我国十分重视关键部件的自主研发，但由于发展时间尚短，企业技术基础普遍较为薄弱，难以同具有几十年发展历史的外资品牌同台竞争。除技术积累不足之外，我国机器人关键部件现有技术在转化成实际产品方面也遭遇困境，各科研主体间研究过于独立封闭，研发力量分散，未能形成合力，产学研各自为战，无统一标准，存在很多低水平重复研究。

（二）部分材料及核心元器件较难满足部件性能需求

材料及核心元器件是制约我国机器人关键部件自主化的一个重要因素。例如，一些工业机器人减速器针齿壳铸件材料存在不耐磨、有石墨析出、使用后润滑脂发黑等问题，影响产品使用寿命；机器人伺服系统用多圈绝对值编码器依赖进口，制约我国机器人伺服系统向高端发展，此外，编码器的小型化也是伺服电动机小型化绕不过去的核心技术；控制器的核心元器件——芯片（尤其是高端芯片）的国产化难题，也是我国机器人控制器实现全部自主化的一大障碍。

（三）加工设备及加工工艺有所欠缺

加工设备及工艺落后是我国机器人关键部件发展的又一制约因素。在减速器方面，作为精密机械产品，必须保证批量化生产过程中的产品精度稳定性和尺寸一致性，但由于零件的特殊性，传统加工设备无法满足加工要求，进口设备又十分昂贵。在伺服电动机方面，生产工艺的落后直接导致批量生产的机器人伺服电动机一致性难以保障，制造成本居高不下。

（四）试验检测能力亟待提升

由于发展时间短、资金实力弱，我国机器人行业试验检测体系尚未完全建立，关键部件企业在试验、检测能力建设上普遍投入不足，机器人零部件的功能、性能、可靠性测试条件欠缺，直接影响了产品质量及一致性等。

四、推进路线

（一）总体推进思路

从整个产业链来看，机器人关键部件从研发到应用，大体要经历基础理论研究、关键共性技术研究、产业化和推广应用四个环节。

从各环节承担的主体来看，目前机器人关键部件基础理论的研究主要依托高校和科研院所；关键共性技术研究则主要在科研院所、龙头骨干企业的技术中心、国家工程研究中心等；关键部件生产企业是产业化的核心，相配套的原材料、元器件供应商和加工设备供应商围绕其共同发展。最后推广应用的主体，是机器人本体生产企业。

从我国目前的管理结构来看，从国家自然科学基金委到中科院、工程院、科技部、工信部、发改委等，不同部门对应着产业链从上至下各个关键环节，对我国机器人及关键部件的发展起到了重要的支撑和推动作用。

从产业发展的整个体系结构来看，虽然产业链各环节的承担主体、支撑体系齐全，但产业发展过程中仍存在基础理论研究工作不扎实、基础共性技术研究不足、关键材料和核心部件依赖进口等诸多问题。究其原因，是各环节的融合协同不足，这也正是产业发展过程中亟待解决的瓶颈问题。

因此，“一条龙”推进机器人关键部件国产化的关键是要形成协同创新应用体系。一是高校、科研机构要同企业的技术中心、国家工程研究中心等技术研发主体明确一致的发展方向，加强协同攻关，实现关键技术突破。二是原材料、元器件供应商、加工设备供应商和关键部件生产企业、整机企业通过项目的形式加强合作，形成上下游紧密协作的关系，提升产业的整体竞争力。三是从技术攻关到产品生产制造的中间环节，即“科技成果有效转化”环节，可以通过“国家机器人创新中心”建设来打通，解决从技术到成果、产品“死亡之谷”的问题，只有这几个环节打通了、理顺了，才会形成机器人关键部件“自上而下的协同创新”。

综上所述，我国机器人关键部件“一条龙”推进思路（见图 4-4）可以概括为：以需求为牵引，以国家机器人创新中心及其他各级、各类科研机构为依托，构建机器人关键部件创新设计平台、机器人关键部件产业化协同工作平台、机器人人才培养平台，实施贯穿机器人关键部件研发、设计、材料开发、先进工艺开发应用、标准、试验检测、批量生产、示范推广的“一条龙”应用计划。进而支持国内有实力的企业整合国内外优势资源，建立上下游互融共生、分工合作、利益共享的一体化组织新模式，推进产业链协作，解决制约机器人行业发展的瓶颈问题。

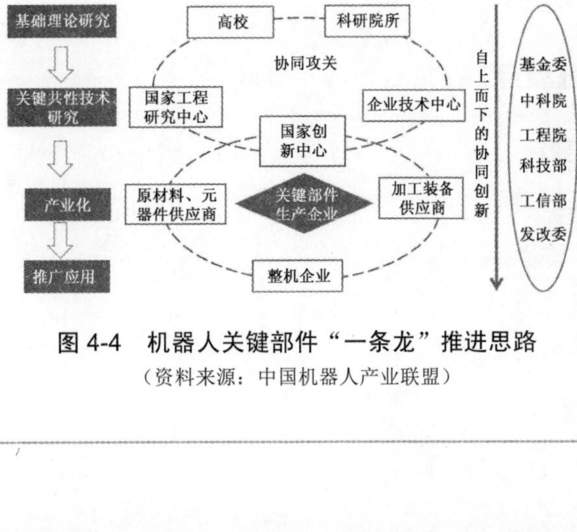

图 4-4　机器人关键部件“一条龙”推进思路

（资料来源：中国机器人产业联盟）

（二）推进路线

推进路线图，见表 4-1。

表 4-1　推进路线图

项目	2015年—2020年	2020年—2025年
关键共性技术	高性能/高精度机器人专用减速器设计制造技术	高集成度一体化关节设计技术，多自由度集成关节技术，轻型液压驱动技术，多轴驱控一体化和多轴驱动模块技术等
	高速/高性能控制器设计制造技术	
	高性能机器人专用伺服电动机和驱动器设计制造技术	
实施路径	构建机器人关键部件创新设计平台，解决产业链上游基础元件、材料及加工装备问题	
	构建机器人关键部件产业化协同工作平台，“一条龙”解决机器人关键部件工程化、产业化问题	
	构建机器人人才培养平台，加大机器人关键部件研发、制造等各方面紧缺型人才	
	支持骨干企业整合资源、协同发展，满足国内市场需求，提高国内市场占有率	支持有实力的企业积极开拓海外市场，提高国际市场占有率
保障条件	加快国家机器人创新中心建设	
	制定“一条龙“推进关键部件自主化的财政、采购、分配政策	
	加强人才培养力度	
	加强机器人关键部件设计、制造标准及应用标准的研究制定	

（三）推进重点

1. RV 减速器

（1）推进目标

国产 RV 减速器需要达到的主要技术指标，见表 4-2。

表 4-2　国产 RV 减速器需要达到的主要技术指标

指标名称	参数范围
传动精度	＜1 角分
传动效率	＞80%
噪声	＜75dB
温升	＜45℃
额定输出转矩	100～6000Nm
加速度转矩	200～12000Nm
瞬时加速转矩	500～30000Nm
使用寿命	＞6000h

（2）主要内容

RV 减速器需攻关的关键共性技术及专用加工、试验、检测设备如下：

①摆线针轮齿廓曲线修型方法与技术；

②摆线齿轮加工设备（摆线轮的滚齿和磨齿设备）；

③偏心轴加工设备（专用高精度磨床等）；

④齿轮测量中心等专用检测设备；

⑤疲劳寿命试验台、生产过程中的交检试验台等试验设备；

⑥专用轴承和球道加工技术；

⑦高精度 RV 减速器全寿命周期可靠性技术。

（3）实施方式

由 RV 减速器骨干企业牵头，联合科研机构和机器人本体企业，在设备精度稳定性、加工效率、关键零件加工精度一致性方面，整机精度稳定性和寿命等方面联合攻关。行业协会组织搭建平台，促进国内 RV 减速器企业横向交流，取长补短，共同攻克技术难关，打破国外垄断，避免重复投资。同时采取“走出去”战略，协调国内外资源，突破 RV 关键工艺技术。积极与外资机器人本体企业合作，进入供应商名单，打开国外市场。

2. 谐波减速器

（1）推进目标

国产谐波减速器需要达到的主要技术指标，见表 4-3。

表 4-3 国产谐波减速器需要达到的主要技术指标

指标名称	参数范围
传动精度	＜1 角分
传动效率	＞80%
最高输入转速	6000r/min
额定输出转矩	4～500Nm
加速度转矩	8～1100Nm
使用寿命	＞10000h

（2）主要内容

针对国内机器人产业发展之需要，突破传统谐波齿形啮合设计理论，以提升谐波减速器设计、材料、制造、测试、实验评价技术及产能为目标，开发全系列高精度谐波减速器。

①基于 P 型齿传动理论和齿面啮合摩擦机理，优化齿形设计；

②开展谐波减速器柔轮、刚轮和轴承材料及热处理关键技术与工艺研究；

③开展自动化制造工艺与设备研究，提高品质稳定性和生产效率；

④进行等效寿命测试与疲劳性能预测的理论研究，开发谐波减速器多功能加载/加速测试平台；

⑤进行谐波减速器在机器人整机上的应用性能对比测试，实现规模化批量应用。

（3）实施方式

由谐波减速器骨干企业牵头，联合高校和机器人本体企业协同攻关。前期，谐波减速器骨干企业牵头组织成员单位分工协作，对谐波减速器关键共性技术进行相关理论研究。中期，使用研发成功的理论、技术，由牵头企业负责将其在谐波减速器产品上加以实践验证，并进行一系列评估、测试。后期，由机器人本体企业使用改进后的谐波减速器进行应用测试，并根据测试结果进行相应微调，测试成功后，将成熟的技术运用于谐波减速器产品批量化生产。

3. 伺服电动机及驱动器

（1）推进目标

开发出多系列具有完全自主知识产权的机器人专用伺服驱动系统，重点开发多轴一体化机器人专用伺服驱动器及伺服电动机，填补国内技术空白，提升国产机器人性能。开发出具有自主知识产权的伺服系统用 IGBT 模块、编码器等核心元器件，形成批量生产能力并实现在伺服驱动产品上的批量应用。

其中，伺服电动机需要达到的主要技术指标，见表 4-4。

表 4-4　伺服电动机需要达到的主要技术指标

指标名称	参数范围
功率	0.1～15kW
过载能力	承受 2 倍过载的持续时间为 2s
	承受 3 倍过载的持续时间为 1s
	承受 5 倍过载的持续时间为 0.5s
转速	1500～6000r/min
额定输出转矩	0.32～32Nm
峰值转矩	1.6～160Nm

伺服驱动器需要达到的主要技术指标，见表 4-5。

表 4-5　伺服驱动器需要达到的主要技术指标

指标名称	参数范围
连续输出电流	1～50A
过载能力	承受 2 倍过载的持续时间为 2s
	承受 3 倍过载的持续时间为 1s
	承受 5 倍过载的持续时间为 0.3s
空载速度环带宽	1000Hz 以上
通信方式	CAN、EtherCAT、PowerLink 总线接口

（2）主要内容

伺服电动机及驱动器需攻关的关键共性技术如下：

①高功率密度电动机设计技术；

②伺服电动机单电缆通信技术；

③一体化结构设计技术；

④集成功能安全技术；

⑤振动抑制技术；

⑥控制模式实时切换技术；

⑦电流环带宽提升技术；

⑧IGBT 背面 FS 技术、产品终端设计技术、动态参数设计、模块散热技术等关键技术；

⑨高分辨率总线型编码器接口技术、分体式编码器装配技术、免电池高分辨率多圈绝对值编码器应用及解码技术等关键技术。

（3）实施方式

以产业化为目标，由伺服系统生产企业与国内知名高校及研究机构、国内知名机器人本体企业等组成产学研用联盟，资源共享、风险共担，以成员单位的紧密合作以及产业化后的共赢为基础，共同进行技术和产品的研发与攻关，以及行业应用和市场推广等工作。

4. 控制器

（1）推进目标

立足自主研发，完成多关节工业机器人控制器关键技术研究，以市场需求为导向，实现以下技术指标：

①4～8 轴高速同步控制；

②实现电流、速度、位置三闭环控制，电流环控制周期小于 32μs，速度与位置环控制周期小于 64μs；

③定位精度小于 0.1mm，节拍时间小于 0.4s；

④具备几何参数和动力学参数自动辨识，具有前瞻控制功能，具有离线编程接口，具有多感知应用接口；

⑤具有远程故障诊断功能，被控对象建模仿真分析、核心层控制功能重构；

⑥具有动力学算法和自定义伺服算法接口；

⑦集成千兆位工业网络，实现多机器人协同作业。

（2）主要内容

控制器需攻关的关键共性技术包括机器人实时操作系统技术、动力学建模及参数辨识技术、动力学前馈和软伺服技术、基于动力学模型的实时轨迹规划技术、基于外部传感运动驱动技术、全参数运动进度实时补偿技术、运动混成技术、软 PLC 接口技术等。

（3）实施方式

推进方式有两种，两种方式各有特色，可同步推进。

第一种方式，由控制器骨干企业牵头，联合高校、机器人本体企业、行业协会组建机器人控制器关键技术与产业化“产学研用”联盟体，形成完整的机器人控制器研发与应用产业链，共同推进项目开展。

第二种方式，由机器人本体企业牵头，联合高校、科研院所以及终端用户共同承担项目。牵头企业负责总体的软硬件设计开发及产业化工作；高校及机构结合各自擅长领域实现技术提升和完善；用户企业同牵头单位共同进行产品的应用并提出需求。

五、政策建议

（一）加强机器人关键部件的协同创新

加强以工业机器人为核心的产业链协作平台建设，联合从材料、工艺、零部件、整机、测试到系统集成的整个产业链，以及从高校、科研机构到企业的各创新主体的研发力量，取长补短，共同攻克技术难关，提升机器人产业链整体水平。加快以协同创新为手段、以科研成果产业化为目的的机器人国家创新中心建设步伐，充分发挥国家创新中心在共性技术研发方面的作用，集合多方力量解决制约我国关键部件发展的基础技术难题。

（二）加强机器人关键部件的推广应用

以应用推进机器人关键部件国产化进程。依托国家科技计划和相关工程等，在重点领域引导机器人整机企业与配套企业、高校、科研院所产需对接，提升我国机器人产业自主可控水平；建立关键部件批量应用示范基地，通过批量应用总结经验，从而进一步提升国产机器人及核心部件的产品性能和质量，形成良性循环。

（三）加强市场规范和产业引导

加强市场规范，细化关键部件市场，引导关键部件企业与整机企业区域集聚，按产业链和技术链分工，避免分散性低水平重复投资；加强产业引导，鼓励机器人整机及关键部件企业跨地区、跨所有制兼并重组，整合优势资源，形成具有核心竞争力的龙头骨干企业，培育国际知名的机器人关键部件自主品牌。

（四）加大财税、金融支持力度

充分发挥财政资金的引导作用，利用现有资金渠道加大对机器人关键部件的支持力度；适时建立机器人关键部件研发及产业化专项扶持基金，对实施效果好、带动作用强的项目实行滚动持续投入；通过税收减免等方式，鼓励机器人本体企业应用自主品牌机器人关键部件；创新资金支持模式，鼓励企业间、企业与科研单位间以联合体的形式获取支持。加大金融信贷支持力度，促进金融信贷政策和产业政策相配合，针对机器人关键部件企业小型化、专业化、高技术性的特点，发展适合企业资金需求特点的金融产品和服务模式。

（五）重视人才培养和引进

研究制定机器人产业人才培养计划，加强行业短缺人才培养。在加快培养高端研发人才的同时，充分注重机器人应用急需的高技能人才培养，尤其是一线的产业技术人才。鼓励产教结合、校企合作，高校院所承担理论课程传授，企业负责提供实践平台，通过资源整合，快速地为企业、行业培养对口人才。通过举办技能大赛等形式，发现和培养产业未来发展必需的实战型工程技术人才。注重引进掌握机器人核心、前沿技术的高端人才，鼓励海外专业人才回国或来华创业。

（六）加强对外技术交流与合作

立足于提升我国机器人关键部件技术研发水平和应用水平，充分利用政府、行业组织、科研院所、高校、企业等多渠道、多层次开展技术、标准、知识产权、检测认证等方面的国际交流与合作。跟踪研究机器人及关键部件技术领先国家的发展路径及经验，支持国内机器人企业与国际机器人行业领先高校、科研院所、团队合作。鼓励国内企业“走出去”，为有实力的企业开展海外并购、股权投资、创业投资和建立海外研发中心等提供便利和服务。支持相关行业协会、联盟及服务机构搭建面向机器人企业的全球化服务平台。

课题组成员

组　长： 王天然

副组长： 宋晓刚

成　员： 王杰高　游　玮　何敏佳　左　晶　李小虎
李星霖　牛军旗　冯　仲　余运清　杨　磊

执笔人： 陈　丹　赵军平　贾彦彦　雷　蕾

第五章

工程机械高压泵、多路阀、电动机“一条龙”推进路线研究报告

一、必要性分析

液压元件并非是一种通常意义上的简单机械零部件，而是一种包含了丰富技术内涵的机械产品载体，由液压元件组成的功能单元系统技术含量和附加值更高。液压元件是移动机器与工业设备的核心传动技术之一，直接决定装备的性能、质量和可靠性，其价值通常是自身价格的几十倍，具有很强的产业辐射能力和影响力，其关键技术反映了一个国家工业和国防装备的技术水平，具有十分重要的战略地位。目前国内液压元件企业的创新能力薄弱，产品质量不稳定、可靠性差，造成主机装备所需高性能液压元件严重依赖进口，国产装备“技术空心化”现象严重，制约了我国装备制造业的自主化健康发展。

在以内燃机作为原动机的公路和非公路移动机器中，液压传动技术以其功率密度比大、控制灵活和效率高的优点而成为最主流的传动技术。广义上的工程机械包括了建设机械、土方机械、工业车辆、矿山机械、农业机械等。中国是世界上最大的工程机械应用市场，市场容量超过 1 万亿元，是液压产品的最大单一应用市场。工程机械配套的液压元件和系统压力等级高、工作环境和工况恶劣，设计与制造难度大，国内企业一直无法成功地进入 OEM（原始设备供应商）体系，仅仅在主机服务的备品备件市场（也称售后服务市场）。

工程液压元件及系统在国家“十一五”和“十二五”期间，行业企业在硬

件设备上投入了较大资金，在设计与制造的关键技术方面取得了显著的进步。但由于液压元件的设计与制造涉及材料、热处理工艺、检测仪器与计量、精密加工等多个环节，同时国内配套零部件的工业基础薄弱，精密制造文化缺失，以及国内行业企业规模小利润薄，几乎没有完整的研发体系，难以对新技术有较大规模的投入。因此工程机械配套的高压产品，如轴向柱塞变量泵、液压多路阀和轴向柱塞电动机减速总成三大类产品依然严重依赖进口。国内工程机械主机厂对国产液压元件可靠性及技术研发能力水平持谨慎态度。近几年，由于宏观经济走弱，工程机械行业陷入了低谷，也促使工程机械主机厂更加重视产品品质和升级换代工作。同时，高压液压元件也广泛应用于国防工程机械设备，其产品质量直接影响国防工业的安全。因此以工程机械液压元件为突破口，提高国产液压元件的质量和技术水平，中国制造强国战略已经把包含该技术在内的强基工程列为 5 大工程之一，是国家强基工程的重要组成部分。

二、需求分析

我国已超越美国、日本、欧洲成为全球最大的工程机械市场，大规模的基础设施建设，国家战略性新兴产业的发展等，都将直接带动工程机械市场继续发展。“十三五”期间，我国工程机械行业将继续保持高位运行。根据中国工程机械行业“十三五”发展规划，到 2020 年，该行业销售规模预计将达到 9000 亿元。2015 年，国内挖掘机销售量在欧美、日韩及中国的总和数量中占 50.7%，数量是 58965 台。预测 2020 年，挖掘机销售总量还将增长 40%。

国内市场需求方面，以挖掘机为例，其配套用高压柱塞泵、行走及回转电动机和多路控制阀的下游企业主要有国产品牌的三一重工、徐工集团、玉柴集团、山河智能、柳工集团等，以及进口品牌的卡特彼勒、小松、神钢、日立、斗山、沃尔沃等。目前国产工程液压元件几乎全部在挖掘机的售后服务市场，由于国外进口液压元件价格较高，整体替换维修性价比不高，因此至今为止国产挖掘机液压元件厂商重点关注此类市场，但同时也制约了产品技术水平的提升，售后市场的产品一直无法进入主机制造商的 OEM 体系。

国际统计协会（ISC）统计国际液压产品的市场规模约 264 亿欧元（2014 年）。我国液压气动与密封件工业协会（CHPSA）统计中国液压产品国内市场销售额为588亿元（2015年），其中配套工程机械的国产液压产品为270亿元。中国每年进口的液压产品超过100亿元，其中大部分为工程机械配套用高压柱塞泵、电动机和多路阀，依赖进口的原因归纳如下。

1. 自主创新与研发能力不足

我国液压产业大而不强，自主创新能力差，核心技术缺失，不能适应工程机械高压元件的配套需求。由于长期重主机、轻部件，国内液压元件供应商普遍研发投入较少，硬件投入过大，导致技术无法有效跟进市场，新产品与市场需求无法有效对接；同时巨额硬件设备投入的每年折损引发财务风险。先进的设计方法和关键工艺推广应用速度缓慢，缺乏科学规范的工程机械多路阀、高压柱塞泵、电动机可靠性和使用寿命试验检测方法和装备。

2. 品牌影响力低

尽管近年来我国对工程机械用高压液压元件的投入较大，但是投入松散，没有整体的有效规划，均采用大而全的策略，造成资源严重浪费，但是对于共性问题却无人研究，导致企业核心竞争力差、品牌影响力低，缺乏具有世界影响力的知名品牌企业。

3. 产品可靠性与耐久性仍然无法满足主机需求

国内高压柱塞泵、电动机和多路阀测试和装机试验结果表明，普遍存在可靠性差、早期故障率高、使用寿命短的问题。一是对这些产品的核心技术还没有完全掌握。二是原材料、热处理、关键制造工艺机理等关键的核心制造技术仍是制约产品品质提升的瓶颈。三是高压柱塞泵、电动机和多路阀的工序能力指数低，一致性差，产品加工尺寸离散度大，质量不稳定，影响了液压件的精度、性能、使用寿命和可靠性。四是元件及检测装置、试验手段落后，不能满足主机对液压元件及系统可靠性、耐久性的要求。

4. 系统集成能力差

挖掘机液压系统是一个交变负载变化大、相关控制变量交叉的复杂系统，随着目前主机系统的不断升级改造，对自动化、智能化需求的不断提升，需要液压企业提供系统成套解决方案。目前，国内企业能够在挖掘机领域提供成套解决方案的极少，与国外大型企业相比差距甚大。

5. 生产过程管控落后

产品能够实现批量稳定的产出，要依靠科学合理的过程管控。由于重视程度及管理成本等原因，国内企业在过程控制方面与国外企业相比差距较大，产品的可靠性、一致性不能长期保持稳定。

6. 液压元件用基础材料与配套件亟待提高

液压元件配套的原材料及配套件也是制约液压产品品质提升的关键。如液压铸件、轴承、弹簧、密封等。

7. 专业人才缺乏、人员素质亟待提高

部分企业采用引进人才战略，通过国外专家指导生产及调试，起到了重要作用，取得了一定的效果。但仍然无法满足目前液压行业对专业人才的需求，同时无法形成企业自身可持续有活力的技术研发体系及企业文化。

三、推进思路与目标

（一）目标

针对中国制造强国战略提出的基础件自主化率的阶段目标要求，以工程机械的典型代表挖掘机配套液压元件为牵引，强化基础材料、基础工艺、基础零部件和质量技术基础的核心共性技术提升，加强两化融合，瞄准未来智能工程机械所需的液压元件及系统，经过 10 ~ 15 年，跨越引进消化吸收阶段，提升自主创新能力，改变工程机械用液压元件依赖进口的局面，达到国际一流液压元件的技术水平，保障国民经济和国防安全。实现高端工程机械急需的核心液压元件（包括高压柱塞泵、多路阀和电动机）的稳定批量生产，进入国内龙头骨干主机制造商的 OEM（原始设备供应商）体系，实现大批量配套，突破制约我国高端工程机械关键液压元件长期依赖进口的瓶颈，实现进口替代，提高我国工程机械行业的利润水平和自主创新能力。掌握高压柱塞泵、电动机、整体和片式多路阀产品的数字化设计、高精密液压件铸造、材料及热处理、高精度制造工艺、性能与可靠性测试和评估方法与装备、试验检测标准等技术，实现核心液压元件的完全自主化。

预计到2030年，工程机械高压柱塞泵、多路阀和电动机的产品开发、市场推广和产业化能力达到以下目标：在挖掘机液压泵、电动机和液压阀产品应用领域，国内OEM市场占有率达到60%，国外OEM市场占有率达30%；在其他高端工程机械领域液压泵、电动机和液压阀产品的市场份额进入世界前5位。建设2～3家工程机械高压油泵、电动机、多路阀的“小巨人”企业，其研发、设计、制造、质量控制以及产品标准达到国际先进水平。形成特色明显、产业链配套完善的液压元件高品质制造产业基地。

（二）推进思路

分三个阶段，以挖掘机高压重载轴向柱塞泵、多路阀与液压马达为目标产品，突破设计方法与手段、材料、制造工艺、质量检测、实验评估与数据库建设、主机系统匹配与应用等共性关键技术，实现小挖、中大挖的突破。同时相关技术拓展到其他高端工程机械领域，如路面机械、工程施工机械、高空作业车、起重机等。这些目标产品以OEM为主，即使是售后服务市场产品也应该为OEM市场的“原厂件”，不能是售后服务市场的质次价廉产品。

1. 2016—2018年

提升28～32MPa压力等级的工程机械轴向柱塞泵、多路阀和液压马达的制造质量，越过“消化吸收”阶段。以小挖液压泵和阀、农业机械液压泵和电动机集成装置，以及起重机多路阀为重点产品牵引。开发系列化的28～140cc/rev柱塞泵，流量规格为140～250L/min的多路阀。预期产品在13吨以下微型和小型挖掘机、高空作业车、旋挖转机、平地机等工程机械上批量配套应用，进入国内主流工程机械制造商的液压元件OEM供应商体系，实现大批量配套，市场占有率已经达到40%以上。

产品的各项性能指标与主流外资品牌同类产品相比，在产品的燃油经济性、操作性和可靠性达到或超过国外产品，打破日本、欧美等企业在此领域的垄断，降低由于外资品牌垄断造成的居高不下的产品价格，为中国的主机制造商降低成本，增强市场竞争能力。重点突破的共性关键技术如下：

- 先进的复杂液压元件设计方法与仿真软件。
- 性能、可靠性和寿命的评估方法、标准与实验装备。
- 微米级精度的大尺寸零件批量制造。
- 满足 35MPa 压力等级的双金属烧结工艺。
- 清洁制造工艺、方法与设备。
- 柔性的专用工装、自动化装配工艺与制造单元。

2. 2019—2021 年

应对国际市场工程机械装备在节能减排、安全可靠和低噪声方面的竞争，瞄准 35～40MPa 压力等级、技术难度大和市场竞争最激烈的 20 吨、30 吨级和 40 吨级挖掘机用轴向柱塞双泵、整体多路控制阀和大转矩回转/行走电动机，实现在该领域零的突破，打破国外垄断。挖掘机等液压元件的产品占国内市场比例达到 70%，在国际市场占超过 20%的份额，其他工程机械配套总液压元件具有国际竞争能力。同时开发市场需求较大、应用领域较广的轴向闭式柱塞泵。到 2021 年，40%的工程机械核心液压元件实现自主保障，改变受制于人的局面。需突破的共性关键技术如下：

- 高质量的零部件，如弹簧、电磁铁、精密先导控制阀。
- 低噪声液压泵的设计与制造。
- 紧凑型液压元件设计。
- 高压力等级元件的测试方法。
- 满足机器安全标准的液压元件与系统。

3. 2022—2025 年

未来工程机械的发展方向是单机智能化和集群无人化施工作业，必然要求能够支撑新一代配套用液压元件和系统产品，因此这一阶段需重点开发工业化信息化融合产品，以满足这一阶段工程机械的智能化需求。以电子控制和软件编程的液压泵、阀和液压马达产品来牵引，到 2025 年，国内企业的工程机械电子控制液压元件的产品占市场比例超过 30%。需要突破的共性关键技术如下：

■ 离散型数字液压元件与系统。

■ 自学习的故障诊断与预测型维护。

■ 高速开关液压单元。

■ 高速高可靠性的嵌入式控制器。

四、推进重点

（一）重点产品

重点产品主要技术指标及应用领域，见表 5-1。

表 5-1　重点产品主要技术指标及应用领域

序号	项目名称	主要技术指标	应用领域
1	开式轴向柱塞泵	额定压力为 28MPa，最高压力为 32MPa。变量方式：负荷传感、压力控制，功率控制及上述变量组合。额定转速≥2200r/min，排量范围 28～140mL/r，装机 MIBF＞5000h	微型和小型挖掘机，高空作业车
2	开式轴向柱塞双泵	额定压力为 35MPa，最高压力为 42MPa。变量方式：电比例排量、功率控制。额定转速≥1900r/min，排量范围 260～360mL/r，装机 MIBF＞5000h	中型和大型挖掘机
3	闭式轴向柱塞泵	额定压力为 42MPa，最高压力为 45MPa。变量方式：电比例排量控制等。额定转速≥2500r/min，排量范围 45～180mL/r，装机 MIBF＞5000h	路面机械，混凝土机械
4	高压超大排量柱塞泵	排量≥500mL/r，额定转速≥1200r/min，额定压力≥35MPa，变量时间 150～250ms，使用寿命≥10000h	盾构机
5	高压轴向柱塞回转电动机	额定输出转矩≥10500Nm，最高输出转速 90r/min，额定压力≥35MPa，最高压力≥40MPa，装机 MIBF＞5000h	中型和大型挖掘机
6	高压轴向柱塞行走电动机	额定输出转矩≥37000Nm，最高输出转速 50r/min，额定压力≥35MPa，最高压力≥40MPa，装机 MIBF 大于 5000h	中型和大型挖掘机
7	工程机械片式多路阀	额定压力：泵侧 32MPa，执行机构侧 35MPa。流量：90～250L/min。控制方式：液压先导控制、电液控制。功能：负流量控制、正流量控制等。装机 MIBF＞5000h	微型和小型挖掘机，旋挖转机等
8	工程机械整体式多路阀	额定压力：泵侧 35 MPa，执行机构侧 42 MPa。流量：大于 220L/min。控制方式：液压先导控制、电液控制。功能：负流量控制、正流量控制。装机 MIBF＞5000h	中型和大型挖掘机

（二）共性关键技术

1. 基础材料与热处理工艺

工程机械高压柱塞泵、多路阀和电动机压力等级高、结构复杂，对金属和非金属材料的物理机械性能要求较高。国内标准市售材料不稳定、缺陷多，如碳钢、铸铁、铜合金等难以满足目前35MPa压力等级的寿命指标。液压元件的上游外协零件质量也不尽如人意，如铸件毛坯、螺纹插装阀、电磁铁、弹簧、橡塑密封等由于需求量小，供应厂家也大都是微小型企业，技术能力弱，无法针对性地满足液压元件的特殊需求。

耐磨铜合金是轴向柱塞泵和电动机重要摩擦副的主要材料，国内产品的质量仍然不稳定，行业企业联合进行了多年的研究工作，也取得了一些进展，解决了28MPa压力等级以下摩擦副材料问题。但原材料的综合物理机械性能还受到热处理和后续制造工艺与装备的影响，而热处理工艺是需要企业长期的研究摸索与数据积累。近几年行业企业在高精密铸件方面进步显著，通过国际一流铸造装备的进入，夯实了制造基础，通过引进国外著名专家和铸件行业标准的制定，掌握了先进的精密铸件的工艺流程与方法。电磁铁和螺纹插装阀产品技术水平和制造能力有所增强，但高端产品的可靠性和寿命还有差距。目前通过液压元件制造商自行制造上游零部件来解决初期小批量阶段的质量问题。

建议在不同的实施阶段，采取如下途径。在第一阶段，通过购买国外高质量材料和零部件，满足高压柱塞泵、多路阀和电动机的技术要求，重点研究解决中国的高品质制造问题，生产出高质量的液压元件。在第二阶段，针对原材料问题，行业协会组织力量通过集中采购的方式，要求供应商为某些材料或热处理工艺进行特殊开发和定制。在第三阶段，通过紧密的产业链合作，给予上游零件企业技术和资金支持，开发国产高质量零部件，降低成本，获取工程机械液压元件更大的国内外市场份额。重点解决如下关键零部件。

- 高性能铜合金。
- 高等级铸铁材料与高精密铸件。
- 高压橡塑动静态密封。
- 泵用精密控制液压先导阀。

- 多路阀的电液比例减压阀。
- 高稳定性长寿命弹簧材料与成品。
- 多路阀用小型螺纹插装阀。
- 高性能高可靠和长寿命电磁铁。
- 数字式电子控制器。
- 专用位移传感器及显示仪表。
- 高功率密度行星减速器（液压马达配套）。

2. 精密制造工艺、检测与设备

国内工程机械高压液压元件的质量问题主要是可靠性差和寿命短，原因是在大批量制造过程中高精度零件的稳定性和一致性，至今无论从技术方面还是管理方面一直都未能解决。国外很早就开始使用半自动或柔性装配线，我国仍然在装配过程中以人工为主。对核心关键零件的制造和热处理工艺研究不够、数据积累不足，而这些核心知识只能通过长期的经验积累才能掌握。近几年，行业企业通过引进消化和吸收国外的液压元件精密制造工艺与技术，在精密加工设备方面投入大、进步明显，但急需加强和深化工艺与标准方面的研究。对于部分关键零件（如双合金缸体）可以通过国际采购来解决第一阶段的有无问题。应鼓励企业重视关键零部件和整体元件的半自动化装配线，重视研究工艺流程，并尽快进入实用化阶段。国外引进的专业人才起到了关键作用，其长期制造过程的经验积累加速了国内的产品化进程，但需要把专家长期积累的知识转化为企业的技术规范和标准才能可持续发展，而这一点是国内企业在制造管理上最大的缺失。

在实施过程中，第一阶段需要掌握现有液压元件制造与工艺的主流技术，研制成套的柔性制造与半自动化或自动化装配线来提高大批量制造的产品稳定性和一致性；第二阶段，需要研究先进的制造技术与工艺，提升现有产品的技术水平，进入国际市场竞争。重点解决如下关键与共性技术。

- 复杂薄壁和内流道的精密铸造技术。
- 双合金烧结和表面涂层等摩擦副制造技术。
- 片式多路阀的片间密封装配工艺。
- 清洁制造技术（去毛刺、清洗工艺与装备）。

- 关键零件的专用工装与制造技术，如：
  - 缸体或阀孔绗磨技术；
  - 摩擦副精密研磨技术；
  - 球型零件制造技术。
- 少人化和自动化装配技术与装备。
- 少人化装配与试验一体化线。
- 机器人柔性制造与装配线。
- 先进的智能化制造工厂。
- 制造线上或线下的先进检测技术。
- 光学检测技术，如川崎的配流盘表面精度和形貌图像检测技术。
- 复杂内流道结构液压元件的分层制造工艺。
- 模具与元件的金属 3D 打印技术。
- 表面涂层工艺与界面强化技术。
- 先进的热处理技术。

3. 性能与可靠性的实验方法、标准与装备

我国工程机械液压元件无法进入主机厂家 OEM 供应体系的主要原因是产品质量问题，尤其是可靠性和寿命指标问题。目前国家和行业标准中没有液压元件可靠性实验方法，仅有耐久性测试方法，而且指标明显低于国际水平。由于液压元件的可靠性差和寿命实验时间长、成本高昂，国内企业基本没有任何数据积累；此外，由于国内企业长期在售后服务市场，产品的可靠性和性能指标要求低，对质量控制和实验验证工作不重视。例如，国内企业很少对产品的振动与噪声进行实验测试与研究，难以满足主机装备的噪声法规，也一直无法解决某些国防装备的低噪声问题。

近几年，工程机械高压液压元件的可靠性测试评估标准工作已启动，全国液压气动标准化委员会正在着手“液压元件的可靠性评估方法与测试”系列标准的起草工作，这在国际上也是与 ISO 标准化组织同步的。行业的龙头骨干企业开始重视可靠性和寿命试验装备的建设，但数据和过程的可信度不高，科学依据不足。

建议与工程机械制造商紧密合作，共同开展相关产品的研发工作。探索与

下游用户的共同研发模式，按照主机制造商的标准和流程进行科学的测试与考核。组建面向主机装备的系统方案级的研发部门，如成立“应用研究中心”，这是国外大公司的标准模式，也是独立元件供应商的核心竞争力。加快液压元件可靠性和寿命的评估方法、标准的研究工作，研制高水平的可靠性和寿命试验装备。鼓励关键零部件及摩擦副材料的单元测试与实验工作，积累材料与工艺的数据和知识。加强产品上下游的协同工作，上游供应商的实验测试与下游用户的现场数据收集与反馈，是产品优化和完善的基础数据，要求企业建立相关数据库，能够溯源和辨识。关键与共性技术如下。

■ 可靠性评估方法与标准。

■ 噪声与振动测试环境建设。

■ 流量与压力脉动测试方法与设备。

■ 现场数据收集方法与数据库建设。

■ 高质量可靠性测试实验系统研究。

■ 模拟工程机械主机实际工况的实验方法与装备。

■ 液压系统级的实验测试方法与装备（改变只测试元件的局限性）。

4. 先进的液压元件设计方法与工具

复杂液压元件的设计方法一直是行业的难题，现有设计手册和方法比较陈旧，设计人员依然使用早期的手册进行静态校核和稳态经验计算。尽管目前也开始应用市售商业软件进行校核和仿真，但企业产品设计还是以昂贵的实验试错方法为主。国内液压行业企业的人员流动比较频繁，因此在技术开发部门，产品的材料与工艺、实验方法与数据等方面的积累不足，企业人员的知识继承性差。此外，社会各个行业薪酬体制的差异，导致优秀的年轻工程师不愿进入液压行业企业，产业缺乏优秀的专业人才，难以建立真正的研发体系。产学研模式受僵化的指标考核体系和利益分配体制制约，成果转化不及时，行业的公共服务能力弱。

近几年，行业在产品研发设计方面也取得了一些进展。部分企业聘请和引进国外公司的专家来华全职或定期工作机制，为产品设计与制造技术的进步起到了重要作用，尤其是国外专家长期积累的经验缩短了产品开发时间，也培训了国内一批工程师。企业的国际收购与兼并也取得了一定的效果，如江苏恒立液压收购德国 Hawe 公司的 InLine 液压泵事业部，潍柴股份收购德国 Linde 液压公司等，都为企业引进国外智力，提升设计水平奠定了基础。高校和科研院所有一批科研人员从事工程机械液压元件的设计研究工作，国际合作交流也非常广泛，具有较强的设计研发能力。

因此，建议重点支持复杂液压元件的先进设计方法与软件工具的开发，充分发挥高校院所与企业的“双赢”产学研合作模式。探索如何使高校培养的专业人才进入薪酬较低的工业界的方法。通过《国家引才目录》计划的编制，鼓励国际人才引进的常态化。加强国内外行业企业的重组和整合，形成若干家销售额超过 20 ~ 30 亿元的企业，提升竞争能力。可成立“国家工程机械高端液压技术创新中心”，整合行业产业链上下游优势资源，可根据不同阶段，设置相应的设计开发功能平台，如液压元件可靠性与寿命评估和测试方法子平台、液压元件的先进设计方法与仿真软件子平台、液压元件基本性能数据库子平台、先进制造工艺共性技术子平台等。重点研究如下设计方法和软件工具。

- ■ 复杂液压元件多学科设计方法与软件工具。
- ■ 滑靴组件设计软件。
- ■ 高速旋转组件的结构完整性和压力边界完整性分析。
- ■ 流体和结构噪声优化设计软件。
- ■ 多路阀阀口优化设计与整机性能匹配。
- ■ 元件的可靠性设计评估方法。
- ■ 符合机器安全法规的元件可靠性数据库。

五、实施路径

由于工程机械泵、电动机和多路阀种类较多，应用针对性强，可根据国内有工作基础和可能的突破领域，分如下几个“小龙”计划分阶段或并行实施。例如，①工程机械高压液压泵和多路阀一条龙计划（以挖掘机为代表）；②工程机械液压马达及减速总成一条龙计划（以履带式工程机械为代表）；③工程机械 HST 或 IVT（以农业机械为代表）。总体上实施路径分为三个阶段。

（一）第一阶段：2016—2018 年

通过 3 年时间，开发系列斜盘式轴向柱塞泵（排量：28/45/60/80/125/140cc/rev）和系列片式多路控制阀（流量：140/160/180/250L/min），产品已批量在 13 吨以下微型和小型挖掘机、高空作业车、旋挖转机、平地机等工程机械上配套应用，其中小型挖掘机柱塞泵和多路控制阀在国内主流主机厂大批量配套，累计实现配套挖掘机用高压柱塞泵和阀的市场占有率达到 20%以上。产品的各项性能指标均达到设计要求，与市场上主流外资品牌同类产品比较，产品的燃油经济性、操作性和可靠性均达到和超过国外产品，打破日本、欧美等企业在此领域的垄断，同时，也可迫使外资品牌企业大幅度降低产品价格，为中国的工程机械企业节约液压元件采购成本。真正实现在工程机械高压轴向柱塞泵和多路控制阀产品零的突破。目标：国内主机厂配套率达到 40%以上；进入外资工程机械制造商的 OEM 体系，力争配套率达到 20%以上，见表 5-2。

表 5-2　2016—2018 年高压柱塞泵和多路控制阀目标产品

一、高压柱塞泵					
项目	产品规格	排量 cc/rev	额定压力 MPa	最高压力 MPa	目标市场
1	XP3V28	28	32	35	1.5 吨微挖
2	XP3V45	45	32	35	3.5 吨微挖、旋挖转机、高空作业车等
3	XP3V60	60	32	35	5～6 吨小挖
4	XP3V80	80	32	35	6～9 吨小挖
5	XP3V125	125	32	35	平地机等
6	XP3V140	140	35	40	10～15 吨小挖
二、多路控制阀					
项目	产品规格	流量 L/min	额定压力 bar 泵侧/执行元件侧		目标市场
1	XVS14	140	320/350		1.6～18 吨挖掘机
2	XVS16	160	320/350		
3	XVS18	180	320/350		
4	XVS25	250	350/400		
5	XVSM18	180	320/350		旋挖钻、轮式装载机、起重机、高空作业车
6	XVSM25	250	320/350		

（二）第二阶段：2019—2021 年

中国制造强国战略要求，到 2020 年，40%的核心基础零部件、关键基础材料实现自主保障，改变受制于人的局面。这一阶段的开发重点是攻关难度最大、市场竞争最激烈的 20 吨、30 吨级和 40 吨级挖掘机用轴向柱塞双泵、整体多路控制阀和大转矩液压马达，实现在该领域的国产产品零的突破，打破国外垄断。同时开发市场需求较大、应用领域较广的轴向闭式柱塞泵，拓展到其他高端工程机械中，见表 5-3。

表 5-3　2019—2021 年高压柱塞泵和多路控制阀目标产品

<table>
<tr><th colspan="7">一、高压柱塞泵</th></tr>
<tr><th>项目</th><th>产品规格</th><th>排量 cc/rev</th><th>额定压力 MPa</th><th>最高压力 MPa</th><th>目标市场</th><th>3 年目标</th></tr>
<tr><td>1</td><td>X90N130
双泵</td><td>130×2</td><td>35</td><td>42</td><td rowspan="4">20～28T
挖掘机</td><td>市场占有率 20%以上</td></tr>
<tr><td>2</td><td>X90N180
双泵</td><td>180×2</td><td>35</td><td>42</td><td>30～45T 挖掘机</td></tr>
<tr><td>3</td><td>XM5X130
回转电动机</td><td>130</td><td>35</td><td>40</td><td>20～28T 挖掘机</td></tr>
<tr><td>4</td><td>XR5X130
行走电动机</td><td>130</td><td>35</td><td>40</td><td>20～28T 挖掘机</td></tr>
<tr><td>5</td><td>XPVG45
闭式泵</td><td>45</td><td>42</td><td>45</td><td>摊铺机、
铣刨机等</td><td>市场占有率 30%以上</td></tr>
<tr><td>6</td><td>XPVG53
闭式泵</td><td>53</td><td>38</td><td>42</td><td colspan="2">摊铺机、铣刨机等</td></tr>
<tr><th colspan="7">二、整体式多路控制阀</th></tr>
<tr><th>项目</th><th>产品型号</th><th>流量 L/min</th><th>额定压力 MPa</th><th>最高压力 MPa</th><th>目标市场</th><th>3 年目标</th></tr>
<tr><td>1</td><td>XVME27</td><td>270×2</td><td>35</td><td>42</td><td>20～28T
挖掘机</td><td>市场占有率 20%以上</td></tr>
<tr><td>2</td><td>XVME36</td><td>360×2</td><td>35</td><td>42</td><td>30～45T
挖掘机</td><td>市场占有率 20%以上</td></tr>
</table>

（三）第三阶段：2022—2025 年

根据中国制造强国战略的目标，到 2025 年，核心基础零部件的自主化率达到 70%。在 2022—2025 年，重点拓展 20 吨以上级挖掘机泵、阀和电动机的市场份额，争取国内工程机械主机配套率达到 60%以上，力争进入外资工程机械主机配套行列。同时，重点开发高压超大排量的柱塞泵，配套大型工程机械装备，实现历史性突破，高压柱塞泵和液压马达目标产品见表 5-4。

表 5-4　2022—2025 年高压柱塞泵和液压马达目标产品

项目	产品规格	排量 cc/rev	额定压力 MPa	最高压力 MPa	目标市场	3 年目标
1	XM5X180 回转电动机	180	35	40	30～45 吨挖掘机	国内市场占有率 20%以上
2	XR5X180 行走电动机	180	35	40	30～45 吨挖掘机	
3	XPVG500 闭式泵	500	35	38	盾构机	
4	XPVG750 闭式泵	750	35	38	盾构机	
5	XPVG68 闭式泵	68	42	45	路面机械等	
6	XPVG90 闭式泵	90	42	45	路面机械等	

六、政策保障

（一）建设高端液压件及液压系统制造业创新中心

随着我国经济发展进入新常态，支持我国工程机械行业快速增长的条件发生了重要变化，工程机械行业不可避免地遭遇低位运行。这也促使我国工程机械行业未来的发展思路将是“以创新思路为核心、以质量优先为重点、以强化基础为切入点、以优化环境为目标”。这一整体思路也将是液压件及液压系统制造业未来的发展思路。2015 年，国务院颁发了中国制造强国战略，明确提出核心基础零部件、先进基础工艺、关键材料和产业基础（简称“四基”）等工业基础能力薄弱，要加强“四基”建设。

为认真落实国务院提出的中国制造强国战略规划，有效提升我国高端液压件及液压系统制造业的整体竞争力，突破我国高端液压件及液压系统关键共性技术的瓶颈。建议由高端液压件企业牵头建立“高端液压件和液压系统制造业创新中心”，以该中心为创新平台，充分发挥全国液压行业龙头企业在技术研发投入、制造水平方面的优势，整合行业内知名企业、科研院所及院校重点学科资源，共同解决高端液压元件及液压系统关键共性技术问题，重点在高端液压元件及液压系统的基础材料与热处理工艺、数字化设计、基础制造工艺、柔性和自动化装配、产品试验与检测等方面有所突破，从而提升中国高端液压件及液压系统的研发能力和设计制造水平。

（二）项目支持和税收优惠政策

目前，国内工程机械市场尚处于触底反弹的阶段，企业面临转型升级的压力巨大。高端液压件产业属于技术密集型、资金密集型产业，且产品的研发投入属于长期持续过程，短时间难以实现盈利。希望政府能够在项目申请和财政资金上对重大的战略新兴产业项目给予专项支持，对各项税收给予阶段性的扶持政策，增强企业投资信心，从而使企业的团队整体稳定，产品更加稳定可靠，形成品牌优势。

七、推进路线

推进路线图，见表 5-5。

表 5-5　推进路线图

项目		2016年	2020年	2025年	2030年
需求	国际市场	国际广义工程机械市场5万亿。配套液压元件市场达1500亿元	预期增长速度5%，液压元件规模达1575亿元	预期增长速度7%，液压元件市场规模达1650亿元	
	国内市场	国内广义工程机械超万亿元，配套液压元件市场规模300亿元	预期增长速度10%，规模达330亿元	预期增长速度10%，规模达363亿元	
	国防安全	各类公路非公路国防装备体系中的作业车辆与武器性能取决于液压元件			
	产业发展	满足战略新型产业需求，产品结构调整，满足《中国制造2025》对智能化产品的需求			
目标	国内市场占有率		典型工程机械国产液压元件占40%，进入国际市场	典型工程机械液压元件国产化率占70%，国际市场20%	工程机械液压元件国际总体市场占有率超过40%
	小巨人企业培养	培养2～3个细分领域工程机械液压元件市场占有率国际前3名		培养1～2个国际知名、产值进入国际前5名的企业	
	轴向柱塞泵	28/32MPa压力等级，MTBF≥5000h；小挖等典型高端那工程机械	35MPa压力等级，MTBF≥5000h；中大挖掘机等高端工程机械	42/45MPa压力等级，MTBF≥5000h；其他高端工程机械	产品技术水平与国际同步
	液压多路阀	28/32MPa压力等级，片式液控多路阀，MTBF≥5000h；小挖等典型高端那工程机械	35MPa压力等级，整体式电控多路阀，MTBF≥5000h；中大挖掘机等高端工程机械	42/45MPa压力等级，总线型控制多路阀，MTBF≥5000h；其他高	产品技术水平与国际同步
	柱塞马达及减速总成	28/32MPa压力等级，MTBF≥5000h；小型挖掘机及其他小型工程机械	35MPa压力等级，MTBF≥5000h；中大型挖掘机及其他大型工程机械	42/45MPa压力等级，MTBF≥5000h；其他大型工程机械	产品技术水平与国际同步
共性核心关键技术	基础材料及上游零部件	满足配套要求的：耐磨铜合金及双金属烧结工艺/复杂流道精密铸造工艺/高性能比例控制器/长寿命电磁铁/高性能轴承/螺纹插装阀/高压高速动静密封件			先进的材料热处理工艺；高性能涂层技术；智能材料；轻量化结构材料
	制造工艺装备与柔性化自动化	精密铸件和核心零部件的柔性制造单元；线上检测与测试的自动化装配线；高性能清洗与去刺的成套设备线；		在线光学检测与信息控制装配线；机器人成套自动化制造单元	先进制造工艺国际同步，分层制造/3D打印/沉浸式虚拟装配
	质量检测与评估方法	可靠性测试评估标准与装备；现场数据收集与数据库；		主机工况与环境模拟测试方法与装备。流量脉动、噪声与振动测试方法与装备	
	设计方法与工具	推广普及有限元、计算流体力学等先进的设计软件	多学科联合仿真软件平台，液压元件设计数据库		液压元件的全寿命周期虚拟设计方法与工具

课题组成员

组　长： 杨华勇

成　员： 邱永宁　徐　兵　冀　宏　李跃军　冯世波　张大庆

执笔人： 徐　兵

第六章

高性能难熔难加工合金大型复杂构件增材制造“一条龙”推进路线研究报告

一、技术内涵及主要构成

（一）技术内涵

增材制造（Additive Manufacturing，AM）技术是通过 CAD 设计数据并采用材料逐层累加的方法制造实体零件的技术，相对于传统的材料去除（切削加工）技术，是一种“自下而上”材料累加制造方法，俗称“3D 打印技术”（3D Printing）。高性能难熔难加工合金大型复杂构件增材制造技术是将高性能难熔难加工合金材料的快速凝固制备与大型复杂金属零件逐层累加直接快速制造有机融合，以金属粉末/丝材为原料，通过激光等高能束逐层熔化堆积，直接由零件数模一步完成高性能精密三维大型复杂金属构件的数字化、无模、快速制造，如图 6-1 所示。它具有材料利用率高、制造周期短、生产成本低、柔性高效等优点，代表着重大装备高性能难熔难加工大型关键金属构件先进制造技术的发展方向。

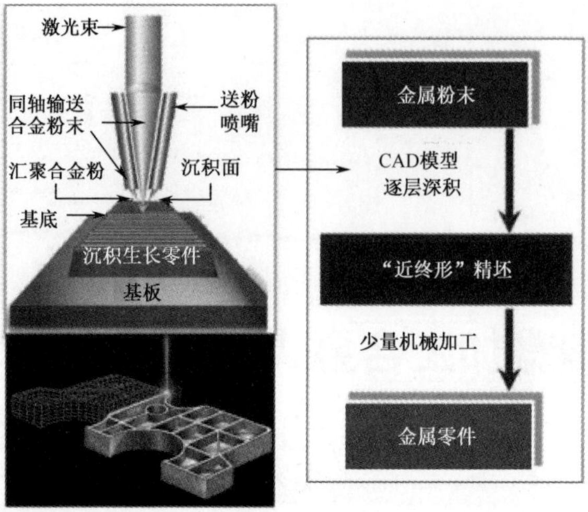

图 6-1　高性能金属构件激光增材制造技术示意图

（二）主要构成

高性能难熔难加工合金大型复杂构件增材制造技术目前主要包含激光送粉熔化沉积技术（图 6-2）和电子束熔丝沉积成形技术（图 6-3）。

同时，以电弧/等离子弧等为代表的新热源增材制造技术，多种热源复合、增材与减材复合、锻造与增材复合的各种复合增材制造技术，以及梯度材料构件增材制造技术研究正迅速增加，在高性能难熔难加工合金大型复杂构件增材制造领域展示出极大潜力，但目前仍处于研究起步阶段，技术成熟度均尚未达到上述激光增材制造与电子束增材制造技术水平。

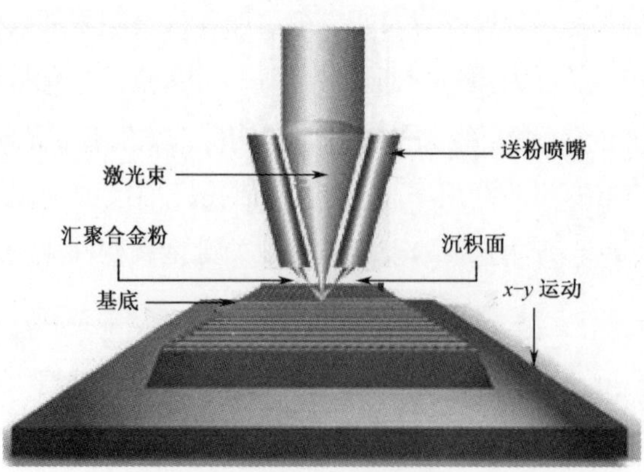

图 6-2　激光送粉熔化沉积技术

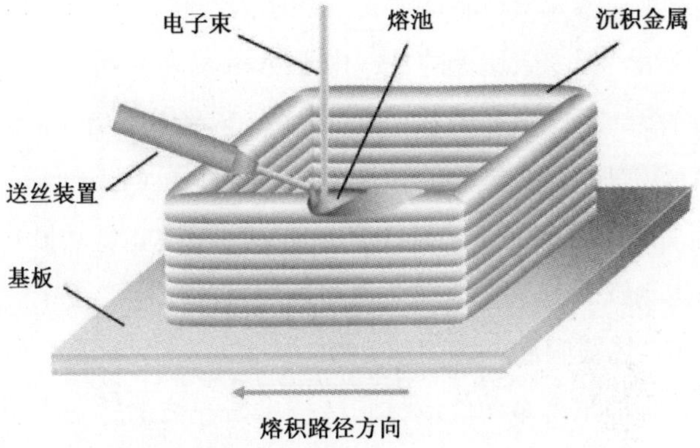

图 6-3 电子束熔丝沉积成形技术

二、国内外现状及主要问题

（一）国内外现状

高性能难熔难加工合金大型复杂构件增材制造技术是增材制造的高端发展形式和国际竞争制高点，技术难度大。该技术自 1992 年首度提出以来，由于该技术对大型整体金属关键结构件成形制造的独特经济技术优点及其对航空航天重大型号装备研制生产的广泛实用性，一直受到美、英、德、法等西方发达国家的高度重视。自 20 世纪 90 年代以来，国外以美国为代表的先进发达国家持续开展了 20 余年的高性能金属增材制造技术研究。

1995 年至 2005 年期间，美国国防部先进研究计划署（DARPA）及海军研究办公室（ONR）等部门，先后实施一系列飞机钛合金结构件激光增材制造技术的研究计划，资助包括 Sandia 国家实验室、约翰霍普金斯大学、宾州大学、MTS 公司等在内的数家研究机构开展钛合金零件激光增材制造技术研究。1998 年由 MTS 公司独资成立的专门从事飞机钛合金结构件激光增材制造的 AeroMet 公司，在美国空军“锻造计划”、陆军“制造技术计划”、国防部“军民两用科技计划”等资助下，与波音、诺克希德马丁及诺斯罗普格鲁曼等美国三大军用飞机制造商合作，致力于激光增材制造钛合金结构件在飞机机身及机翼上的应用，2001 年开始陆续为波音公司激光增材制造出了 F/A-18E/F 带筋壁板、翼梁、座舱插槽、龙骨梁壁板、机翼翼根吊环等机翼钛合金次承力结构件（图 6-4）。2002

年在世界上率先实现激光增材制造钛合金次承力结构件在 F/A-18 等战机上的验证考核和装机应用。但令人遗憾的是，由于 AeroMet 公司未能解决激光增材制造大型整体钛合金结构件内部质量（凝固组织、内部缺陷等）控制关键问题，其激光成形 Ti6Al4V 等钛合金结构件即使再经热等静压（HIP）、开模锻造（open-die forging）等后续致密化加工，其疲劳等关键力学性能仍然显著低于钛合金锻件，无法实现在飞机关键钛合金主承力结构件上的应用。由于技术发展出现瓶颈，应用范围和市场被限制，公司于 2005 年 12 月停止运行。国际上有关钛合金等高性能难熔难加工合金构件增材制造技术研究被迫转向小型零件选区熔化精密成形制造和表面修复工程等方面。

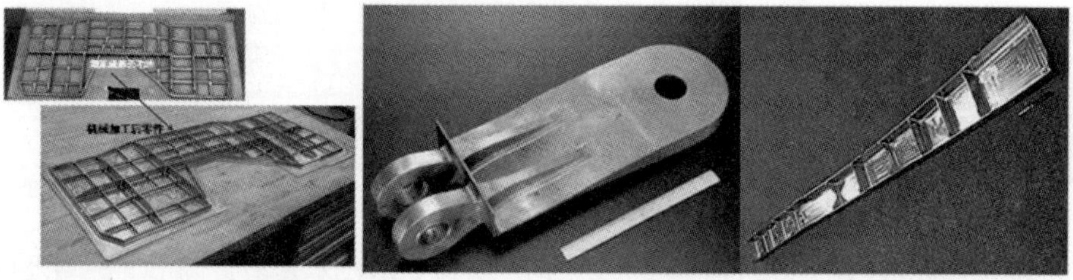

（a）带筋壁板　　（b）机翼翼根吊环　　（c）翼梁

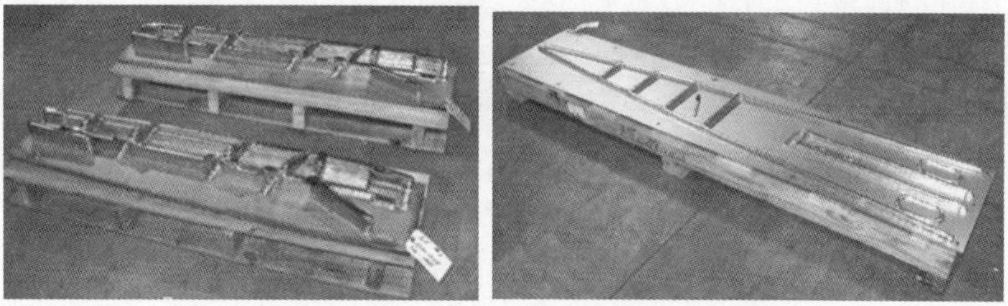

（d）座舱插槽　　（e）龙骨梁壁板

图 6-4　原 AeroMet 公司激光增材制造 F/A-18E/F 机翼钛合金次承力构件

2012 年奥巴马政府实施“重振美国制造业”计划，建立了“国家增材制造创新研究院”，并采取了一系列措施推动增材制造技术发展，在小型精密构件选区熔化增材制造技术上，以美国为首的先进发达国家已在航空航天等先进工业领域逐步应用于钛合金等高性能金属零部件制造，并已形成了集原材料、装备、设计、工艺、软件、技术服务等为一体的较完备的行业产业链。但由于大型整体钛合金构件增材制造过程的物理、化学和材料冶金过程极其复杂，对制约其发展的关键共性问题缺乏深入认识和研究，迄今为止一直未能突破高性能大型整体钛合金主承力结构件为代表的高性能难熔难加工合金大型复杂构件增材制造关键技术和实现工程应用。

除激光送粉熔化沉积增材制造技术外，国外电子束熔丝成形增材制造技术发展也十分迅速，并从实验室基础研究逐步转向工程应用研究，其中 Sciaky 公司在 Ti-6Al-4V 钛合金航空结构的电子束熔丝增材制造技术方面已达到了较高的水平。2002 年，Sciaky 公司与洛克希德马丁公司研制的 F-22 钛合金支座经过两次全寿命疲劳试验后又成功通过了负载试验，没有发现变形。Sciaky 公司与 Beaver Aerospace and Defence 公司合作制造了大型 Ti-6Al-4V 金属万向节，验证了电子束熔丝增材制造能力。2013 年，美国洛克希德马丁公司与 Sciaky 公司参与了“导师-学生计划”，Sciaky 已为 F-35 飞机电子束熔丝增材制造了 13 个 Ti-6Al-4V 钛合金结构件，如机身框、翼梁、接头等（图 6-5），总质量达 1350kg，成形速度为 5～10kg/h，然而，上述电子束熔丝增材零件均为工艺验证件或样件，并未实现装机应用。由于存在加工尺寸精度相对较低、设备昂贵、工艺控制复杂、真空散热困难导致组织粗大、力学性能偏低等缺点，电子束熔丝增材技术相对较难用于超大型高性能钛合金等关键承力构件的制造，开展研究的广泛程度也低于激光增材制造技术。

（a）机身框　　（b）翼梁　　（c）接头

图 6-5　Sciaky 公司电子束增材制造 F-35 飞机 Ti-6A1-4V 构件

我国自 20 世纪 90 年代初开始钛合金等高性能难熔难加工合金大型复杂关键构件增材制造技术研究。国防科工局国防基础科研、国防先进工业技术、研保条件建设、原总装备部预研计划、国防“973”计划、国家自然科学基金委员会重点项目、杰青基金、教育部长江学者创新团队计划、科技部 973 计划、科技部 863 计划等国家主要科技研究计划，均将高性能难熔难加工合金大型复杂构件增材制造技术作为重点和重大项目予以持续资助。以北京航空航天大学为代表，在国际上全面突破飞机钛合金等高性能难熔难加工合金大型复杂整体主承力结构件激光增材制造工艺、工程化成套装备及应用关键技术并创建了完整的技术标准体系，研制出迄今世界最大、拥有系列原创核心关键技术、构件成形制造能力达 7m × 5m × 3m 的大型金属构件激光增材制造系列化工程成套装备，生产出了我国飞机装备中迄今尺寸最大（投影面积超过 $16m^2$）、结构最复杂（三向悬空超复杂整体结构）的钛合金大型整体复杂关键主承力构件（图 6-6），80 余种钛合金及超高强度钢大型复杂整体关键飞机主承力构件在 7 种型号飞机研制和生产中得到工程应用，为解决制约重大装备研制的“瓶颈”难题发挥了不可替代的作用，同时也使我国成为迄今世界上唯一掌握大型整体钛合金关键构件激光增材制造技术并成功实现装机工程应用的国家。

（a）超大型壁板（投影面积超 $16m^2$）　（b）三向悬空超复杂整体结构

图 6-6　北京航空航天大学激光增材制造钛合金关键构件

与国内大多数其他制造领域相比，我国高性能难熔难加工合金大型复杂构件增材制造整体技术水平与国外发达国家差距相对较小，主流增材制造技术的工艺研究与装备开发均取得了显著成果，并不弱于国外，部分技术水平与国外先进水平相当，在高性能钛合金大型复杂整体承力构件激光送粉熔化沉积制造等领域甚至处于国际领先水平。然而，迄今为止，我国高性能难熔难加工合金大型复杂构件增材制造技术并未广泛应用和形成产业规模，原因如下：

①高性能难熔难加工合金大型复杂构件增材制造技术研发难度大、投入高，我国技术研究主要依托若干高校和研究院所单位，在国家支持下自主研发，企业参与度不高，产学研有所脱节，商业化意识不强。研制装备系列、规格少，研究材料较单一，应用有限，增材制造成本较高，规模化应用不成熟。

②我国增材制造产业总体规模很小，缺乏可以带动整个产业发展的龙头企业，稍好的企业产值在几千万元，大量小企业产值在百万元上下，也缺乏成功的成熟的商业模式，民用领域应用匮乏，产能及市场规模极其有限，产业培育基础较薄弱，从事高性能难熔难加工合金大型复杂构件增材制造的企业寥寥无几。

③国内增材制造企业主要集中在制造行业，上下游领域存在空白，部分原材料、核心关键器件尚依赖进口，缺乏统一开发平台及质量检测评价标准，并且缺失服务，没有形成产业链。我国高性能难熔难加工合金大型复杂构件增材制造在原材料、商用增材制造装备开发、专用软件与应用服务等产业化方面与国外差距很大。

总体而言，在高性能难熔难加工合金大型复杂构件增材制造技术研究方面，我国与国际先进水平的差距较小，但在集成诸多领域的整个产业链发展和工程化应用方面，我国较国外先进制造产业发展水平落后。

（二）存在的主要问题

我国高性能难熔难加工合金大型复杂构件增材制造技术研究与应用存在的主要问题如下。

①增材制造工艺材料及结构应用范围还非常有限。目前相对较为成熟的激光增材制造工艺主要针对飞机框、梁、接头等钛合金大型复杂关键结构和起落架外筒、活塞杆等超高强度钢结构，有关高温合金、铝合金、难熔高活性合金等材料体系的增材制造工艺尚待突破，其他材料及结构的增材制造工艺尚缺乏深入研究，很大程度上制约了该技术的工程应用和潜力的发挥。

②大型金属构件激光增材制造装备系统复杂、设备成熟度有待加强。大型金属构件激光增材制造装备是激光增材制造技术实现的载体，也是保证增材制造产品高性能和质量稳定性一致的关键要素。不同材料、不同结构制造用的增材制造成套装备存在通用之处，但装备关键技术方面存在较大差异性。目前，北京航空航天大学等单位自主开发的科研型增材制造装备初步在实际生产中得到

了长期考核，但主要针对和适应于飞机钛合金框梁类结构的增材制造，对其他材料和结构的适用性和质量稳定性仍需进一步研究。

③缺乏增材制造专用材料体系。增材制造技术将高性能材料制备与复杂零件成形的数字化有机融合，其在零件制造过程中实现高性能/新材料数字化制备（合成、制备和复合）的独特能力，高能束原位超常冶金新现象、新规律及其非平衡高性能材料制备合成新效应及其他超常效应，将对未来高性能材料技术带来不可估量的变革性影响，这种能力将是增材制造技术最大的优势和未来发展潜力最大的方向。

1.“三基”问题

（1）基础零部件/元器件

高性能难熔难加工合金大型复杂构件的增材制造技术是一种典型的数字化先进制造技术，工艺技术与装备技术密不可分。增材制造产品的生产要求高精度，必须对增材制造设备的精准程度、稳定性有较高的要求，因此增材制造设备的关键零部件/元器件的精度、使用寿命和可靠性是保证最终产品质量的关键要素之一。针对高性能难熔难加工合金大型复杂构件的激光熔化沉积增材制造，主要涉及以下基础零部件/元器件问题。

①大功率光纤激光器中光纤合束器。国内已可生产千瓦级激光模块，但在多模块大功率光纤合束上存在技术瓶颈，导致难以制造高沉积速率所需的万瓦级光纤激光器，激光器市场被 SPI、IPG、AOC 和 DPSS 等国际企业垄断，依赖进口。

②高精度高效送粉喷头。在送粉沉积增材制造装备中，送粉喷头为核心基础零部件，目前国内送粉沉积增材制造设备中喷头为自主研制或者使用国外进口集成加工喷头，未形成商业化增材制造专用送粉喷头或增材制造集成加工头，精度和稳定性不能满足工业化生产需求。而且集成加工喷头中的精密光学器件也依赖进口。

③高速扫描光学振镜。扫描振镜的市场主要被德国 Scanlab 公司占据，进口国外的关键元器件需要高昂的成本，直接影响我国增材制造设备的价格水平，阻碍工艺推广和产业应用。

④激光增材制造设备所需高精度导轨、伺服电动机及机电控制器等运动和

控制系统，也不同程度地存在依靠从美国、德国和日本等发达国家进口的情况，导致我国相关装备制造“空心化”。

⑤等离子旋转电极制粉设备所需动密封滑动轴承。在 PREP 制粉过程中直接影响制粉工艺的稳定性与粉末收得率，目前质量一致性和可靠性较差、损耗率高，制粉成本降低受阻。

以上基础零部件/元器件中，光纤合束器、光学振镜、机床导轨、电动机、动密封滑动轴承等均属于工业共性基础零部件/元器件，仅高精度高效送粉喷头是高性能难熔难加工合金大型复杂构件激光增材制造专有的基础零部件，

（2）基础工艺

在高性能难熔难加工合金大型复杂构件的增材制造中，制造工艺是技术的核心，同时也是不同企业之间的竞争关键所在。就目前国内企业现状而言，工艺参数、沉积方案、扫描策略、支撑技术等工艺特征基本均带有竞争性，着眼于共性基础工艺问题，针对高性能难熔难加工合金大型复杂构件的激光熔化沉积增材制造，主要涉及以下基础工艺问题。

①增材制造用高性能金属粉末制备工艺。

激光送粉直接沉积用金属粉末粒径较大，目前国内主要采用 PREP 工艺制备，需使用高性能难熔难加工合金棒坯原料，棒料成本和加工损耗大，粉末制造成本较高；激光选区熔化使用超细粉体，目前国内主要采用真空雾化工艺制备，杂质元素含量和粒径控制难度大，粉末制造成本极高。产业化推广迫切需要突破低成本高质量金属粉末制备工艺，增材制造用高性能金属粉末制备工艺也是高性能难熔难加工合金大型复杂构件激光增材制造技术须重点突破的基础工艺之一。

②增材制造工艺设计专用软件及数控程序编制工艺。

作为一种数字化加工方法，增材制造专用工艺软件技术是高性能难熔难加工合金大型复杂构件增材制造的核心关键技术之一。它包含增材制造模型高精度分层与基于扫描策略的扫描路径自适应高效生成算法、基于机床通用 G 代码和专用语法的编程及后处理工艺、基于支撑策略的支撑体自适应生成算法、增材制造工艺过程仿真、增材制造工艺数据库等方面。目前针对激光送粉熔化沉积增材制造尚无专用工艺软件和数控编程工艺，而激光选区熔化工艺技术则被

国外垄断，主要使用 Magics 和 Minics 等。

③高性能难熔难加工合金大型复杂构件增材制造工艺。

目前激光增材制造工艺仅用于部分牌号的钛合金、超高强度钢等较少种类高性能难熔难加工合金，应用合金种类有待进一步拓宽，而且对于现有增材制造工艺，其工艺过程深层机理、合金材料成形性规律、影响因素和控制方法等共性基础问题有待进一步深入研究，需广泛开展增材制造基础工艺参数优化研究，逐步完善增材制造工艺数据库。在此基础上，面向“三航”及发动机、核电应用典型构件对象，急需突破高效高精度成形工艺、内部质量控制与变形开裂抑制增材制造工艺，实现钛合金超大型复杂构件的激光增材制造。

④增材制造过程在线监控与智能处理技术。

增材制造工艺过程及工艺质量直接决定了增材制造构件的形性特征，由于增材制造过程是一个长期渐进过程，必须对增材工艺全过程进行实时监控和在线处理，方可保证增材制造构件每一沉积单元及其集合体的质量稳定性、一致性和可靠性。包含成形过程监控、成形精度检测和闭环反馈等工艺技术、温度场控制、保护气氛控制等工艺环境控制技术等，构建工艺在线监测、评价与智能处理体系，实现基于工艺数据库的智能控制，是实现高性能难熔难加工合金构件增材制造工程化应用的技术保障之一。增材制造过程在线监控与智能处理技术同时属于面向“十三五”重点发展的 65 项先进基础工艺中的先进成形及加工制造过程智能化技术和智能柔性成形及加工制造过程在线监控技术。

⑤增材制造高性能难熔难加工合金性能控制热处理工艺。

由于增材制造高性能难熔难加工合金构件后续不再进行压力加工，因此热处理成为调节增材制造高性能难熔难加工合金材料组织性能的唯一重要手段。研究增材制造材料快速凝固组织在热处理过程中固态相变物理冶金行为和动力学规律，掌握相形态控制方法，是通过热处理调整显微组织形态和进一步提高综合力学性能的基础。需针对钛合金、高强合金钢及镍基高温合金材料增材制造快速非平衡凝固组织初始特征，优化出热处理工艺参数，完善增材制造工艺数据库。增材制造高性能难熔难加工合金性能控制热处理工艺同时属于面向“十三五”重点发展的 65 项先进基础工艺中的复杂结构零件性能及变形控制热处理工艺。

⑥增材制造高性能难熔难加工合金机械切削及表面处理工艺。

针对增材制造钛合金、高强度合金钢以及镍基高温合金等高性能难熔难加工合金，目前加工单位普遍缺少切削工艺参数、表面处理工艺参数等后处理基础工艺数据，阻碍了增材制造构件的推广应用。针对不同牌号钛合金、高强合金钢及镍基高温合金材料，广泛开展后处理工艺试验研究，逐步完善增材制造工艺数据库。增材制造高性能难熔难加工合金机械切削工艺同时属于面向“十三五”重点发展的65项先进基础工艺中的难加工金属材料（硬、脆、黏等）高效切削工艺。

（3）基础材料

高性能金属构件直接制造技术自问世伊始，就与高性能材料的发展密不可分。增材制造原材料形态与传统锻造和铸造不同，其原材料为粉末或丝材等适合精确控制输送的形态。同时由于增材制造过程为复杂的物理冶金过程，原材料在增材制造成形过程将与环境发生剧烈的冶金反应，除考虑输送的需求确保成形性外，还要考虑冶金成性性能。目前增材制造使用的高性能金属材料均为针对传统制造工艺研发的材料，无论其成分设计与优化还是后续的热处理工艺均以传统工艺为应用背景。专门针对增材制造工艺过程开发，适用于超常物理冶金过程，具有高性能的合金材料研究在国际上尚属空白。因此，研制基于增材制造成形和成形性专用材料是夯实和拓展增材制造技术工程应用，制备高性能材料的重要发展方向之一。

近年来，金属构件直接制造所使用的高性能特种粉体材料备受关注，国内用于增材制造的材料主要依赖进口或国产化的同类材料，缺乏自主创新能力，并且还存在着氧含量高、球形度差、成分均匀性差以及粒度分布不佳等问题。针对高性能难熔难加工合金大型复杂构件的激光熔化沉积增材制造，主要涉及增材制造专用新型合金粉末材料设计及优化问题。

迄今为止，高性能金属构件增材制造技术仍局限于应用锻造和铸造用传统材料，未充分发挥制造技术本身在新材料方面对传统技术的颠覆性优势。利用增材制造工艺过程中超高温度梯度、特殊物理冶金行为、快速凝固及非平衡短时循环热影响等特性，发展合金设计新原理，研发增材制造专用新型合金材料（体系），建立成分组织优化设计理论和方法，是充分发挥制造技术特点和材料性能潜力，推动高性能难熔难加工合金增材制造技术发展的关键之一。增材制造专用新型合金粉末材料同时属于面向“十三五”重点发展的 108 项重点发展材料中的高性能钛合金材料、大规格高性能铝合金材料、高温合金材料、航空用高强高韧轻质结构材料、航空用高温结构材料、航空用结构功能一体化材料。

2. 关键共性技术问题

面向大型客机、大型运输机、新型战机、高推重比航空发动机等重大工业装备领域大型复杂关键构件制造需求，针对钛合金等高性能难熔难加工合金材料，亟待攻克以下激光送粉熔化沉积增材制造关键共性技术难题，充分发挥增材制造技术优势和高能束原位超常冶金平衡高性能材料制备合成效应，推动高性能难熔难加工合金大型复杂构件激光熔化沉积增材制造技术研究和推广应用。

聚焦增材制造全流程（见图 6-7）和产业链（见图 6-8），针对上述“三基”问题薄弱环节，凝练出以下关键共性基础技术。

（1）增材制造专用材料成分组织设计及优化技术

利用激光高能束高能量密度以及增材制造工艺过程中超高熔池温度、宽裕可调温度梯度、特殊物理冶金行为、快速凝固及非平衡短时循环热影响等特性，研发增材制造专用新型高强高损伤容限钛合金、微细柱晶高温合金等高性能合金材料，建立增材制造专用高性能合金成分组织优化设计理论和方法，是充分发挥材料性能潜力和推动高性能难熔难加工合金激光增材制造技术发展的关键之一。

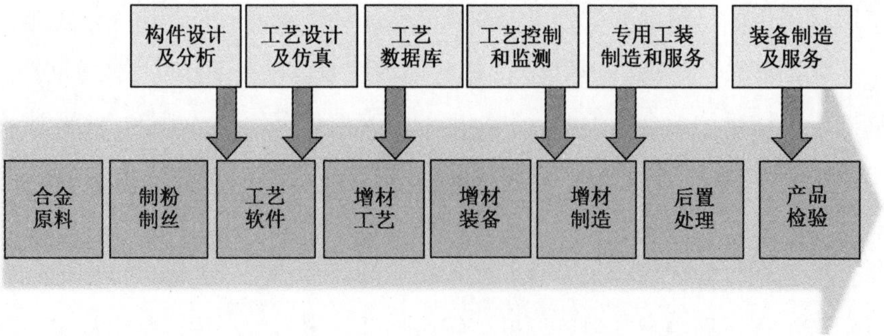

图 6-7 增材制造全流程

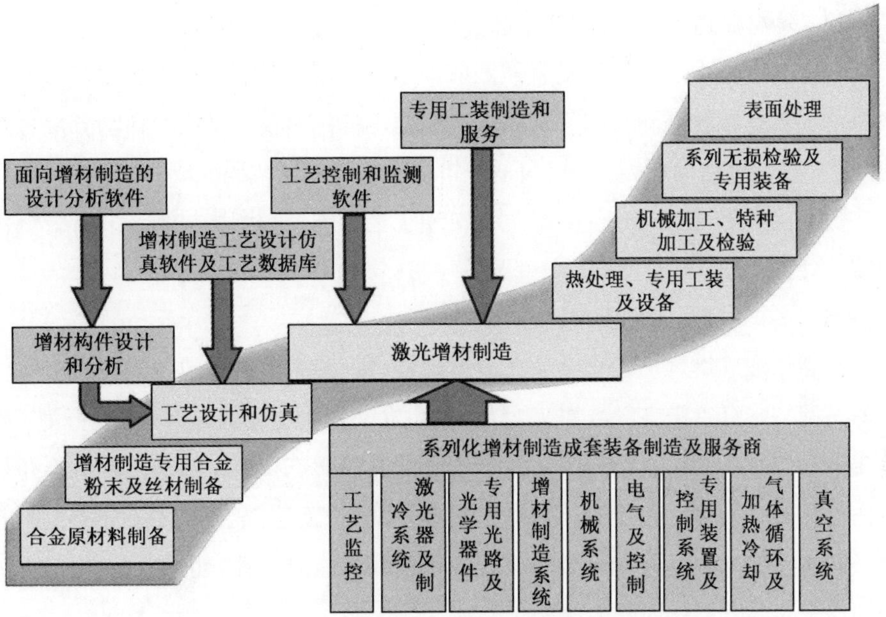

图 6-8　高性能合金构件激光增材制造产业链

（2）增材制造用高性能金属粉末制备工艺及粉末回收利用技术

增材制造专用原材料粉末制备及回收利用技术一直是高性能合金大型复杂构件增材制造技术的核心关键技术之一，目前在送粉/熔丝成形和选区熔化两大主要技术门类中广泛使用粉末和丝材作为原材料，尤其是用于送粉熔化沉积增材制造的粉末材料，还很大程度上受制于人，阻碍了我国增材制造技术的发展。针对增材制造技术需要，发展同步送粉沉积用低成本等离子旋转电极雾化制粉技术及其粉末回收利用技术，是降低增材制造整体应用成本，推动增材制造技术应用的关键之一。

（3）基于增材制造的结构优化设计与验证技术

目前的结构设计仍多基于传统减材制造工艺，而高性能难熔难加工合金结构多采用复杂拓扑优化等结构优化设计方法，在基于激光熔化沉积增材制造工艺约束的前提下，尽可能提高材料利用率和发挥结构效率。发展大型复杂结构拓扑优化与多尺度建模技术、建立复杂拓扑结构性能模拟计算评估与验证方法，是高性能难熔难加工合金结构创新设计和激光增材制造技术发展的迫切需求和重要支撑技术之一。

（4）增材制造工艺设计专用软件技术（含工艺数据库）

增材制造技术的智能化发展强烈依赖于增材制造工艺参数、专用知识、标准规范、工艺在线监测数据等基础工艺数据库信息以及三维数模自动分层分域处理、扫描路径自动规划、工序自适应排布和加工原始代码生成专用软件，发展工艺数据库及专用工艺软件同时也是实现工艺智能控制和增材制造装备智能化的核心关键之一。

（5）增材制造凝固组织晶粒形态与取向控制技术

在高性能难熔难加工合金激光增材制造中，移动熔池在池底无界面金属热传导条件下可具有极高的冷却速度，并产生非平衡快速凝固形核、生长行为，导致凝固组织具有与传统锻铸工艺完全不同的晶粒形态和组织特征。针对不同材料物性和熔池冶金行为特征，通过控制高能束增材工艺，实现对晶粒形核、取向生长的主动控制，是控制合金快速凝固组织和性能的关键，也是后续非平衡热处理进一步优化性能匹配的前提和基础。

（6）增材制造大型复杂构件内部缺陷形成机理与缺陷控制技术

由于增材制造工艺的特殊特点，增材构件具有有别于传统工艺的特殊组织结构和内部缺陷类型。显然，增材构件的内部缺陷形式、特征尺寸及分布规律将对增材构件的力学性能和力学行为产生重要影响，控制内部缺陷的数量、有效减少和消除有害内部缺陷，是提高增材构件力学性能尤其是疲劳寿命和可靠性的关键之一。认识激光增材制造金属材料内部典型缺陷的形成机制及与工艺之间的相互关系，是有效控制内部缺陷、提高内部质量的基础。

（7）增材制造大型复杂构件内应力离散化控制与变形开裂抑制技术

增材制造过程中复杂非稳态热力耦合行为导致增材构件内存在强约束条件下的熔池快速凝固收缩应力、超高温度梯度场周期变化累积热应力和短时热循环固态相变应力，内应力的累积和集中可能造成构件宏观变形、开裂，结构尺寸越大、构型越复杂，变形开裂风险也越大，这是高性能难熔难加工合金大型复杂构件增材制造的技术难题之一。针对激光增材工艺及不同材料热、力参数，通过增材制造工艺的优化，将增材过程中构件内部应力有效离散化，获得均匀应力场、避免应力集中，是防止大型复杂构件增材制造变形开裂的关键。

（8）增材制造高性能难熔难加工合金强韧化机理及组织性能调控技术

增材制造材料具有的独特组织特征决定了其具有特殊的应力应变弹塑性变形行为和断裂机制，研究清楚增材材料的深层力学行为，提炼归纳增材制造材料强韧化新原理，是指导材料组织优化、主动控制力学响应行为及关键力学性能的前提和基础。基于强韧化匹配的组织性能调控技术是改善激光增材制造高性能难熔难加工合金大型复杂构件综合力学性能的关键共性基础技术。

（9）内部缺陷对力学性能/行为影响评价与构件服役寿命预测技术

从工程应用角度来说，不存在绝对无缺陷的制造工艺和制件，但必须建立满足设计使用要求的内部缺陷允许基准以及典型内部缺陷条件下的性能参考值。以不同增材制造工艺条件下、典型增材金属材料批次性内部缺陷水平的性能数据统计结果，科学评价内部缺陷对性能的影响，并据此建立基于无损检测缺陷水平的构件疲劳寿命预测技术方法，是保证激光增材制造高性能难熔难加工合金大型复杂构件长寿命和高可靠性的关键，对推动激光增材制造高性能金属构件在关键承载部件中应用十分必要。

（10）增材制造高性能难熔难加工合金力学性能设计基准值

与传统锻铸工艺相比，增材制造高性能金属构件解剖测试性能数据积累仍十分有限，不同材料种类、增材工艺测试工作量大，不同单位的测试条件和试样规格等不完全统一，数据结果难以直接比较，非常分散。建立增材制造材料性能数据库，统计获得材料设计许用值、基准值等关键设计用数据，对设计研究单位设计师系统选用和推动高性能难熔难加工合金大型复杂构件激光增材制造技术在国防科技工业领域的推广应用极为重要。

（11）增材制造构件质量评价与检测标准规范技术

增材制造制件内部质量的检测和评价是由研制到实际应用的关键环节之一，也是质量保证的关键技术之一。建立工程实用的增材制造构件无损检测方法对增材制造构件的安全使用不可或缺。由于增材构件组织结构及内部缺陷形态、尺寸和分布的特殊性，现有超声波、X 射线等无损检测方法的检测参数需要根据增材材料和构件结构特点进行适应性研究和优化，获得定量检测特性参数，建立缺陷信号与真实几何尺寸之间的映射关系，形成工程应用无损检测能力。

三、发展趋势

目前，世界增材制造的行业格局正在发生变化，普通消费级增材制造市场逐渐趋于饱和，高性能金属构件增材制造逐渐成为行业焦点。国际上处于各行业领先地位的公司都在把重点放在高性能金属构件增材制造领域，构建起广泛的合作伙伴生态系统，有望重新制定行业规则。例如，国际科技巨头美国通用电气公司（GE），使用金属增材制造技术来研发航天发动机、大型涡轮以及其他高端装备。2012 年 11 月，GE 收购 MORRIS Technologies 及其兄弟公司 Rapid Quality Manufacturing（RQM）。2013 年 8 月，GE 完成了对航空航天业务服务商 Avio S.p.A 的收购，其为通过 EMB 和粉末床金属增材制造技术制造航空零部件的领导者。近期 GE 继续强化对 Arcam 和 Concept Laser 的收购，将为其成为全球制造业的增材制造设备与材料的供应商奠定基础。西门子也在加大对金属增材制造的投资。2015 年，西门子下属的风投机构 SVC 对增材制造公司 Materials Solutions 发起战略投资，以利用这家企业在金属增材制造方面的技术积累改进西门子燃气涡轮的设计制造。2016 年，西门子在瑞典开设了一家金属增材制造工厂，进行大规模的零部件制造，这家工厂主要对西门子工业燃气涡轮机系列零部件进行快速修复，将维修时间从几个月缩短到几周，提升对客户需求的快速反应能力。汽车行业巨头福特公司，利用增材制造技术进行汽车零部件产品设计与研发；洛克希德马丁公司利用金属增材制造技术研究高端武器装备、军工装备，甚至用增材制造打印导弹等。截至目前，美国等先进发达国家已在航空航天等先进工业领域广泛采用选区熔化增材制造技术制造钛合金等高性能金属零部件，并已形成了集原材料、装备、设计、工艺、软件、技术服务等为一体的较完备的行业产业链。但迄今为止，一直未能突破高性能难熔难加工合金大型复杂构件增材制造关键技术和实现工程应用。

对此，美、英、德、日、法等发达国家已建立国家层面规划，竞相发展高性能难熔难加工合金大型复杂构件增材制造技术，期望在现代工业尤其在航空航天等国防装备上获得突破。

2012 年 7 月，美国总统科技咨询委发布了《赢得本国先进制造竞争优势》报告，将增材制造（3D 打印）技术列为 11 项优先发展的重点技术之一；同年 8 月，为实施“重振美国制造业计划”，时任美国总统奥巴马宣布斥资 10 亿美元新建 15 个“制造创新研究院”，创立美国“制造创新国家网络”（NNMI），其中首个“样板”研究院就是“国家增材制造创新研究院”，美国政府已经将增材制造技术作为国家制造业发展的首要战略任务给予支持。

欧洲的大学、企业和政府之间建立了众多增材制造技术联盟。英国政府持续增加对增材制造技术的研发投入，拉夫堡大学、诺丁汉大学、谢菲尔德大学、埃克塞特大学和曼彻斯特大学等相继建立了增材制造研究中心；德国建立了直接制造研究中心，主要研究和推动增材制造技术在航空航天领域中结构轻量化方面的应用；法国增材制造协会致力于增材制造技术标准的研究；西班牙在政府资助下，启动了一项发展增材制造的专项，研究内容包括增材制造共性技术、材料、技术交流及商业模式等四方面内容。

澳大利亚政府制定了增材制造技术路线图，促进澳大利亚制造业的发展，2012 年 2 月宣布通过一项研究计划支持采用增材制造技术制造微型航空发动机零部件。南非正在扶持基于激光的大型增材制造设备的开发。日本政府也很重视增材制造技术的发展，通过优惠政策和大量资金鼓励产学研用紧密结合，有力促进该技术在航空航天等领域的应用。

我国一直高度重视增材制造技术，中国制造强国战略中将增材制造作为发展重点，2015 年工信部、发改委、财政部联合印发了《国家增材制造产业发展推进计划（2015—2016）》，科技部设立了增材制造与激光制造国家重点研发计划，大力扶持和鼓励国内增材制造技术发展和产业培育。在上述强有力的政策推动作用下，近十年来，在钛合金、不锈钢、高强钢、高温合金、金属间化合物等高性能难熔难加工合金熔化沉积增材制造技术方面的文献和研究报告大量增加，展现出蓬勃发展态势，尤其是我国北京航空航天大学增材制造产学研团队已突破高性能钛合金大型整体承力框、超高强度钢起落架等高性能难熔难加工合金大型复杂构件增材制造工艺、装备、质量控制等关键技术，实现了工程研制和批产装机使用和试飞，展现了极具潜力的发展前景。

预计未来 5 至 10 年，高性能难熔难加工合金增材制造技术与产业发展趋势如下。

（1）增材制造构件向大型化、整体化、复杂化和结构功能一体化方向发展

未来先进工业重大装备正不断向大型化、高性能、高可靠、长寿命、低成本

快速发展，其中大量使用钛合金、高强钢等高性能合金材料关键金属构件，其构件尺寸越来越大、结构日益复杂、性能要求日益提高，并且向梯度成分/组织/性能的结构功能一体化方向发展，以最大限度提高结构效率。增材制造技术的特点为这些大型整体复杂构件的制造提供了一条可行的技术途径，也为结构设计摆脱传统工艺束缚提供了条件，并可实现从微观组织到宏观结构的可控制造，实现结构体的“设计－材料－制造”一体化，这将给制造技术带来革命性发展。

（2）增材制造设备向低成本、高效高稳定和智能化方向发展

经济、高效的设备是增材制造技术广泛推广和发展的基础，随着目前大功率激光器的使用以及送粉效率、粉末有效利用率的不断提高，激光增材制造的加工效率已经有显著的提高，但是大尺寸构件的制造效率依然偏低，而且激光增材制造设备的价格也偏高，因此进一步提高设备的加工效率同时降低设备的成本有着重要的意义。此外，增材制造设备硬件将与工艺分析、路径规划、专家系统等结合，发展在线监测与工艺过程智能控制系统，实现制造过程的数字化和智能化。

（3）增材制造材料向低成本、高质量和专用材料体系发展

对于金属材料激光增材制造技术来说，金属粉末就是其原材料，金属粉末的质量会直接影响成形零部件最终的质量。然而，目前增材制造的专用材料体系还很少，金属粉末的制备工艺大部分为等离子喷涂、真空等离子喷涂和高速氧燃料火焰喷涂等热喷涂工艺开发的制备工艺。金属材料种类十分有限且价格昂贵，国内有能力生产该类金属粉末材料的企业更是极少，大部分依赖进口。增材制造材料技术及产业发展始终围绕“研发材料制备技术、提高材料与工艺的适配性及制造精度、增加材料种类、降低材料成本”的宗旨向前推进。

（4）增材制造工艺向高效复合、高质量、标准化方向发展

虽然目前对增材制造的工艺展开了大量研究，但是在大型构件工程条件成形过程中依然存在许多问题。例如，成形效率低；容易产生孔隙、裂纹等缺陷；在长期成形过程中零件内部产生极大的内应力，容易导致零件严重变形开裂；工艺移植性较差等。未来将进一步优化高性能合金大型复杂构件激光增材制造工艺，克服成形过程中的缺陷，加强对增材制造过程中内应力演化、凝固组织以及内部缺陷形成机理等关键基础问题的研究，开发高效复合增材制造工艺，并形成标准规范体系。

四、推进路线

（一）需求分析

增材制造技术改变了传统生产方式和商业模式，将释放整个社会的智慧，通过协同制造、全面参与构建兼具个性化和数值化的产品与服务，催生出新的活动领域和合作形式，演化出更加灵活和富有活力的商业模式，重组产业链分工、创造新的盈利模式和价值链体系。面对发达国家实行的"制造业复兴计划"，积极发展以高性能难熔难加工合金大型复杂构件增材制造为代表的先进制造业技术，带动传统制造业实现转型升级，巩固我国全球制造业大国地位，推动我国由制造大国向制造强国的转变，是我国的战略需要。

（二）推进思路

按照关于加快建设制造强国、加快发展先进制造业的国家战略部署，紧密围绕高性能难熔难加工合金大型复杂构件增材制造产业培育，强化技术创新，培育一批能力突出、特色鲜明的龙头企业，按产业链、全流程着力夯实基础元器件、基础工艺、基础材料等工业"三基"及突破关键共性基础技术，推进高性能难熔难加工合金大型复杂构件增材制造技术在航空航天、船舶等先进工业领域的示范应用，完善检测、计量、标准、认证等技术支撑体系，营造良好发展环境，促进高性能难熔难加工合金大型复杂构件增材制造产业做大做强，为制造产业转型升级和制造强国建设提供有力支撑。

（三）推进目标

2020 年，高性能难熔难加工合金大型复杂构件增材制造产业初步形成规模，年均增速达到 20%以上，突破 10 种以上满足重点行业需求的核心元器件、制造工艺及专用材料，在重点制造（航空航天、船舶、兵器、能源动力等）领域实现规模化应用示范。

到 2025 年，高性能难熔难加工合金大型复杂构件增材制造产业销售收入超过 50 亿元，年均增速达到 30%以上，突破 50 种以上满足重点行业需求的核心元器件、制造工艺及专用材料，在重点制造（航空航天、船舶、兵器、能源动力、核工业、轨道交通装备等）领域实现规模化应用示范，形成完整的增材制造产业链，培育 2 ~ 3 家具有较强国际竞争力的龙头企业。高性能难熔难加工合金大型复杂构件增材制造总体进入世界强国行列。

（四）推进重点

根据目前国内外高性能难熔难加工合金大型复杂构件增材制造技术发展与应用研究现状，高性能难熔难加工合金大型复杂构件增材制造“一条龙”推进重点如下。

1. 重点构件

重点针对航空航天、船舶、能源动力、核工业等国防工业重点产业发展的需要，推进增材制造技术研发与应用。

（1）航空航天装备大型复杂结构件

重点推进大型客机、大型运输机、先进歼击机、无人作战飞机、远程飞机钛合金承力框、梁、肋、接头等大型复杂整体结构件、超高强度钢起落架、转轴等大型复杂结构件；战略导弹、卫星、重型运载火箭钛合金大型复杂承力骨架和壳体结构件的增材制造。

（2）航空发动机及燃气轮机大型复杂结构件

重点推进高推重比涡轴航空发动机风扇及压气机钛合金整体叶盘、整体叶环、盘轴一体、机匣等大型复杂构件，大涵道比涡扇航空发动机钛合金风扇叶片，燃气轮机耐热钢机匣、高温合金叶片及整体叶盘等大型复杂结构件的增材制造。

（3）船舶及海洋工程装备大型复杂结构件

重点推进水面舰艇、潜艇、深海探测器、深海空间站钛合金环肋壳体及大型复杂框格结构件的增材制造。

（4）能源电力及核工业装备大型复杂结构件

重点推进第三代核电装备反应堆压力容器、低压整体转子、主管道等高强度钢和不锈钢大型复杂结构件的增材制造。

2. 增材制造技术

重点突破具有完全自主知识产权的钛合金、高强合金钢等高性能难熔难加工合金大型复杂关键构件激光送粉熔化沉积增材制造工艺、激光/电弧复合能束高效增材制造工艺、工程化成套装备、增材制造专用合金材料及工程化应用关键技术，攻克结构优化设计与验证、专用原材料粉末制备、高精度高效送粉喷头、工艺专用软件、质量评价与检测标准等工业“三基”及关键共性技术瓶颈问题，形成产业链。

（五）推进路线

高性能难熔难加工合金大型复杂构件增材制造“一条龙”推进路线图如图 6-9 所示。

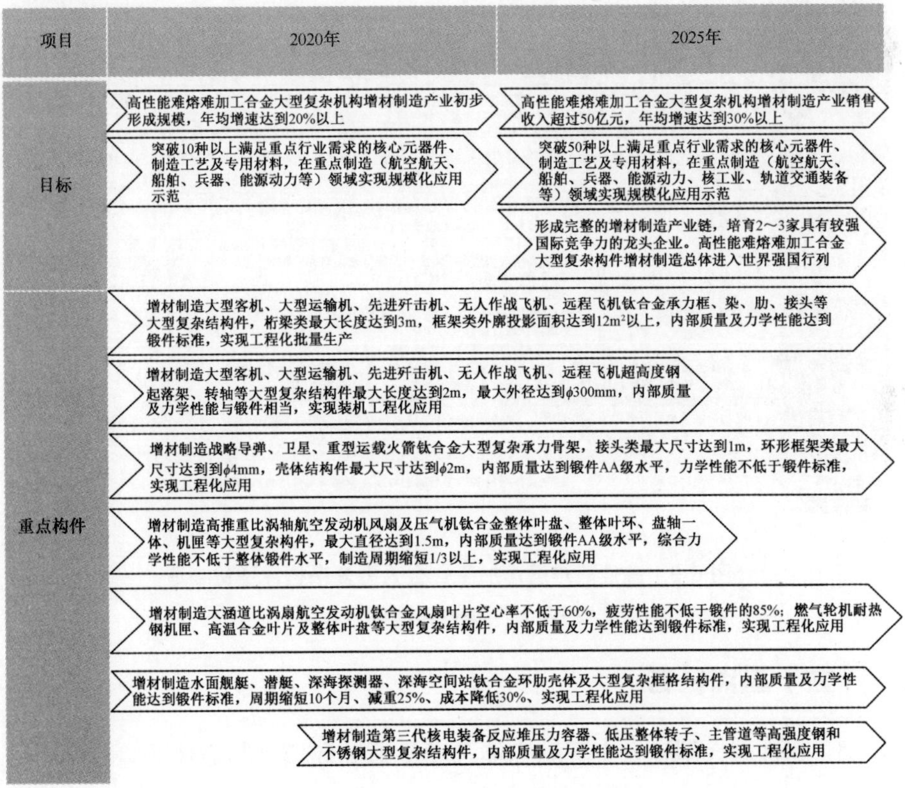

图 6-9　高性能难熔难加工合金大型复杂构件增材制造“一条龙”推进路线图

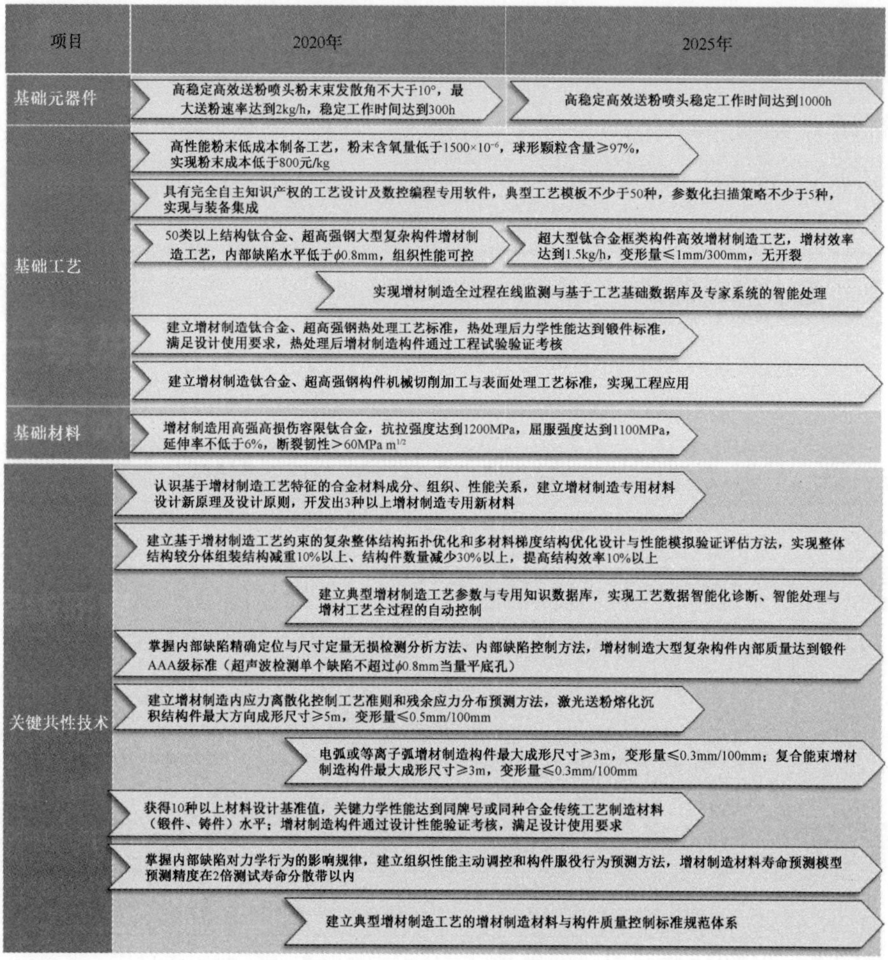

图 6-9　高性能难熔难加工合金大型复杂构件增材制造“一条龙”推进路线图（续）

（六）重点任务

1. 高性能大型钛合金环肋壳体等离子弧高效增材制造技术

（1）目标

针对航海重大战略平台中钛合金大型耐压主体结构的制造需求，开展大型钛合金环肋壳体的等离子弧高效增材制造技术研究。突破耐压结构优化设计、增材制造专用钛合金材料优化、等离子弧高效增材制造工艺、增材制造材料性能调控、高压力压缩蠕变性能及服役行为预测评价等关键技术，通过水下试验验证，实现增材制造大型钛合金环肋壳体的工程应用，为深海、水下、水面舰艇等海洋装备中大量耐压结构的高性能低成本高效增材制造提供技术新途径。取得周期缩短 10 个月、减重 25%、成本降低 30%的效果。

（2）关键共性技术

重点研究突破以下关键共性技术：

①适用于增材制造的舰艇用高性能钛合金材料；

②等离子弧高效增材制造专用钛合金丝材高质量低成本制备技术；

③基于增材制造的大型耐压钛合金环肋壳体结构设计技术；

④高效增材制造用高精度高速高稳定送丝机构；

⑤大型钛合金环肋壳体等离子弧高效增材制造工艺优化及工艺仿真技术；

⑥等离子弧高效增材制造大型钛合金环肋壳体组织性能控制技术；

⑦等离子弧高效增材制造大型钛合金环肋壳体无损检测技术；

⑧等离子弧高效增材制造大型钛合金环肋壳体性能评价及服役行为预测技术；

⑨大型钛合金环肋壳体等离子弧高效增材制造技术标准。

2. 钛合金大型复杂整体框架结构激光增材制造应用技术

（1）目标

针对载人航天、大型客机等重大装备中大型复杂整体框架结构的制造需求，开展钛合金激光增材制造技术推广应用研究。突破大型复杂整体框架结构优化设计、激光增材制造工艺过程控制、增材制造材料性能调控与评价、增材制造大型复杂整体框架性能评价考核及服役行为预测等关键技术，建立激光增材制造工艺数据库，通过地面试验验证，实现增材制造钛合金大型复杂整体框架结构在载人航天、大型客机领域的推广应用，为航天及航空重大装备中各种大型复杂框、梁、肋整体结构的高性能激光增材制造提供应用示范。

（2）关键共性技术

重点研究突破以下关键共性技术：

①激光增材制造专用钛合金粉末高质量低成本制备技术；

②基于增材制造的钛合金大型复杂整体框架结构设计技术；

③激光增材制造用高稳定高效送粉喷头；

④钛合金大型复杂整体框架激光增材制造工艺优化及工艺仿真技术；

⑤钛合金大型复杂整体框架激光增材制造工艺数据库；

⑥激光增材制造钛合金大型复杂整体框架组织性能调控技术；

⑦激光增材制造钛合金大型复杂整体框架无损检测技术；

⑧激光增材制造钛合金大型复杂整体框架性能评价考核及服役行为预测技术；

⑨钛合金大型复杂整体框架激光增材制造技术标准。

五、政策建议

（1）建议政府支持并促进高性能难熔难加工合金大型复杂构件增材制造技术推广，加强高校、企业间的技术交流，建立统一的技术标准，形成行业内部的沟通机制，创造良性的竞争环境。

（2）建议加大设备、基础关键元器件、基础原材料和软件等国产化研发工作和资金投入，把前沿技术的研发工作放在高校和科研机构，政府进行引导布局，建立增材制造技术孵化中心。

（3）建议完善技术成果转移体制，促进高校、科研机构与企业合作，实行定向技术开发，建立和维护创新应用平台，提高国内企业增材制造装备及增材制造高性能产品的质量和价格优势，形成市场核心竞争力。

课题组成员

顾 问： 王华明

组 长： 汤海波

成 员： 张纪奎 何 蓓 刘 栋

执笔人： 张纪奎

第七章

发动机电喷系统“一条龙”推进路线研究报告

一、项目必要性分析

（一）汽车是节能减排的重点领域

作为大规模使用的道路交通工具，汽车是全球范围内一次能源消耗与移动污染物排放的重点关注领域，目前全球过半的石油消耗都用于道路交通运输。同时，汽车排放的二氧化碳、氮氧化合物、碳氢化合物和颗粒物等也是温室效应、空气污染的主要成因之一，因此，汽车是节能减排的重点领域。

我国汽车工业起步较晚，但是发展迅速，年产销规模从 2000 年的 200 万辆快速发展到现在的 2800 多万辆，保有量超过 2 亿辆，在有效促进经济发展，提高人们生活水平的同时，能源消耗和有害气体排放量也越来越引起关注。

从石油消耗方面看，我国石油的对外依存度达到 70%，已远超 50%的国家能源安全警戒线，交通是石油消费增长最为明显的领域，占比不断增大，而交通领域的石油消费近 80%用于柴油车和汽油车。

从温室气体排放方面看，汽车使用过程中产生的二氧化碳已经超过了 8 亿吨，占我国二氧化碳排放总量的 8%左右，这个占比虽远低于美国的 28%、日本的 16%、欧盟的 25%，但这些发达国家的汽车保有量基本稳定，随着汽车低碳技术的推进，碳排放量增长空间有限。而我国的汽车保有量仍在不断增长中，这将给我国的二氧化碳排放控制带来巨大挑战。

从污染物排放方面看，据生态环境部发布的机动车环境报告显示，机动车尾气污染已成为我国空气污染的重要来源，是造成环境空气污染的重要原因。随着机动车保有量的快速增加，我国部分城市的空气开始呈现出煤烟和机动车尾气复合污染的特点，直接影响群众的身体健康。机动车尾气是大气污染排放的主要贡献者，其排放的 CO 和 HC 占比超过 80%，NOx 和 PM 占比超过 90%。

近年来，从党的十八大首次提出“美丽中国”、将生态文明纳入“五位一体”总体布局，到“绿水青山就是金山银山”的理念走进联合国，生态文明建设被提升至前所未有的高度。汽车的燃油利用效率提高、有害气体排放减少、清洁能源替代，无论从国家节能减排需求还是产业自身可持续发展需求来看，都是重点发展领域。

（二）发动机电喷系统是节能减排关键但技术受制于人

随着对汽车燃油经济性、排放清洁性、行驶动力性、驾驶环境舒适性要求的提升，作为汽车动力源的发动机节能减排一直是全球的研究重点与竞争焦点，对发动机工作中喷油量的精确控制是节能减排的关键技术点。

汽油机电喷系统在 1957 年问世，是取代传统燃油方式的机械系统，目前已经成为汽油机精确控制燃油供应量的标准配置。电喷系统是通过各种传感器将发动机的温度、空燃比、节气门状况、发动机的转速、负荷、曲轴位置、车辆行驶状况等信号输入电子控制装置，电子控制装置根据信号参数计算并控制发动机各气缸所需要的喷油量和喷油时刻，将汽油在一定压力下通过喷油器喷入进气管或气缸中雾化，并与进入的空气气流混合后在燃烧室燃烧，从而确保发动机和催化转化器始终工作在最佳状态。

柴油机电喷系统的概念是在 20 世纪 60 年代提出的，80 年代日本电装和德国博世研发并实现批量生产。柴油机电喷系统从第一代的位置控制式电控燃油喷射系统、第二代的时间控制式电控燃油喷射系统，发展到第三代的时间-压力控制式电控燃油喷射系统，即高压共轨燃油喷射系统。高压共轨系统的工作原理是，高压油泵先将燃油泵入共轨腔进行蓄压，由共轨腔向各喷油器供油，从而使高压油泵的供油与喷油相对独立，只承担向共轨腔供油的作用。共轨腔中的压力通过高压油泵上安装的进油计量阀进行调节，进而使轨压稳定在设定值。通过控制喷油器上的高速电磁阀或压电晶体阀，并采用时间-压力控制式燃油计量的方式，实现对喷油时刻、喷油压力和喷油量进行精确的控制。为满足柴油机节能减排的需要，喷油压力普遍往高的方向发展，现有喷油系统压力大都在200~250MPa之间。而且为了进一步实现节能减排，多次喷射也是电控系统的重要发展方向，现有电控高压共轨系统已采用5~7次的喷射来优化燃油喷射状态，以达到最佳的燃烧和排放控制效果。电喷高压燃油喷射系统因其具有独立于发动机工况的高喷射压力、灵活且多次喷射方式，已经成为降低柴油机燃油消耗和有害气体排放的关键。

但发动机电喷系统一直是我国汽车产业的“软肋”，是对外依存度最高的典型基础核心系统。目前，先进的缸内直喷汽油机电喷系统、道路车辆用柴油机电喷系统基本都被国外公司垄断，我国的发动机厂所生产的国五及其以上排放标准发动机基本全部配套了外资和合资企业的电喷系统，发展自主品牌的柴油机高压共轨系统和汽油机缸内直喷系统，建立我国自主开发能力体系备受各方面关注。

（三）柴油机高压共轨系统是发动机电喷系统的突破口

目前，我国乘用车主要以汽油机为主，商用车主要以柴油机为主，乘用车年产量虽然远高于商用车，但商用车单车油耗和排放高，年行驶里程长，一辆重型商用车的年碳排放量相当于40辆乘用车，车辆的颗粒物排放量也主要源于柴油机。因此，如果能够在柴油机高压共轨系统方面首先取得突破，不仅有利于尽快建设起我国自主的发动机电喷系统制造开发体系，而且也将为汽油机缸内直喷的电喷系统建设提供很好的经验，培养人才队伍，也能为机动车制造企业的转型升级创造条件。

实现上述目标是要一定基础的，一是我国自主品牌商用车在国内汽车市场中发挥主导作用。二是我国高压共轨电喷系统部件生产初具规模。虽然自主柴油机电喷系统制造企业研发和生产准备起步晚、技术力量薄弱，但近十年多家自主生产企业已投入巨资进行技术研发和生产工艺升级换代，生产企业的制造装备采用了国际上最先进的设备，已经可以为电喷柴油机的后市场配套提供高压共轨的硬件，部分企业甚至初步实现柴油机电喷系统的生产。三是在柴油机电喷系统的研发和生产方面已经具备一定的基础。国内企业已经可以为国防部门提供小批量的电喷高压共轨产品配套，国产电控喷油系统性能具备满足发动机性能、排放使用要求的能力。但自主电控喷油系统的精度、一致性和可靠性等关键指标与进口产品仍存在差距，当前自主电控喷油系统主要应用在非道路的三阶段排放的发动机上，尚不能满足国五及以上道路车辆主机配套要求，为摆脱电喷制造企业长期对国外技术的依赖，因此急需在相关技术领域尤其在关键共性技术方面获得突破。

（四）排放标准的快速升级凸显技术基础的滞后

我国制定汽车排放标准虽然起步较晚，但升级速度快，不到20年时间，汽车排放标准已经历了5次升级，目前正向国六升级。本章内容是在由国四向国五升级期间完成的，因此需求调研、分析以及问题与措施等内容也都是针对国五的。

升级排放标准是大势所趋，但每次升级挑战的都是技术基础，是一项从技术到实施环境的系统工程。排放标准等级越高，技术难度和对国外技术依赖越大，对基础材料、基础工艺、基础元器件的制约也越明显。

二、需求分析

柴油机因为热效率高、工作可靠、输出功率和转矩大，是我国商用汽车、工农业生产机械、船舶、国防装备和固定动力机械配套的主导动力，更是节能减排的重点。国内外大功率发动机全部为柴油机，未来很长一段时间柴油机也将是主要的动力系统。

当前，全球高压共轨燃油喷射系统被德国博世（BOSCH）、日本电装、美国德尔福等公司高度垄断。这些公司拥有庞大的研发团队，一流的产品开发体系，先进的产品和验证测试平台，现代化的生产装备，几十年的柴油机燃油系统研发和生产经验，产品占据了全球的市场。随着我国实施国四排放的法规要求，燃油供应系统逐步由机械式向电喷式过渡，这些国际巨头开始占领越来越多的中国市场份额。由于国内缺乏与之相应的研发和生产能力，随着排放法规的逐步加严，国内柴油机企业为了使产品满足法规要求，只能步步跟随这些国外企业，在技术和产品上产生了极大的依赖性。

通过对国内主要高压共轨燃油喷射系统生产企业进行的调研发现，相比国外先进公司，我国的高压燃油喷射系统主要存在以下不足，一是由于自主创新研发起步晚，能力有限，产品设计研发平台建设还需加强；二是产品的技术水平落后，可靠性和一致性都需要提高；三是制造技术基础薄弱，缺乏高压燃油喷射系统制造及工艺关键技术；四是高压燃油喷射系统中的关键零部件技术水平不高和经验不足，影响系统和产品的技术和性能。比如，国内的电控高压燃油喷射批量产品系统压力只能达到180MPa，循环喷射实现不到5次。即便如此，具备电控高压燃油喷射研发和生产能力的国内企业的总体产能也很有限，无法满足目前国家现阶段排放法规对电控燃油喷射产品的需求量。由调查结果可见，随着排放法规的逐步实施，与跨国公司相比，我国燃油喷射企业存在的差距有逐步拉大的风险。如果不尽快解决以上存在的问题，国内相关企业不仅存在难以在短期内赶超的竞争劣势，甚至于可能造成国产燃油喷射系统产品只能沦为市场配套的落后状态，国外公司对国内市场的垄断会进一步加剧，我国的柴油机行业乃至汽车行业的关键技术势必将长期受制于国外公司。

（一）需求调研

为深入了解柴油机电喷系统情况，项目组采取问卷与实地考察相结合的方式，对国内主要电喷系统生产企业进行了调研，共涉及安徽华菱汽车有限公司、上海柴油机股份有限公司、江西五十铃发动机有限公司、山东华源莱动内燃机有限公司、江苏上淮动力有限公司、安徽全柴动力股份有限公司、一汽解放汽车有限公司无锡柴油机厂、江苏四达动力机械集团有限公司8家OEM厂商，南岳电控（衡阳）工业技术有限公司、辽阳新风科技有限公司、龙口龙泵燃油喷射有限公司、北京亚新科天纬油泵油嘴股份有限公司、中国重汽集团重庆燃油喷射系统有限公司5家发动机燃油喷射供应商企业，调查情况见表7-1、表7-2。

表7-1 电喷系统生产商调查汇总表

项目	A公司	B公司	C公司	D公司	E公司
产品线及知识产权	①几家供应商均有轻型（2～4L）、中型（4～9L）、重型（9L以上）电控共轨系统； ②辽阳新风主要为轻型，南岳电控、北京天纬、重庆燃油主要为中、重型系统； ③知识产权，辽阳新风为技术转让，其余为独创				

续表

项目	A 公司	B 公司	C 公司	D 公司	E 公司
品质及成熟度	①与 BOSCH 产品相比，市场产品失效率均为偏低水平； ②轻型、中型、重型系统均为批产状态				
成本（与 BOSCH 比）	低 30%；	低 10%	低 30%	低 20%	低 20%
技术及开发能力	①200MPa； ②提供液力、电控、标定能力	①200MPa 以上； ②提供液力、电控、标定能力	①180MPa； ②提供液力、电控、标定能力	①180MPa； ②提供液力、电控、标定能力	①180MPa； ②提供液力、电控、标定能力
供货周期及能力	①周期不大于 1 个月； ②年产 50 万套	①周期不大于 1 个月； ②年产 50 万套	①周期不大于 1 个月； ②年产 5 万套	①周期不大于 1 个月； ②年产 10 万套	①周期不大于 1 个月； ②年产 30 万套
主机厂配套情况	①12 个主机厂； ②42 种机型	①18 个主机厂； ②50 多种机型	①10 个主机厂； ②30 种机型	①8 个主机厂； ②34 种机型	①10 个主机厂； ②24 种机型
售后服务	服务网络均覆盖大部分地区，具有诊断维修能力，6 小时到现场				
“四基”问题	主要问题为关键基础材料、先进基础工艺、核心基础零部件，其次为产业技术基础；最急需解决关键基础材料、先进基础工艺、产业基础技术，最容易突破的为核心基础零部件（可先用进口件代替）。 ①关键基础材料 a）高强度、高耐磨性钢材，低夹杂物与带状组织钢材需要进口，国内钢材满足 180MPa 系统要求，200MPa 及以上钢材需进口； b）高磁饱和强度、小矫顽力、大电阻率，电磁阀磁性材料依赖进口，价格昂贵。 ②先进基础工艺 a）涂层高结合力、均匀性、稳定性，厚度工艺问题等； b）清洁度、毛刺控制工艺、设备效率、有效性问题； c）高精度磨削工艺与机床设备依赖进口问题； d）高精度小孔加工及液力研磨工艺与设备依赖进口问题。 ③核心基础零部件 电磁铁，燃油计量阀，轨压传感器等核心零部件国产部件与进口件在质量稳定性上还有很大差距，有些还需要采用进口件。 ④产业基础技术 a）国内厂家生产的整体数字化技术不高，与智能制造存在较大距离； b）现在国内厂家的生产管理需要优化与改进				

续表

项目	A 公司	B 公司	C 公司	D 公司	E 公司
配套障碍及所需支持	配套障碍： ①主机厂不愿承担风险，不信任自主电喷系统，不给配套及批量机会； ②整机环保公告不好通过； ③自主品牌产品的大批量一致性精度尚需提升。 解决方案： ①抓住重点客户，重点开发，形成示范效应，带动 OEM 国产化； ②在非道路中加快验证与推进； ③在国家层面促进国内大型的主机厂推广使用自主电喷系统 ④建立电控系统关键零部件质量一致性评价和管控的数字化体系，通过大数据，推动大批量应用。 所需支持： ①在环保公告申报上与国际电喷产品同等对待； ②给予采用自主电喷系统主机厂、整车厂、用户政策补贴； ③规范电喷市场，防止国际供应商垄断； ④行业协会牵头，鼓励采用自主电喷系统，提高市场比例，带动行业技术发展； ⑤国家资金支持系统研究检测装配装备共性技术、质量评价标准和装备开发，突破装备短板，解决制约自主品牌发展的制造一致性问题				

表 7-2　电喷系统应用主机厂调查汇总表

项目	A 公司	B 公司	C 公司	D 公司	E 公司	F 公司	G 公司
发动机产品线	中、重柴油机，气体机	轻、中、重柴油机，船用柴油机	轻型柴油机	轻、中型柴油机	W、M、Q、D28、V25 系列	轻型柴油机	轻、中、重柴油机
①现有电喷系统 ②是否选自主系统	①BOSCH； ②是	①BOSCH、DENSO； ②是	①BOSCH、DENSO、威特 ②是	①轻、中型柴油机； ②是	①全部； ②是	①BOSCH，辽宁新风，山东龙泵； ②是	①BOSCH、DENSO； ②有条件选用
选自主电喷系统的考虑因素及应用机型	①品牌、品质、技术； ②重型	①成本、品质； ②轻、中、重型	①成本； ②轻型	①成本、品质、技术； ②轻型	①成本、售后； ②轻型	①成本、售后； ②轻型	①成本、品质、售后； ②轻、中型

续表

项目	A公司	B公司	C公司	D公司	E公司	F公司	G公司
对自主电喷系统评价（对比国际公司）及如何改善	①会有大的发展空间；②提高可靠性，产量	①可靠性不足；②提高ECU功能、可靠性、一致性、售后保障能力	①质量稳定性差，一致性难保证；②提高系统稳定性、一致性	①技术、产业化成熟；②主机厂提供更多验证机会	①部分生产厂家的产品技术与国际相当，产品品质和一致性低于国际公司；②生产一致性	①产品性能相当、稳定性差、批量一致性不达标、可靠性差、售后问题多；②提高稳定性、一致性、可靠性售后服务能力	①质量不稳定、价格优势不明显、服务网络能力不足；②提高系统稳定性、可靠性
品质（失效率）成本（对比国际公司）技术（对比国际公司）要求	①失效率高10%；②价格低30%；③技术满足需求即可	①失效率相当；②成本低30%；③技术相当	①失效率相当；②成本低30%；③技术相当	①失效率低；②成本低10%；③技术满足需求即可	①失效率相当；②成本低30%；③技术满足需求即可	①失效率高10%；②成本低20%；③技术满足需求即可	①失效率相当；②成本低20%；③技术相当
质量三包	10万千米或2年	10万千米或2年	10万千米或2年	10万千米或2年	10万千米或2年	10万千米或2年	不同产品区别对待
产能、供货	①年产3万套；②1个月（接订单后）	①年产10万套；②1个月（接订单后）	①年产10万套；②2个月（接订单后）	①年产10万套；②1个月（接订单后）	①年产30万套；②1个月（接订单后）	①年产10万套；②小于1个月（接订单后）	①年产30万套；②1个月（接订单后）
售后服务	服务网络均覆盖大部分地区，具有诊断维修能力，6小时到现场						
开发模式	提供液力、电控、标定能力	提供液力、电控	提供液力、电控、标定能力	提供液力、电控	提供液力、电控、标定能力	提供液力、电控、标定能力	提供液力、电控、标定能力
匹配支持政策	①给予采用自主电喷系统主机厂、整车厂、用户政策补贴；②加快国产共轨进度	在环保公告申报上与国际电喷产品同等对待	减税（降低发动机成本）	①不延期排放；②严格监管排放；③外资品牌垄断	①不应歧视国产产品；②与新能源一样予以支持和培养5家左右民族品牌	①整合国产资源；②给予采用自主电喷系统用户政策补贴	提供税收优惠政策

（二）能力现状

通过调查得出，目前国内自主共轨企业有以下共性特点：

（1）对关键技术的理解和掌握已有大幅度提高。相比于欧美起步于20世纪80年代初的电控燃油喷射系统研发和90年代批量生产，我国电控产品的研发晚了将近20年，电控高压共轨技术尤甚。虽然经过国内企业的努力，这个差距已经得到大幅度减小，但是在高压共轨电喷系统上面临与国外老资格企业同台竞争，凸显了国内企业的弱势。国产电喷技术正在逐步提升过程中，产品技术相比国外技术也形成了自己的特点，比如新风公司的中孔高压腔结构喷油器在结构上的新意，使其对燃油品质的适应力大幅度提高，更加适合国内油品的使用。

（2）产品设计研发能力正在提高，正向设计手段和能力逐步提高。很多公司按照正向设计开发产品，完善产品验证规范，逐步完善和提升产品技术水平。比如新风公司在高速电磁阀的设计和产品质量方面已经达到国际同类产品的水平，得到国际著名的康明斯公司供应商认证许可，并大批量供货。

（3）产品技术性能指标和一致性、可靠性有很大进步。新风公司和龙口公司的高压共轨系统可以达到180MPa工作压力，试产的220MPa产品也在逐步完善中。虽然与国外产品已达到250MPa的稳定工作压力相比存在差距，但根据目前标定的应用结果，180MPa工作压力的高压共轨系统可以满足国五排放法规要求。

（4）关键工艺技术和关键设备急需解决。电控高压燃油喷射系统的高压密封和高速响应及可靠性是关键的设计要求，而开发这些关键工艺技术是保证这些设计指标的必需条件，包括热处理技术、涂层技术、超精加工技术、超精检测技术、微孔加工技术、微孔液磨合流量检测技术、边缘工艺技术、装配检测技术等。而实现和解决这些关键工艺技术的设备基本上依赖进口。

（5）关键零部件和原材料以及加工设备依然依赖国外进口。轨压传感器、进油计量阀、ECU芯片、氮氧传感器等关键零部件，磁性材料、高强度合金材料等关键原材料，目前主要依赖国外供应商，国内企业的研发及生产能力尚无法满足行业需求。这些零部件和原材料是机械行业今后努力研究和解决的关键技术和产品。

（6）系统集成开发标定能力基本形成。燃油系统机械部件的功能和电控单元的集成控制是核心技术。从调研的单位看，除了芯片完全由国外引进之外，国内企业大多具备软件和硬件的设计开发能力，包括底层软件、执行软件以及控制策略，同时具有共轨系统与发动机和整车的匹配标定能力。新风公司还具备远程数据的传输和诊断能力，为提高售后服务质量发挥重要作用，但是为满足今后国六排放，还需要提高对发动机、整车及后处理进行综合标定的能力。

（三）主要问题

现阶段自主共轨企业面临的主要问题如下：

一是国五阶段的排放公告问题。该问题严重影响主机厂与自主共轨企业在国六项目合作的信心。新生的国内企业，本来就与国外同行存在差距，在同台竞争中又得不到国家的任何保护，使国产系统国六市场开发工作更加步履维艰，雪上加霜。环境保护与大气污染的压力要求汽车排放水平必须快速升级，造成中国的排放标准升级的间隔时间同比远短于国外的升级时间，因此并未给自主共轨企业足够的产品升级换代时间。自主共轨企业近年来虽然进步显著，与国际巨头的差距已逐步缩小，但由于国家排放升级给国内产品升级留下的空间与时间少，自主共轨企业处于刚刚缩短差距又面临更大差距的尴尬境地。

二是国内主机厂应用环境问题，对自主共轨缺乏信任，基本不提供试验标定机会。从国四排放及部分国五排放法规实施以来，博世、德尔福、电装在中国市场总计装机大约在 350 万套，占共轨装机总量的 97.2%，而国产共轨总计装机约 10 万套，占比为 2.8%。我国生产的国五排放标准发动机为外资和合资企业的电喷系统所独霸。

三是国内基础共性技术落后问题。共轨系统的性能及可靠性需要精密加工和检测过程控制来保证，但这些大量的高价值设备都被国外设备厂家控制。产业链建设环节中的进油计量阀、轨压传感器、喷油器高速电磁阀等关键部件连同一些关键材料也都不得不依赖进口，价格高，测试技术与标定同样是重灾区，这些都增加了自主共轨产品的成本，严重影响了产品的竞争力。这些共性技术问题不是单一企业能攻克的，必须靠国家的“一条龙”工程来解决。

四是自主共轨企业面临全军覆没的局面。由于环保压力促使国家排放标准快速升级与当前产业技术水平现状脱钩，因此急需在相关技术领域尤其在关键共性技术方面获得突破。为了全面垄断国内市场，博世等外资企业利用垄断地位已开始在非道路市场通过低价策略（虽然其产能是不够的，但仍然在道路机采用高价格而非道路机报出低价格）来打压自主品牌的生存空间。未来 20 年，装载传统发动机的车辆仍将是我国市场的主力车型，尤其是商用车柴油机，如果自主共轨系统不能占领一席之地，将给我国发动机生产企业带来重大经济损失。

（四）企业诉求

在调研过程中，自主共轨企业提出以下迫切诉求：

一是在排放检测和公告发布方面。希望能一视同仁、平等对待，试验检测方法的要求与国外品牌的燃油喷射系统一致；希望排放公告扩展尽快获得批准。期望这些要求能够得到政策支持，以此挽救排放法规给国产系统带来的机遇缺失。

二是在强基工程支持项目方面。针对影响行业发展的关键工艺设备、关键原材料、关键零部件等进一步实施强基工程，补齐短板，提升国产系统产业链的实力，从而增强国产系统的竞争力。

三是在提升研发能力建设方面。国外品牌的强大是建立在其雄厚的研发实力基础之上的，而国内企业对共轨系统技术研发还处于起步阶段，技术手段相对落后，差距很大。希望国家能加大技术研发方面的支持力度，同时协调行业资源，联合研发攻关，解决影响国产共轨系统产品研发领域的关键共性问题，致力于共轨技术的创新性和前瞻性研究。

四是在自主品牌整车整机应用环境方面。参照电动汽车补贴政策的做法，出台支持国产共轨系统装机的优惠政策，即组织开展高压共轨燃油喷射系统示范工程，对选用国产高压共轨燃油系统的整车和整机企业，以安排技改补贴资金或后奖励资金的方式，激励和鼓励其优先选用国产系统。

三、推进思路与目标

在“十三五”至“十四五”期间，通过强基工程和电喷关键共性技术的攻关，形成“一条龙”产业体系，自主电喷系统要逐步满足国五及以上排放标准的发动机配套需要，形成多家有竞争力的自主发动机电喷系统生产企业，逐步摆脱国外产品的垄断局面。在“十三五”期间实现我国自主电喷系统研发、生产、应用的实质性突破，在非道路机国三和国四排放阶段的市场份额达到 50%以上，在道路车辆的国五和国六发动机上的应用达到 15%以上。

（一）建立产品关键技术指标评价体系

目标是建立共轨系统厂家和其配套主机厂都认可的发动机电喷系统评价体系，包括检测装备及标准，同时为自主电喷生产企业指明改进方向。

在国内外市场上，共轨产品供应商逐渐增多，但目前缺乏统一的标准对各类系统的能力（性能一致性、可靠性）进行综合评价，现有零散的性能、可靠性评价手段由于其条件单一，不能全面真实反映各类产品的性能水平，无法对共轨系统性能进行效评价，急需制定一套产品一致性、可靠性的考核评价方案，充分验证产品的水平层次。通过该评价技术的建立，不仅可以评估国内外典型共轨系统及零部件的综合能力，同时也可为国内共轨系统的正向开发提供参考。

1. 性能一致性

具体来说，评价体系指标主要集中在喷射精度、喷油量一致性、喷射稳定性等方面，下面分别从系统级别技术评价、部件级别技术评价做简要描述。

①从高压共轨系统技术评价指标来看。主要包括最高稳定工作压力、最高稳定工作转速、最大轨压波动率、多次喷射能力、标定工况喷油量一致性、怠速工况喷油量一致性、常温启动时间、低温启动时间、轨压响应性、机械效率、许用温度、抗振性能、最大噪声等。

②从喷油器技术评价指标来看。主要包括最高稳定工作压力、最大压力损失、开启关闭延迟、主预喷中间最小时间间隔、多次喷射控制、开启段关闭段平均速度、最大喷油速率、大油量稳定性、小油量稳定性、静态泄露量、工作回油量、喷雾特性等。

③从供油泵技术评价指标来看。主要包括最高稳定工作压力、最高稳定工作转速、最大供油量、容积效率、供油一致性、最大峰值转矩、最大驱动功率、最大进油真空度、最低供油转速、轨压响应性、许用温度、抗振性能、最大噪声。

④从轨管技术评价指标来看。主要包括最高稳定工作压力、极限压力、抗振性能、最大泄流量、流量安全功能、调压功能、限压功能等。

2. 建立可靠性考核评价标准

在可靠性技术评价指标方面，目前，行业内部各主流厂商均建立有一定程度的可靠性考核手段，常规考核主要依托现有的冷拖、高温、振动等考核手段。但通过调研发现，各家厂商所采用的考核手段参差不齐，存在某些指标过度考核、某些指标考核缺失的情况，这两种情况均会导致资源浪费，制约行业整体水平的提高，国内自主产品与国外产品的可靠性能力差距无法有效缩小。结合目前行业的普遍情况，我们建议首先搜集近两年行业内主流产品市场应用的反馈情况，通过分析，筛选出需重点关注的方向，尤其需要强化特殊使用环境的考核，比如逐步建立油含尘、油含水等恶劣使用环境的考核条件，建立并完善加速试验手段。通过该方面能力的建立，大大缩短产品开发周期，降低开发成本。在此基础上，我们需要借助各主流厂商现有可靠性数据和外部市场应用数据，同步建立起行业模型数据库，进行优化，逐步提高预测准确度，有条件的可降低实验室实物考核比重，实现评价技术的升级（实现经验评估到数据评估，减少整个社会的资源成本）。

（二）突破生产质量瓶颈的共性技术研究

根据电控供油系统一致性技术标准要求，对喷射精度、喷射一致性、喷射稳定性、喷射可靠性提出了明确的技术指标，这就对生产质量提出了明确的要求，具体包括尺寸稳定性、流体参数一致性、清洁度水平、材料热处理、尺寸精度与装配技术。拟从以下几方面开展共性技术研究。

1. 先进加工工艺共性技术

针对满足 180MPa 及以上压力需求的共轨系统关键液力元件高精密加工技术的难点，为了实现批量化的稳定生产，对以下几个方面的工艺技术进行了研究。

①快速精密金属切削加工工艺技术。包括喷油器体螺纹滚压及挤压加工技术、喷油器体型腔及深孔一次成形技术、喷油器体中孔成套加工等共性工艺技术。

②特种加工工艺技术。包括控制流量一致性的电火花加工技术、液体挤压

研磨等共性工艺技术。

③提高可靠性的表面处理与清洁度控制共性技术。包括超高压力强化工艺、表面类金刚石镀层技术、高压水射流清洗工艺、碳氢清洗工艺等共性工艺技术。

2. 装配调试工艺装备及技术

针对批量生产时零件加工误差的积累会影响装配精度，进而影响喷油器总成的性能的问题，装配调试精度低将严重影响装配合格率和产能平衡，因此对装配调试工艺共性技术进行难点攻关，解决合格率低、批次间一致性差、油量散差大等问题。进行共轨喷油器总成自动装配调试装备开发，包括衔铁行程、阀芯升程、力值等关键参数的检测与调整技术、喷油器总成调试设备测量一致性技术、总成装配前碳氢清洗技术等。

3. 检测与质量控制装备及技术

针对批量化生产需进行过程控制与完善的检验流程的需求，利用自动化检测、数字化及自动化录入技术，进行检验与质量控制技术研究，包括喷油器关键零部件的检测方法及现场质量控制手段、螺纹的相关检测技术、高压共轨系统关键零部件及三大总成的清洁度检测方法与检验规范；高压共轨泵、管关键零部件及总成的检测技术与质量控制方法等。

通过上述诸多共性技术的攻关，满足国内发动机电喷的大批量生产需要，使自主电喷系统的性能、质量、可靠性和价格具有比较强大的竞争力，完全打破国外公司垄断的局面。

（三）国五以上发动机电喷系统用高性能材料研发

围绕国五以上发动机电喷系统，即喷射压力大于200MPa、每循环喷射次数5次以上性能，对喷油器总成关键零部件材料提出以下研发需求。

1. 高性能粉末冶金软磁复合铁芯材料及关键工艺研发

电喷系统高喷射压力、每循环多次喷射，要求电磁阀有高电磁力和响应速度。粉末冶金软磁复合材料铁芯能具有上述特点，且成本低廉，但可靠性欠缺。

研究内容：研究粉末冶金软磁复合材料高饱和磁感应强度、高电阻率形成机理，重点突破粉末软磁复合材料铁粉配方、制备及铁芯成形技术，实现粉末冶金软磁复合材料高饱和磁感应强度、高电阻率下的可靠性。

材料目标：粉末冶金复合材料饱和磁感应强度≥2.05T，电阻率≥120 μΩ · m，且喷射压力 200MPa 和每循环喷射次数 5 次以上喷油器总成使用寿命在 1000h 以上。达到电喷系统电磁阀铁芯批量量产及规模应用目标，同时建立我国电喷系统铁芯材料、生产工艺评价体系及标准。电磁阀铁芯材料和工艺还可以用于其他用途的高速电磁阀。

2. 高性能低成本铁钴铬软磁合金铁芯材料研发

针对电喷系统高喷射压力、每循环多次喷射，要求电磁阀有高电磁力和响应速度。铁钴铬软磁合金铁芯具有高电磁力性能，但响应速度不够，且成本很高。

研究内容：研究铁钴铬软磁合金高饱和磁感应强度、高电阻率形成机理，通过研究铁钴铬软磁合金配方、生产工艺流程，重点突破铁钴铬软磁合金高饱和磁感应强度下高电阻率及成本问题。

材料目标：铁钴铬软磁合金饱和磁感应强度≥2.15T，电阻率≥0.65μΩ · m，且喷射压力 200MPa 和每循环喷射次数 5 次以上喷油器总成使用寿命在 1000h 以上。达到电喷系统电磁阀铁芯批量生产及规模应用目标，同时建立我国电喷系统铁芯材料、生产工艺评价体系及标准。电磁阀铁芯材料和工艺还可以用于其他用途的高速电磁阀。

3. 高性能组合衔铁材料及关键工艺研发

针对电喷系统高喷射压力、每循环多次喷射，要求电磁阀有高电磁力和响应速度。除如铁芯材料具有高电磁力、高响应速度外，衔铁还需要耐高速冲击，一个衔铁同时具备高电磁性能和力学性能，同一材料很难实现，但是可以将衔铁做成两种材料的组合件，电磁性能高材料部分负责高电磁力、高响应速度，力学性能高材料负责抗冲击。

研究内容：研究粉末冶金材料高饱和磁感应强度、高电阻率形成机理，需要重点突破粉末冶金材料铁粉配方、制备及两种材料的衔铁合成技术，实现高电磁、力学性能组合材料衔铁的可靠性。

材料目标：粉末冶金衔铁饱和磁感应强度≥2.0T，电阻率≥0.4μΩ·m，且喷射压力 200MPa 和每循环喷射次数 5 次以上喷油器总成使用寿命在 1000h 以上。达到电喷系统电磁阀衔铁批量量产及规模应用目标，同时建立我国电喷系统衔铁材料、生产工艺评价体系及标准。电磁阀衔铁材料和工艺还可以用于其他用途的高速电磁阀。

4. 高力学性能喷油器体、紧帽材料研发

针对电喷系统高喷射压力、每循环多次喷射，要求喷油器体、紧帽高强度、高刚度及高切削性能。

研究内容：研究齿轮钢高强韧性、易切削与高可靠性寿命机理，重点研究喷油器体、紧帽用齿轮钢材料微量元素配方、生产过程及生产工艺控制，使喷油器体、紧帽用齿轮钢材料既能保持高强韧性、高寿命又便于切削加工。

材料目标：高强度材料抗拉强度≥1000MPa，疲劳强度≥500MPa，含氧量$\leqslant 6\times10^{-6}$。夹杂物少且均匀，切削性能好，且喷射压力 200MPa 和每循环喷射次数 5 次以上喷油器总成使用寿命在 1000h 以上。达到电喷系统喷油器体、紧帽量产及规模应用目标，同时建立我国电喷系统喷油器体、紧帽材料及生产工艺标准。

5. 高温度环境下高性能针阀体材料研发

针对国五以上排放标准，电喷系统高喷射压力、每循环多次喷射，要求针阀体在环境温度 300℃以上（这个温度仅供参考）有高疲劳性能、耐磨性。

研究内容：重点研究高温环境高应力、固体、流体大冲击条件下针阀体材料抗疲劳、耐磨损、抗穴蚀的机理，突破材料微量元素配方设计、生产过程及生产工艺设计难点，大幅提高高温环境下材料疲劳强度、冲击韧性和高温性能稳定性。

材料目标：高强度材料心部抗拉强度≥1200MPa，疲劳强度≥850MPa，冲击韧性≥130J。满足针阀体在 300℃以上高温环境，且喷射压力 200MPa 和每循环喷射次数 5 次以上喷油器总成使用寿命在 1000h 以上。达到电喷系统针阀体量产及规模应用目标，同时建立我国电喷系统针阀体材料及生产工艺标准。

四、推进重点

建议从以下几方面着手：

一是开展柴油电喷系统在开发、生产、应用标准、制造和试验装备的共性技术研究及开发，设立由国家支持的项目，成果共享。

①建立高标准产品关键技术指标评价体系，提高电喷性能一致性、可靠性的标准支撑体系；

②整合国内资源，突破材料、现场数字化检测技术、智能制造技术等基础共性技术瓶颈；

③国家支持开发新一代能实现关键调整参数闭环调节的智能化装配技术及装备；

④开发新一代关键测试设备，如喷油嘴综合试验台、高压密封测试设备等。

二是开展第三方与生产企业责任共担的自主电喷系统评估工作，推动自主电喷的应用。

三是开展自主电喷系统的示范应用。

四是形成配套政策，鼓励在同一法规下的公平竞争。

五、实施路径

国家持续支持有实力的高校、科研院所与有关企业对电喷系统的设计、生产、应用、测试等诸多领域的共性技术进行产学研联合攻关，成果由行业共享。

（1）建立高标准产品关键技术指标评价体系（提高电喷性能喷射精度、一致性、可靠性的标准支撑体系）。

组织国内具有实力的高校、科研院所和有关生产企业，修订和建立适合我国国情的电喷产品关键技术指标的评价方法和评价标准，使产品满足国五以上排放标准的配套需求。

组织具有实力的高校或科研院所，与具体电喷生产企业共同完成现有电喷系统的性能提升和第三方评估，向发动机主机厂推荐配套应用，共担责任。

（2）整合国内资源，突破生产质量瓶颈技术（材料、现场数字化检测技术、智能制造技术）。

组织国内有实力的高校和科研院所，开展现场自动化、智能化和数字化的工序检测技术开发和应用研究，提高电喷系统现场检测技术的水平。

开展国家专项支持项目的示范应用，推动电喷系统的智能化制造水平，改善制造质量的稳定性，提高生产力，降低生产成本，增强自主电喷系统的核心竞争力。

组织有实力的专用材料生产企业开展高强度易切削钢、高韧性耐高温喷油嘴材料、高品质磁性材料的研发和生产，满足电喷系统发展的需要。

（3）国家支持开发新一代能实现关键调整参数闭环调节的智能化装配技术及装备。

提高电喷系统的喷油精度，必须在提高制造精度的同时，提高装配调整参数的精度，实现这一要求的途径就是实现调整参数的闭环调整装配技术。装配过程实现自动化，闭环控制调整行程、压力，自动检测高压密封性，智能视频纠错等功能是智能化装配技术的关键。因此，国家要支持有实力的高校、科研院所和有关企业共同参与，尽快开展智能化装配技术的开发，并组织示范应用，以实现自主电喷系统性能的快速提高。

（4）开发新一代关键测试设备（喷油嘴综合测试台、喷油器测试台、高压油泵测试台、高压密封测试等）。

组织有实力的高校、科研院所和有关企业开发新一代高效、综合性的电喷系统专用检测设备的研制，提升电喷系统的性能测试技术水平，提高竞争能力。

（5）形成配套政策，鼓励在同一法规下的公平竞争。

六、政策保障

一是建立专项基金或拨出专项经费，制定国家层面的行业规划。根据内燃机发展规划，制定国家层面的国产电喷系统发展规划，重点支持 1 ~ 2 家有竞争力的企业快速发展壮大，形成有竞争力的自主品牌。

二是给予国家相关优惠政策。如实施强基工程示范应用，以财税优惠政策鼓励国内主要高端品牌主机厂使用国产电喷系统，支持企业技术中心建设，鼓励优势企业采取行业兼并重组，壮大国产品牌的实力。

三是选择 1 ~ 2 家国内主要高端品牌的车用发动机厂和整车厂，申请国家部委有关部门和强基示范应用专项支持，搭建一个国产电喷系统示范应用和推广平台，设立组织机构和执行机构，先解决国五排放制约问题，推进标定开发工作，争取突破现有对国产电喷系统走向国五及以上市场的不公平限制。

四是针对解决一致性和可靠性问题的重点领域，每个领域选择一家企业牵头，系统研究相关技术和开发装备，在所支持的企业形成示范应用，研究和形成行业标准。

七、推进路线

“一条龙”推进的总体目标是通过国家专项扶持、共性技术攻克，培育出 1～2 家有国际竞争力的大型自主电喷系统企业，制造出性价比高、质量稳定的产品，并带动一批关键部件、材料、设备企业的成长。

路线图的推进分三步走，第一步是在国家专项经费扶植下，采取商业竞标的方式选择 2 家核心电喷系统企业；第二步是在国家对行业资源的协调下，采取联合攻关的方式给予被培育企业“四基”技术支持；第三步是在国家政策导向下，采取示范工程的方式给予被培育企业市场推广支持。

（一）采取商业竞标的方式选择 2 家电喷系统企业

从国际电喷企业竞争格局看，属于寡头垄断的发展模式，因此应在国内众多电喷企业中选择 2 家进行培育，打造 1～2 家具有规模优势与国际竞争力的大型电喷企业。

国家启动发动机电喷系统生产企业评价与甄选项目，以柴油机电喷系统为突破口，在统一的技术条件与运行环境下，获取各电喷企业的产品性能参数，然后采取商业竞标的方式综合评价备选企业，选出 2 家企业作为培育目标，并鼓励企业间兼并重组。

（二）采取联合攻关的方式给予被培育企业技术支持

国家设立专项攻关项目，针对攻关项目领域，选拔相关优秀企业牵头，组织协调高校、研究院所、企业等行业资源，集中解决被培育电喷企业所面临的实际制约问题。

帮助企业解决和完善电喷系统性能的一致性、质量的稳定性和提高可靠性，满足国四非道路和国五道路车辆对电喷系统的要求，并在国五道路车辆的应用方面获得突破。

同时，针对影响行业发展的关键工艺设备、关键原材料、关键零部件等进一步实施强基工程，补齐短板，提升国产系统产业链的实力，增强国产系统的竞争力。

（三）采取示范工程的方式给予被培育企业公告与市场推广支持

选择有应用自主电喷系统意愿的道路和非道路发动机生产企业与整车企业，在现有产品发动机平台上，替换应用开发，完成国家规定的所有验证实验要求，达到批量产品应用的程度。

参照电动汽车补贴政策的做法，定义国产电喷系统的一定市场份额，出台支持国产共轨系统装机的优惠政策。即组织开展电喷系统示范工程，对选用国产电喷系统的整车和整机企业，以安排技改补贴资金或后奖励资金的方式，激励和鼓励其优先选用国产系统。并针对电喷系统开展信息化技术应用，实现示范应用的信息实时监测与数据积累。

通过国家层面的支持，明确国产电喷系统和进口系统的无差异公告申报、验证流程，由第三方进行实验监控，完成所有道路车辆用发动机的国五、国六公告的工作流程，最终实现国产电喷系统的大批量生产和销售。

课题组成员

组　长： 李　骏

成　员： 胡林峰　魏安力　姚春德　张晓艳　李素文
朱宏志　李　芳　丁　毅　范勇斐　杨国清

执笔人： 张晓艳　黄　鹤

第八章

智能制造传感器“一条龙”推进路线研究报告

一、MEMS 加速度计“一条龙”推进路线研究

MEMS 加速度计是 MEMS 传感器中的重要门类，占据着近 30%的 MEMS 传感器市场份额。近年来，受益于移动智能终端的大规模普及，消费级 MEMS 加速度计的市场迎来了前所未有的快速增长。虽然消费级 MEMS 加速度计的市场需求巨大，对推动 MEMS 产业链的成熟有积极的影响，但其性能需求低，对技术进步的拉动作用小，并且，随着个人消费电子智能换代的结束，低端 MEMS 加速度计市场将日趋饱和。目前，以自动驾驶汽车为代表的自主移动平台正在引领新一轮的技术革命，一旦发展成熟将对传统工业乃至社会生活产生巨大的影响。据预测，自主移动平台将成为下一轮 MEMS 市场增长的主要推动力，MEMS 加速度计作为运动测量领域中重要的 MEMS 传感器，在自主移动平台中有着巨大的应用需求。此外，自主移动平台应用对 MEMS 加速度计的技术水平要求高，技术需求与武器系统中的需求相重合，有益于推动 MEMS 加速度计高端关键技术的进步。综上所述，面向自主移动平台应用提出“一条龙”MEMS 加速度计发展计划，不仅能够满足未来广阔的市场需求，而且能够促进高端 MEMS 加速度技术的实用化发展，还可为国防军事应用积累关键核心技术。因此，本报告主要就 MEMS 加速度计的自主移动平台应用展开分析论述。

（一）发展现状

目前，自主移动平台的技术日趋成熟，应用日渐增长，即将迎来产业爆发，未来将对工业格局及社会生活产生深远的影响。自主移动平台是指在传感器、执行器、处理电路、控制算法、通信系统等软硬件协同操作下，实现精确、安全、智能化的自主移动海陆空平台。这些自主移动平台包括但不限于：无人机、自动驾驶汽车、无人船舶、水下和地下勘探设备等。其应用场景可覆盖社会发展的方方面面，如交通运输、石油气体勘探、海床测绘、搜索救援、军事行动支援、火场控制监测、智慧农业等。上述任何一类平台和应用场景，都离不开对运动的稳定、控制和导航定位。而加速度传感器作为运动、姿态、位置测量中的核心惯性器件，在上述情景中发挥着不可或缺的作用，拥有大量应用需求，市场前景十分广阔。

在所有自主移动平台中，自动驾驶汽车是国内外近年来的研究热点，并成为未来半导体行业发展的主要推动力。相比于传统汽车，电气化智能驾驶汽车将需要更多的电子设备，其电子设备占比将超过整车成本的1/2，其中每台自动驾驶汽车对各类传感器的需求超过100个。据法国Yole公司预测，提供运输服务的无人车将在15年内创造3000亿美元的市场，其中惯性测量单元、激光雷达和雷达系统是最主要的传感器市场，价值将达到770亿美元。

基于MEMS加速度计的惯性导航将成为定位信息融合的中心，惯性导航在自动驾驶定位系统中具有不可替代性。惯性导航具有输出信息不间断、不受外界干扰等独特优势，可保证在任何时刻以高频次输出车辆运动参数，为决策中心提供连续的车辆位置、姿态信息，这是任何传感器都无法比拟的。目前的驾驶员辅助系统中已包含多种MEMS惯性传感器（见图8-1），如陀螺仪、加速度传感器和磁力计。未来基于MEMS加速度计的惯性测量单元的市场规模将继续快速增长，据预测至2030年，其市场规模将达到210亿美元，占车用传感器市场份额的1/3。

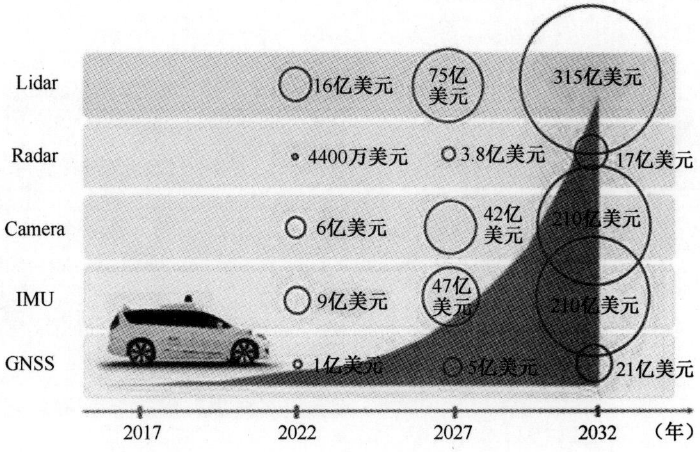

图 8-1　惯性传感器在自动驾驶汽车中的核心作用

1．MEMS 加速度计敏感结构

国外对 MEMS 加速度计的研究起步早，并且具有先进的工艺基础，其研究体系基本已经成熟。因而，目前国外对于 MEMS 加速度计的研究主要集中于对工艺条件的进一步改进，敏感结构的不断创新，同时实现超高性能和广泛满足市场应用需求。

加速度计按照不同的工作原理可以分为电容式、压阻式、压电式等。其中，电容式 MEMS 加速度计由于具有灵敏度高、功耗低、制作工艺简单等优点而被广泛应用，在汽车工业、高精度惯性级、微重力检测等很多领域都占有重要的位置。

目前，业内主流的 MEMS 加速度计结构是采用表面和体硅工艺相结合的技术设计的电容式结构。加速度计由三个独立的信号轴组成，并采用相同工艺集成到单个基片，如图 8-2 所示为密歇根大学设计的 3 轴加速度计结构。三个独立轴通过多晶硅连接结成整机系统，由于三轴相互间是独立的，因而需要三个质量块，其优点是相互之间的电隔离可以确保三轴检测各自单独工作而避免相互之间串扰，但是增加了质量块个数，增大了芯片面积和整机体积。其工作带宽为 100Hz，三轴灵敏度均不低于 5pF/g。平面内（*x*、*y* 轴）和平面外（*z* 轴）噪声分别为（>1.5kHz）和（>600Hz），加速度计尺寸为 7×9(mm^2)。

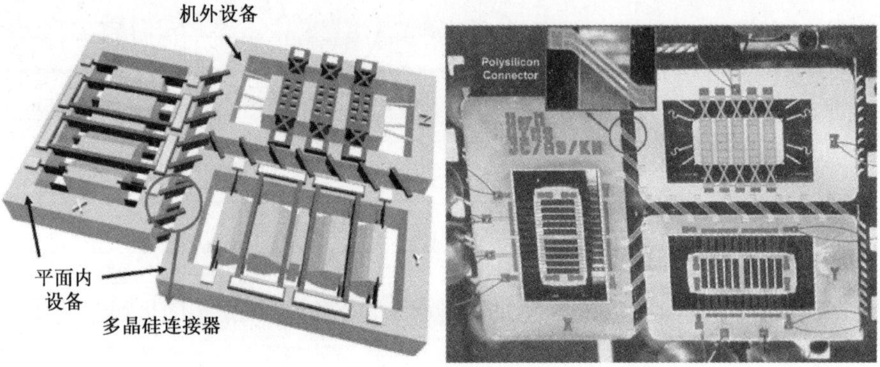

图 8-2　密歇根大学三轴硅微机械电容式加速度计

为进一步提高集成度，同时减小器件尺寸，单一质量块的三轴加速度计结构方案近年来也有国外研究机构采用。2008 年，美国佛罗里达大学研究人员设计一款三轴单一质量块加速度计，如图 8-3 所示，该加速度计采用单片集成方式，利用改进的 DRIE post-CMOS MEMS 工艺制作，三轴均采用单晶硅结构并明显减小梳齿间距。由于采用单一质量块完成三个方向的加速度感应检测，为此该质量块中嵌入一个非平衡扭转 *z* 轴敏感单元。横向质量块通过两对对称蟹棒状 SCS 弹簧结构固定在底座上，对称弹簧在 *x* 轴和 *y* 轴方向均可活动，从而使得内平面双轴方向的感应检测可以通过两组相互独立正交的梳齿实现。另外，感应梳齿被分割成四个对称子组，并连接到一个共心装置以实现全差分结构。而 *z* 轴全差分感应电容，则通过部分梳齿薄膜内的多重板层组成的侧壁电容实现。在该加速度计中，为减小器件整体噪声，在三轴各方向均专门设计了一个低噪声、低功耗运算放大器。加速度计最终采用 TSMC 4 层金属 0.35μm CMOS 工艺制造。整体系统在 *x*、*y*、*z* 轴三个方向灵敏度分别为 520mV/g、460mV/g、320mV/g，其灵敏度可以通过改变调制信号的幅度进行调谐。

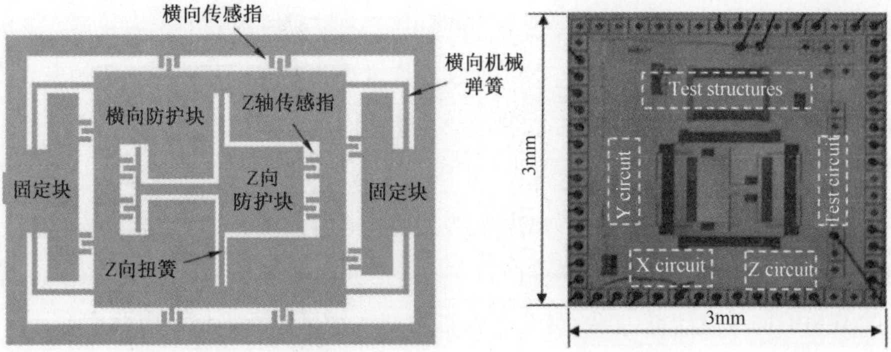

图 8-3　佛罗里达大学单一质量块三轴加速度计

除主流电容式结构外，MEMS 加速度计发展的另一个趋势在于结构的不断创新。如 2013 年，意大利科学家提出的新型共振微机械加速度计，结构如图 8-4 所示，其敏感检测原理基于两个扭转谐振器耦合惯性质量块的静电变化。该加速度计采用意法半导体公司 THELMA 表面微机械工艺制造。质量块通过两个扭转折叠式弹簧支撑，弹簧可以使质量块被限制在 a-a 轴附近旋转。加速度计质量块尺寸为 400μm × 300μm × 15μm，极化电压为 6V，灵敏度高达为 200mV/g。无论尺寸还是灵敏度，都优于其他加速度计。

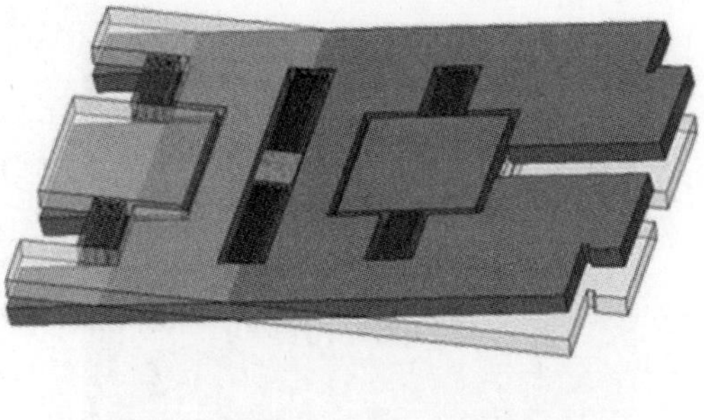

图 8-4　新型 *z* 轴共振 MEMS 加速度计

总体来看，国外 MEMS 加速度计的研究和发展已经非常成熟，伴随着其工艺水平的不断改进，结构的不断创新，性能也不断取得突破，同时体积、功耗、成本不断降低；另一方面，其市场化运作也非常成功，各类 MEMS 加速度计产品不断推陈出新，并广泛应用于各民用、军用领域，占据着广阔的市场。

国内对 MEMS 加速度计的研究起步较晚，并且由于工艺基础薄弱，因而在该领域的发展一直处于追赶状态，近年来由于国家在该领域的大力扶持，各大高校、研究所以及企业都展开对 MEMS 加速度计的研究，并取得一定的研究成果。但是国内所研制的 MEMS 加速度计在生产应用方面依然具有局限性，国内产品要进行批量生产并实现大规模推广应用，仍然有很多工作需要做。由于工艺落后，目前国内仍主要处于 PCB 板级集成和芯片集成研究阶段，部分高校、研究所已经开始向多维微加速度计方向进行研究。即便是芯片集成，国内研制的 MEMS 加速度计也主要采用双片集成方式（敏感单元与接口电路双芯片）。采用双芯片的另一个原因在于，国内同时具有敏感单元和接口电路设计研发经验的单位太少。不过，国内在结构创新方面取得了不少进展和成果，2012 年，中科院上海微系统与信息技术研究所，提出一种新型电容式加速度检测结构（高度对称的双边梁-质量块结构），如图 8-5 所示，该结构采用新型垂直侧墙保护技术制造，实现大质量块、可控厚度梁以及大面积上的狭窄电容缝隙等，其品质因数和分辨频率分别为 34Hz 和 787Hz。采用双片集成实现三轴式检测，最大测量范围为 ±2g，电容检测灵敏度为 11.7pF/g，整个系统（包括模拟接口电路）闭环灵敏度为 1V/g，非线性度 1g 测量范围为 0.39%，交叉灵敏度 *x*/*y* 为 0.72%，*y*/*z* 为 0.5%，带宽 1kHz，偏置稳定性为 255μg，系统闭环信噪比为 106dB，在 100Hz 频率内平均噪声。

图 8-5　上海微系统与信息技术研究所的新型电容式三轴加速度检测结构

整体来看，国内对加速度计的研究和发展近几年进步较快，但还落后于国际水平，在产品市场化方面也不具备国际竞争的能力。其中，工艺水平落后是一个重要原因，因此，要获得长足进步，并在国际上占有一席之地，必须提高工艺水平，同时还要加强国内各大高校、科研单位之间的合作，使加速度计的研究成为一个整体并最终发展成一套成熟的研究体系。

2. MEMS 加速度计接口电路

MEMS 加速度计由敏感机械结构与接口电路两部分组成。其中机械敏感结构将物理信号转换为电容变化信号提供给接口电路，接口电路负责完成机械结构的谐振驱动、高频调制、电荷敏感、信号解调、带通滤波等信号处理功能。由于微加速度计、陀螺的机械敏感部分的电容变化信号非常微弱（$10^{-17}\sim10^{-20}$F），因此，对于接口检测电路的微弱信号处理功能提出了极为苛刻的要求。由于微机械电容式惯性传感器的输出阻抗高，因此基本采用高输入阻抗的 CMOS 工艺完成其结构电路的设计。在 CMOS 工艺下，电路噪声主要包括 CMOS 晶体管低频 $1/f$ 噪声、开关电容电路中的电荷注入、时钟馈通等。MEMS 加速度计的性能是由表头和接口电路的性能共同决定的，因而接口电路的设计和研究对于加速度计的研究也非常关键。目前，加速度计接口电路从输出方式来看主要分为模拟式输出和数字式输出两种。

（1）模拟接口电路。

模拟接口电路又可分为开环检测方案和闭环检测方案两种。开环检测方案是最为简单有效的低成本实现方案，如图 8-6 所示为新加坡研究人员设计的一种高性能连续时间开环模拟前端加速度计接口电路。其优点是具有较高的带宽和灵敏度。该方案被广泛用于早期设计中，主要应用于振动监测和结构探伤等对精度要求不高而对响应速度和灵敏度要求较高的领域。但随着研究的深入，这一方案的缺点也逐渐暴露出来。例如，必须提供足够的空气阻尼以保证稳定性进而造成表头 Brownian 噪声较大；系统性能对表头特性的依赖严重，各种矛盾的设计要求很难权衡，设计自由度差，性能很难全面发挥；级联式结构造成每经过一个模块都对系统的非线性有影响，造成系统线性度较差。因此，开环结构在性能进一步提高的过程中遇到瓶颈，难以满足高端应用（如战术级惯性导航等）的需求。开环检测结构以其简单低成本的优势广泛应用在碰撞检测、翻滚检测等低精度要求领域，作为状态检测的阈值器件。

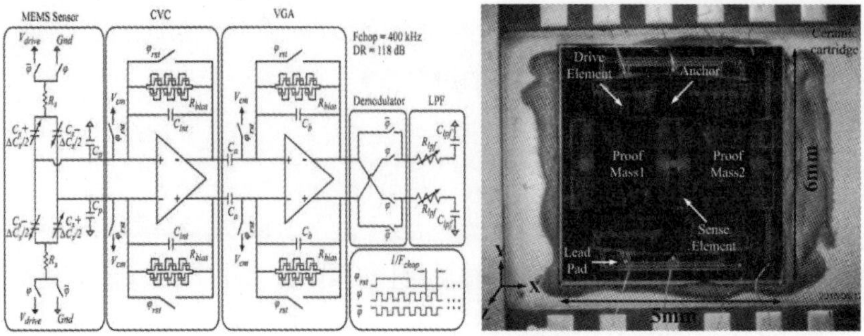

图 8-6　开环式模拟接口电路

开环式接口电路的缺点是线性度和噪声性能不理想，为了提高线性度，通常采用闭环式结构。在闭环式结构中，质量块被负反馈网络伺服在中间平衡位置，环路中还通常进一步增加 PID 控制模块以提高环路增益（见图 8-7），所以质量块的位移可以近似为零。

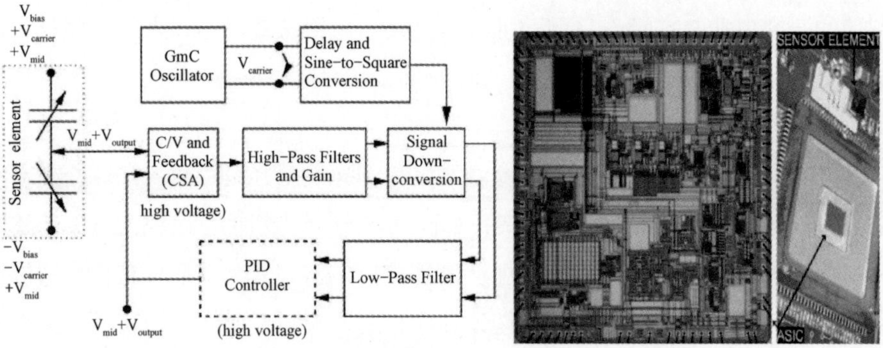

图 8-7　闭环式连续时间加速度计接口电路

利用反馈控制系统的闭环特性可以由反馈网络调节这一原理，使主要指标间的矛盾得以缓解，系统设计的自由度大幅提高。闭环系统在以下方面的性能有进一步的提升。

对于噪声，闭环检测可以提供电学阻尼改善谐振特性，无须开环检测其中所需的空气阻尼，因此可以采用真空封装，大大地降低了 Brownian 噪声，使其降至非主导地位。

对于线性度，由于闭环系统采用静电力反馈，质量块被伺服在平衡位置附近，因此位移非线性很小，闭环系统可以得到更高的线性度。

对于带宽，由于闭环系统可以根据需要调整性能以换取带宽，所以其工作频率可以很高，不受 MEMS 机械结构的限制，对于惯性导航和制导领域具有特别的优势（因为这些应用需要精确测量微小时间点上位置的变化）。此外，对于振动监测方面，这种高带宽的优势也十分有利。

（2）数字接口电路。

目前，离散时间的数字式输出接口电路成为加速度计接口电路研究发展的主要趋势。数字式接口电路利用微机电 Sigma Delta（ΣΔ）调制技术提升传感器的带宽、线性度与动态范围，而更重要的是这种技术能够将 MEMS 加速度计的输出信号直接转化为数字化输出。从 20 世纪 90 年代成功实现第一款数字闭环微机械加速度计以来，高性能ΣΔ闭环接口电路一直是国内外科研人员研究的热点。对于ΣΔ微机械惯性传感器来说，其将敏感结构和ΣΔ调制器电路结合在一起，形成了数字闭环反馈和输出，一般可以将其称为微机电ΣΔ调制器。相对于采用高精度 ADC 来数字化微机械惯性传感器的模拟反馈方式而言，数字闭环微机械惯性传感器无须额外使用高精度 ADC 电路，能够简化系统电路规模、降低功耗，也能在一定程度上减少输出精度损耗。

微机电 Sigma Delta 加速度传感器和ΣΔ ADC 具有类似的拓扑结构，主要可以分为单环结构和级联结构（MASH）两种。大多数的高性能ΣΔ微机械惯性传感器都采用单环结构来实现。单环结构的ΣΔ微机械惯性传感器结构简单（见图 8-8），不需要利用匹配设计来消除量化噪声，因此，相对而言比较容易实现高性能的位流输出。

南安普顿大学提出的四阶 MASH 接口电路，如图 8-9 所示。

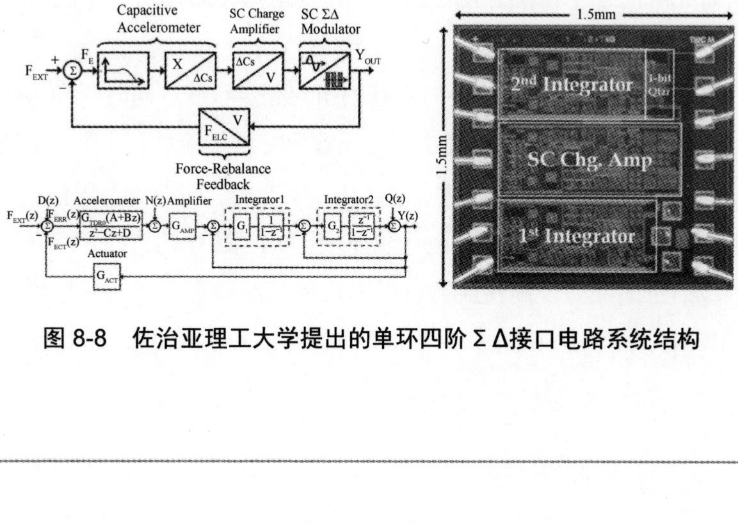

图 8-8 佐治亚理工大学提出的单环四阶ΣΔ接口电路系统结构

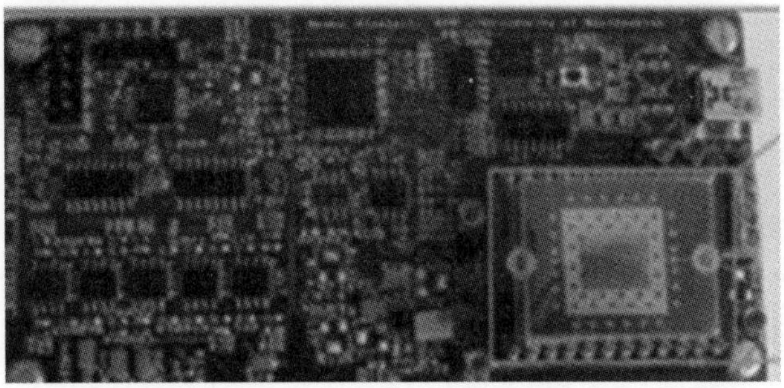

图 8-9　南安普顿大学提出的四阶 MASH 接口电路

级联结构的Σ Δ微机械惯性传感器具有固有的稳定性优势，因而能够增大加速度计输入信号，提高动态范围。然而，级联结构强烈依赖于结构参数和工艺匹配性，如果实际结构参数和设计参数出现较大偏差，工艺匹配性较差，则会产生噪声泄露，从而降低传感器的输出精度，降低传感器的整体性能。为了获得较高的噪声整形能力，高性能Σ Δ微机械惯性传感器一般采用高阶结构。虽然高阶的单环结构存在稳定性问题，但是可以通过系统级的参数优化设计和相位补偿来提高系统的稳定性。

我国 MEMS 加速度计的研究始于 20 世纪 90 年代初，在当时的科技部、教育部、中国科学院、国家自然科学基金委的重点支持下，经过近 20 年的发展，我国在多种微传感器和微执行器等方面已经有了一定的基础和技术储备。在加速度计 ASIC 电路方面，国内领先的主要高校有北京大学、清华大学、西北工业大学、南京理工大学、电子科技大学、哈尔滨工业大学等。国内主要从事加速度计方面的研究院所有中科院微电子所、中科院上海微系统所、中国地震局地球物理研究所、中电 13 所等。

国内关于 MEMS 加速度计接口电路的研究起步较晚，同时受到国外发达国家在中、高精度惯性传感器的技术封锁，导致研究水平滞后，其接口电路方式主要是分立器件混合集成，其体积大、功耗大、成本高、性能较难优化，严重制约了我国 MEMS 惯性集成传感器的进一步发展。由于微机械惯性器件在航空航天、国防等领域的巨大潜力，高性能微机械惯性传感器具有广泛的应用前景。实现高性能 MEMS 加速度计敏感结构和接口电路的自主化设计，对我国高性能 MEMS 惯性技术的进一步发展具有重要的实际意义。

（二）发展趋势

随着工艺集成度和性能的提升，传统MEMS加速度计正向着多传感器融合、智能化、高精度方向发展。未来MEMS加速度计传感器有望达到战略战术级测量精度，从而完全摆脱卫星信号的依赖，实现精确、安全、小型化的“自持”惯性导航。

1．商用MEMS加速度计发展趋势

随着以自动驾驶汽车为代表的商用无人移动平台市场的爆发，MEMS加速度计传感器市场规模持续扩大，占比日益增加，发展速度迅猛。上一轮MEMS加速度计传感器发展的主要推动力——消费电子智能化换代的需求已经结束，未来MEMS加速度计将由廉价低端的消费级应用向高性能高可靠的中高端应用转移。

为了满足未来自动驾驶汽车对器件性能、可靠性以及成本方面的需求，MEMS加速度传感器将向如下方面发展。

（1）小型化。按照摩尔定律，集成电路的尺寸受益于工艺特征尺寸的缩小而逐年减小，但MEMS传感器及其接口模拟电路的尺寸并不能享受到工艺特征尺寸缩小所带来的红利。由于尺寸缩小带来的尺度效应、表面效应、隧道效应，使得采用先进的小尺寸工艺得到的器件性能与传统工艺相比不升反降。此外，复杂的MEMS形貌加工常常需要采用体加工工艺，深度刻蚀常常需要刻穿整个硅片，因此对精度控制的难度较集成电路加工所采用的平面工艺来说大幅增加。而且为了获得良好的一致性、控制器件的振动、噪声等，敏感结构的体积常常需要额外增大。以上诸多因素致使像集成电路中采用的缩小工艺特征尺寸来缩小器件尺寸的办法在MEMS工艺下不能成立。先进高端封装技术将是未来MEMS系统进一步降低芯片面积进而提高集成度的主要方向。

（2）低功耗。作为一个应用非常广泛的惯性传感器接口电路，低功耗的设计具有非常重要的经济意义。目前国际上微机械加速度计接口电路的设计趋势除低噪声之外，另一个热点就是低功耗设计。目前文献中还没有针对加速度计接口电路的低功耗技术进行系统介绍，微机械加速度计接口电路中应用低功耗技术的难点在于微机械闭环加速度计是采用静电力反馈的原理，这就决定了其必

须提供足够大的静电力来实现闭环稳定，所以限制了芯片电源电压的降低。从另一个角度来看，在保证接口电路动态范围的基础上降低芯片的电流，对于降低整体芯片的功耗效果显著，也更有实际应用价值。

（3）多传感器融合。未来无人移动平台将集成丰富的传感器，对于不同的应用场景，不同的传感器具有不同的优势（见图 8-10）。通过先进封装技术实现多传感器的集成，并利用智能化数据分析处理技术将多传感器的输出数据进行联合处理，不仅能够降低所需传感器的数量，提高传感器的附加值，而且传感器之间相互校正补偿可以大幅在现有工艺水平下提高传感器的性能。

传感器	优势			不足
	绝对基准	动态响应	无基础设施	
外部 CPS/RF	•			无视线存取
惯性 MEMS		•	•	漂移误差
磁	•		•	场干扰
气压	•		•	环境敏感度

图 8-10　自主移动平台中各类传感器的优缺点

（4）数字化输出。当前，传感器的后端信号分析处理电路均为数字器件，直接的离散时间的数字式输出接口电路成为加速度计接口电路研究发展的主要趋势。数字式接口电路利用微机电 Sigma Delta 调制技术提升传感器的带宽、线性度与动态范围，而更重要的是这种技术能够将传感器信号直接转化为位流信号，通过后级数字电路处理后直接得到数字输出。

2. 军用 MEMS 加速度计发展趋势

小型化、高精度、高稳定性是未来军用 MEMS 加速度计发展的主要趋势。MEMS 加速度计传感器在诸多军事国防装备中发挥着重要的作用，其技术水平具有重大战略意义，军事国防需求也是长期以来推动 MEMS 加速度计传感器向更高性能发展的主要推动力。相对于其他性能，可靠性与稳定性对于武器装备来说无疑是第一位的。MEMS 惯性器件在体积、功耗、成本、批量制造能力等诸多方面均具有明显优势，在噪声性能上已经突破传统器件，在军事装备领域占据一席之地。MEMS 惯性器件的耐冲击性能好，但长期稳定性、环境温度适应性较差，已成为其在军事应用中替代传统惯性器件的主要瓶颈。

如图 8-11 所示为美国国防部高等技术研究局（DARPA）所给出的武器系统中 MEMS 惯性传感器的应用分布图。可见目前 MEMS 加速度计在军事领域只能作为 GPS 辅助设备应用于单兵测量、小型无人机等低速低精度要求领域。对于弹道测量、导弹等高精度要求的高速长距离测量来说，MEMS 加速度计性能仍需要进一步提高。

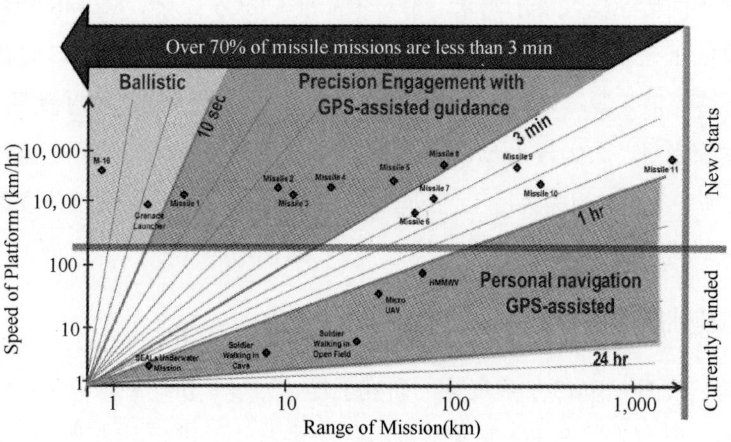

图 8-11　武器系统中 MEMS 惯性传感器的应用分布

MEMS 传感器在武器系统、航空航天等国防领域内也具有重要的战略性地位。随着武器系统逐渐向自主长航时高精度方向不断发展，现代军用机器人对定位、导航和授时依赖性越来越强。传统定位、导航和授时依赖于 GPS 系统，而 GPS 信号却有受环境影响、不能室内定位、易被干扰和控制等缺点。因此，近年各国政府出于自身国防安全角度考虑对军用机器人高端 MEMS 惯性导航系统的研发特别重视。在众多传感器中，MEMS 惯性器件（加速度计、陀螺、惯性测量单元等）是武器系统、航空航海、载人航天等领域内实现惯性导航和姿态控制的核心传感器，因此在军用机器人领域中，MEMS 惯性传感器是各国主要研究的热点。如霍尼韦尔公司、诺斯罗普·格鲁门公司、佐治亚理工大学、查尔斯斯塔克 Draper 实验室等传感器领域内的专业机构都受到美国国防部和军队的大批资助，从事 MEMS 惯性传感器的研究工作。

（三）制约因素

MEMS 加速度计的自主化研发难点涉及加工工艺、器件结构、接口电路、检测测量等多方面，究其主要原因，制约 MEMS 加速度计的自主化核心因素有以下四点。

1. MEMS 加工工艺

与标准化集成电路工艺不同，MEMS 加工工艺需要更加定制化的特色工艺，才能满足不同传感器性能的需求。相对于标准 CMOS 工艺，MEMS 特色工艺需要更复杂的工艺步骤、更多的设备支持，而在这方面，我国 MEMS 特色工艺水平落后、特色工艺线缺乏，相关加工设备长期依赖进口，受国外封锁严重，这方面需要国家引导，大力投入 MEMS 特色工艺线的建设；另一方面也需要组织高校、研究所、企业对相关关键工艺设备进行联合攻关，尽早实现相关设备的国产化，摆脱对进口设备的依赖。

2. 基础原理研究

目前，我国 MEMS 加速度计的研究工作，为了尽快达到国际先进水平，往往借鉴国际已有先进方案，利用能获得的先进器件，进行系统级设计和试验分析。虽然取得了显著的成效，但基础原理的研究缺乏，特别是 MEMS 器件，虽然短期性能指标能够达到国际先进水平，但制约其高端应用的长期的稳定性则依赖于对器件关键基础原理的研究和突破，如结构的应力、老化疲劳、表面效应等非理想因素。因此，要从根本上实现 MEMS 加速度计传感器的自主化，关键基础原理的研究工作仍需要进一步加强。

3. 器件稳定性与可靠性

目前 MEMS 加速度计的短期性能，如噪声、失真等，已经能够达到甚至超越传统器件。但是对于武器系统、航空航天等高端应用，MEMS 加速度计相对于传统惯性器件仍有明显不足，器件的灵敏度和零偏差在长期工作中存在较大漂移。特别对于军事应用，加速度计需要作为保证生命安全的核心器件长期工作在严苛环境下，因此在提高 MEMS 加速度计精度的同时，需要进一步对 MEMS 加速度计的漂移进行分析、检测和校正，以提高其稳定性和可靠性，使其继续向更高端的军事应用方向发展。

4. 批量化生产能力

由于发展时间短、资金实力弱，我国 MEMS 行业试验检测体系尚未完全建立，具备批量化生产和测试的 MEMS 工艺线、封装线较少。未来随着无人驾驶汽车领域的爆发，MEMS 传感器市场必将迎来快速增长，目前的 MEMS 传感器生产产能、批量化测调能力都不能满足未来快速增长的市场需求。因此，在突破原理技术的同时，对 MEMS 传感器的批量化生产、测试、封装等“一条龙”产业链的建设也需要同步推进。

（四）MEMS 加速度计“一条龙”推进路线

整体而言，随着万物互联时代的到来，智能终端、无人驾驶汽车、无人机、机器人等新兴领域对 MEMS 惯性传感器的数量、质量要求不断升级，MEMS 惯性传感器有着非常好的发展前景。

未来 MEMS 惯性传感器应朝着集成化、智能化的方向发展。这就要求在设计上不单纯对环境信号进行感知，而且要对测量数据进行联合实时分析，利用大数据、人工智能等技术实现对传感器的智能化在线测量、补偿、校准及控制。

设计功能的丰富需要工艺和封装技术进步的支持。未来多传感器及接口电路、数字信号处理和控制电路的单片集成是传感器智能化的必要条件。

一方面需要 MEMS 特色工艺的进步，以及 MEMS 工艺与传统 CMOS 集成电路工艺的融合。工艺的进步需要工艺技术的持续改进和特色半导体材料的研发，也需要相关配套半导体设备的研发和产业化。

另一方面，在现有工艺技术水平下，对相关先进封装测试技术的研究是提升传感器集成度、良率和附加值的有效途径。这方面行业技术壁垒较低，我国有一定技术积累，可以进一步推动发展，抢占国际制高点。

MEMS 传感器设计对工艺水平的高度依赖，决定了设计厂商必须与工艺厂商进行深度交流和融合。未来引导发展 IDM 或虚拟 IDM 模式是快速发展我国 MEMS 产业突破国外技术封锁的有效途径。

1. 突破关键技术

（1）加速度计稳定性技术

目前，MEMS 惯性器件与传统器件的性能差距主要体现在 MEMS 器件的长期工作稳定性差、漂移大的问题方面。该问题来源于 MEMS 工艺和结构的固有缺陷，是一直以来国际上的研究重点和难点。突破这一问题不仅能大幅提高 MEMS 器件性能、拓展其应用领域，并且对军事国防的发展具有重要的战略意义。

对于这一问题可以从以下两个角度同时推进：

① MEMS 器件从源头上降低漂移。进一步推动先进 MEMS 工艺的研究，提高加工精度、一致性、稳定性水平，降低 MEMS 工艺的波动；对材料的物理效应进行深入研究，从物理上揭示 MEMS 性能漂移的根源，进一步针对问题寻找创新性的基底材料；对 MEMS 器件的敏感机理进行创新，创造全新的稳定性更优的器件结构。

② 实现对 MEMS 器件的漂移进行实时的检测和校准。推进 MEMS 传感器与电路的片上融合，降低接口寄生效应，使片上集成形式更加丰富、功能更加复杂、控制更加灵活的控制电路；利用专用集成接口（ASIC）电路对 MEMS 传感器的关键性能进行实时检测，并利用预留的调整结构对 MEMS 器件的性能漂移进行实时的在线补偿校正；进一步随着多传感器的集成化发展，研究多传感器片上协同校准，利用集成 ASIC 电路对多角度测量值进行综合运算分析，实现更高层次的电路补偿和校准。

（2）MEMS 加速度计智能化技术

当今世界，以信息技术为代表的新一轮科技革命方兴未艾，全球信息技术发展正处于跨界融合、加速创新、深度调整的历史时期，呈现万物互联、万物智能的新特征。智能传感器市场应用正呈现爆发式增长态势，已成为决定未来信息技术产业发展的核心与基础之一。在当前传感器智能化趋势的推动下，智能传感器的重要性日益凸显，其在物联网、虚拟现实、机器人、自动驾驶汽车、高速铁路等产业发展中扮演者重要的角色。高性能、高可靠性的多功能复杂自动、测控系统及基于射频识别技术物联网的兴起与发展，愈发凸显了具有感知、认知能力的智能传感器的重要性及其大力、快速发展的迫切性。随着与 CMOS 兼容的 MEMS 技术的发展， 微型智能传感器的发展得到了有力的技术支撑，智能传感器产业面临着一个非常重要的历史发展契机。

未来智能传感器应在以下四个方面进行突破攻关。

① 高精度高分辨率接口电路技术。

早期的 MEMS 惯性传感器通常为分立式元件，使用中需要配备外围检测芯片。不可避免的寄生电感电容极大地影响系统噪声、线性度等关键指标。随着 MEMS 加工和封装工艺的进步，MEMS 惯性器件与接口 ASIC 芯片的单片集成是技术发展的必然趋势。片内集成 ASIC 电路不仅能够有效降低片外互联所引入的寄生效应，有效减小系统体积，而且进一步将 MEMS 器件包含到检测电路中构成闭环系统，大幅提高系统的带宽、线性度，并使器件具备数字输出等功能。目前，国外先进的惯性传感器已经实现 MEMS 器件与高性能接口电路的片内集成。

② 自动采集数据、逻辑判断和数据处理技术。

随着工艺的进步，除片上集成高精度模拟接口电路外，复杂的数字信号分析和处理电路，如微控制器（IMU）、数字信号处理（DSP）单元等，未来也将逐步集成到传感器内部。这些单元的进一步集成化不仅能够使数据处理更加及时和高效，并且可以对传感器的测量结果实时进行分析，通过算法进行控制、补偿和校准等，进而大幅提高传感器的性能，提供更为丰富的功能。

③ 自调整、自适应技术。

随着未来多传感器单片系统化集成的推进，接口电路需要同时对多传感器的输出进行处理，电路资源的开销也将进一步增大。片上自调整、自适应技术可针对不同传感器检测需要，重构接口电路结构，复用数字计算资源，从而有效简化重复资源开销，提高系统效率和适应性。

④ 双向通信网络化技术。

随着未来人工智能、大数据、云计算、5G 通信的发展，智能传感器将有与云端计算平台实时通信的需要。此外，在未来物联网传感器节点中，MEMS 传感器也需要与网络中其他传感器交换信息。这就要求传感器内部具备双向通信接口或射频收发模块，实现对传感器数据实时的云端大数据智能化分析和处理，进而实现融合感知、计算、通信、决策等功能的智能传感器模块。

⑤ MEMS 加速度计集成化技术。

随着未来智能驾驶汽车、机器人、无人机、消费电子等应用市场的爆发，应用场景中所需的惯性及其他环境传感器的数目大幅增多，多传感器的集成化技术是降低系统体积、成本的有效手段。据法国著名 MEMS 研究机构 Yole 公司预测，未来几年，与分立的加速度计、陀螺仪和磁力计市场饱和的情况不同，组合传感器将保持高速发展势头。

目前，随着 MEMS 工艺的进步和先进封装工艺的成熟，MEMS 惯性传感器及惯性传感器与其他传感器的组合成为业界研究的热点和市场发展的新的增长动力。常见的组合惯性传感器通常有以下 3 种。

第 1 种，三轴加速度计组合三轴磁力计构成六轴电子罗盘。如意法半导体推出的 LSM30DLH 型电子罗盘，其将一个三轴磁力传感器、一个三轴加速度传感器与配套接口电路芯片在同一封装内实现集成。三轴磁力计用于测量磁场数据，三轴加速度计用以测量罗盘倾角，通过信号调理和数据采集部分将三维空间中的重力分布和磁场数据传送给处理器。处理器通过磁场数据计算方位角，通过重力数据实现倾斜补偿。这种集成不仅具有体积小重量轻的优点，而且利用多传感器数据联合校正可以使输出的方位角不受电子罗盘空间姿态的影响。

第 2 种，三轴加速度计组合三轴陀螺仪构成六轴惯性测量单元。三轴加速度计测量出物体运动的加速度进而积分得到物体运动速度，三轴陀螺仪测量物体运动角速度进而积分获得物体运行角度，六轴惯性测量单元综合二者及相关接口电路，可以实现物体运动轨迹的测量。

第 3 种，三轴加速度计组合三轴陀螺仪和三轴磁力计构成组合九轴惯性测量单元。六轴惯性测量单元虽然可以实现物体动态轨迹的测量，但是物体静止状态下的初始方向角由于存在地球重力加速度的影响不能直接获取，这时集成了额外的三轴磁力计的九轴惯性测量单元就弥补了这一缺陷。其中的三轴加速度计与三轴磁力计可以构成电子罗盘，利用二者数据进行相互校准，可以准确获知物体的方向偏角，从而实现对物体惯性姿态测量的完整覆盖。

此外，惯性传感器还可以与其他环境监测传感器进行集成。如与压力传感器进行集成，实现高度的准确测量，对专业运动装备和航空航天等领域有广阔的市场前景；如与温度传感器进行集成，结合温度测量数据可以实现惯性传感器的温度漂移在线自校准等。

相比分立的惯性传感器，传感器的集成化还具有额外的优势。一是采用一个 ASIC，并将多个传感器封装在一起，可降低成本；二是如果两种传感器工艺相同，做成单芯片就可以极大减小传感器尺寸；三是组合传感器将滤波、融合算法等软件集成，提高产品附加值，竞争对手难以模仿。

2. 提升加工工艺

（1）先进 MEMS 加工工艺技术

未来在 MEMS 工艺方面，应着力突破硅基 MEMS 加工技术、MEMS 与互补金属氧化物半导体（CMOS）集成、非硅模块化集成等工艺技术，持续提升工艺的一致性、稳定性水平，同时探索发展满足多领域、多品种、多厂商、多批次智能传感器定制生产的柔性制造模式。推动研发主流和特种 MEMS 工艺技术，提升加工水平和工艺一致性、可靠性、稳定性；加速 MEMS 传感器芯片制造工艺量产进程，推动深硅刻蚀、薄膜沉积、薄膜应力控制等核心制造工艺升级，提升智能传感器制造良率及稳定性；持续攻关硅通孔、晶圆减薄、晶圆键合等关键工艺技术。

在敏感材料方面，加快 AlN、PZT 等敏感材料用于 MEMS 智能传感器制造的关键技术攻关，推动铁/钴/镍等磁性材料、氧化钒等红外辐射材料、铬/金/钛/铜/铝等金属的氧化物材料技术革新，提升相关智能传感器产品性能。

在制造设备方面，应着力推动深硅刻蚀设备、晶圆键合机、光刻机、薄膜沉积设备、扩散炉等用于 MEMS 制造设备的研发及产业化。

在工艺链组织方式方面，国外 MEMS 传感器知名厂商多为 IDM，具有专利、产能及成本优势，我国 MEMS 公司要与之抗衡应通过转投资的方式，使 MEMS 设计公司与 MEMS 生产线实现相互融合，引导智能传感器产业组织方式向虚拟 IDM 模式或 IDM 模式发展，开展产业链升级行动。

（2）先进 MEMS 封装测试技术

目前，国际上 MEMS 传感器智能化和集成化是行业的发展趋势。借鉴国外发展的先进经验，发展先进封装技术将多传感器和集成 ASIC 芯片进行封装内集成化，是现有 MEMS 工艺下有效提高传感器价值，实现智能化集成化的快速路径。

近年来，我国在制造业带动整体产业发展的思路下，对半导体加工制造和封装测试等上游产业投入大量关注，取得了显著的成绩。未来集成电路制造业和封装测试的大规模产能需求将进一步促进 IC 设计业的发展。

小型化、集成化、高稳定性将是未来 MEMS 技术发展的主要方向。现代电子系统、工业设备、武器装备的发展正朝着智能化、小型化方向发展，越来越多的设备需要对环境物理量、位置、速度、角度等信息具有实时监测能力。为了满足这些需求，系统中集成的传感器数量大幅增加，对传感器的 SWaP(Size Weight and Power ）提出更高要求。

在集成化方面，随着系统功能越来越丰富，多传感器以及接口电路的单芯片集成化的需求越来越强烈。但是 MEMS 工艺与集成电路所依赖的 CMOS 平面工艺的要求不同，特别是 MEMS 传感器，不同类型的传感器所依赖的物理效应不同，对材料的物理特性（如弹性、热膨胀系数、真空度等）的要求和电学特性一样精确，单一工艺不能满足多种传感器的需要，需要对每类传感器采用定制工艺制作。因此，对于 MEMS 传感器来说，传统数字模拟电路集成化所采用的系统及芯片（Systme on Chip, SoC）技术在实现上难度巨大。

先进高端封装技术将是未来 MEMS 系统进一步降低芯片面积、提高集成度的主要方向。如前所述 MEMS 工艺的特殊性，使得其尺寸缩小与集成度提高不能按照摩尔定律进行。在现有工艺下，MEMS 系统在 SWaP 方面的进步必须采用超摩尔（more than Moore）的方向发展。据法国 MEMS 研究机构 Yole 预测，之后 5 年 MEMS 封装市场将迎来爆发式发展，2016—2022 年 MEMS 封装市场的复合年化增长率将高达 16.7%，如图 8-12 所示为 Yole 公司预测的 MEMS 封装市场的发展和分布。

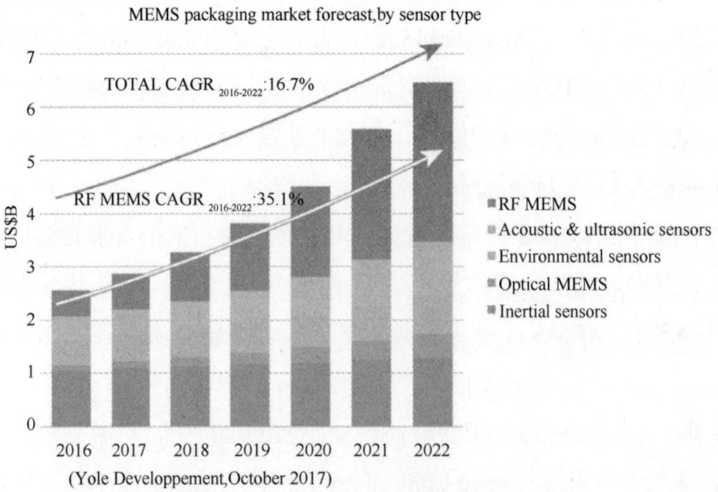

图 8-12　MEMS 封装市场增长情况预测

在尺寸缩小上，采用Flip-Chip、WLCSP（Wafer Level Chip Scale Packing）、FCBGA（Flip Chip Ball Grid Array）等先进封装技术，压缩封装尺寸从而缩小传感器体积。在系统集成化方面则借助片内打线（Bonding）、硅通孔（TSV）等片间互联技术将不同工艺下制备的晶粒（die）封装在同一个芯片内部，实现系统级封装（System in Chip，SiP），提高芯片集成度。未来依赖于片内Bonding的传统2D SIP技术将逐步被依赖于TSV技术的2.5D和3D SIP所取代。目前依赖于TSV技术的2.5D/3D封装技术被认为是超摩尔时代最有前景的技术之一。随着未来高端应用对MEMS传感器与ASIC的集成化需求增多，预计未来几年该市场仍将继续增长。采用先进的2.5D和3D封装性能不仅可以超越特征尺寸的极限进一步压缩芯片面积，还可以有效缩短信号传输路径，提高速度、带宽，降低功耗。此外，配合晶圆级封装技术还可以大幅降低芯片的封装成本。

3. 推动工程化应用

近年来，多轴组合惯性传感器市场增长迅速，其发展推动力由军事和宇航领域转移到消费电子、汽车、机器人等商业化领域。越来越多的电子产品，如智能手机、虚拟现实、无人机、智能驾驶汽车等产品对多轴组合惯性传感器的需求巨大。这一领域是业内近年来研究的热点，市场潜力巨大，同业竞争激烈。

但多轴组合惯性传感器技术一直把持在国际四大传感器制造商手中。据法国MEMS研究机构Yole公司统计，目前组合惯性传感器75%的市场份额被四大惯性传感器制造商（STMicroelectronics，InvenSense，Bosch Sensortec，AKM）占据。虽然国际上越来越多的新兴公司已经发现了组合惯性传感器的市场前景，并积极投身到其相关技术的研发中，但是国际四大惯性传感器厂商优势地位明显难以撼动，受限于专利和工艺技术的制约，目前只能占据不到1/4的市场份额。我国企业与国际巨头的差距巨大，企业“小、散、弱”问题突出，产业缺乏竞争力，目前只能在产业链外围的系统整合环节占据一定地位。

当前，商业化组合惯性传感器在智能手机等消费级应用领域呈现了爆发性的增长。依赖于组合惯性传感器的惯性导航技术，是目前唯一能在室内、楼群、深林、水下复杂环境中能准确工作的导航制导方案。未来随着自动驾驶汽车技术的推广，更高端的工业级组合传感器的应用市场也将进一步被打开。目前组合惯性传感器虽然能够实现小体积高集成化，但是其长期性能和精度仍然与传统惯性器件存在较大差距。因此，未来在惯性传感器领域我国应着力研发工业级标准以上的组合惯性传感器技术，并实现关键技术的自主研发。

4. 推进路线

MEMS 加速度计“一条龙”推进路线图，如图 8-13 所示。

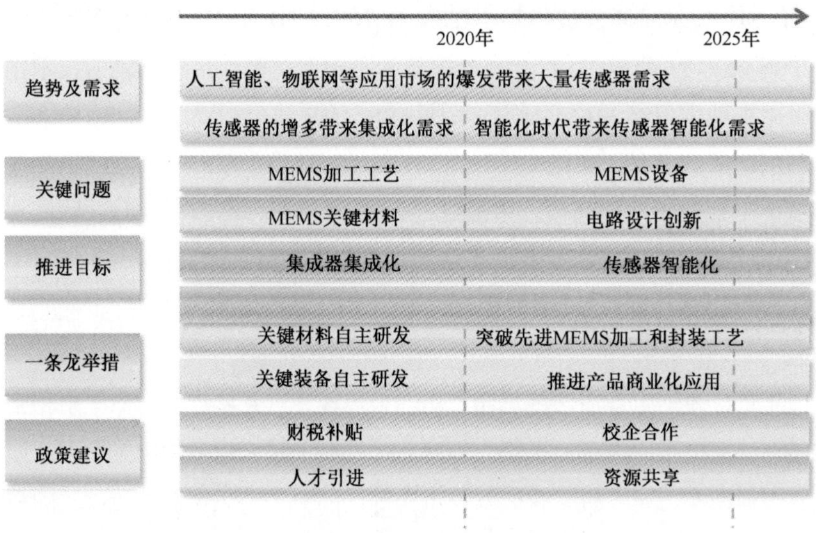

图 8-13　MEMS 加速度计“一条龙”推进路线图

（五）政策建议

1. 法律法规和基础设施

（1）加大半导体行业对外开放的力度

迫于成本压力，国外半导体企业倾向在全球范围内分散布局价值链的各个环节，在本土仅保留了相对轻资产的设计机构。特别是近年来集成电路产能有持续向亚太地区转移的趋势，这使我国拥有更多可用的集成电路制造资源。

借助全球半导体产业整合和转移的机遇期，我国应继续在半导体行业实施对外开放的政策。鼓励国外有技术和资金实力的半导体公司来华设厂，利用外资发展壮大本土半导体产业，实现全球半导体产业中心向我国转移。

（2）发展半导体产业集群

半导体产业、智能终端产业、高端装备制造产业是相互联系的上下游产业。

在产业发展上应集中化发展，结合各地区基础和优势，按智能传感器应用领域分门别类进行相关产业布局。鼓励地方围绕智能传感器产业链和创新链，集聚高端要素、高端企业、高端人才，打造智能传感器产业集群和创新高地。

建设国家智能传感器产业园，依托国家自主创新示范区和国家高新技术产业开发区等创新载体，加强科技、人才、金融、政策等要素的优化配置和组合，加快培育建设智能传感器产业创新集群。

（3）推行行政体制改革

推动行政体制改革，为企业营造更加透明的竞争环境，强化政府预算约束。转变政府职能，减少政府对经济的直接管制，增加政府的社会服务职能，理顺社会管理体制，包括政府对市场注入的行政审批，对价格特别是要素价格的行政管制，加强对企业经营行为的监管和风险的控制。政府应更加积极弥补市场不足，对技术创新的中小企业给予税收支持，如固定资产的加速折旧、中小企业的担保体系和税收优惠等。

（4）增强基础设施和环境建设

加强半导体产业集中地区的基础设施和环境建设。一方面能增强对人才和投资的吸引力；另一方面可以有效降低制造企业的外部成本，从而增强企业的竞争力。此外，半导体加工制造业对环境的洁净度要求较高，增强半导体核心区域的大气和水资源的治理力度对提高集成电路生产良品率也有促进作用。

2．金融财税

（1）加大对半导体产业的财税补贴

除国家层面统一给予的增值税、企业所得税优惠政策（如“两免三减半”“五免五减半”政策等）外，若投资地区还能提供优惠的财政补贴等特殊优待政策，对企业落地也会有极大的吸引力。此外，地方政府也经常会根据企业的具体情况提供相关财税优惠补贴待遇，投资人在实际选址时可与当地政府就相关政策的实践情况进行事先沟通，以明确政策落地的具体效果。

（2）完善中小企业融资渠道

半导体行业是资金密集型产业，中小企业的产品占有率和相应的市场规模还没有达到可以维持研发开销的程度。而目前中小企业在融资方面渠道有限，融资难融资贵的问题严重。在直接融资方面，应该为中小企业创造更有利的融资环境，同时还可以通过金融创新，进一步拓宽中小企业的融资渠道。此外，要提高财税政策支持精准度，做好税费减免、融资担保等工作，确保已出台政策落地见效。

（3）引导金融资本进入半导体行业

以政府引导、民间跟进的方式鼓励民间资本进入半导体投融资领域。在半导体产业发展初期阶段，政府的大力扶持是非常重要的，尤其在发展核心竞争力的关键领域应当特别加大投入力度。但是政府的资源毕竟有限，应同时注意引导民间资本进入。发挥金融市场的自发调节机制，实现金融资本向优质资源的自发流动，以及实现金融资本配置的最优化。

3．人力资源和文化建设

（1）积极引进高端人才

对于半导体产业，特别是半导体设计业，人才引进比资本引进具有更重要的意义。在当前我国社会和经济环境下，经济收入对国外高等人才的吸引力在大多数情况下是处于劣势的。这就需要政府在人才扶持政策和重大项目设立上继续加大投入力度。通过重大项目和前沿课题吸引高端人才回国就业创业，用一流的公司及事业平台积极引进并且留住高精尖人才。另一方面，通过人才扶持政策保证其回国后生活、家庭的稳定可靠，使其创业没有后顾之忧。此外，应建立一套完善的引智模式，逐渐培育出一批半导体产业的高端人才队伍，使他们成为中国自主创新的先行者和国际接轨的桥梁，为中国半导体产业的技术创新和管理创新积聚经验，增强国际竞争力。

（2）重视培育本地人才

鉴于目前我国半导体产业对人才数量和质量的需求，目前我国高校的半导体人才培育力量是远远不足的。政府必须起主导作用，建立半导体专业人才公共平台，推行企业、高校、专业机构及第三方培训机构互为补充的模式。在课程的设立上应该更注重与企业的实际需求相贴近，并积极引进国外先进教材，聘请国外资深专家或业界资深人士进行讲座或授课，全面实现产学研的有机结合，紧跟国际前沿和产业动态。在高校建设上，政府不仅要重视重点实验室基础设施的建设，而且也要注意吸引应届生源，引导其选择半导体相关专业。在这方面高校要适当对半导体相关专业进行扩招扩建，以满足我国半导体行业高速发展的需求。

（3）积极引导校企合作

高校具有人才优势，企业具有项目需求，政府要积极推动二者的对接合作。一方面可以进行校企研究项目的合作，根据企业的具体需求，结合高校的科研方向，设立兼具科研性和实用性的校企联合课题，利用学校的科研实力助力企业的发展，并以此培养一批适于我国半导体行业发展需求的高端人才。另一方面可以引导企业走进校园，以设立奖学金、举办相关行业讲座、举办半导体相关竞赛等方式，提高企业的知名度，鼓励学生深入研究半导体相关技术，吸引人才投入到半导体行业的建设上。

（4）鼓励产业内部沟通合作

政府应发挥桥梁作用，通过鼓励企业间组织行业协会，组织产业论坛，加强企业间人员的交流。实现资讯共享、资源互通，打破企业间的壁垒，实现良性竞争。同时政府可以针对半导体行业发展的重点问题设立联合项目，引导企业、高校、研究所的联合攻关，促进行业的良性发展。

4. 体制机制

（1）建立行业内市场化良性竞争机制

重点扶持龙头企业，同时鼓励中小企业发展。引入行业市场化竞争机制，建立统一的市场体系，利用这一体系实现资源配置的最优化。市场缺乏竞争性就不能够形成有效配置资源的价格，不能形成这样的价格就不能够有效地提高我国半导体行业在国际中的竞争力。

（2）建立落后产能的淘汰机制

全球电子制造基地的定位，加上“国家集成电路产业发展推进纲要”的出台，以及大基金的拉动和杠杆效应，促使我国近年来新增半导体产能居全球首位，我国集成电路加工制造能力正以惊人速度增长。然而我们也应当同时清醒地认识到，国内部分半导体生产线存在技术落后、产能落后、重复建设等问题。应在积极推动先进工艺线建设的同时，增加淘汰机制，对老旧生产线进行淘汰，加快推进落后企业的转型，实现半导体产业的良性健康发展。

（3）注重人才引进机制建设

半导体产业是资本密集型产业，同时也是技术密集型行业。人才是半导体产业发展的重要因素，与资本因素具有同等的重要地位。目前我国已经形成珠三角、京津冀、长三角等多个半导体产业基地，产业基地的迅速发展需要大量的高端人才和技术人员。但目前半导体行业中心区域的生活成本，特别是住房成本大幅增加，一定程度降低了对人才的吸引力。还要进一步吸引人才，政府和企业就要特别注重对引进人才给予相应的扶持政策，使其在住房、教育、医疗等方面得到一定的优惠待遇，使其在工作、创业的同时生活没有后顾之忧，创造更多的社会价值。

5. 产业政策

（1）加强统筹协调推动，落实相关工作

推动产业集聚区优先发展，促进技术升级和产业结构优化，在局部形成突破；综合利用市场、政策、项目等手段，引导智能传感器产业的发展；加强人才的引进与培养工作，持续优化人才环境；鼓励和支持企业开展国际合作，通过联合研发、并购等途径提升企业实力；促进部省合作，推动示范应用。

（2）加快智能传感器创新中心建设，夯实产业发展基础

鼓励在产业集聚区开展省级智能传感器创新中心建设，汇集产业链上下游资源，切实解决困扰产业发展的材料、工艺、设计、集成等共性技术难题；做好统筹协调、差异化分工，各产业集聚区结合区域基础，打造各具特色的创新中心；在运行效果良好、发挥作用突出的省级创新中心基础上建设国家级智能传感器创新中心。

（3）加大资金支持力度，提升创新能力

通过工业转型升级、强基工程等资金渠道，加大支持力度，打通基础技术、通用技术，掌握非对称技术、杀手锏技术，布局前沿技术、颠覆性技术。推动设立相关产业基金，围绕超越摩尔定律相关领域，尤其是传感器领域，开展投资。

（4）充分发挥行业组织作用，营造良好产业环境

通过构建良好的信息交流平台，结合政府的引导和市场的需求，帮助企业对接技术和市场资源，扶持企业成长，为产业发展服务。

（六）总结

当前，全球信息技术发展正处于跨界融合、加速创新、深度调整的历史时期，呈现万物互联、万物智能的新特征。传感器是未来万物互联的核心基础，MEMS 惯性传感器是传感器领域中的重要方向，其在军事国防、航空航天等战略性产业有着重要的应用。未来随着智能驾驶、无人机、机器人、高速铁路等市场的高速发展，MEMS 惯性传感器市场化应用也将迎来爆发性增长。

为了适应未来大数据、云计算、人工智能、物联网等产业的技术需求，MEMS 惯性传感器也要进行相应的创新。未来 MEMS 惯性传感器的创新，主要体现在集成化和智能化两个方面。

集成化方面要求 MEMS 惯性传感器向单片系统化集成方向发展。一方面要在敏感机理、材料、工艺方面进行创新，使传感器的功能更丰富、性能更强；另一方面需要对先进封装技术进行深入研究，以实现在现有工艺水平下传感器集成度的提升。

在 MEMS 惯性传感器集成化的基础上，为适应未来应用场景，传感器还要进一步朝智能化的方向发展。这就要求 MEMS 惯性器件在功能上不单纯是实现物理量的测量，而且还要提供实时数据分析、计算、通信、控制等一系列功能。为了实现这一目标，传感器与配套模拟接口和数字计算控制电路的集成化就是行业发展的必然趋势，这对 MEMS 与 CMOS 工艺的兼容性和先进封装技术提出了更高的要求。同时配套电路的设计理念也需要进行创新，而进一步的集成化也为电路设计方面的创新提供了丰富的条件。

MEMS 惯性传感器向更高层次的进一步发展，需要全产业链的协同合作。当前，我国一批企业具备了一定的规模和技术实力。自主研发能力提升，设计、制造、封装等环节产生了一批创新成果，部分技术领域打破了国际垄断。但我们也应当意识到，我们在各个产业链的各个环节与国际 MEMS 惯性传感器巨头还有一定差距。目前 MEMS 惯性传感器市场的绝大部分份额仍然为国外少数几家公司所垄断，我国 MEMS 惯性传感器的发展要突破国际巨头的垄断和技术封锁仍然任重道远。

在政策上，政府应继续发挥引领作用，同时扩大开放，积极引导外资和民间资本进入半导体行业，从而建设一个公平有序的市场化发展环境，利用市场化竞争合理配置资源，淘汰落后产能，推动行业的良性发展。

此外，在半导体产业所急需的相关人才方面，在注重吸引高端人才回国创业的同时要重视国内高校半导体相关专业的建设，应引导企业与高校加强沟通协作，发挥高校人才优势，使高校培养出的人才更加贴近我国半导体产业发展的需要。

在企业方面，政府应引导企业间加强沟通合作。MEMS 传感器设计对工艺水平的高度依赖，决定了设计厂商必须与工艺厂商进行深度交流和融合。未来引导发展 IDM 或虚拟 IDM 模式是快速发展我国 MEMS 产业、突破国外技术封锁的有效途径。

综上所述，MEMS 惯性传感器具有非常广阔的发展前景，我国在这一领域已经有一定基础，但发展仍面临国际巨头的垄断和封锁。为了进一步推动我国 MEMS 惯性传感器的发展，抢占行业制高点，全产业链需要在政府的引导下积极合作，充分利用现有资源，互惠互利，合作共赢。

二、电流传感器“一条龙”推进路线综合研究

（一）概述

电流传感器是用于检测电流大小的传感器件。高精度、宽量程、高频响特性的电流传感器是我国发展新能源汽车产业的核心关键部件。目前，在该领域的研究和生产基本由西方发达国家所垄断，如瑞士 LEM、美国 Honeywell 等公司。与国外相比，国内相关产品体积大、能耗高、带宽窄，不能满足国内新能源汽车发展的需求。高精度、宽量程、高频响特性的电流传感器可广泛应用于电流标准装置、高精度电能计量装置、高压配电系统、核磁共振成像仪等仪器仪表中。据统计，2017 年全球电流传感器市场规模约 20 亿美元，预计到 2026 年约 47.5 亿美元，而且可撬动高达上千亿美元的下游市场。

1. 高精度宽量程电流传感器

在新能源汽车领域，高精度宽量程电流传感器主要用于动力电池管理、高低压配电管理、充电桩、DC/AC 逆变电流测量及电驱动管理等方面。新能源汽车电流传感器除了在满足量程、精度、带宽等技术指标的同时，还在一致性、稳

定性、可靠性方面提出了异常苛刻的要求。

新能源汽车电流传感器产品目前采用的技术主要有分流器式、霍尔元件式、磁阻元件式、磁通门式等。其中，分流器式电流传感器采用插入一段精密电阻，通过测量电阻上的压降从而得到被测电流的大小；其他各类电流传感器均应用了电磁感应原理，通过磁敏传感元件探测被测电流所产生的磁场，从而测定电流大小。这些技术原理在精度、量程、稳定性、可靠性等方面各有优势。

目前，在新能源汽车电流传感器领域，瑞士 LEM、日本甲神、美国 Honeywell 等国外公司占据了 95%以上的市场份额。电流传感器的供应链上游主要包括传感芯片和铁芯两个部分，其中传感芯片主要由美国 Allegro、比利时 Melexis、日本旭化成以及德国 Micronas 等公司提供；铁芯主流供应商包括德国 VAC、日本新日铁、大同特殊钢、美国 Magnetics。由于新能源汽车电流传感器技术门槛高、对安全可靠性要求严格，我国在新能源汽车电流传感器领域的研究和应用还处于起步阶段，典型企业主要有沈阳仪表科学研究院有限公司、海宁嘉晨汽车电子技术有限公司、吉利、上汽、北汽、广汽等。海宁嘉晨汽车电子技术有限公司攻克了新能源汽车电流传感器的设计原理、结构设计、加工与装配工艺、过程检测与质量控制等关键技术，开发的系列电流传感器相关产品已经在吉利、上汽、北汽等国内主流新能源厂家获得推广应用。

综合来看，我国新能源汽车电流传感器的研制和生产与国外相比还有比较大的差距，主要体现在工作量程范围偏小、测量精度较低、频响特性不够高、安全可靠性也有待进一步提高。我国新能源汽车电流传感器的发展现状难以满足我国新能源汽车领域的发展需要。

2. 高可靠性智能电量传感器

新能源汽车的发展需要高可靠性智能电量传感器实时测量动力电池输出的电流大小及电压与温度信息，进行实时反馈并对输出电量进行调控和切换。

目前，西方发达国家非常重视高可靠性智能电量传感器及关键技术的研发，在相关传感和系统及信息融合处理技术方面，引领世界发展。国外主流研究与生产企业博世（BOSCH）、电装（DENSO）、大陆（Continental AG）、德国海拉等公司研究的高性能智能电量传感系统已经在特斯拉、宝马、丰田等厂家大量使用。虽然我国新能源汽车企业甚多，但能研制具有核心自主知识产权产品的高可靠性智能电量传感器厂家寥寥无几。几乎所有汽车企业仍然采用海外公司的传感零部件产品与系统方案。国内海宁嘉晨汽车电子技术有限公司研制的智能电量传感器已经在吉利、北汽的高压配电系统中得到示范应用。综合来看，在高可靠性智能电量传感器研制方面我国与国外相比差距很大，这些差距不仅表现在传感器设计和制造方面，还表现在信息融合处理方面。我国只有重视和加大对国内高可靠性智能电量传感器的研制和产业化工作的支持，才能支撑国内新能源汽车产业的健康稳定发展。

（二）现状、趋势及需求分析

1. 电流传感器的技术现状及趋势

目前，宽量程电流传感器的技术主要有磁通门式、光纤式、霍尔式、分流器式等几类，各有优缺点。磁通门式电流传感器具有检测精度较高、温度稳定性的优点，但体积较大、带宽难以提高；光纤式电流传感器虽然精度较高，但易受环境干扰，引起测量误差；霍尔式电流传感器虽然测量范围大，但由于其信噪比低，导致测量精度不足；分流器具有测量精度高的特点，但由于其直接接入被测回路之中，对被测回路影响较大，接触电阻和分流器本体电阻较大而导致发热量大，且器件与被测回路的直接接触存在安全风险。

高性能宽量程新能源汽车电流传感器的研制和生产主要由西方发达国家所主导。在国际上，瑞士 LEM、ABB，美国 Allegro、Honeywell，日本 TDK、KOHSHIN 等公司，垄断了高性能电流传感器市场。国内在该方面的研究单位主要包括沈阳仪表科学研究院有限公司、海宁嘉晨汽车电子技术有限公司、杭州电子科技大学、四川大学、电子科技大学、清华大学、西南交通大学、吉利汽车、北汽新能源、上海汽车、广汽新能源等单位。然而，目前国内所研制的新能源汽车电流传感器体积大、能耗高、带宽窄、精度低，难以支持相关应用领域技术发展的需求。近年来发展的基于自旋传感技术的电流传感器包括巨磁阻技术、磁隧道结技术所制备的新能源汽车电流传感器件尺寸小、灵敏度高、能耗低，可用于制备高精度新能源电流传感器，是目前国内外研究的方向和趋势。

从国内外新能源汽车厂家的技术和产品路线来看，新能源汽车电流传感器发展的特点和趋势如下。

（1）量程越来越大：测量范围从 300A 到超过 1000A

随着新能源汽车动力电池组容量增大，续航里程提高，动力性能增强，电流也越来越大，提高电流传感器的工作量程变得非常急迫。2015 年研发的新能源汽车产品普遍需求的电流传感器量程为 350A，2017 年逐步提升普通车型要求 500A，最新研发的产品需求达到 1000A，而对于纯电动跑车，其峰值电流可超过 2000A。

（2）精度要求越来越高：从 0.5%到 0.1%

对于新能源汽车而言，高精度电流传感器是电池管理系统（BMS）精确检测电池荷电状态（SOC）的前端支撑，也是电动汽车续航里程的重要保障。根据我国 2011 年设定的电动汽车 BMS 行业标准（QC/T 897—2011），电流传感器的全量程检测精度应优于 3%。但是，随着量程越来越大，SOC 估算所需的绝对电流精度需求并未改变，因而需要更高的相对精度才能满足需求。目前的主流新能源汽车企业已将这个标准提升至 1%甚至 0.5%，以求获得更为精确的 SOC 估算能力。

（3）能耗越来越低

为提高线性度采用反馈线圈结构，当测量电流增大后反馈电流也会增加，降低能耗就变得非常重要。

（4）带宽越来越高

随着新能源汽车的控制精度越来越高，其电驱动的电流频率也随之提升，对电流传感器的带宽要求已提高到 100kHz 以上。

（5）智能化

新能源汽车中测量的数据要及时处理，通过 CAN、LIN 等总线和主控制器及其他系统进行数据通信。

（6）安全可靠性

由于新能源汽车的动力电池电压越来越高，在设计中需要考虑数据的检测与隔离信息传输，保障设备安全。

2．电流传感器的产业与市场现状及趋势

据 Research&Market 估算，2017 年电流传感器的全球市场份额约 20 亿美元，预计 2026 年可达 47.5 亿美元，年均复合增长率可达 10.1%。近年来，随着

新能源汽车的快速发展，新能源汽车电流传感器市场已成为智能制造传感器领域增长最快的市场之一。根据麦姆斯咨询机构预测，新能源汽车电流传感器2017年至2021年间增长速率将达到41.63%。我国2018年新能源汽车产销量预计将达120万辆，2020年累计可达500万辆，其中新能源汽车电流传感器相关产品市场份额将达到25亿元。2025年，国内新能源汽车累计产销量将达2500万辆以上，届时国内新能源汽车电流传感器相关产品将达到110亿元的市场份额，可影响近万亿的下游市场。

目前，在新能源汽车领域，瑞士LEM、日本甲神、美国Honeywell等国外公司垄断了市场份额，国内企业如沈阳仪表科学研究院有限公司、嘉晨汽车电子技术有限公司等企业虽有相应产品推出，但产品性能指标相比于西方国家企业仍有较大差距。考虑到我国新能源汽车领域的规模和发展，国内新能源汽车电流传感器相关产业面临着重大的发展机遇。国内新能源汽车主流企业包括吉利、北汽、上汽、广汽等，均积极与国内新能源汽车电流传感器研究单位和厂家合作，未来的发展和需求空间巨大。

3．小结

加快新能源汽车电流传感器的研制与产业化，对我国形成自主知识产权产品、赶超国际先进技术、加强国际竞争力意义重大。

（三）聚焦新能源汽车电流传感器关键问题

1．原理方面的共性关键问题

在新能源汽车应用中，电流传感器的发展需要同时满足量程越来越大而精度越来越高的双重要求。利用自旋传感技术（如巨磁阻传感技术和磁隧道结传感技术）制备电流传感器是未来发展的一个趋势，面临的关键共性问题如下。

- 提高窄工作范围的高分辨率自旋传感芯片测量电流信号的量程范围；
- 降低宽量程电流传感器测量大电流时的功耗；
- 提高宽量程电流传感器的工作频率；
- 提高性噪比，提升宽量程电流传感器的检测精度。

2. 制备的共性关键问题

研究内容包括电流传感器制备关键技术、工艺匹配技术、规模化质量控制技术、可靠性测评技术及规模化产品自动化校准技术，所面临的关键技术共性问题如下。

- 高磁阻比、低磁滞、高稳定的自旋传感材料制备；
- 高性能自旋传感器件的微电子工艺集成与制备；
- 高电阻率、高磁导率、高饱和磁化强度磁芯材料的制备和成形；
- 高可靠性新能源汽车电流传感器的工艺装配和检测；
- 可靠性模型和可靠性检测评估技术的建立；
- 新能源汽车电流传感器的标定方法和技术的建立。

3. 产业布局与市场竞争

产业布局的重点在新能源汽车领域，同时兼顾轨道交通工业控制、电力电子及光伏发电等领域。

在生产厂商的推动方面，立足于国内领先的传感器制造企业，通过项目资金的支持做大做强，在材料制备、芯片设计和工艺到新能源汽车传感及系统集成等方面形成 5~8 家具有国际竞争力的研发与生产厂商。在具体推动模式上，强化产学研合作与应用，从理论设计、工艺研究到生产组织、质量管控形成优势互补的发展态势，所研制的新能源汽车电流传感器将在华北地区的北汽和长城、华东地区的吉利和上汽、华南地区的广汽、华中地区的东风以及西南地区的长安等新能源汽车主流企业获得推广应用。

4. 小结

新能源汽车电流传感器的研究需要服务于国家的战略需求，要以新能源汽车市场的需求为牵引。要完成电流传感器的研制，需要突破新能源汽车电流传感器的原理、设计与制备关键技术，以及规模化质量控制技术和可靠性测评与校准技术，形成具备国际竞争力的具有自主知识产权的新能源汽车电流传感器系列产品。在新能源汽车产业布局方面，充分考虑国内主流新能源汽车厂商的需求，在全国范围内全方位合理布局。

（四）推进目标

1. 2020 年预期目标

- 完成新能源汽车电流传感器的原理设计与样机试制；
- 完成新能源汽车电流传感器批量化生产的工艺研究；
- 形成电流传感器批量制造的生产及测试条件。

2. 2025 年预期目标

- 完成新能源汽车电流传感器的性能及可靠性测试验证；
- 在主流新能源汽车企业进行试用与评估；
- 进行新能源汽车电流传感器的产业化示范应用和全面推广；
- 在轨道交通、工业控制、电力电子等领域推广应用；
- 所研制的电流传感器性能达到国际先进水平。

（五）“一条龙”推进路线

新能源汽车电流传感器的上下游产业链包括自旋敏感材料、传感工艺集成、关键部件、软件、系统集成及新能源汽车行业应用等环节。

1. 技术与工程化研究

新能源汽车电流传感器的研究与工程化需要以新能源汽车市场需求为牵引，研制宽范围、高可靠性电流传感器，突破西方发达国家的技术垄断，降低器件成本，提升国产新能源汽车产品竞争力。

根据新能源汽车市场需求，设定所研制的宽范围、高可靠性电流传感器的性能指标和目标，确定研制器件所需要的自旋敏感材料、传感工艺集成、关键部件、软件及系统集成所需要的研究内容及相互关联关系。在自旋敏感材料及工艺集成方面，通过微电子工艺，将自旋敏感材料制备成敏感单元，再通过集成多种设计与调控手段，实现高性能自旋传感器的研制。在关键部件方面，尤其要注重高电阻率、高磁导率、高饱和磁化强度的铁芯材料的研制与成形。在系统集成方面，要考虑各个部件的精确匹配和可靠装配，通过自动化装配和检测校准等手段，充分识别潜在的失效模式，并分析其可能的后果，保障产品规模化生产的低失效率和高一致性。与吉利、北汽、上汽等国内主流新能源汽车企业建立密切的合作关系，推广新能源汽车电流传感器的示范应用和产业化。

新能源汽车电流传感器推进路线图，如图 8-14 所示。

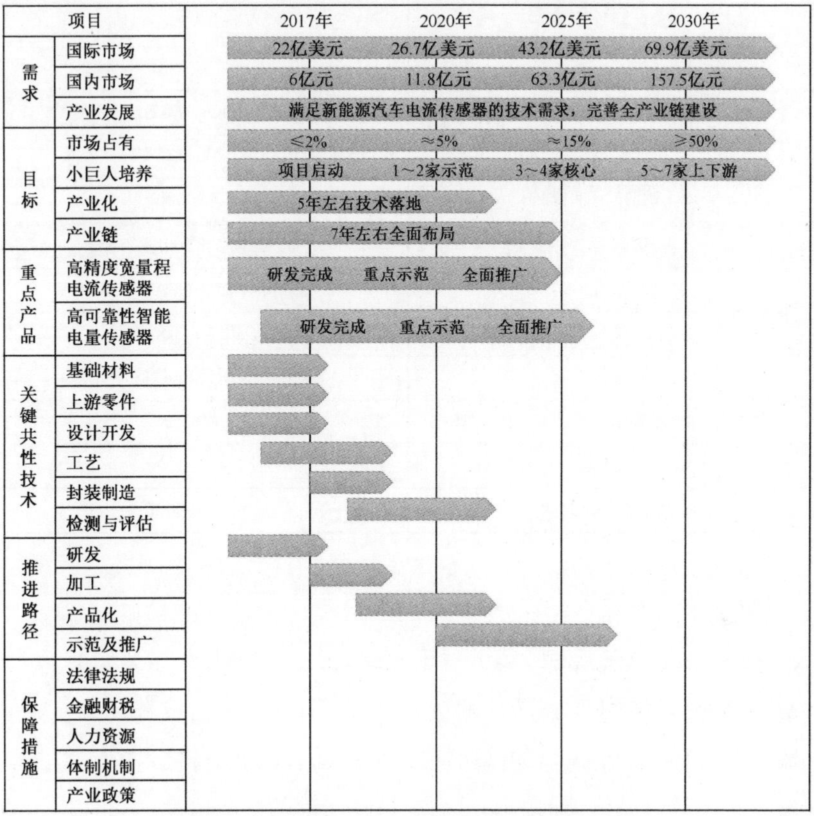

图 8-14　新能源汽车电流传感器推进路线图

2. 新能源汽车电流传感器“一条龙”推进项目建议

（1）项目目标

到 2025 年，研制成功新能源汽车电流传感器，并在国内新能源汽车传感器市场的占有率达到 30%～40%。

新能源汽车电流传感器主要参数，见表 8-1。

表 8-1　新能源汽车电流传感器主要参数

传感器名称	高精度宽量程电流传感器
电流量程	±600A；±1000A；±2000A
测量精度	0.2%
线性度	0.1%
响应带宽	DC~200kHz
工作温度	−40 ~ 125℃
平均无故障工作时间	≥10000h
传感器名称	高可靠性智能电量传感器
电流量程	±600A；±1000A；±2000A
电压量程	500V；1000V
响应带宽	DC~200kHz
测量精度	0.3%
工作温度	−40 ~ 125℃
平均无故障工作时间	≥10000h

（2）关键共性技术

新能源汽车传感器需要攻关的技术原理与关键共性技术主要如下。

- 高分辨率自旋传感芯片测量大电流信号的原理与技术；
- 宽量程电流传感器的低功耗、高带宽设计与制备技术；
- 宽量程电流传感器的噪声抑制与高精度的检测技术；
- 高性能自旋传感材料及器件的微电子工艺集成与制备技术；
- 高电阻率、高磁导率、高饱和磁化强度的磁芯材料的制备和成形技术；
- 高可靠性新能源汽车电流传感器的工艺装配和检测技术；
- 新能源汽车电流传感器可靠性模型和可靠性检测评估技术；
- 新能源汽车电流传感器的标定原理与技术。

（3）有基础的单位

对于新能源汽车电流传感器“一条龙”推进项目，国内有基础的企业包括：沈阳仪表科学研究院有限公司、海宁嘉晨汽车电子技术有限公司、天通股份、吉利汽车、上海汽车、北汽新能源、广汽新能源等；高校和科研机构包括杭州电子科技大学、四川大学、电子科技大学、西南交通大学等。

（4）项目实施方式

以新能源汽车电流传感器骨干企业牵头，联合科研机构及新能源汽车制造企业，在新能源汽车电流传感器的原理、设计、关键部件、软件及系统集成方面联合攻关，打破国外垄断，避免重复投资，增强国内新能源汽车企业的竞争力。

3. 小结

新能源汽车电流传感器的研究需要以新能源汽车市场的需求为牵引，制定目标与计划，突破新能源汽车电流传感器的技术瓶颈，实现新能源汽车电流传感器领域的示范应用与产业化。

（六）政策建议

1. 法律法规和基础设施

系统解决方案，应从以下几方面综合考虑。政府、“四基”企业、“四基”市场作为一个系统进行考虑；应从国内的“政治、经济、技术”统一考虑；应从仪器仪表制造业“四基”的国内外现状、仪器仪表制造业“四基”特点综合考虑；应从“十三五”时期、“十三五”之后这两个时间节点进行考虑。

（1）从国家级层面，顶层设计

■ 确定仪器仪表制造业“四基”发展战略目标；

■ 确定仪器仪表制造业“四基”发展战略规划；

■ 编制仪器仪表制造业“四基”发展重点支持项目；

■ 编制仪器仪表制造业“四基”发展公共平台支撑体系；

■ 建立仪器仪表制造业“四基”发展体制机制创新体系，用创新观念、改革模式、系统论思想，对仪器仪表制造业“四基”产业发展中的体制问题、机制问题建立协调创新机制，用创新驱动发展。

按照“围绕产业链部署创新链、围绕创新链完善资金链”，聚焦仪器仪表制造业“四基”战略目标，着力加快完善关键核心基零部件/元器件、关键先进工艺、关键基础材料、质量技术基础等基础研究的体制机制，把其中的基础前沿、共性关键、社会公益和战略高技术作为重大基础来抓。

组建仪器仪表制造业“四基”产业国家队。让市场在资源配置中起决定作用之时，对仪器仪表制造业“四基”这样的基础项目，发挥政府之作用，加强统筹协调，大力开展跨部门、跨行业、跨地区的协同创新，“集中力量办大事”，抓基础、抓基本、抓重大，形成推进自主创新的强大合力。

国家应出台有关政策，鼓励、支持、助力跨部门、跨地区、跨行业、跨所有制的仪器仪表制造业“四基”企业，实施兼并、重组、联合；特别鼓励大企业兼并、重组中小企业；鼓励支持 IC 企业和 MEMS 元器件企业兼并重组。以利整合现有社会资源，有利于技术上的相融和互利，创建仪器仪表制造业“四基”龙头企业，解决仪器仪表制造业“四基”企业小而散、创新能力弱的弊端。

鼓励支持民营企业、民间资本、外方资本等非国有资本进入仪器仪表制造业“四基”产业，开放某些重要领域，甚至部分军工领域和高技术领域，降低进入门槛。实践证明，民营企业大举进入仪器仪表制造业“四基”产业之时，正是仪器仪表制造业“四基”产业蓬勃发展之始。

加速混合所有制经济结构进入仪器仪表制造业“四基”企业，并尽快出台具体办法和政策，允许“科技成果”入股，出台优惠政策，推进仪器仪表制造业“四基”企业上市。

（2）从企业层面

企业是实现仪器仪表制造业“四基”发展的主体和关键，是国家应该重点关注之地，仪器仪表制造业“四基”能否振兴、发展，实际上应看仪器仪表制造业“四基”企业能否振兴、发展。

实现仪器仪表制造业“四基”企业管理机制和管理模式的重大创新。推行混合经济所有制的法人治理结构，允许技术成果、专利等无形资产入股，董事会应有不少于三分之一的专业人员组成，成立以总工程师为首的专家委员会，总工程师进入董事会，企业项目研究推行首席专家制。

加大科技投入，科技投入不少于销售收入的 8%。

在管理模式上，企业文化应作为企业重要的管理内容之一。

实现仪器仪表制造业“四基”企业管理机制和管理模式的重大创新，关键是要选好企业的一把手。企业的兴旺、发达、效率、效益，与企业一把手的思想水平、能力水平、道德水平、敬业水平、文化水平等息息相关。

仪器仪表制造业“四基”企业应在技术创新、提升产品价值链、产品升级、产业转型、经营模式等方面化大力气、下真功夫。

发挥企业的主体地位作用，按照产业链和创新链进行整体部署，解决仪器仪表制造业“四基”发展的技术、产品、产业、市场等问题。

企业应了解本企业产品的国内外动态、技术差距、发展方向、市场应用、存在问题、企业的优势和劣势，制定本企业的产业发展规划。

企业应根据国家的有关规划、行动计划、专项计划、政策导向，实施本企业的“技术创新→产品升级→产业和企业转型升级→产业化”应用。着力提升提供解决方案的能力，实现仪器仪表制造业“四基”产品微小型化、数字智能化、模块化、网络化，提升产品价值链。并从中锻炼、考察、培养人才。提升企业的盈利能力和行业地位。

仪器仪表制造业“四基”企业对产品营销的商业模式应进行研究和创新。企业是以营利为目的的，不盈利的企业是不能持久的，应提倡集成式、一体化销售模式，培养系统集成商，培育人性化、个性化销售环境，变“红海竞争”为“蓝海共赢”，严防相互间的降价恶性竞争。

2．金融财税

出台仪器仪表制造业“四基”发展产业政策、金融财税政策。

国家应出台仪器仪表制造业“四基”发展的产业政策，包括产业规划、产业布局、产业规模、产业导向、重点发展产业、产业市场趋势等政策，作为仪器仪表制造业“四基”企业决策依据；政府应发布仪器仪表制造业“四基”资金投放指南，告知资金投放总量、强度、投放之连续性、时间点；明确政府采购，优先支持国产仪器仪表制造业“四基”产品；对产业共性关键技术、关键零部件/元器件、产业化投资、技术标准制定等应优先支持、重点扶植。

对仪器仪表制造业“四基”企业，在金融、财税方面给予优惠，享受与集成电路企业、软件行业相同的优惠政策。

3．人力资源和文化建设

确定仪器仪表制造业“四基”发展人才培养机制。建立在创新实践中的人才发掘机制、在创新活动中的人才培养育机制；改革现有人才的考核、评价、激励机制；尽力打破科技人才“单位所有制”禁区。把人才作为振兴仪器仪表制造业“四基”的重要战略手段之首。

伯乐相马，不如赛马求骥，要造就人才，首先要发现人才、发掘人才，其最好的办法是在创新实践中考察，这就需要创新实践的环境、条件，即有“事”可干，有“项目”可做，有“问题”要解决。对仪器仪表制造业“四基”这样基础性项目，应有国家立项、资助，国家级项目的立项、评审、实施、验收，应把人才问题作为主要内容之一。

营造有利于创新型科技人才成长的良好氛围，着力完善在创新活动中的人才培养机制，在全社会倡导尊重工程技术人员的创新文化，提高工程技术人员的社会地位、物质待遇，让社会从“官本位”向“技本位”转向，要鼓励崇尚求精、求实、求新、求变，精于设计、锲而不舍的工程创新精神；鼓励解决问题的异想天开、标新立异，构筑开放、包容、允许失败、安于寂寞的社会环境。

改革现有的人才评价、考核机制。特别要改革高等工科院校的评价体系，改变重论文、轻实践，重样品、轻产品的现象，改革科研院所人才考评机制，坚决打破“技术职称一定终身”现象，摈弃工程技术人员不参与“经营”怪论，摈弃工程技术人员重技术、轻市场，重开发、轻产业的思想。凡此种种，需国家从国家级层面、从人才的战略高度出台相应的政策、文件，加速创新型人才的脱颖而出。

建立开放的、合理的、高效的人才流动机制，尽力打破人才“单位所有制”禁区。最大限度地释放工程技术人员的正能量和聪明才智，工作无后顾之忧，生活无窘迫之恼。建立仪器仪表制造业“四基”工程技术人员人才库。

实现仪器仪表制造业“四基”企业人才培养的重大创新。完善或重建目前对科技人才的考核、评价体制，打破“职称评审一定终身”现象，改变重学历、轻能力，重国外、轻国内，重开发、轻经济，重产品、轻产业的人才考评办法。

对重点领域学科带头人、科技领军人才、紧缺稀有人才，采用开放式培养，坚持自主培养与引进海外人才并重方针。国家应通过重大工程项目和科技项目培养工程科技领军人才，通过基础研究项目培养学科带头人，通过国家重大示范工程项目培养技术专家和工程管理专家。

对工艺人才、质量管理人才，应有足够的重视。

对技能人才的培养、使用、晋升应不拘一格，应在实践中考评。

改革高校教学制度和专业设置。使高校毕业生与仪器仪表制造业“四基”企业所需人才相符，提高高校毕业生质量。有基础的企业可在高校“定向”“定点”委培。

4. 体制机制

按照资源重组、市场运作、企业自愿、政府牵线的原则，着力改变仪器仪表制造业“四基”企业小散乱的局面，实施重组、兼并、托管、联合等多种形式，把企业做大做强，按照产业规划方案，培育30家左右产值过亿的龙头企业，扶植支持20家左右上市企业。

5. 产业政策

■ 推动行业结构调整，以重点产业园区为依托，形成龙头企业与“小而精、精而专、专而强”中小企业相结合的产业发展模式；

■ 加强检测、装备、公共服务等平台建设；

■ 加强标准制定与修订，发挥标准对产业的支撑作用；

■ 构建仪器仪表制造业“四基”产业文化，积极创造良好的市场环境，鼓励采用国产仪器仪表制造业“四基”产品；

■ 建设仪器仪表制造业“四基”5大工程技术研究中心。

- 传感器国家工程研究中心；
- 仪器仪表制造工艺国家工程研究中心；
- 仪器仪表功能材料国家工程研究中心；
- 仪器仪表元器件可靠性国家工程研究中心；
- 仪器仪表元器件功能安全国家工程研究中心。

（七）推进路线

进行技术现状及市场需求情况调研，起草电流传感器产品产业发展规划；征集科研、生产、用户的意见和建议，形成完整的发展规划。

解决产品制造中的关键性问题，进行产品样机的试制、产品的适用性推广应用，根据产品的使用情况进行改进和完善，产品最终定型。

2020 年完成新能源汽车电流传感器的样机研制、产品性能考核和示范应用。

以科技立项作为推动手段，研制单位、生产单位、终端用户形成“一条龙”的项目承担主体，研制满足实际需求、形成自主知识产权的系列产品。

专项资金支持，产业税收减免，产业政策扶植。

（八）总结

电流传感器产品作为新能源汽车领域必不可少的重要零部件，对产业的技术提升和设备的安全使用起到至关重要的作用。汽车产品是关系国计民生的重要产品，电流传感器产品作为强基项目进行“一条龙”的研发推动具有重大意义。

三、高铁压力传感器“一条龙”推进路线综合研究报告

（一）项目必要性分析

随着我国电气化铁路的高速发展，高速铁路作为当今世界铁路高新技术的一项重大成就，以其安全性能好、速度快、能源消耗低、环境污染低、经济效益好等不可比拟的优越性而成为安全可靠的现代化交通工具。高速铁路，是指通过改造旧有线路（直线化、轨距标准化），使运营速度达到每小时 250 千米以上，或者专门修建新的“高速新线”，使运营速度达到每小时 350 千米以上的铁路系统。目前世界上独立建造有高铁的国家，只有中国、日本、德国和法国。从高铁的建造里程上来看，中国高铁已经建造超过 20000 千米，超过世界高铁总里程的 60%，而国外高铁运营里程最多的国家也不超过 3000 千米，中国可谓遥遥领先。这也与中国领土辽阔、人口密度大分不开，可以说，中国拥有建造高铁得天独厚的条件。根据 2008 年的《中长期铁路网规划》，到 2020 年铁路营业里程 12 万千米，高速客运专线 1.6 万千米，从而形成四纵四横的客运专线和三个城际客运系统。相应的，高速机车需求是一个持续而稳定的过程，预计每年 1200 列，而每列动车组需 2000 多个传感器，年总需求量近 300 万只，30 亿元的市场份额。

铁路运输是我国客运、货运的命脉，目前我国列车已多次提速，列车的安全

行驶更是铁路运输的重中之重，列车的牵引系统、制动系统等关键系统的精确、稳定工作，是保障列车安全行驶的关键。因此，车速、轴温、制动缸和列车管压力、车厢温度、列车供电以及其他有关的辅助设备进行状态监测和故障诊断是保证列车高速安全运行的重要手段。

在高速列车的测控系统中，实时了解机车的运动状态至关重要，为满足高铁机车安全运行监测的需要，兼有信号检测与信息处理功能的传感器成为研究开发和使用的重点，包括高铁机车速度及定位传感器、轮轴温度压力及振动传感器、机车制动压力传感器、弓网压力传感器、转向架振动传感器等（见图 8-15）。这类传感器不仅要求具有高精度、高可靠性和稳定性、高信噪比和高分辨率及高性价比，还必须保证在极端恶劣环境（强振动冲击、高电压冲击、快速高低温变化、强电磁场、雷电、湿度）下的稳定性和可靠性，此外还须要满足体积小、质量轻等苛刻要求。根据以上要求，基于微纳米加工技术制作的 MEMS 振动压力传感器是高速列车中的首选。如“复兴号”建立了大量的传感系统（见表 8-2），整车检测点达 2500 多个，传感器最大的高 62.8cm，最小的直径仅为 5mm。这些传感器能采集 1500 多项车辆状态信息，时时刻刻对列车振动、轴承温度、牵引制动系统状态、车厢环境等进行监测。

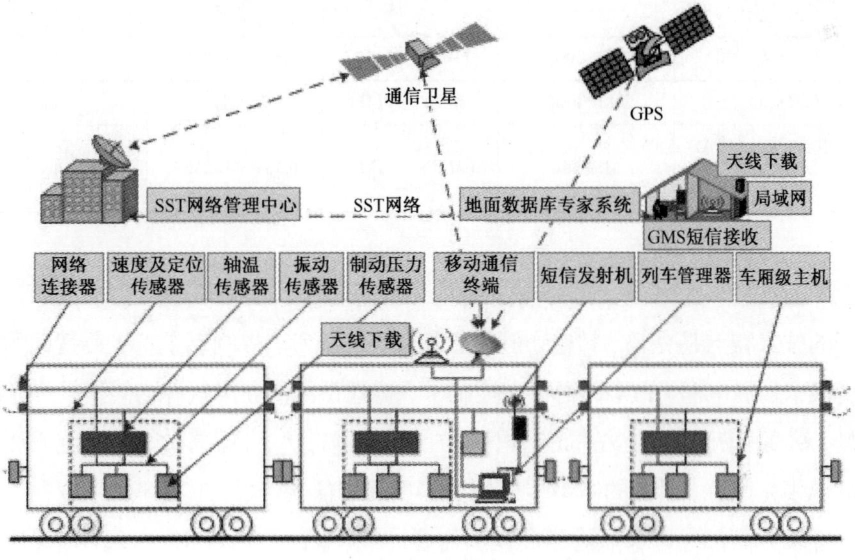

图 8-15　高铁机车行车安全监控系统的组成示意图

表 8-2　“复兴号”传感系统所用传感器统计

序号	传感器类别	用量	应用系统
1	加速度（振动）传感器	120	转向架、车体、牵引电机、制动
2	压力传感器	400	轴箱、制动、变流器、受流
3	速度传感器	100	牵引电机、轮对
4	轴温温度传感器	500	轴箱、齿轮箱、变流器、牵引电机
5	车厢温湿度传感器	160	车体
6	电量传感器	1200	牵引、列控、充电机、网控
合计		2480	

根据 Yole Development 的 2012 年微纳传感器市场年度报告，掌握高性能微纳传感器芯片设计和制造技术的只有少数欧美公司，而这些技术具有专利保护，因此不能直接进口，即使通过其他渠道进口，价格也很贵。目前，适用于高铁机车的压力传感器代表性公司与产品性能如表 8-3 所示。

表 8-3　高铁压力传感器典型企业及产品性能

公司名称	产品	量程	精度	抗冲击
丹麦丹佛斯公司	MBS3000	35kPa～35MPa	0.1%～0.5%FS	150g
美国 GEDruck 公司	PMP4000	10kPa～70MPa	0.25%FS	100g
精量电子-美国 MEAS 全资子公司	MSP340	0.1MPa～25MPa	0.1%～0.2%FS	100g

中国在高铁技术上大部分引进的是德国西门子、法国阿尔斯通的技术。西门子的技术特点是完整、精密，但稍显复杂。比如列车控制系统，从最基础的数据交换卡、继电器、PLC，到中央控制卡、操作系统、应用软件，甚至软件开发工具，都要由西门子独立完成。法国则在信号系统、弓网系统和牵引系统方面处于世界领先地位。国内的微纳传感器大多属于中低端产品，其性能、精度和适应极端环境方面都远远不能满足高铁的需要。总体来说，中国高铁在规模、速度和成本上都处于世界领先地位，但关键核心技术方面则主要是引进德、法、日的技

术，芯片研发和高端传感器核心芯片设计制造技术已经成为我国高铁机车专用传感器产业的短板与发展重点。

（二）高铁压力传感器国内外研究现状

从 2002 年至今，美国多个科研机构，如加州大学伯克利分校的传感器研究中心、斯坦福大学和密歇根大学等，一直在 DARPA 的支持下开展名为“恶劣条件下的鲁棒微机械技术”的研究。该项目的主要研究内容包括：晶圆级封装的研究，主要研究如何通过主动或被动的控制模式和封装方法将 MEMS 器件与恶劣的环境尽可能地隔离或加入缓冲，以获得较为理想的 MEMS 器件工作环境；材料和结构设计的研究，目的是增强 MEMS 器件本身的鲁棒性，使器件即使在无封装的条件下也具备抗恶劣环境的能力。在以上两个方面的研究框架下开展的研究课题主要有：低成本的晶圆级模块化封装技术，微尺度环境控制策略，抗失效机制和抵御环境干扰的新设计技术，MEMS 器件和封装的加速老化测试的失效物理机制研究，MEMS 表面钝化技术研究（包括合金在内的新型微机械和结构加工技术），MEMS 器件的原位修复或复原技术，MEMS 器件与控制电路的集成技术，MEMS 器件的隔离和缓冲技术，与温度无关的设计。由上可知，恶劣条件下的 MEMS 器件和系统研究，主要集中在封装技术、材料、器件结构及相关的仿真建模分析方法上。

在封装技术研究方面，斯坦福大学采用在高温低压条件下进行的晶圆级封装和相应的密封技术获得了具有很高频率稳定性的 MEMS 谐振器；密歇根大学在抗冲击方面的研究更为深入，它们采用的真空封装技术为 MEMS 器件提供了有效的缓冲和支撑以抵御高冲击、高加速度和振动的不利影响；密歇根大学还提出了两种新型的集成抗冲击技术，即所谓的“非线性弹簧抗冲击技术”和“柔软涂层抗冲击技术”；飞思卡尔特别针对在恶劣的振动条件下工作的 MEMS 器件的封装技术开展研究，具有很强的鲁棒性。

在材料和结构研究方面，对用于恶劣条件下的 MEMS 器件的研究主要集中在碳化硅工艺上。在工业界，瑞士 Colibrys 采用 SiC 工艺研发用于恶劣条件下的 MEMS 传感器的技术是全球最知名的；加州大学伯克利分校近年来在碳化硅 MEMS 器件的材料和结构的研究上取得了较大的进展，获得了能在高温和高加速度以及强冲击环境下工作的 SiC MEMS 器件和用于恶劣条件下的 SiC 集成电路。在碳化硅器件和结构方面，凯斯西储大学对 SiC 器件的高温键合技术、恶劣条件下的 SiC 器件和单晶 SiC 器件都有一定的研究成果；奥本大学也采用 SiC 技术进行高温条件下的 MEMS 器件研发；除此之外，加州大学尔湾分校和施耐德电气采用了多自由度的器件结构设计方法以获得具有高可靠性和高鲁棒性的 MEMS 器件。

为了更好地设计在恶劣条件下工作的 MEMS 器件和系统，相应的建模与仿真分析也极为重要，麻省理工学院应用有限元分析法针对冲击环境下的 MEMS 器件可靠性进行了研究。意大利米兰理工大学则特别针对多晶硅 MEMS 器件的冲击环境下的建模仿真进行了有限元法的分析研究。纽约州立大学对 MEMS 微结构在机械振动和冲击下的特性提取以及建模仿真也进行了极为深入的研究；奥本大学则对极端声学环境下的 MEMS 传感器的特性提取和恶劣条件下的机械噪声对 MEMS 系统的电学噪声影响有较为仔细的研究。

目前，国内外有关用于高铁机车使用的 MEMS 压力传感器专利如下。

检索关键词：压力+高铁

专利数据库：《中国专利全文数据库（国内外专利版）》

检索结果：从该数据库的检索情况看，近年有关压力传感器有大量的专利申请。

例如：

谢锋，何迎辉，景涛；张琦：一种无引线封装的金属薄膜压力传感器及其制备方法（中国专利:CN102928150A,2013-02-13）；

关荣锋，田大垒，赵文卿，王杏：MEMS 压力传感器及其制作方法（中国专利:CN101738280A,2010-06-16）；

G. Chri, A LOW PRESSURE TRANSDUCER USING BEAM AND DIAPHRAGM（国外专利:EP2250476,2010-11-17）；

M. Thomas，M. Martin, Pressure sensor mfg. method having metal diaphragm with resistive thin layer（国外专利:DE19736306,1998-3-5）等。

但是，这些国内外专利大多集中在压力传感器的制作方法和信号处理技术方面，而应用于高速铁路机车的抗恶劣环境方面的压力传感器未在专利数据库检出。

综上所述，研制具有自主知识产权的适应于抗恶劣环境的 MEMS 压力传感器具有非常重要的意义。

（三）推进目标与难点

1. 推进目标

在“十三五”至“十四五”期间，通过开展压力传感器的设计、制造、封装、测试中的共性关键技术攻关；解决传感器在温度变化（−55~220℃）、振动冲击（1000g）、电压冲击（5000V）、电磁干扰（80MHz）等高铁恶劣环境应用的可靠性技术问题，形成“一条龙”产业体系，完成示范应用，并建立批量化生产线，逐步摆脱国外产品的垄断局面；促进我国高速电气化铁路产业所需传感器技术的发展，提高我国在该领域的核心竞争力，实现高铁压力传感器的国产化自主研发、生产、应用的实质性突破。

2. 推进难点

研究硅工艺兼容材料（单晶硅、多晶硅、氧化硅、氮化硅、金属等）的力学、热学、电学等高温下基本特性与加工工艺条件的关系，为传感器结构设计提供理论依据；研究温度变化诱致的应力，以及时间相关的形变所引起的应力，这些应力会引起传感器输出或灵敏度的漂移。

研究高温环境下封装材料的基本特性及其材料界面之间的电学、力学和热力学特性；研究封装材料与硅基质材料在高温环境下的热匹配特性，高温环境下传感器热隔离或热传导、电隔离或电通路等封装结构技术基础，研究高温环境下低应力失配的封装新结构，研究封装材料工艺兼容性与环境相容性；研究温度变化引起的界面分层。

考虑 EMI/RFI 及工频电压的兼容特性等，研究微弱信号检测设计、低失调低噪声运放设计、温度补偿设计、电路结构设计，形成振动、压力传感器专用单片测控与保护电路。

研究压力传感器抗冲击的结构设计，实现抗 1000g 振动能力并实现过冲击保护。

（四）推进重点

根据高铁压力传感器应用目标的特殊性，建议从以下几个方面推进。

1. 传感器芯片设计技术

研究硅工艺兼容材料（单晶硅、多晶硅、氧化硅、氮化硅、金属等）的力学、热学、电学等高温下基本特性与加工工艺条件的关系，为传感器结构设计提供理论依据。

研究温度变化诱致的应力，以及时间相关的形变所引起的应力。

2. 传感器批量化制造技术

研究设计合理的工艺条件和工艺参数，解决微加工工艺制造中关键工艺（如键合、离子注入等）实现的共性问题，实现批量化制造。

3. 传感器专用检测电路技术

研究微弱信号检测设计、低失调低噪声运放设计、温度补偿设计、电路结构设计等，同时考虑 EMI/RFI 及工频电压的兼容特性，形成压力传感器专用单片测控与保护电路。

4. 传感器封装技术

研究封装材料与硅基质材料在高温环境下的热匹配特性，高温环境下传感器热隔离或热传导、电隔离或电通路等封装结构技术基础。

研究高温环境下低应力失配的封装新结构，研究封装材料工艺兼容性与环境相容性，针对高铁极端恶劣应用环境研究不同封装形式对传感器性能的影响，实现特殊封装设计结构加工。

5. 传感器可靠性技术

研究热循环与热冲击对传感器的影响，如漏气、芯片黏结失效、键合失效等。

（五）推进路线

“一条龙”推进的总体目标是通过国家专项扶持、共性技术攻克，研发出1～2款具有自主产权的压力传感器芯片，培育出1～2家有国际竞争力的高新技术企业，制造出性价比高、质量稳定的适用于高铁机车的压力传感器系列产品，并带动一批关键部件、材料、设备企业的成长。

路线图的推进分三步走，第一步是在国家专项经费扶植下，对1～2家优势单位重点支持传感器芯片开发；第二步是国家设立专项攻关项目，并组织协调高校、研究院所、企业等行业资源，在国家对行业资源的协调下，采取产学研联合攻关的方式给予被培育的产学研团队进行扶持；第三步是在国家政策导向下，采取示范工程的方式给予产学研团队市场推广支持。

（六）实施路径与政策保障

通过中国制造强国战略五大工程国家制造创新研究中心及国家重大专项等项目立项，采用产学研用联盟方式，针对性地对高铁机车用压力传感器典型共性关键技术进行攻关，实现关键核心传感器技术国产化。

四、医疗领域传感器（光电倍增管）“一条龙”推进路线综合研究

（一）概述

目前，直接探测光信号的器件有：PMT（光电倍增管）、PD（硅光电二极管）APD、（雪崩硅光电二极管）和光敏电阻（ldr）或光导管（Photoconductor），以及CCD、CMOS等阵列式的光电检测元件；最近两年刚刚兴起的基于盖格模式的雪崩光电二极管SiPM和MPPC。

光探测领域最常用的是PMT（光电倍增管），以滨松光子的产品为代表，一直是从天文到医疗器械等各个领域不可或缺的手段。光电倍增管（PMT）是将微弱光信号转换成电信号的一种真空电子器件。光电倍增管主要可分成4个部分，分别是入射窗、光电阴极、电子倍增系统、阳极。其工作原理为：光透过入射窗到达光电阴极面，由于外光电效应，激励光阴极面的光子向真空中放出光电子，光电子经聚焦极汇集到第一倍增极，然后再相继经过各倍增极，进行二次电子

倍增，最后由末级倍增极发射的二次电子通过阳极输出，得到放大了的电流或电压信号，因此，光电倍增管的作用不仅起转换作用，而且起到了在管内把电流放大的作用。PMT 的基本特性或技术指标有很多方面，如光谱灵敏度（阴极辐射灵敏度和量子效率）、阴极和阳极光照灵敏度、增益、时间特性（上升时间、下降时间、渡越时间、渡越时间分散）、线性、均匀性、稳定性、暗电流、信噪比等。使用时，需根据具体的用途有针对性地进行选择。工艺特点正如原理所述：①高真空；②具有光电效应材料的制备；③具有二次电子发射材料的制备；④电子聚焦及倍增系统结构的设计等。因为它具有低噪声、高速、高放大倍数的优点，PMT 响应的光波长范围一般在 300～1700nm，但成本一直较高、体积大、产品一致性差。近年出现的μPMT 技术，自动化生产程度提高，一致性比以前提高很多，但性能有所降低。而且，由于容易受到磁场的干扰，限制了 PMT 在 PET 设备上的应用。采用改造的阴极材料，滨松公司可以把 PMT 检测范围扩展到 1700nm 的红外探测，但是针对硅基的半导体材料仅能达到 1100nm。在阴极材料上的改造会使 PMT 获得检测上更多的优势，但也因对热敏感，导致暗噪声也增加。另外在宽带宽信号高速高性能领域，目前仍无取代技术。

（二）现状、趋势及需求分析

1．PMT 传感器的技术现状及趋势

光电倍增管市场每年约上百万支，主要品牌为滨松集团（包括日本滨松和北京滨松），国内只有海南展创、北方夜视、中核控制、南京永纪等为数不多的几家公司。

PMT 的应用领域十分广泛，特别是高能物理、环境、医学等领域的应用很多，需求数量也较大。近些年，随着这些领域的不断发展，对 PMT 也不断提出了新的要求，比如更高的光电线性、更高灵敏度和更低噪声、更小体积等。

2．硅基光电探测器的发展

高灵敏度的 PD 硅光电二极管是靠电路放大电流电压实现信号放大的，经放大后的检测信噪比可以做到比 PMT 低 2 个数量级的水平，但带宽仅有十几赫兹。针对 PD 如何更好地降噪以获得更好的信噪比是未来这种器件发展要解决

的问题。这种元件依靠接收更大面积的光来提高信号强度，光斑不宜过小，光路最好做到覆盖整个探测器。APD 检测下限比 PD 高一个数量级，但成本高，而且电路需要恒温制冷才能保证输出稳定，但它响应的带宽宽，在测量快速信号时只能使用它，然而它的放大能力比 PMT 低 2 个数量级以上，无法做到宽的增益调节，这限制了它的应用。针对 APD 的改进技术就是 SiPM（或者 MPPC），这种基于盖格模式下的雪崩二极管是未来硅检测器的发展趋势，它的增益提高到了与 PMT 相当的水平上，但是调节增益范围有限，对于强光检测反而需要衰减，而且，它过高的增益导致信号饱和，会出现一个积分效应导致的基线上浮，这与温度的漂移很像。所以，目前主要用于高速的窄脉冲信号的检测，对于缓变的光或者恒光的检测，它却没有用武之地。未来这种技术需结合控制和检测电路，突破这个技术瓶颈，将会让其直接成为 PMT 的竞争对手。目前，它只用在 PET 和流式细胞仪等交变光信号的检测中。

针对大于 1100nm 光信号的检测，硅半导体检测器件无效，需要通过砷化铟光伏探测器、热电堆，以及新型的 PMT 和利用红外敏感掺杂的半导体来实现，是目前检测红外光的主要手段，应用上往往都是针对单峰或双峰的波长来探测，所以目前宽谱响应的器件市面上较少。又因为红外和热紧密相关，很难得到实际的有效信号，导致了宽谱器件没有市场。利用制冷控制热量，红外信号本身就会被损失掉；利用恒温，红外源信号低时会被恒温源干扰。这些矛盾导致在红外检测时，必须用光的单一特征能量谱去识别才会更有效。

利用分光原理的光谱仪会更有可能解决红外探测问题，因为光被色散，对光栅制冷减少噪声。但目前 CCD 本身不适合探测 1100nm 以上的红外波。红外区域把砷化铟等红外敏感材料做到 CCD 中，会使得红外光谱仪获得超过 1750nm 以上的检测限，目前的近光谱仪都还是基于 PMT 技术的，最高达到 1750nm。COMS 与 CCD 相比，噪声高，但响应速度快，未来有望取代 CCD。参照 CCD 和 CMOS，把热电堆和砷化铟光伏探测器做成类似它们的结构，利用光栅分光，获取连续的红外光谱，会对红外光的检测带来不一样的手段。这种技术将对生命体征检测，红外影像带来不一样的信息。但如果没有大量应用，就会限制厂家的开发兴趣。

碳纳米管的检测光电技术也有突破，日本东京大学相田卓三教授带领的研究小组成功制作出一种直径只有十亿分之一米大小（1nm）的极细管，这种管子一接触到光线，就会产生电流。据悉，该管对开发质量轻且柔软的新一代太阳能电池具有一定的帮助。研究小组将有 42 个碳原子排列在同一平面上的分子与一种具有容易吸引电荷性质的特殊分子相连，并制成大量的“分子配件”。将这些“分子配件”在常温状态下溶于酒精，它们会自然地规则排列，形成一个个中间空空的管子。这些管子的直径大约为 16nm，本身是绝缘体，但一旦遇见光，就会变得具有导电性，并产生电流，而且光线越强，产生的电流就越大。研究小组认为，这可能是因为光的能量使特殊分子将碳电子移动后具有产生电流的性质。相田教授说，精心制作的这种碳纳米管具有发电的可能，因而对制造高效率的太阳能电池有很重要的意义。这种技术一旦成熟，也可以改造成传感器，而且，碳基较低的带隙能量值，预示着它能把探测的波长覆盖到红外领域。

（三）聚焦关键问题

关键问题主要涉及 PMT 方向，硅基和碳基传感器也有部分相同之处。

1. 原理的共性关键问题

（1）高量子效率；

（2）快响应速度；

（3）探测波长向红外延伸；

（4）电子轨道设计。

2. 加工工艺的共性关键问题

（1）零件加工精度；

（2）陶瓷材料致密性，绝缘性；

（3）镀膜均匀性，膜厚精准控制防氧化；

（4）排气激活工艺；

（5）微细加工技术。

3. 产业布局与市场竞争。

（四）推进目标

2020 年预期目标。量子效率提高到 35%以上；结构小型化；光谱范围延伸，紫外及红外两端延伸。原理、工艺、制造和产业化方面的量子效率提高到 40% 以上；金属封装 TO8 小管开发；在红外灵敏度进一步增强的同时，控制噪声，进一步提高信噪比；复合型光电倍增管。

（五）推进路线

原理及理论研究、光敏材料研发。支持开展替代性材料和新光敏原理的原始材料研究方向。

工艺技术研究、工程化及推广应用。医学健康检测应用方向，对光信号检测传感器有两类：响应快、灵敏度高、检测范围宽、频谱响应宽的高端生命科学仪器应用和信噪比高、成本低的可穿戴健康检测设备应用。

医疗领域传感器（光电倍增管）主要参数，见表 8-4。

表 8-4　医疗领域传感器（光电倍增管）主要参数

传感器	原理	光谱响应	不制冷的噪声水平	温度影响	降噪方法	可调增益范围	信号频谱带宽	体积	后续电路	抗磁能力
PMT	阴极释放，真空电子管	300～1000nm	低	暗噪声增加	阴极制冷	1000	高	大	简单	需屏磁
砷化镓PMT	阴极改造的PMT	300～1700nm	高	同上	制冷和滤光	1000	高	大	简单	需屏磁
μPMT	小型化自动化生产的PMT	300～1000nm	中	同上	制冷和滤光	1000	高	中	简单	需屏磁
PD 硅光电二极管	半导体元件，PN 结效应	190～1100nm	高	暗噪声增加	制冷	固定	窄	小	复杂	不受影响
砷化镓光伏探测器	半导体元件，PN 结效应	探测 1～3.8μm 级红外	较高	暗噪声增加，放大倍数变化	恒温	固定	窄	中	简单	不受影响
热电堆	热电偶效应	探测 μm 级红外，单波长或几个独立波长	低	基线升高	恒温	固定	窄	中	简单	不受影响

续表

传感器	原理	光谱响应	不制冷的噪声水平	温度影响	降噪方法	可调增益范围	信号频谱带宽	体积	后续电路	抗磁能力
APD	半导体元件，雪崩效应	200～1100nm	非常高	暗噪声增加，增益差距极大	制冷并恒温	200	中高	小	复杂	不受影响
SiPM	半导体元件，盖格模式下的雪崩效应	200～1100nm	中	暗噪声增加，增益差距极大	制冷并恒温	25	中	小	简单	不受影响
ldr	半导体元件	可见光	高	暗噪声增加	—	固定	低	小	简单	不受影响
CCD	半导体元件	190～1100nm	高	暗噪声增加	恒温	积分时间	中	中	简单	不受影响
CMOS	半导体元件	190～1100nm	高	暗噪声增加	恒温	积分时间	高	中	简单	不受影响

课题组成员

组　长： 尤　政　朱高峰

副组长： 屈贤明　董景辰

成　员： 姚之驹　欧阳劲松　阮　勇　赵嘉昊　邵珠峰
张　莉　黄晓东　刘晓为　陈高华　陈青松
李红建　宋彦彦　韩　亮　郑良广　郑　浩
刘宏伟　赵　云　杨艳明

执笔人： 邵珠峰　张　莉　黄晓东　李红建　韩　亮
郑良广　郑　浩　刘宏伟　赵　云　杨艳明

第九章

稀土磁性材料“一条龙”推进路线研究报告

一、稀土原材料概况

（一）世界稀土资源分布

世界稀土资源储量巨大，已探明的资源量中我国居世界之首，此外，澳大利亚、俄罗斯、美国、巴西、加拿大和印度等国稀土资源也很丰富，近年来在越南也发现了大型稀土矿床。另外，南非、马来西亚、印度尼西亚、斯里兰卡、蒙古、朝鲜、阿富汗、沙特阿拉伯、土耳其、挪威、格陵兰、尼日利亚、肯尼亚、坦桑尼亚、布隆迪、马达加斯加、莫桑比克、埃及等国家和地区也发现具有一定规模的稀土矿床。世界上的主要稀土资源国中一批超大型稀土矿床的发现与开发是世界稀土资源的主要来源。中国内蒙古白云鄂博铁、铌、稀土矿床，中国四川冕宁“牦牛坪式”单一氟碳铈矿矿床，中国南方风化淋积型稀土矿床；澳大利亚韦尔德山碳酸岩风化壳稀土矿床，澳大利亚东西海岸的独居石砂矿床；美国芒顿帕斯碳酸岩氟碳铈矿矿床；巴西阿腊夏、寨斯拉估什碳酸岩风化壳稀土矿床；俄罗斯托姆托尔碳酸岩风化壳稀土矿床，希宾磷霞岩稀土矿床；越南茂塞碳酸岩稀土矿床等，其稀土资源量均在100万吨以上，有的达到上千万吨，个别超过1亿吨，构成世界稀土资源的主体。但我国稀土资源仍占世界首位，且资源潜力很大，因此，有理由认为今后相当长的时间内不会改变中国稀土资源大国的地位。据2018年美国地质调查局资料显示，世界稀土探明储量为1.161亿吨（以稀土氧化物REO计），其中，中国为4400万吨，占全部储量的约38%，提供了全球80%的稀土需求量，具备绝对的话语权；巴西占 18.9%，越南占 18.9%，俄罗斯占 10.3%，印度占 5.9%，澳大利亚占 2.9%，美国占 1.2%，如图 9-1 所示。

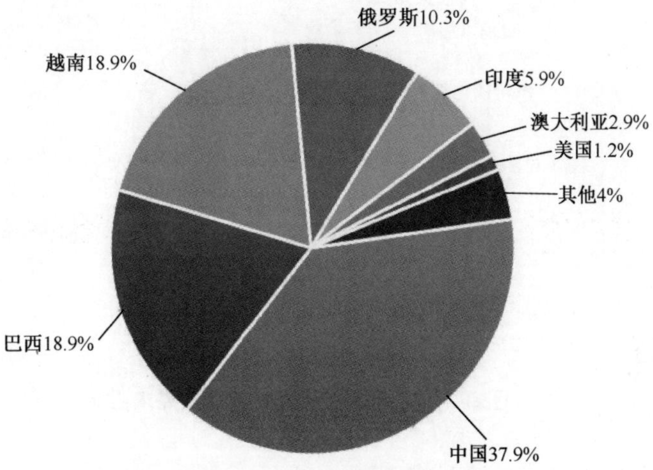

图 9-1　2018 年世界稀土储量分布

（二）稀土材料需求

稀土新材料是指通过添加稀土元素使材料具有比传统材料性能更加优异（包括磁、光、电、热、生化等特性）的一类新材料；其重点方向主要包括高性能稀土磁性材料、高性能稀土光功能材料、高能量密度稀土储氢材料、新型稀土催化材料以及超高纯稀土材料等。欧美和日本等发达国家均将稀土元素列入“二十一世纪的战略元素”，加以战略储备和重点研究。稀土是我国优势的战略资源，其高值化、平衡化、综合化利用一直是产业发展重点，2015 年 5 月，国务院出台中国制造强国战略，确定了新一代信息技术、高档数控机床和机器人、航空航天装备、海洋工程装备及高技术船舶、先进轨道交通装备、节能与新能源汽车、新材料、高性能医疗器械以及农业机械装备等十大重点发展领域，稀土功能材料被列为实施制造强国战略的九种关键材料之一，战略地位十分重要。

从全球稀土的总体结构需求分析，永磁材料占大部分。从消费结构看，永磁材料、催化剂、储氢材料、抛光粉占了全球稀土需求的大部分。其中永磁材料消费需求最高，占比为 25%，如图 9-2 所示。

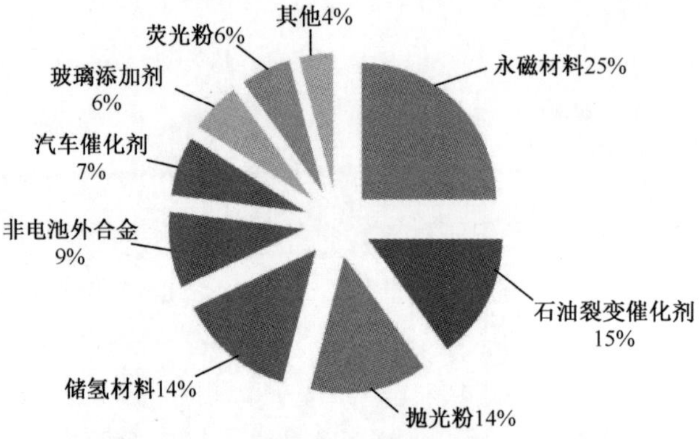

图 9-2 稀土的应用领域及消费需求占比

从稀土市场的下游来看，永磁材料被广泛应用于混合动力汽车和新能源汽车以及风力发电领域。在混合动力汽车中，永磁材料被应用于制造永磁电机，永磁电机与交流异步电机相比，具有尺寸小、质量轻以及噪音小等优点。在风力发电领域，永磁材料被应用于制造永磁直驱风机，与传统的双馈式风机相比，具有发电效率高、更可靠、维护成本更低的绝对优势。所以，不管在新能源汽车领域还是在风力发电领域，应用永磁材料都是未来的发展趋势。综合来看，大多数需求领域都维持低速增长，折合稀土需求也维持低速增长态势。

（三）稀土市场分析

一般来说，影响稀土价格最主要的因素是稀土的供求情况，而能对稀土的供求情况产生显著影响的，就是“打黑”政策和国家对稀土的收储政策。“黑厂”是指非法开采稀土精矿的采矿企业，这些企业通过非法采矿，形成一个从矿山、分离冶炼生产到下游应用企业“体外循环”的黑色产业链，这些非法企业占据了稀土行业的半壁江山。稀土收储则是指国家对高分配市场过剩，而又极具战略价值的重稀土元素适时收储，以防止外流，从而保护国家的中重稀土资源。不管是“打黑”政策还是收储计划，都能影响稀土市场的供给，进一步影响稀土产品的价格。

各稀土元素不平衡利用的矛盾突出，难以刺激稀土价格提升。近年来，新能源材料、风力发电市场的快速发展，加速了对氧化镨钕的需求增长，几乎占据了整个稀土市场的60%以上，但是氧化镨钕在稀土矿物中的配份平均只有20%左右，直接形成了氧化镨钕供不应求的市场前景。这一方面刺激了氧化镨钕的价格提升，另一方面，钐、镝、钇等稀土分离产品严重过剩，特别是南方重稀土的关键性元素镝和钇大量积压，市场滞销，价格失实，国家收储重稀土价格不涨反跌，说明市场的供应量远大于国家下达的指令性生产指标。由此可见，稀土各元素不平衡利用的矛盾是非常突出的，国家只有加强对传统行业领域的应用研究，大力开发钐、镝、钇等市场过剩产品的应用市场，才能从源头上解决元素利用不平衡的问题，才能刺激稀土价格的提升。

2018年度全国稀土开采、冶炼分离总量控制计划分别为12万吨、11.5万吨。其中离子型（以中重稀土为主）稀土矿指标近2万吨，岩矿型（轻）稀土矿指标 10 万吨。而 2019 年度全国稀土开采、冶炼分离总量控制指标分别为13.2万吨、12.7万吨。综合近两年的数据指标来看，2019年的稀土矿开采总量控制指标较上年增加1.2万吨，增幅10%，新材料领域对稀土的需求量已达到70%。

2019年，稀土进出口市场发生较多变化。进口方面，东南亚稀土矿进口继续增长，莱纳斯生产的镨钕产品进口至中国补充镨钕供应。出口方面，主要是中美贸易战中对稀土资源的博弈，中国是全球最大的稀土生产国，也是美国最大的供应国。稀土金属广泛用于永磁、雷达、消费性电子、石油化工等领域，尤其在军事领域，一些关键功能需要用到稀土，如美国引以为豪的MIA2坦克的火控瞄准系统等。

据稀土行业协会的数据分析，2019年进口稀土产品总量89853吨，同比下降11.29%，进口稀土产品总金额5.08亿美元，同比增长5.40%，产品均价5.66美元/千克，同比增长18.91%。其中，2019年进口稀土金属矿46700吨，同比增长61.49%，进口金额6119万美元，同比增长17.93%。进口稀土化合物40333吨，同比下降41.95%，进口金额26400万美元，同比增长30%。2018年、2019年各类稀土产品进口量统计，详见表9-1。

表 9-1 2018 年、2019 年稀土产品进口量

2019 年稀土产品进口量统计			
类别	进口量（千克）	金额（美元）	均价（美元/千克）
稀土金属矿	46 700 428	61 198 276	1.31
稀土化合物	40 333 697	263 998 879	6.55
稀土金属	25 691	1 954 638	
稀土永磁体	1 920 969	162 410 153	84.52
钕铁硼磁粉	385 792	5 887 291	15.26
其他	486 740	13 077 857	26.87
合计	89 853 317	508 427 904	5.66
2018 年稀土产品进口量统计			
类别	进口量（千克）	金额（美元）	均价（美元/千克）
稀土金属矿	28 917 946	51 891 605	1.79
稀土化合物	69 486 334	202 947 008	2.92
稀土金属	6 426	977 745	—
稀土永磁体	2 320 747	210 468 864	90.69
钕铁硼磁粉	195 275	5 661 441	28.99
其他	366 654	10 410 149	28.39
合计	1 012 933 82	482 356 812	4.76

2019 年出口稀土总量 89453 吨，同比下降 6.09%；出口稀土总金额 227404 万美元，同比下降 6.72%，均价 25.42 美元/千克，同比下降 0.6%。2019 年 1—11 月出口稀土永磁体 35269 吨，同比增长 7.87%，出口额 164358 万美元，同比下降 2.83%。其中，2019 年 1—11 月稀土产品出口量统计情况，见表 9-2。2019 年世界出口国家数量占比以及金额占比情况如图 9-3 所示，我国仍然没有排在世界稀土出口大国的前列。

表 9-2 2018 年、2019 年稀土产品出口量

2019 年稀土产品出口量统计			
类别	出口量（千克）	金额（美元）	均价（美元/千克）
稀土化合物	38 820 390	322 870 260	8.32
稀土金属	6 849 863	116 038 787	16.94
稀土永磁体	35 268 912	1 643 584 715	46.60
钕铁硼磁粉	4 981 918	124 074 802	24.91
其他	3 531 969	67 466 686	19.10
合计	894 53 052	2 274 035 250	25.42
2018 年稀土产品出口量统计			
类别	出口量（千克）	金额（美元）	均价（美元/千克）
稀土化合物	45 646 188	363 281 345	7.96
稀土金属	7 385 222	151 226 352	20.48
稀土永磁体	32 696 048	1 691 409 124	51.73
钕铁硼磁粉	5 621 855	152 338 545	27.10
其他	3 907 400	79 583 001	20.37
合计	95 256 713	2 437 838 367	25.59

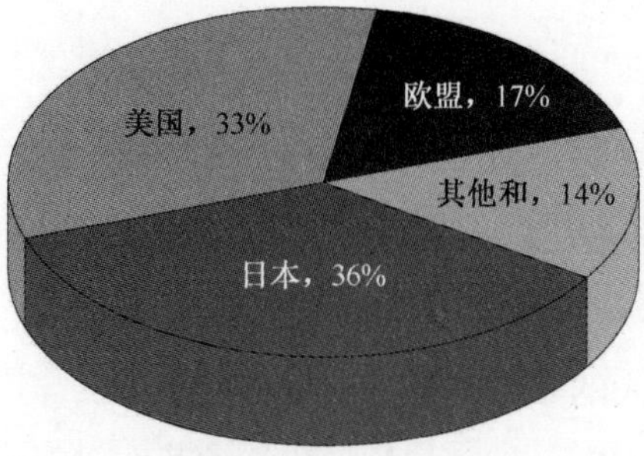

2019年稀土出口国家数量占比

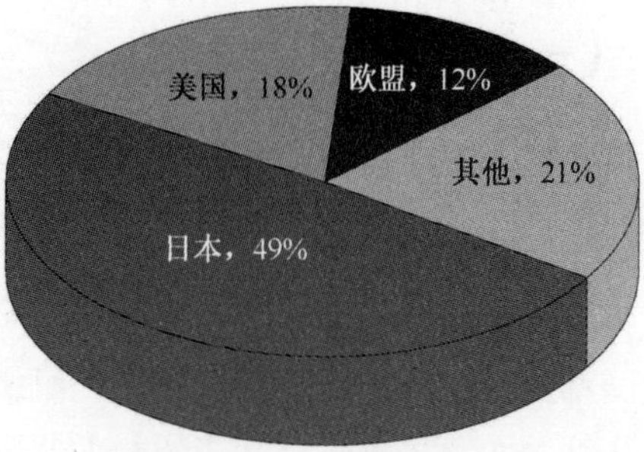

2019年稀土出口国家金额（美元）占比

图 9-3 2019 年世界稀土出口国家数量及金额占比情况

我国要实现领跑全球稀土科技产业的目标。目前，我国已成为世界稀土资源、生产、应用及供应大国。国家通过战略重组在上游形成六大产业集团，但下游产业格局依然是散乱小的局面。存在原始创新不足，高端产品受制于人，关键

装备和技术对外依存度高，上下游协调机制不健全，生产与应用脱节，材料评价体系不完善，难以有效支持技术发展等尚待解决的发展瓶颈。需要集中下游创新资源优势，加速夯实我国自主研发及应用的稀土新材料技术基础，打造面向世界科技强国的稀土科技创新和产业化应用能力；需要加快建立以优势科技型企业、优势高校院所长效合作的国家层面统筹的新型技术创新平台；以新型平台为载体对稀土新材料重点攻关任务进行集中式布局，打破以往分散式的国家项目组织管理模式和碎片化的科研项目投入支持模式；以承接国家和地方重大稀土新材料科研任务为契机，形成从设计、材料、工艺、装备、服役到应用评价全链条的、具有国际一流水平的优势创新资源平台，建成科学系统的稀土新材料知识体系、技术体系、人才体系、基地平台载体，构建和加快建成代表国家竞争力的稀土新材料国家技术创新中心；同时，构建稀土新材料产业技术创新联盟，加快建成完善的稀土新材料优势产业生态系统，围绕产业链打造创新链，围绕创新链完善技术链，从部分领先到部分引领再到全面引领，整体提升下游产业的国际竞争能力，实现我国成为全球稀土强国、持续引领和领跑全球稀土科技产业发展。

二、稀土磁性材料“一条龙”推进的现状与方向

（一）引言

稀土是不可再生的重要战略资源，在新能源、新材料、节能环保、航空航天、电子信息等领域的应用日益广泛，是现代工业中不可或缺的重要元素。其中稀土永磁新材料是支撑国防军工和战略新兴产业发展的关键核心功能材料，是我国稀土应用领域中发展最快和产值最大的领域。稀土永磁材料的开发与产业化体现了我国战略新兴产业的重大发展方向，相关的材料和技术革新对促进稀土资源的平衡利用具有决定性作用。

稀土永磁材料是智能制造、现代通信、新能源汽车、高铁、机器人、风力发电和新一代国防装备等高技术领域的关键材料。目前，国际上生产稀土永磁材料的国家主要是中国和日本。日本和欧洲的稀土永磁产量虽不及中国，但它们生产产品的磁体性能高，大部分应用在机器人、现代通信、音圈电机（VCM）、核磁共振（MRI）、新能源汽车电机等高端领域，特别是随着混合动力汽车

（HEV）的兴起，其驱动电机用高矫顽力、耐高温磁体的研发和应用代表了日本磁体的发展趋势。目前国内个别优势企业和国外知名企业已经能够大规模稳定生产磁能积（MGOe）与矫顽力（kOe）之和达到 70 以上的磁体，用在混合动力汽车上的磁体矫顽力达到 33 kOe 以上，小批量产品磁能积和矫顽力之和达到 75 以上。我国在双（或多）主相永磁材料及铈永磁材料研究方面取得了创新性成果，引起了全球的关注。但国外永磁产业的自动化水平、工程化研发能力、装备控制水平与精度均明显优于我国，在磁体综合性能测试评价及应用器件开发方面的优势则更为明显。近几年，随着低碳经济、新能源产业和国防现代化的发展，风力发电、电动汽车、高效节能电机、智能家电、现代通信和武器装备等领域使用高性能稀土永磁材料的需求日益增加，需要研究开发更高性能和更佳性价比的永磁材料，日本和欧洲还加快了对低重稀土或无重稀土高矫顽力新型永磁材料的研究，但在更高磁能积的永磁材料研究方面，近二十年来进展不大。

稀土永磁材料是稀土材料中应用领域最广、产业发展最快、规模最大的一个分支，也是最大的稀土消耗领域，该材料主要包括烧结稀土永磁材料、黏结稀土永磁材料、热压热变形永磁材料；按化学成分分类主要包括钕铁硼磁体、钐钴磁体、铈磁体、钐铁氮和钕铁氮等永磁材料，其中烧结钕铁硼永磁材料占 90%以上，钐铁氮和钕铁氮永磁材料主要用作黏结磁体。

（二）稀土磁性材料及产业化情况

1. 烧结稀土永磁材料

经过多年的发展，我国已经成为全球最大的钕铁硼永磁材料生产国，国内现有生产企业 300 余家，包括中科三环、宁波韵升、安泰科技、烟台正海、安徽大地熊、宁波金鸡、宁波复能、包头天和等，形成浙江、京津、包头和鲁晋四大产业基地，其产业规模占全国的 70%以上。

烧结钕铁硼磁体的研究目标主要集中在两个方向，一是进一步提高磁体的综合磁性能，即提高最大磁能积与矫顽力之和；另一方向是替代或减少磁体中重稀土的用量、降低生产成本。目前我国稀土永磁产业整体水平不断提升，可以制备出 N54、52H 等高牌号的烧结磁体，综合磁性能（磁能积+矫顽力）大于 70。此外，2019 年钢铁研究总院开发的、具有我国特色的铈或富铈磁体毛坯产量超过 5 万吨，拓展了铈（Ce）元素的应用，为稀土资源的平衡利用提供了新的方向。

现阶段，我国在高性能烧结钕铁硼高端牌号的产业化方面已达到国际同等水平，在高性能、高矫顽力及低重稀土高矫顽力方面均获得了重大进展，中科三环、宁波韵升、安泰科技、烟台正海、烟台首钢等企业在双高磁体及低重稀土高矫顽力磁体方面显示出较强的技术水平；在细化晶粒方面，技术实力较好的企业也已实现中试或产业化，但在平均粒度 1μm 的细粉制备技术方面落后于国外；在重稀土高质化利用的晶界扩散技术方面，国内研究单位及企业相继开发了多种表面扩散技术，接近国际水平，部分已实现产业化小批量生产，开发的产品已在变频空调等领域获得了应用，未来有望进一步扩大应用领域；钢铁研究总院早在 2010 年前后开发的具有自主知识产权的中国发明专利“一种低钕、无重稀土高性能磁体及制备方法”与“低成本双主相 Ce 永磁合金及其制备方法”，在 2017 年和 2018 年获美国、德国发明专利授权。该低钕、无重稀土磁体技术、双/多主相磁体技术和铈磁体技术，已进入产业化阶段，初步实现了规模化应用；连续烧结技术主要存在设备制造方面的问题，目前我国制造的连续烧结炉在稳定性和自动化方面与日本产品存在一定差距，而且 N52-N54 系列高性能磁体的单炉成品率仅为 30%左右，存在生产成本与理想状况仍有差距、产品性能不稳定等问题。

2. 黏结稀土永磁材料

黏结稀土永磁材料具有形状自由度大、原料利用率高、近净成形等优点，基本以多极圆环的形式应用于各种精密微特电机，即用于各种精密控制、制动等场合，成为烧结稀土永磁材料的一个重要补充。

各向同性钕铁硼黏结永磁粉主导着黏结永磁材料的市场。该永磁材料的成分与工艺均由美国麦格昆磁公司（MQI）的前身 GE 磁体事业部发明，经过几十年的发展，其仍然依据其成熟的技术占据市场 80%以上份额。近年来，随着市场的开发，国内的各向同性黏结磁性材料产业得到迅速发展。首先在设备方面，经过这些年的积累，在装备整体结构、自动化水平等方面逐步完善；并已经摸索出一套适合自己的快淬工艺，1610 等高端牌号已稳定生产，但是无论是磁粉性能还是产品稳定性，各公司均与 MQI 公司存在较大差距，并成为目前黏结磁体行业发展的关键瓶颈。目前国内快淬钕铁硼磁粉生产能力已超过 1 万吨，包括有研稀土新材料股份有限公司、江钨稀有稀土新材料有限公司、包头科瑞微磁等公司在内的，从事各向同性黏结磁粉生产的企业多于 15 家。在各向异性黏结磁性材料方面，各向异性 HDDR 钕铁硼磁粉以及单晶各向异性钐铁氮磁粉已经进入量产阶段，部分产品已经在汽车座椅、尾门等电机方面得到了推广应用，整体市场开发还需时日。有研稀土等在超急冷各向同性钐铁氮的技术和装备上取得了重要进展，相关产品已实现产业化，这些磁粉产品丰富了我国稀土永磁材料的种类，促进了整个永磁材料行业的发展。

黏结磁体成形技术的难点，是保证磁体的性能均匀性和尺寸的高精度，更重要的是确保上亿只产品的性能和尺寸一致性。根据黏结剂的不同加工特性，黏结磁体成形方式分为压缩、注射、挤出和压延四种。

全球黏结钕铁硼磁体的生产能力大部分集中在中国、德国、日本等，国内相关的企业有 30 余家。其中日本大同电子、爱普生等是压缩成形高精度磁环的典型代表，欧美以自动化程度高的注射成形为主，日本的 MATE、户田工业、大同电子等在高端注射成形用颗粒料方面占据垄断地位。目前，美国相关研究人员采用大区域增材制造的方法制备得到近终成形的黏结磁体，黏结剂 Nylon-12 含量在 35%，磁体磁能积达到 5.5 MGOe。

3. 热压/热变形永磁材料

热压钕铁硼磁体是用各向同性磁粉，在高温下经过热压/热变形而得到的各向异性磁体。其具有工艺流程短、效率高、磁体耐蚀强性等优势，而且特别适合制备辐射取向磁环。经过热压/热变形工艺制备的磁体具有纳米晶组织，由于 Nd-Fe-B 磁体的矫顽力随晶粒的减小而增加，因此，热变形磁体理论上在不含 Tb、Dy 或少含 Tb、Dy 的情况下仍有较高的矫顽力。

早在 21 世纪初，钢铁研究总院李卫院士团队在国内率先开展了热压/热流变磁体产业化技术研究，并联合宁波材料所、宁波金鸡强磁进行产业化示范，在热压磁体各向异性形成机制等基础研究和产业化技术方面取得了重大突破，钢铁研究总院制备出磁能积（$(BH)_{max}$）≥54 MGOe 热压磁体。目前，钢铁研究总院、宁波材料所、金鸡强磁合作开发的热压/热变形辐射环及磁体和成都银河开发的热压/热变形磁体均有小批量生产，已经开始参与市场竞争，新型的自动化装备也在研制中。成都银河磁体通过市场募集资金，从 2012 年开始进行热变形磁体开发，目前已经进入初步量产阶段，2017 年实现销售额 868 万元，产品已经在汽车、伺服电机等领域得到应用。宁波锐科磁业也已经实现薄壁热压辐射环批量制备技术超越日本大同电子的壁厚下限，最薄环壁达到 0.5mm，磁能积可达 45MGOe，目前已经在制冷设备中得到应用。但在千吨级热压磁体产业化技术开发方面，我国与日本还有相当的差距，我们的产业化水平仍以件计量，而日本大同公司热流变磁环产品已年产超过 2000 吨，其中，磁能积为 43MGOe 的热流变磁环产品，已应用于汽车助力转向系统的电机中。日本经济产业省早在 2016 年开始，就实行了新的出口贸易管理政令，限制高性能磁石（主要指稀土永磁材料钕铁硼）及其相关制造设备、零部件出口，实行出口许可制管理，日本一直封锁热压永磁环技术及装备，我国至今仍无法获得日本的热压磁体的产业技术和装备。

4. 钐钴永磁材料

在钐钴材料方面，因其具有独特的耐高温耐腐蚀等特性，被广泛应用于军工、航空航天领域。近年来，Tb 和 Dy 的价格大幅上涨，高矫顽力烧结钕铁硼磁体在成本上同钐钴永磁体相比失去优势，使得钐钴永磁体的产量增加，应用扩大。我国目前年产量已超过 1800 吨，主要生产企业有宁波宁港、杭州永磁、绵阳西磁、包头天和等。随着高铁、地铁等产业的快速发展，钐钴磁体的需求未来可能持续增加。

国外生产企业主要有日本东芝公司、美国电子能源公司（EEC）、美国阿诺公司（Alnord）和德国真空熔炼公司（VAC）等，它们都相继实现了磁能积为 30~32MGOe 的钐钴磁体的批量化生产。2016 年下半年以来，随着钴价的不断攀升，高铁含量 2:17 型钐钴永磁材料近年来受到广泛的关注和研究。日本东芝、美国 Arnold、EEC 和欧洲的 VAC 公司通过开发研究，也相继报道了磁能积 30 ~ 32MGOe 钐钴磁体的批量化生产，2016 年 7 月 Arnold 公司又推出磁能积 32 ~ 33.3MGOe 的产业化钐钴磁体。美国一直严禁向中国出口各种规格的钐钴永磁材料产品并封锁制备技术，2017 年美国将所有类型和任何形式的磁性金属（包括稀土永磁材料）列入对我国出口管制清单。目前国内实验室的研究已达到 33MGOe 水平，但批量生产普遍比国外低 2 ~ 3MGOe。我国在耐高温钐钴磁体方面已可制备使用温度超过 500℃的永磁材料，处于国际先进水平。在产业化技术方面，现有技术生产高性能钐钴磁体（如 31MGOe）的批次合格率更低，只有 10%左右，存在产品性能不稳定、力学特性偏差等问题。

三、Ce 磁体和制备技术“一条龙”推进路线综合研究

1. 研究背景

随着稀土永磁材料需求的不断攀升，稀土行业的发展也面临很多问题和挑战。其中，最为紧迫的、亟待解决的、严重制约我国稀土产业健康可持续发展的问题是稀土资源的平衡利用与资源开发带来的环境污染。烧结 Nd-Fe-B 磁体因其优异的磁性能一经问世就得到广泛应用和持续发展，是目前世界上用量最大的稀土永磁材料，2019 年我国烧结 Nd-Fe-B 成品产量为 17 万吨，折算为磁材产量 13.6 万吨，同比增长 9.7%左右，并将在未来很长一段时间内保持迅猛增长的态势。Nd-Fe-B 磁体的生产严重依赖于 Pr/Nd，并通常会加入少量的重稀土 Dy/Tb 来改善磁体的热稳定性。然而我国稀土矿，尤其是白云鄂博矿中 73%的稀土是 La/Ce（其中 Ce 元素占稀土总量的 50%，是高丰度的稀土元素），并与 Pr/Nd 元素伴生，南方重稀土型矿中，La/Y 的含量比例在 50%以上，Pr/Nd/Dy/Tb 的大量消耗与 La/Ce/Y 的长期积压之间的矛盾将直接导致我国稀土资源利用不平衡，严重制约我国稀土产业的可持续发展；此外，La/Ce 等尾矿堆积在矿山附近，不仅占用大量土地，还会污染生态环境，容易诱发地质灾害。因此，将高丰度、低成本的 Ce 应用到 Nd-Fe-B 永磁体中是科研人员和工程技术专家面临的重要挑战，开发出高性价比的含 Ce 磁体对于实现我国稀土资源的平衡利用具有重要的战略意义。

稀土永磁材料性能评价的三大基本要素为磁晶各向异性场 H_A，饱和磁化强度 $4\pi M_s$ 以及居里温度 T_c。室温下，$Ce_2Fe_{14}B$ 硬磁性相的三大本征参量远小于 $Nd_2Fe_{14}B$ 硬磁性相（具体指标见表 9-3），这对于开发 Ce-Fe-B 永磁材料极为不利。但是 $Ce_2Fe_{14}B$ 的 $4\pi M_s$ 为 1.17T，与 $SmCo_5$ 相当，最大磁能积理论极限为 267kJ/m^3（33MGOe）。室温 H_A 为 2.6T，根据 Nd-Fe-B 磁体开发经验，Ce-Fe-B 磁体 H_{cj} 可以达到 0.3～0.4T，因此，开发实用性 Ce 磁体具备理论基础。

表 9-3　室温下 $Nd_2Fe_{14}B$ 和 $Ce_2Fe_{14}B$ 硬磁性相的本征参量比较

硬磁性相	$4\pi M_s$/T	H_A/T	T_c/K	晶格参数 a/nm	晶格参数 c/nm
$Nd_2Fe_{14}B$	1.6	7.3	585	0.880	1.220
$Ce_2Fe_{14}B$	1.17	2.6	424	0.876	1.221

2.（Ce,RE）-Fe-B 烧结磁体制备的早期尝试

为充分利用长期堆积的高丰度稀土 Ce 元素，解决我国稀土资源的平衡利用问题，研究人员尝试添加 Ce 到烧结 Nd-Fe-B 磁体中，在开发可实用的高性价比含 Ce 磁体方面开展了大量的工作。

Ce-Fe-B 烧结磁体的尝试以失败而告终，因此富含 La 和 Ce 的烧结磁体实验都从部分替代 Pr 或 Nd 着手。早期关于含 Ce 磁体的研究主要是在合金成分设计时添加 Ce 或者直接加入混合稀土 MM（La，Ce，Pr，Nd 的混合物，La/Ce 含量最高）。研究人员采用铸锭+球磨工艺制备了 $MM_{15}Fe_{77}B_8$ 的烧结磁体，其矫顽力低于 2 kOe，不具有实用价值，且由于混合稀土在制备过程中极易氧化，从而在成分设计时增加了混合稀土的总量，带来了生产成本的增加；然而通过少量的 Al 或 Dy_2O_3 掺杂可以使得磁体矫顽力达到 6～10kOe，但是剩磁显著下降。研究人员分别研究了不同 Co、Si 和 Nd 含量对 $(Ce_{1-x}Nd_x)_{13.5}(Fe_{1-y-z}Co_ySi_Z)_{80}B_{6.5}$ 烧结磁体磁性能与居里温度的影响，结果发现，在 Co 添加量从 0%增加到 30%（at.%）过程中，磁体的 T_c 不断增加，但 $4\pi M_s$ 和 H_A 降低；少量 Si 元素的取代会使 H_c 大幅提升，而 T_c 几乎不变；Nd 占稀土总量的比例从 0 增加到 50%的过程中，B_r 和 $(BH)_{max}$ 呈线性增加，而 H_c 在 $(Ce_{0.6}Nd_{0.4})_{13.5}Fe_{62}Co_{17}SiB_{6.5}$ 磁体中出现极值，具体磁性能指标为：B_r=11.7 kGs，H_c=7.5 kOe，$(BH)_{max}$=27.2 MGOe。此外，研究还发现将稀土总量从 13.5 at.%增加到 16.5 at.%，随着 Nd 添加量的增加，磁性能将进一步增加。研究人员进一步研究了当 Ce 占稀土总量的 40%时，添加 Si、Co、Dy_2O_3 对磁体磁性能和热稳定性的影响规律，实验结果显示在 $(Ce_{0.4}Di_{0.6})_{16.5}Fe_{77}B_{6.5}$ 烧结磁体的矫顽力仅为 5.1 kOe，通过添加 10at.%Co、4at.%Si 以及 3.wt.% Dy_2O_3 后磁体的矫顽力增长到 9.2 kOe，但是以剩磁降低为代价。高 Ce 含量磁体，尤其是 Ce/ΣRE>40%时，矫顽力很低不仅与 $Ce_2Fe_{14}B$ 主相较差的磁晶各向异性场

H_A有关，还与磁体显微结构密切相关，在晶粒内部的非晶富稀土相容易形成反磁化形核位点，使磁体矫顽力降低。

3. 双主相制备工艺及磁性能

随着科学技术的发展，2000 年以后，速凝工艺、氢破碎和气流磨制粉逐渐取代了传统的模铸+球磨工艺，为双主相技术的出现奠定了基础。早在 21 世纪初，钢铁研究总院李卫院士就布局了 Ce 磁体的研究方向，并带领团队开展攻关，其团队成员朱明刚提出双主相磁体概念和工艺（见图 9-4），围绕高性价比 Ce 磁体开展了大量且系统的研究工作，并在 2010 年前后取得了关键技术突破，获得了双主相结构的 Ce 磁体，申请了国内外发明专利，该工艺的提出使得 Ce 磁体的磁性能，尤其是矫顽力发生了质的飞跃，并在 2015 年实现了 Ce 磁体的产业化。李卫院士团队还研究了不同 Ce 含量磁体的磁性能，发现随着 Ce 含量的增加，磁体的方形度得到改善，矫顽力在 x=0.2 时，矫顽力不降反升，其 H_{ci}=12 kOe，经过分析发现 Ce 的添加虽然恶化了主相的内禀磁性能，但会降低富稀土相的熔点，在液相烧结和退火处理过程中会熔化为液相，增加流动性和对主相晶粒的润湿性，从而实现了磁体在较低温度下进行液相烧结，降低了磁体的烧结温度及回火温度，避免了晶粒的长大；同时在主相晶粒内部存在富 Ce 区和贫 Ce 区，呈现不均匀的各向异性场分布，从而使得磁体矫顽力反常增加，其中 Ce 占稀土总量为 30%时，磁体磁能积可高达 43.3MGOe，随后通过工艺调整，Ce 替代量为总稀土含量的 35%时，其磁能积超过了 40MGOe，为了适应不同需求，制备出高性能铈磁体综合性能（BH）$_{max}$+H_{cj}>63 的双主相烧结磁体，但当 Ce 替代量达到 50wt.%时，矫顽力会急剧恶化（3.67kOe），远远无法满足商用磁体的实际应用需求。尽管 $Ce_2Fe_{14}B$ 的饱和磁极化强度和磁晶各向异性场均低于 $Nd_2Fe_{14}B$，Ce 的引入必然导致磁体性能的下降。但考虑到各向异性场降低的因素，矫顽力下降的幅度也高于估算值，说明在高 Ce 磁体的磁体晶界结构并不理想（Laves 相和 $REFe_2$ 相的出现），而烧结钕铁硼的磁性能，特别是矫顽力对晶界的微观结构和晶界相的成分十分敏感。表 9-4 为双主相法制备的不同 Ce 含量烧结磁体的磁性能。

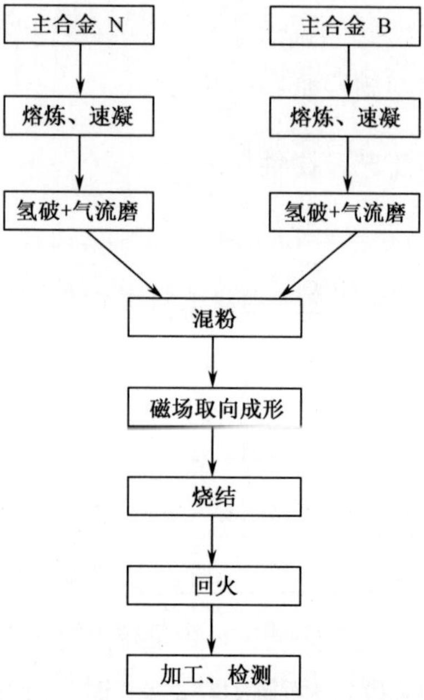

图 9-4　双主相工艺制备 Ce 磁体工艺流程图

表 9-4　双主相法制备的不同 Ce 含量烧结磁体的磁性能

x	B_r/kG	$(BH)_{max}$/MGOe	H_{cj}/kOe	H_k/H_{cj}
0.1	14.0	46.6	12.2	0.87
0.15	13.8	45.6	11.4	0.95
0.20	13.7	45.0	12.0	0.90
0.30	13.6	43.3	9.26	0.93
0.35	13.02	40.53	7.95	0.95
0.45	12.4	33.4	6.2	0.90
0.50	12.3	20.7	3.67	—

在传统制备烧结 Nd-Fe-B 磁体工艺中都包含回火工艺，回火过程中富稀土相得到优化，形成连续、平滑的晶界相，从而提高磁体的磁性能，尤其是矫顽力。但钢铁研究总院科研团队通过对比双主相 Ce 磁体（Ce/TRE=20%）在烧结态和最佳回火工艺下的磁性能，发现双主相磁体在烧结态就具有和回火态相当的磁性能，通过双主相法实现了 Ce 磁体在烧结态的微结构优化和高性能

（Nd,Ce）-Fe-B 烧结态磁体的制备，表 9-5 为单、双主相 Ce 磁体（Ce/TRE=20%）回火前后磁性能对比。高性能（Nd,Ce）-Fe-B 烧结态磁体不仅实现了高丰度 Ce 元素的有效利用，降低了生产成本，而且缩短了工艺流程，提高了生产效率。

表 9-5　单、双主相 Ce 磁体（Ce/TRE=20%）回火前后磁性能对比

磁体	B_r/kGs	H_{cj}/kOe	$(BH)_{max}$/MGOe	H_k/H_{cj}
单主相+烧结态	13.13	11.16	40.28	0.82
单主相+回火态	13.14	12.18	40.29	0.92
双主相+烧结态	13.27	12.72	41.16	0.94
双主相+回火态	13.25	12.78	41.12	0.95

4. 双主相 Ce 磁体的磁耦合机制

双主相法制备的 Ce 磁体的微观结构与成分分布和单主相 Ce 磁体存在明显差异。单主相 Ce 磁体成分比较均一，主要为 Ce-Nd-Fe-B，与合金原始成分比例基本一致。双主相磁体的晶粒结构特征主要表现在以下几个方面：

①总体上，含有两种主相晶粒，一种是高 Ce 主相晶粒，一种是低 Ce 主相晶粒；

②每个晶粒平均成分都不完全相同；

③同一晶粒不同区域成分不同，高 Ce 晶粒中存在低 Ce 区域，低 Ce 晶粒中也存在高 Ce 区域；

④Ce 比 Nd 更倾向于分布在晶界相，晶粒边缘存在大的成分梯度。

图 9-5 为单、双主相磁体微结构示意图。双主相 Ce 磁体中存在明显的化学非均质性，Ce 在主相晶粒内部和晶粒之间的分布是不均匀的，导致的短程交换耦合（晶粒内）和长程静磁耦合作用（晶粒间），晶粒内部的短程交换耦合作用有利于提高剩磁，被晶界相隔离的晶粒之间的长程静磁交换作用则有利于改善磁体的矫顽力，有效提高了 Ce 磁体的综合磁性能。此外，双主相磁体由于化学非均质性，其在反磁化过程中，退磁表现一致，不存在明显的台阶，退磁曲线显示极高的方形度，图 9-6 为单、双主相合金磁体退磁曲线。

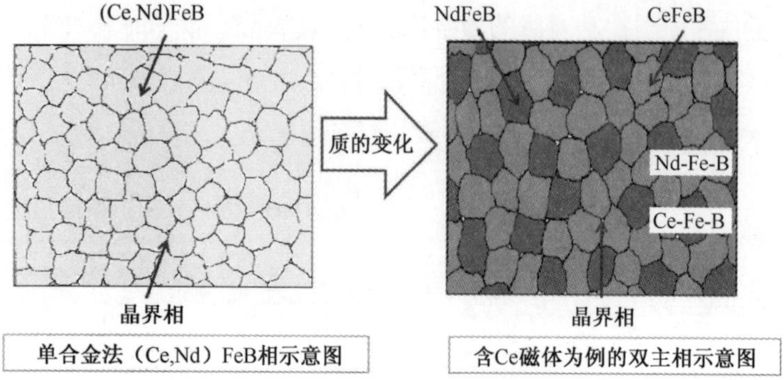

图 9-5　单、双主相磁体微结构示意图

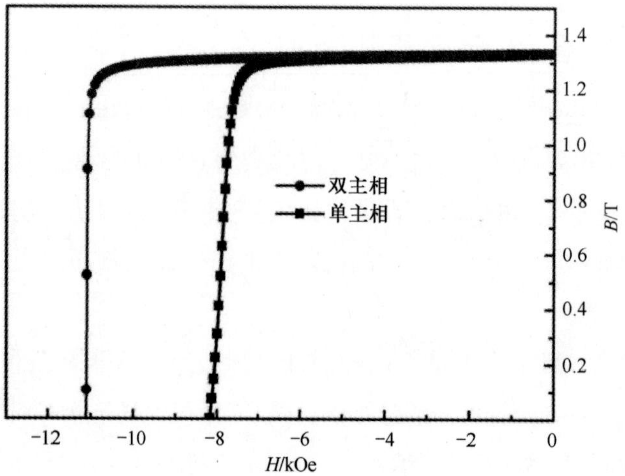

图 9-6　为单、双主相合金磁体退磁曲线

5. 高裂度、高矫顽力 Ce 磁体的开发

考虑到永磁体的加工、安装和服役环境，提高 Ce 磁体的力学特性和机械强度显得尤为重要。表 9-6 为不同牌号 Ce 磁体力学性能测试结果。结果显示，含 Ce 磁体的抗弯强度和断裂韧性随 Ce 含量的增加呈减小的趋势，维氏硬度随 Ce 含量增加变化规律不明显。当 Ce 含量为 15%（Ce/TRE）时，磁体力学性能出现极大值，磁体的抗弯强度、断裂韧性及脆性指数等力学指标均明显优于普通烧结钕铁硼磁体；在此磁体中发现较多的“絮状”氧化物相存在，絮状相在裂纹扩展过程中会吸收一部分能量，可以缓解裂纹尖端的应力集中状态，因而起到强化

和韧化的作用，对提高磁体的力学性能有利。当磁体中 Ce 含量达到 45%时，磁体力学性能明显变差，这是因为：此时磁体中有大晶粒出现，磁体的微结构明显恶化。不同 Ce 含量磁体的断裂微观机制主要为沿晶断裂。在此基础上，钢铁研究总院团队成功开发出采用粉体吸氢控氧和加压低温烧结工艺制备高抗裂度、高矫顽力的多主相 Nd-Fe-B 永磁体，其中，对于磁能积为 42 MGOe 的含 Ce 磁体，内禀矫顽力为 16.15 kOe，抗压强度达 870 MPa。

表 9-6 不同牌号 Ce 磁体力学性能测试结果

牌号	N42	N35	N33	N30	N28	普通烧结 Nd-Fe-B 磁体
Ce/TRE	0.15	0.3	0.35	0.40	0.45	0
抗弯强度 R_{bb}（MPa）	394	356	304	306	257	321
断裂韧性 K_{IC}（$MPa \cdot m^{1/2}$）	4.48	3.83	3.29	3.56	3.27	3.66
维氏硬度 H_V（kgf/mm^2）	572	590	602	568	587	582
脆性指数 H_v/K_{IC}（$\mu m^{-1/2}$）	1.25	1.51	1.79	1.56	1.76	1.56

6. 高耐蚀性 Ce 磁体的开发

高耐蚀性 Ce 磁体的开发，不仅有利于改善磁体在各种化学服役环境下的稳定性，而且可降低磁体生产成本，具有十分重要的现实意义。研究人员通过测量不同条件下 Ce 磁体的腐蚀特性，分析腐蚀前后磁体微结构、相组成等特征发现：在 0.5mol/l Na_2SO_4 水溶液中，Ce20（Ce/TRE=20%）单、双主相磁体，双主相磁体的耐蚀性更好；在双主相磁体中出现主相被腐蚀，而晶界相完好的反常电偶腐蚀行为。同时，在加速腐蚀的环境中，Ce 含量大于 30 wt.%时，出现了同样的现象；这种腐蚀形式即使磁性相作为阳极腐蚀严重，也不会引起阴极富稀土相的脱落，相反薄的富稀土相可以阻止腐蚀的进一步深入。这种腐蚀机制改变了烧结 Nd-Fe-B 磁体中“小阳极，大阴极”的腐蚀形式，即富稀土晶界相先腐蚀，主相晶粒脱落，从而降低了磁性颗粒的脱落和磁体的降解，最终改善了磁体的耐蚀性。图 9-7 是常规磁体和高 Ce 磁体腐蚀过程示意图。

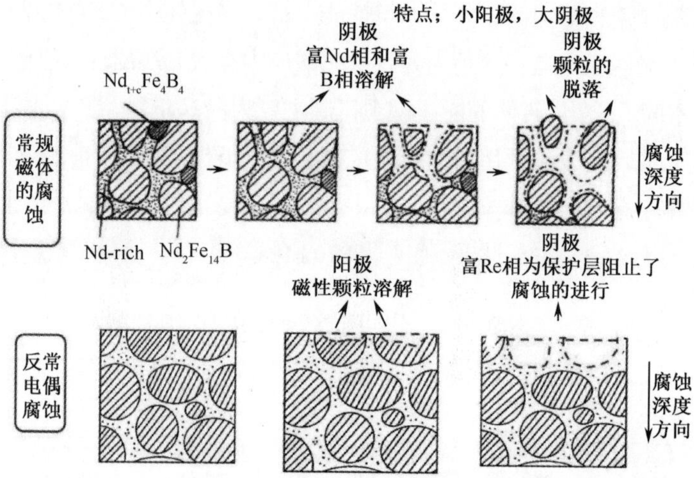

图 9-7　常规磁体和高 Ce 磁体腐蚀过程示意图

在此基础上，钢铁研究总院团队采用粉体吸氢控氧、预烧结脱氢制备工艺成功制备出了高耐蚀性 Ce 多硬磁主相永磁体。表 9-7 为常规磁体和 Ce 磁体在 NaOH 溶液中的电化学参数值，由自腐蚀电流可知 Ce 磁体在 NaOH 溶液中表现出较好的耐蚀性。

表 9-7　常规磁体和 Ce 磁体在 NaOH 溶液中的电化学参数值

样品	E_{corr}（V vs.SCE）	I_{corr}（A · cm²）
N33	−0.887	2.025×10^{-5}
N45	−0.525	8.677×10^{-6}
Ce	−0.416	4.409×10^{-6}

7. Ce 磁体优势及产业化进程

相对于传统烧结 Nd-Fe-B 磁体，Ce 磁体具有如下优势：

（1）高性价比，图 9-8 为磁体性价比（磁能积/价格）随 Ce 含量的变化图，可见，随着 Ce 含量的增加，Ce 磁体的性价比优势逐渐显现；

（2）Ce 磁体价格抗风险能力更强，Ce 价格波动相对于 Pr/Nd 较小，稀土价格上涨时 Ce 磁体价格优势扩大；

（3）双主相 Ce 磁体的开发标志着高丰度稀土永磁的诞生，填补了铁氧体和高性能 Nd-Fe-B 磁体之间的性能空白，极大拓展了稀土永磁体的应用范围。

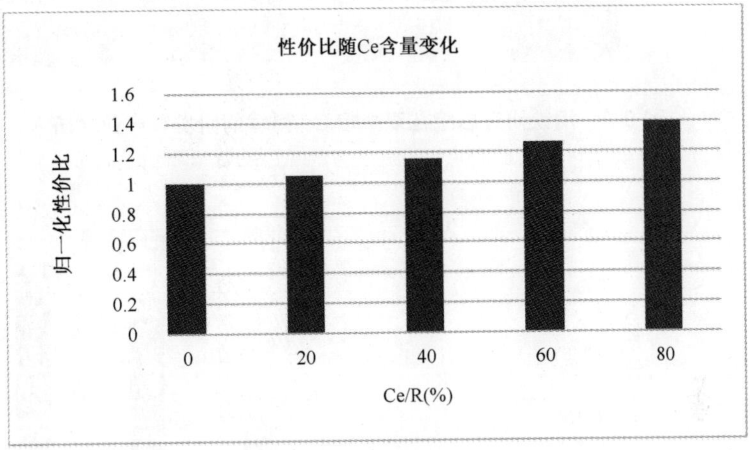

图 9-8　为磁体性价比随 Ce 含量的变化图

钢铁研究总院在 Ce 磁体研发及其产业化方面一直处于世界领先地位。2018 年 10 月 12 日，由沈保根院士为首席代表的国家重点基础研究发展计划（“973”计划）——“资源节约型高性能稀土永磁材料设计和可控制备”项目（编号 2014CB643700），顺利通过科技部专家组验收。该项目子课题“高性能稀土永磁材料制备技术的科学基础研究”由钢铁研究总院朱明刚教授负责，并取得了丰硕的技术成果，尤其对推动 Ce 磁体产业化做出了突出的贡献，钢铁研究总院李卫院士团队指导国内多家强磁企业进行 Ce 磁体的生产工作，在中国范围内实现了 Ce 磁体年产量从项目开始时的 500kg/年发展到 2019 年的 5 万吨/年以上，同时用户针对不同牌号的性能指标，进行了不同应用环境的仿真计算，在国防车辆领域通过了台架实验，正在进行下一步的装机实验。

图 9-9 展示了钢铁研究总院在双主相 Ce 磁体的研发和产业化方面的发展历程。2010 年，钢铁研究总院李卫院士团队的朱明刚等人首次利用自主开发的双主相工艺，研制出具有实用价值的 Ce 磁体；2011 年，钢铁研究总院申请了第一项 Ce 磁体专利；2015 年，Ce 磁体实现了产业化生产；2017 年 Ce 磁体产量为 2 万吨/年，增长 208%，2018 年达到 3.6 万吨/年，增长 80%，2019 年 Ce 磁体产量超过 5 万吨，增长 38.9%，还具备很大的增长空间，图 9-10 为近年来 Ce 磁体年产量数据图。

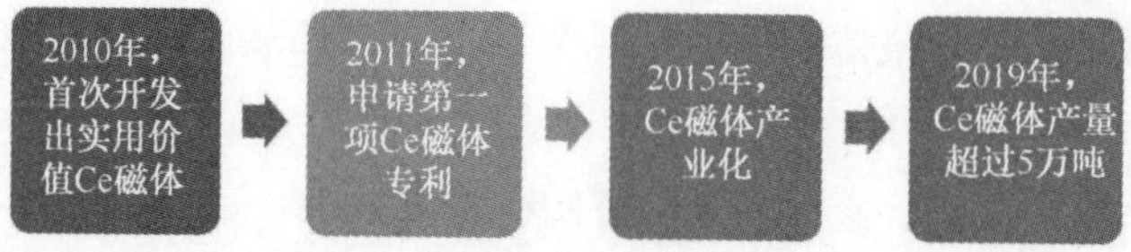

图 9-9　钢铁研究总院在双主相 Ce 磁体的研发和产业化历程

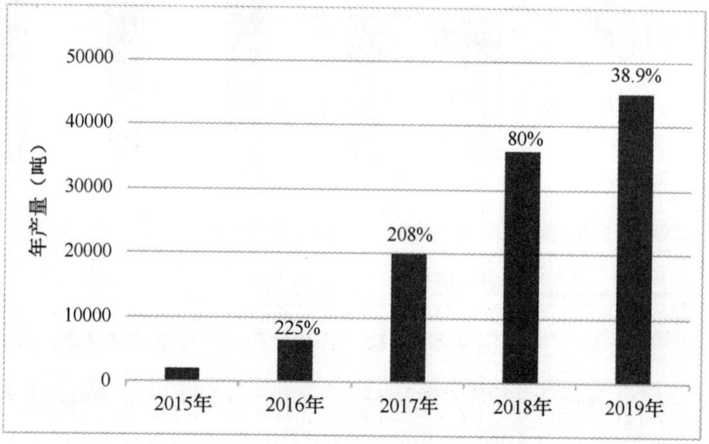

图 9-10　近年来 Ce 磁体年产量数据图

8. Ce 磁体发展存在的问题

（1）怎样通过成分和工艺的优化对双主相磁体的微观结构进行调整，实现 Ce 磁体温度稳定性、耐蚀性和电阻率的改善；

（2）Ce 磁体独特的物理和化学性质，矫顽力机制；

（3）高性能烧结态 Ce 磁体制备的适用范围：成分、工艺、微结构等；

（4）Ce 磁体的服役特性，在哪些领域可替代 Nd-Fe-B 磁体。

四、渗 Dy（晶界扩散）技术“一条龙”推进路线综合研究

1. 研究背景

重稀土元素形成的 $Re_2Fe_{14}B$ 相具有很高的磁晶各向异性，科研人员早期通过在原材料中直接加重稀土的方法来制备高矫顽力、高性能稀土永磁体，但是结果是带来磁体剩磁的降低，且该方法的重稀土利用效率不高。近些年来，重稀土价格持续走高且市场波动较大，下游永磁体生产厂家对购进重稀土原材料存

有疑虑；此外，重稀土主要存在于南方离子型稀土矿中，其储量有限、开采难度大，因此，开发出无或低重稀土高性能烧结钕铁硼永磁材料成为学术和产业界关注的热点。目前，在重稀土减量技术研究方面，主要有双合金工艺和晶界扩散技术。双合金工艺，即分别设计主合金和含重稀土元素晶界合金，按照一定比例混合后制备烧结钕铁硼磁体，重稀土主要分布在磁体晶界处；晶界扩散技术是以重稀土化合物（包括氢化物、氟化物和氧化物等）或重稀土过渡金属合金为扩散源，采用磁体表面涂覆、蒸镀、溅射等工艺，对磁体进行晶界扩散热处理，最终在磁体主相晶粒表面形成高各向异性场的富镝/铽（Dy/Tb）壳层，从而大幅提高磁体矫顽力，但磁体剩磁略有降低，同时晶界扩散技术也存在重稀土渗透不均匀和制备磁体尺寸单一等问题。晶界扩散工艺与双合金法相比，重稀土利用效率更高，矫顽力提升更为明显，已经成为近些年最主要的高性能稀土永磁体开发技术。

2. 渗 Dy 技术（晶界扩散）研究进展

通过调研 2018 年国内外专利申请和高水平论文情况，发现目前晶界扩散技术主要集中在扩散源优化设计、扩散方式改进以及与磁体其他制备工艺结合上，但与以往不同的是，逐渐趋向于少用重稀土，从而在保证优异磁性能的同时，也能够降低成本，重稀土使用效率显著提高。

相较于重稀土单金属、重稀土氢化物、氟化物和氧化物作为扩散源而言，低熔点重稀土金属共晶相对矫顽力的提升更为有利，因为除一般的重稀土化合物在扩散后磁体晶粒内部形成不同各向异性场梯度的核壳结构外，HRE-TM 共晶合金由于熔点较低，在磁体扩散和回火热处理过程中，低熔点的共晶相易熔化为液相，润湿晶界和主相晶粒，使得晶界相分布更为光滑、均匀和连续，通过微结构因子α和磁晶各向异性常数 $K1$ 的改善，共同提高磁体的磁性能。北京科技大学高学绪课题组通过测定 Tb-Cu、Pr-Tb-Cu、Pr-Tb-Al 和 Pr-Tb-Cu-Al 共晶合金对磁体表面的润湿角发现，Pr-Tb-Cu-Al 合金润湿性更好，Pr-Tb-Al 和 Tb-Cu 次之，Tb-Cu 最差。最终扩散 Pr-Tb-Cu-Al 合金的磁体矫顽力增加约 11kOe，工艺过程只消耗 0.5wt.%Tb，矫顽力的增加归因于晶界相的均匀分布和富 Tb 壳层晶粒的形成。

宁波招宝磁业有限公司在晶界扩散技术改进方面申请了多项发明专利。

（1）双合金法+晶界扩散技术（专利号 201810644918.8）。传统的双合金法，即将 Nd-Fe-B 粉末与 Dy 或 Dy_2O_3 粉混合制备磁体，镝主要分布在边界，矫顽力提高且磁化强度变化不大，但这种方法中贵金属镝用量大，不经济。通过含镝合金与钕铁硼主合金的混合烧结制得基体组分富镝的磁体，然后再扩散渗镝进一步保证晶界处含镝，共同提高磁体的矫顽力，所得效果更佳显著，这种通过双合金法和晶界扩散技术的协同作用相比于直接在合金熔炼时添加同样含量的镝，磁体矫顽力能够提高 5～6kOe，且剩磁和磁能积不显著降低，同时两者结合使得镝金属用量少，成本低。

（2）喷雾干燥法+晶界扩散（专利号 201810643365.4）。将钕铁硼合金粉末与重稀土金属粉或者重稀土化合物粉末按照质量比（100～150）:1 溶解于一定量的乙醚中超声分散 25～35min，得浆液；将上述浆液通过喷雾干燥制得干燥的复合粉末；将上述复合粉末进行磁场取向成形，等静压、真空烧结和回火热处理制成钕铁硼永磁体。本发明所得磁体矫顽力大大提高，剩磁和磁能积降低不明显，其中钕铁硼粉末和 DyF_3、Dy_2O_3 经喷雾干燥后的复合粉末制成磁体矫顽力可增加 6kOe，而与 TbF_3 的复合粉末制成磁体矫顽力可增加 9kOe 左右；同时喷雾干燥在密闭容器中进行，原料利用程度高，所需重稀土原料少，效果显著。

（3）二次等静压技术+晶界扩散（专利号 201810994790.8）。通过采用含重稀土元素的溶液作为液压介质对磁体进行二次等静压，使得重稀土元素进入磁体内，并在后续烧结及热处理工序中保留在晶界处，少量渗入晶体内得到高性能的烧结钕铁硼磁体。相对于传统的制备烧结钕铁硼磁体的工艺，磁体矫顽力和磁能积都有较大提高，同时该方法只是在低温烧结后增加了一次在含 Dy 或 Tb 的液体介质中等静压的工序，没有添加其他复杂的工序，工序简单，无需增加其他制备设备，方便实施生产，有利于直接在现有设备上实施产量化。另外该公司（201810994080.5）也直接将钕铁硼基原料粉末制成的压坯在含 Dy 或 Tb 的溶液作为等静压介质中进行等静压，后再通过烧结工艺所得，所得磁体 20℃ 时性能为：剩磁（B_r）≥1.2T，内禀矫顽力（H_{cj}）≥47.1kOe，矫顽力（H_{cb}）≥11.7kOe，磁能积（BH）$_{max}$≥35.8MGOe，方形度（H_k/H_{cj}）为 0.76～0.77。

3. 渗镝（Dy）技术（晶界扩散）产业化进展

对钕铁硼磁体晶界扩散重稀土元素是实现矫顽力提升的一项重要手段，近年来主要研究单位都在开展相关方面的研究，虽然此种工艺并不新，但是针对每种磁材的具体工艺仍需要进一步探索，高效化的渗透工艺仍是人们追求的目标。国内的主要磁性材料生产企业这两年对工业化的重稀土元素晶界扩散开始重视起来，以前企业没有投入人力物力的原因是多方面的，一方面是市场对磁性材料的需求发生了变化，以前仅是直接添加重稀土元素，这样就使得磁体的成本较高；近年来，企业更加注重降低生产成本，这就使得磁性材料生产企业开始关注这种可以提高矫顽力的手段。2019 年初，中科三环已经建立了渗 Dy 晶界扩散技术自动化生产线，15min 扩散深度可达 6μm，产能初具规模。包头稀土研究院高性能稀土永磁材料研发团队又引进了青年人才，又形成以国务院政府津贴获得者刘国征为核心，以鲁富强、武斌、赵明静、赵瑞金等正高工和高工为骨干的 30 多人的年轻研发团队，该团队在应对实验室技术向产业化转化的形势需要，充分利用积累的丰富经验和研发力量，积极进取，在 Dy 含量为 1wt% 时，获得了 B_r=1.35kG, H_{cj}=17.56 kOe，（BH）$_{max}$= 44.23 MGOe 的高性能高矫顽力钕铁硼磁体，达到了国外同类钕铁硼产品的性能水平，成本降低 3%～5%，经济效益明显，具有较强的市场竞争力；制定并多次修订了《烧结钕铁硼永磁材料》国家标准，为提高我国烧结钕铁硼永磁产品质量，同时减少贸易纠纷发挥了重要作用。

2018 年 12 月 10 日，从包头稀土高新区了解到，中国科学院宁波材料所研究员宋振纶博士团队成功研发出“物理气相沉积法加晶界扩散法”技术，可大幅提高稀土磁材料矫顽力。目前，技术成果转化已在包头希迪瑞科技有限公司落地，并顺利实现中试生产。据介绍，该研发团队采用的物理气相沉积磁控溅射技术，是将正交电场与磁场施加于阳极（基材）、阴极（重稀土靶材）之间，使氩气在电场、磁场之间激发出高能氩离子，通过撞击重稀土靶材将氩离子以原子形式沉积到基材表面，从而实现处于激发态的高能重稀土靶材原子均匀牢固地附着于基材表面，有利于后续高真空重稀土原子热扩散过程。物理气相沉积法与晶界扩散技术相结合，在提高烧结钕铁硼永磁产品矫顽力（平均提高 2～3 个牌号）的同时，还可使重稀土添加量降低 60%～70%。目前，新技术中试生产线已经打通各技术环节，既可实现永磁材料低重稀土晶界扩散技术需求，又可对外提供成套设备工艺服务。

然而，真正将该技术发扬光大的当属宁波招宝和中科三环等企业，中科三环与日本合作，引进并改进了物理气相沉积磁控溅射技术和装备，形成宽度为1.5m以上、长度大于3m的智能装卸料的重稀土晶界扩散生产线，可以实现15分钟扩散深度达6μm，解决了工程化生产过程中永磁产品性能的一致性和稳定性问题，这一技术和装备为中国稀土永磁产业的重稀土晶界扩散技术的大发展奠定了基础，并提供了新的技术方向。

目前，10%左右的厂家能够批量提供渗Dy产品，主要采用工艺为磁控溅射、喷涂、浸渍或电泳，主要牌号为45-52SH、42-50UH、40-48EH，保守产量大于8000吨。

4. 渗Dy技术（晶界扩散）存在问题

（1）晶界扩散本身存在渗透不均匀的问题，即矫顽力提升幅度与距离扩散源的距离成反比。因此，如何控制渗透的均匀性，在工业化生产上还存在一定的技术难度。

（2）虽然部分企业（天和磁材、英洛华等）已建立起一些晶界扩散生产线，但产量不大；只有宁波招宝、中科三环的重稀土晶界扩散产业装备最有可能代表今后的技术发展方向。

（3）生产自动化、智能化水平不高，效率较低。

五、政策建议

1. 整合创新优势资源，组建稀土新材料国家技术创新中心

发挥已有创新资源优势，建立以优势单位投资入股、涵盖全创新链的平台型法人单位，以平台型公司为载体组建我国“稀土新材料国家技术创新中心”。同时，以全球视野构建稀土新材料产业技术创新联盟，形成完整的稀土新材料优势产业生态系统。以重大需求为目标，组建技术攻关组，进行协同创新开发，形成基础材料—应用器件—关键零部件—核心装备“一条龙”开发模式。着力提升原始创新、工程化和技术成果转化扩散能力，服务于高端应用，形成更多具有自主知识产权的重大创新技术。

2. 加强对稀土材料产业发展领域的规划和引导

在产业规划方面，为了使我国市场经济持续稳定的发展，一些新的技术和材料必须保持市场旺盛的状态，因此，应该做好稀土材料产业模式的优化。面对未来市场的竞争，核心是提高科技创新能力和高端应用产品研发能力，通过生产高质量、高附加值的稀土新材料产品，在国际竞争中取得分工优势，把资源优势最大化地转化为价值优势，获得更高收益。因此，稀土产业界应密切关注新技术革命的进展，着眼国家重大需求，充分利用各项支持政策，积极开展产学研合作，共同推动科技攻关，着力突破一批制约产业发展的关键核心技术，不断提高产品质量和档次，不断拓展应用领域，不断满足多元化、个性化消费需求。

在产业政策方面，要尽可能给企业发展创造良好的社会环境，拓宽稀土新材料产业发展的市场；加大技术和科技的投入力度，尽可能引导稀土产业朝着节能减排的方向发展；加大人才引进的力度，加大新技术的研发力度，加快稀土新材料的产业化进程。

3. 加强人才培养和创新基地建设，提高科技创新能力

建立人才培养和创新基地的长效发展机制，突出“高精尖缺”导向，着力培养前沿、基础科学、工程化研究、科技领军型的骨干人才队伍，加大力度培养工程应用类“工匠”型人才；加快提升我国稀土科研和产业的创新能力和应用水平，为我国稀土新材料发展提供人才资源保障。

4. 调整和优化我国稀土新材料产业结构和布局，推进供给侧结构性改革

产业集群发展能够增强产业的市场竞争力，提高产业抗风险能力。针对稀土新材料产业，依托核心企业打造产业集群，加快培育稀土新材料产业特色鲜明、细分市场占有率高、成长迅速的企业，建立相应的区域产业链。这不仅能够提升稀土开发的效率，同时也能够加快稀土经济发展的速度。产业链的构建需要不断完善和试行，促进稀土新材料朝着更加规范和现代化的方向发展。针对稀土新材料产业中小企业林立、大型企业集团主要集中在产业链上游的现状，加快中下游产业整合步伐，通过产业的横向整合和纵向整合相结合的方式，逐步建立稀土新材料大产业集团和拥有完整产业链的稀土产业创新基地；挖掘潜力，大力度支持核心优势企业实施海外并购。从而实现去产能，促创新，实现稀

土新材料产业创新、协调、绿色、开放、共享的发展。

5. 推动高质量发展，有效应对产业环境、生态环境和外部环境的挑战

稀土原料产业规模不大，但关注度高，保持平稳的产业发展环境是管理部门和行业企业的共同诉求，应充分发挥行业组织的自律协调作用，配合监管部门维持良好的市场秩序。要更加重视绿色发展，正确处理好经济发展同生态环境保护的关系，大力推广稀土绿色开发应用新技术、新产品、新装备，持续提高清洁生产水平，提升资源综合利用、循环利用、集约化利用能力；同时要大力推广稀土元素在风电、新能源汽车、催化剂等领域的应用，真正实现清洁生产和清洁应用并行并重，让稀土产业成为人与自然环境和谐相处的绿色产业。产业界要高度重视和深入研究外部环境的变化，科学预判未来 5 年、10 年乃至更长时间全球稀土产业发展格局的演变，提前做好应对外部冲击的准备。